法 学 阶 梯
INSTITUTIONES | 普通高等教育**法学规划教材**

保 险 法

Insurance Law

| 第四版 |

主 编 | 温世扬 武亦文

撰稿人 | 温世扬 杨 巍
以撰写章节先后为序 | 武亦文 范庆荣
李 琛 周 珺
冯兴俊

法律出版社
—北 京—
始创于 1954 年

好书,同好老师和好学生分享

图书在版编目（CIP）数据

保险法 / 温世扬，武亦文主编. -- 4 版. -- 北京：法律出版社，2025. -- ISBN 978 -7 -5244 -0698 -3

Ⅰ. D922.284

中国国家版本馆 CIP 数据核字第 2025JK1902 号

保险法(第四版)
BAOXIANFA
(DI - SI BAN)

温世扬　武亦文 主编

责任编辑 吴　昉　王懿智
装帧设计 鲍龙卉

出版发行 法律出版社
编辑统筹 法律教育出版分社
责任校对 王语童
责任印制 刘晓伟
经　　销 新华书店

开本 787 毫米 × 1092 毫米　1/16
印张 22.75　　**字数** 553 千
版本 2025 年 8 月第 4 版
印次 2025 年 8 月第 1 次印刷
印刷 河北晔盛亚印刷有限公司

地址：北京市丰台区莲花池西里 7 号(100073)
网址：www. lawpress. com. cn
投稿邮箱：info@ lawpress. com. cn
举报盗版邮箱：jbwq@ lawpress. com. cn

销售电话：010 - 83938349
客服电话：010 - 83938350
咨询电话：010 - 63939796

书号：ISBN 978 - 7 - 5244 - 0698 - 3

定价：52.00 元

凡购买本社图书，如有印装错误，我社负责退换。电话：010 - 83938349

出版说明

法律出版社在其奋进发展的六十年光辉历程中，秉精诚之心，集全社之力，服务于我国法学教育事业，致力于法学教材出版。尤其在改革开放三十余年间，本社以“传播法律信息，推进法制进程，积累法律文化，弘扬法治精神”为宗旨，协同司法部法学教材编辑部，规划并组织出版了国家“八五”、“九五”期间的法学规划教材，为我国改革开放之初的法学教育和法治建设做出了开创性贡献；进入21世纪之后，法律出版社又根据教育部的部署和指导，相继规划并组织出版了“十五”、“十一五”和“十二五”法学规划教材，为我国法学教育事业的发展与改革付出了艰辛努力。

承蒙法学教育领域专家作者的信任，以及广大法律院校师生的支持，法律出版社经过三十年的发展与积累，相继出版各类法学教材达四百余种。在学科范围方面，完成以法学核心课程为重心，涉及法学诸学科的“全品种”横向结构；在培养层次方面，健全以本科教育为根本，兼顾职业教育和研究生教育的“多层次”纵向结构，进而打造“法律版”法学教科书体系，以期更好地为法学教育服务，为法治建设贡献绵薄之力。

近年来，法律出版社因应法学教育的发展变化，在教材编写体例及系列安排方面做出相应调整。在教材编写体例方面，结合当前教学实际与培养方案，将系统、全面的理论知识讲授与灵活、丰富的法律实践和能力训练相结合，倡导教材内容差异化，增加教材可读性，以期更好地培养法科学生的思维能力和法学素养。在教材系列安排方面，全力推进新品教材编写与注重既有教材修订相结合，根据教材风格与特色进行适当的套系整合，集中现有的国家级规划教材和在编的规划教材，形成以“普通高等教育法学规划教材”为名的全新教材系列。

本系列教材多为出版多年并广受好评的经典教科书。此次全新推出，既是向长期以来关心支持法学教育出版事业的专家作者的崇高致敬，也是法律出版社为中国当代法学教育事业发展拳拳努力之情的真诚表达。法律出版社将以高度的精品意识和质量标准，不断丰富、完善本系列教材的结构和内容；除教材文本之外，还将配有多层次、多形式的教辅材料，更好地为广大师生服务。

“好书，同好老师和好学生分享”，法律出版社愿与法律共同体诸同仁，分享好书，分享智识，分享法治进程中的点点滴滴！

法律出版社　谨识

2014年10月

出版说明

[illegible]

2014年10月

作 者 简 介

（以撰写章节先后为序）

温世扬 武汉大学法学院教授。

杨　巍 武汉大学法学院教授。

武亦文 武汉大学法学院教授。

范庆荣 湖南师范大学法学院讲师。

李　琛 华中师范大学法学院副教授。

周　珺 华东政法大学经济法学院教授。

冯兴俊 中南财经政法大学法学院副教授。

前　言

保险法是调整商业保险关系的法律规范的总称。在大陆法系国家,保险法是民商法的重要组成部分(或作为民事特别法,或作为商法的构成部分);在英美法系国家,保险法也是一个独立的法律部门。因此,在各国的法律教育课程体系中,保险法(学)都占有一席之地。

我国的保险法教学,是随着我国保险市场的恢复和发展以及保险立法的进步而逐步得到重视和推行的。20 世纪 80 年代,我国在恢复国内保险业务的同时,启动了保险立法工作,先后颁行了《经济合同法》(对财产保险合同做了原则性的规定)、《财产保险合同条例》和《保险企业管理暂行条例》,初步构建了调整商业保险关系的法律规范体系。与此同时,部分政法院校和财经院校将保险法纳入了课程体系,并组织编写了相关教材。这些教材的编写和出版,对传播保险法知识、培养高素质的法律和财经人才,无疑具有积极和开创性意义。但毋庸讳言的是,在一个相当长的时期内,保险法的教学和学术研究并未受到应有的重视,教研力量相对薄弱,教材建设进展缓慢,保险法(学)被视为一门可有可无的选修课程和无关紧要的研究领域。这种现象,其实是我国保险市场欠发达、保险立法不完备、对保险法律人才需求不急迫的合理结果。

随着改革开放的不断深入和国民经济的整体发展,我国保险业也得到迅速发展,市场规模迅速扩大,市场主体不断增加,保险市场逐步对外开放;加入世贸组织,更使我国保险业驶入了市场化和国际化的快车道,其地位和作用也日益突出。与此相适应,我国保险法制也不断完善,以《保险法》、最高人民法院发布的四个关于《保险法》的解释为核心的保险法律法规体系逐步形成。在保险业的发展中,保险法的重要性逐渐为人们所认识,保险法的教学和科研也日益受到重视,各法律院系普遍开设保险法课程,以保险实务和司法实践为依归的保险法教材、论著逐渐增多,国家教育主管部门也将《保险法》纳入了高等学校法学专业教材建设规划。本书即为教育部普通高等教育“十五”规划教材之一。

本书在体系安排上参考了国内同类教材,并考虑实际教学需要,基本遵从《保险法》的体系结构,力求简洁、严谨。编者总结现有相关理论成果,参酌国外立法和实践经验,结合我国现行立法和保险实务,对保险法的基本理论、制度和规则加以全面介绍和阐析。全书分为四编。第一编介绍保险和保险法的基础知识;第二编阐述保险合同的一般原理和基本规则;第三编按照人身保险—财产保险的顺序,对各种保险合同的概念、特征、分类,以及各种保险合同中涉及的特殊问题加以阐析;第四编论述保险业监管的各项制度和主要规则。在本书中,每章前设“本章导读”,概括性地叙述本章的基本内容,提示本章学习重点或难点;每章后设“案例练习”,根据各章教学重点设计案例题,启发学生思路,增强所讲授内容的应用性和可操作性。而且部分章节中还使用了关系示意图、流程图、比较表格等概括性的图表方式,强化逻辑,简化表述,便于学生理解和掌握。

在内容方面,本书力图理论联系实际,并注重突出保险法的自身特色。保险法作为调整商业保险关系的法律部门,具有很强的实践性,保险法教学必须反映并服务于实践,因此本书在编写过程中注重结合保险实务、保险立法和司法实践,力求避免单纯的理论说教,如在正文相关内容后援引最高人民法院公报案例等权威判决意见。同时,保险法(保险合同法)作为民事特别法,既要遵循民法(合同法)的一般规则,又确立了一些反映保险关系特殊要求的特殊规则,本书在"保险合同"部分力求处理好这种共性与个性的关系,突出保险合同的自身特色,描述保险合同的特殊规则体系。

相较于2016年出版的《保险法》第三版,本书在撰写人员方面有了较大调整,在编写体例、结构安排、写作方式和具体内容方面几乎是另起炉灶,因此基本上可以说是一本全新的教材。

第四版由温世扬和武亦文共同担任主编,邀请武汉大学、华东政法大学、中南财经政法大学、华中师范大学、湖南师范大学的数位学者共同编撰完成。具体分工为:温世扬:第1、4章;杨巍:第2、6章;武亦文:第3、9、11章;范庆荣:第5、13章;李琛:第7、8、15章;周珺:第10、12、14章;冯兴俊:第16、17章。全书由温世扬整理、定稿。

保险法学是一门理论性和实践性都很强的法律学科。我国保险市场尚不够发达,相关立法未臻完备,理论研究仍欠深入,保险法的教学内容和体系也处在不断充实和完善阶段。本书编写过程中,广泛参阅了国内外学者的相关著述,书中不能一一列明,在此谨向相关作者致谢。本书的编写虽参阅了较多资料(包括同行论著),但在体系设计、内容安排和观点阐述等方面均可能存在不当之处,欢迎同行专家和广大读者批评指正,以便日后修订、完善。

温世扬
2025年2月于珞珈山

目　　录

第一编　保险与保险法概述

第二编　保险合同总论

第三编　保险合同分论

第一编　保险与保险法概述

第一章 保险概述

本章导读

保险,是指投保人根据合同约定向保险人支付保险费,保险人依约定向投保人或者合同约定的其他人支付保险金的商业行为。其以特定危险为前提,以团体共济为目的,以商业经营为手段。保险具有分散风险、补偿损失、防灾防损、融通资金、收入分配等职能。保险既在宏观上影响国民经济,又在微观上关乎单位和个人的生产生活稳定。

第一节 保险的概念

一、保险的定义

“保险”一词有数个义项。日常用语中所谓“保险”,作为形容词解作“稳妥可靠”“安全无恙”,亦即“无危险”,[1]如称“钱存入银行最保险”“这样做不保险”等;而作为专业的名词的“保险”(经济学和法律意义上的保险)则迥异其意。它原是14世纪意大利的商业用语,后为各国所用,英文为“Insurance”,法文为“Assurance”,德文为“Versicherung”,并于清末传入中国,其本义为一种通过商业行为建立起来的风险损失分散制度。

关于保险的定义,西方学者主要有以下几种学说:[2]

1. 损失说。此说从损失补偿角度阐析保险概念,又可分为损失赔偿说、损失分担说和风险转嫁说三种观点。损失赔偿说认为,保险是一种赔偿合同,其目的在于补偿人们在日常生活中因各种偶然事件的发生所遭受的损失。该说的倡导者为英国学者马歇尔(S. Marshall)和德国学者马修斯(E. A. Masius),此学说在英国《简明不列颠百科全书》和美国《布莱克法律词典》中也得到了反映。损失分担说的代表人物为德国学者瓦格纳(A. Wagner),他强调保险的众多人合作分担损失的特性,指出:“从经济意义上说,保险是把个别人由于未来特定的、偶然的、不可预测的事故在财产上所受的不利结果,使处于同一危险之中但未遭遇事故的多数人予以分担,以排除或减轻灾害的一种经济补偿制度。”风险转嫁说的代表人物为美国学者魏莱特(A. H. Willet)和休伯纳(S. Shuebner),他们认为,保险的实质就是风险转移,即被保险人把个人危险转嫁给保险人,保险人把这种共同性质的危险大量汇集起来,并由团体成员分摊。

---

〔1〕《现代汉语小词典》(1999年修订本)“保险”条,商务印书馆1999年版,第23页。

〔2〕[日]园乾治:《保险总论》,李进之译,中国金融出版社1983年版,第6~17页。

2. 非损失说。鉴于损失说仅从损失补偿或损失分担角度解释保险,在外延上不能涵盖人身保险,于是产生了非损失说。非损失说又有不同见解,包括:(1)技术说,代表人物为意大利学者维宛特(C. Vivante)。该说认为,保险是把可能遭受同样事故的多数人组织起来,结成团体,测定事故发生的比例,即概率,按照此比例进行分摊,根据概率论的科学方法算定分摊金额要有特殊技术,这种特殊技术就是人身保险和财产保险的共同特征。(2)欲望满足说,代表人物为意大利学者高比(U. Gobbi)和德国学者马纳斯(Manes)。该说认为,保险的目的是满足人们的经济需要和金钱欲望,投保人缴付少量保费,是为了使其偶发的金钱欲望得到保障,即在保险事故发生时获得部分或全部的损失补偿。(3)经济生活确保说,代表人物为奥地利学者胡布卡(J. Hupka)、日本学者小岛昌太郎和近藤文二。该说认为,现实中偶然发生的事件,将导致经济生活不安定,保险的目的在于为可能遭受事故的损失提供经济上的保障,从而确保经济生活的安定。(4)相互金融机关说,代表人物为日本学者米谷隆三和酒井正二郎。该说认为,保险实质上是一种通货的供求关系,保险机构与银行和信用社一样,是一种互助合作基础上的金融机构,具有融通资金的功能。

3. 二元说(也称统一不能说)。该说认为,财产保险与人身保险具有不同的性质,前者以损失赔偿为目的,后者以给付一定金额为目的,不可能对二者作出统一定义。持这一主张的学者中又有两派观点:(1)人身保险否定说,代表人物为科恩(G. Cohn)、埃斯特(L. Elster)和魏特(J. D. Witt)等。他们认为,损失赔偿是保险的根本属性,而人身保险并不具有或极少具有这一属性,因此,人身保险并不体现保险的性质,而是一种带有储蓄或投资性质的金钱支付合同。(2)择一说,代表人物为德国法学家爱伦贝格(N. Ehrenberg)。他承认人身保险是真正的保险,但主张将其与财产保险分别予以界定,即"保险合同不是损失赔偿的合同,就是以给付一定金额为目的的合同"。他还主张将"Insurance"和"Assurance"加以区分,前者为"损失补偿"的财产保险,后者为必然要实施"给付金额"的人寿保险。

本书认为,以上各种学说从不同角度阐述了保险的概念,都有其合理的一面,但均未能准确、完整地揭示保险这一概念的内涵及其本质。损失说反映了物质本位时代保险的最初职能,即解决财产损害的补偿问题,但不能因应保险从财产保险向人寿保险的发展,因为损失补偿并非人寿保险的本质属性;非损失说针对损失说的局限性,试图抛开"损失"的概念来界定保险的定义,在方法论上有可取性,但其中各种主张都只是从经济学角度揭示了保险的某一特征或功能,未能反映保险的本质属性;二元说看到了在保险定义问题上产生歧义的症结——财产保险标的与人身保险标的的不同属性(前者可以货币度量其价值,后者则不能通过货币加以度量),以及上述两种学说在逻辑方法上的缺陷,强调了保险的种概念,未对保险这一属概念下定义,而只是对财产保险与人身保险所具有的差异(种差)加以揭示,但其本身也存在明显的逻辑缺陷:"人身保险否定说"试图通过否定人身保险的保险属性(消除种差)来揭示保险的种概念,犯了将属概念等同于种概念的错误;"择一说"则与之相反,虽然揭示了财产保险与人身保险的种差,但未抽象出二者的共同属性,存在属概念缺失的逻辑错误。

我国《保险法》第2条规定:"本法所称保险,是指投保人根据合同约定,向保险人支付保险费,保险人对于合同约定的可能发生的事故因其发生所造成的财产损失承担赔偿保险金责任,或者当被保险人死亡、伤残、疾病或者达到合同约定的年龄、期限等条件时承担给付保险金责任的商业保险行为。”这一定义，形式上对保险概念作了综合阐述，但在内容上仍只揭示了财产保险与人身保险的种差，而未抽象出二者的共同属性。由此可见，我国保险立法对保险采取的是“择一说”的定义方法。

在比较上述各种保险定义的基础上，本书为保险作出如下定义：保险，是指投保人根据合同约定向保险人支付保险费，保险人依约定向投保人或者合同约定的其他人支付保险金的商业行为。这一定义表明：

1. 保险是一种商业行为。保险法意义上的保险，仅指以营利为目的的商业保险行为，不包含社会保险、社会救济等法律强制推行或政府、社会团体建立的社会保障制度。

2. 保险是一种合同关系。保险是投保人与保险人通过订立合同确立的法律关系，保险合同对当事人的权利义务有明确约定，并对双方当事人具有法律约束力。此点有别于那些由某一组织或个人向他人提供帮助和救济的慈善行为。

3. 保险是一种非典型的对待给付关系。依据保险合同，投保人向保险人支付保险费，保险人于约定事由发生（在财产保险表现为约定的保险事故发生，在人身保险表现为约定的保险事故发生或约定期限届至）时，向投保人或者合同指定的其他人（受益人）支付保险金。在保险合同中，投保人的给付义务是确定的，而保险人的对待给付义务则因保险类别的不同而呈现不同样态，有些是不确定的（如各种财产保险和人身保险中的健康保险），有的是确定的（如人寿保险），从而使保险合同当事人之间的对待给付关系不具有典型性和统一性。

二、保险的原理

保险制度的产生，源于人类应对各种灾难风险的需要。

俗话说：“天有不测风云，人有旦夕祸福”。人类在维持自身生存和发展的过程中，无时无刻不面临着来自自然界和人类自身的各种风险，前者如洪水、冰雹、台风、地震等自然灾害，后者如盗窃、凶杀、疾病、意外伤害等不幸事件。上述灾害和事件一旦发生，必将造成人类生命、健康和财产利益的重大损失，对受害个体而言，轻则陷入生活困境，重则形成灭顶之灾。有鉴于此，人们不得不寻求各种方法，以图避免风险或应对灾难。

随着对危险认识的不断加深和经验的积累，人们应对危险的方法也越来越多，归纳起来大致包括以下几种：（1）避免危险：即放弃从事某一类活动，从而避免其风险，如旅客为避免飞行风险而改乘车船，船员为避免遭遇台风而停航；（2）预防危险：即针对危险发生的原因，采取有效办法降低其发生概率，如筑堤防洪、服药防病；（3）转移危险：即将自身所面临的危险转移给他人承担，如危险品寄存、工程转包；（4）分散危险：即面临同类危险的人结成团体，筹集资金，当个体遭遇危险事故时由团体成员共担损失，从而使个体损失被消解至几近无形。

通过比较不难看出，上述四种危险应对手段中，前三种都有明显的局限性，或因噎废食，或防不胜防，或无处转移，不能从根本上解决问题；只有第四种手段能够实现目的性活动与损失补偿之间的统一，使人们能够以极小的代价换取可靠的保障，得以无后顾之忧地从事各种有益活动，这种方法就是保险。正是凭借其代价微小、方法简便、利益确定、保障性强的优势，保险成为人们对抗风险的首选手段，得到社会的普遍认可。

保险作为一种经济补偿制度，须具备一定的成立条件，通称为保险的要素。有的学者认为，构成保险必须具备以下要素：（1）必须以特定的危险为对象；（2）必须以多数人的互助共济为基础;(3)必须以对危险事故所致损失进行补偿为目的。[3] 有的学者认为,保险营业的要素包括危险不确定、社会互助、组织庞大和保险辅助人。[4] 也有学者认为,当一个合同具有下列要素时,便被看作保险成立:(1)具有分散风险的内容;(2)风险被分散到大量成员身上;(3)一方是主要从事保险业的保险人。[5] 综合以上观点,本书认为,保险的构成一般应当具备以下要素。

(一)以特定危险为前提

如前所述,保险的产生源于人类应对各类灾害风险的需要,因此,从一般意义上说,危险的存在是保险成立的前提,"无危险即无保险"也成为人们的共识。

何谓危险?从字面意义上说,"危险"是"安全"的反义词,意指有遭到损害或失败的可能性。保险意义上的危险,是指未来可能发生并使特定主体遭受损害的偶然事件。此类事件,须具备一定的条件,方可成为"可保危险"。一般认为,可保危险应具备以下要件。

1. 纯粹性

保险法上的可保危险仅限于纯粹危险。在一般社会观念中,危险可以分为纯粹危险(风险)和投机危险(风险)。前者仅指遭受损害的可能性,并无获利的可能,如自然界可能发生的火灾、水灾或地震,或是人为的意外事故等风险。而后者则既包括受损的可能性,也包括获利的可能性,如投资人将一部分的资金投入股票市场,一段时间后,这些股票的价值可能高于或低于投资本金。[6] 保险法上的危险,仅限于纯粹危险,而不包含投机风险。

2. 可能性

可保危险必须是可能发生的事故或事件。保险的最初动因即在于补偿灾害损失,因此,保险所承保的必须是客观上可能发生的事故或事件,倘若没有发生的可能性,也就没有遭受损失的可能性和补偿的必要性,保险也就失去了意义。在保险法上,如果以依一般常识不可能发生的事件(如地球爆炸)作为承保危险,其保险合同应属无效。

3. 不确定性

所谓不确定性,是指危险事故或事件的发生处于一种不确定的状态,其内涵主要有:

(1)事件发生与否不能确定。保险所承保的危险事件并非必然发生(或在一定时期内必然发生),也不是肯定不会发生,而是处于一种或然状态。例如,某幢房屋在一定时期内是否发生火灾,房主和保险人均无法确定,因而火灾是一种可保危险。相反,在一定期间内肯定发生的事件(如年岁增长)或肯定不发生的事件(如男子怀孕),均不能成为可保危险(现实中也不会有人承保或投保此类事件)。关于"不确定性"的判断,应以保险关系成立时所作出的判断及依一般人的知识和经验所作出的判断为标准。

(2)事件何时发生不能确定。某些事件虽属必然发生,但其发生时间无法准确预知,如人皆难免生病和死亡,但何时生病、何时死亡,则无法准确预测,因而可成为可保危险。反之,若某一危险事件的发生时间是确定的(肯定将在保险期内发生或相反),则不能成为可保危险。

---

〔3〕 李玉泉:《保险法》(第3版),法律出版社2019年版,第8~10页;覃有土主编:《保险法教程》,法律出版社2002年版,第7~12页。

〔4〕 邹海林:《保险法》,人民法院出版社1998年版,第18~22页。

〔5〕 [美]约翰·F.道宾:《美国保险法》(第4版),法律出版社2008年版,第1~2页。

〔6〕 许文彦:《保险学——风险管理与保险》(第4版),台北,新陆书局股份有限公司2013年版,第7页。

实际上,倘若保险人已确知被保险人将于保险期内死亡,就不会为其承保死亡险;而如果投保人已确知被保险人将于保险期届满后死亡,也不会为其投保死亡险。

(3)事件所导致的后果不能确定。保险所承保的危险事件不仅发生与否及发生时间无法预料,一旦发生将造成多大损失也无法预知。如房屋等财产都有遭受火灾等灾害破坏的可能,但这种潜在性的灾害发生时将造成多大损失是任何人都无法预知的。倘若保险人或投保人事先能准确知道某一事件发生时所造成的损失额,保险业务就很难维持了。有时,危险的发生虽然大体上是确定的,但导致的后果不能确定,也可构成可保危险。例如,某些沿海地区几乎每年都要遭受台风袭击,但台风所导致的灾害及损失程度是无法预先确定的,因此台风也是可保危险。

4. 意外性

可保危险的最大特点是或然性,是当事人意料之外偶然发生的。对于可预期必然发生的折旧、自然损耗以及一般费用支出等,并不属于保险的保障范围。[7] 另外,危险的发生及损害后果的扩展都不应是当事人的故意行为所致。否则,保险人不予赔偿。

在保险法上,当事人(投保人、被保险人或受益人)为诈取保险金而故意促成或扩大的危险,称为道德危险,包括积极的道德危险和消极的道德危险。积极的道德危险,是指投保人、被保险人或受益人为诈取保险金而故意促使危险发生的行为,如海上保险的被保险人凿沉已投保的船舶,火灾保险的被保险人纵火焚烧被保险财产,人寿保险的被保险人故意自杀或受益人故意致被保险人死亡等。消极的道德危险,是指投保人或被保险人因有保险而怠于保护或者疏于施救保险标的而造成或扩大危险的行为,如被保险人在船舶遭遇海难时怠于施救,在被保险财产失火时任其焚毁等。

道德危险是由当事人的意志而促使其发生或扩大的危险,名为“道德”,其实为“不道德”,因此被排除于可保危险之外,由其引发的危险事故和损害,保险人不承担保险责任。但作为例外,对于被保险人的自杀行为,保险法上通常并不绝对排除保险责任,如根据我国《保险法》第44条第1款的规定,以被保险人死亡为给付保险金条件的合同,自合同成立或者合同效力恢复之日起两年内,被保险人自杀的,保险人不承担给付保险金的责任,但被保险人自杀时为无民事行为能力人的除外。依其反对解释,自合同成立起两年后保险人自杀的,保险人仍应承担保险责任。

5. 未来性

保险所承保的危险,应是将来发生的危险,亦即发生于保险合同订立之后的危险。这也是可保危险的可能性和不确定性的应有之义(如果订立保险合同时危险已发生,则其已不只是一种可能性和不确定性,而是一种确定的既成事实)。保险法上的可保危险原则上以将来的危险为必要条件,但当事人订约时主观上不知危险已发生,该已发生的危险仍有可能成为保险对象,此即所谓追溯保险。[8]

---

〔7〕 陈彩稚:《保险学》(增订三版),台北,三民书局2012年版,第40页。

〔8〕 追溯保险,是指保险责任期间溯及于保险合同成立前的保险,包括法定追溯保险和约定追溯保险。关于追溯保险的立法,一般有两种立法例:一种是采取主观主义的立法例,即以保险合同当事人主观上是否知悉保险事故已经发生或不曾发生为准,确定保险合同的效力;另一种是采取客观主义的立法例,即不论当事人主观上是否知悉,只要客观上保险事故的发生或不发生已经确定,保险合同即为无效。我国《保险法》未确立追溯保险制度,但《海商法》中(第224条)设有相关规定,并采主观主义立法例。

可保危险种类繁多,依不同标准可作如下分类:(1)根据危险的起因,危险可分为自然危险和社会危险。自然危险,是指由于自然原因引起的危险,如地震、火山爆发、泥石流、台风、洪涝灾害等。此类危险是自然界物质运动过程中出现的异常现象,是不以人的意志为转移且人力难以抗拒的危险。社会危险,是指由于人为原因引起的危险,如盗窃、抢劫、罢工、战争等引起的危险即属此类。这种危险的特征是与人类自身的行为密切相关,而不是单纯的自然现象,如产生于经济活动过程中的经济危险(如企业破产),由于种族、宗教、利益集团、国家之间的冲突及政策、制度变革等原因而遭受损失的政治危险,由于法律的修改和变更而导致经济损失的法律危险等。(2)根据危险所涉及和影响的范围,危险可分为基本危险和特殊危险。基本危险,是指特定的社会个体所不能控制或预防的危险。此类危险的形成通常需要较长的过程,一旦形成,任何特定的个体都难以遏制其蔓延。与经济失调、政治变动、特大自然灾害相联系的危险都属于基本危险,如失业、战争、通货膨胀、洪水等,其一旦发生,往往影响很大。特定危险,是指与特定的社会个体有因果关系的危险,其通常由特定的因素引起,给特定的个人、家庭或企业造成损失,如火灾、盗窃、人身伤害等危险。(3)根据危险所造成的损害后果,危险可分为财产危险、人身危险、责任危险和信用危险,这也是保险分类的重要依据。财产危险,是指财产遭受损害的可能性,如房屋因火灾发生而毁损、货物因盗窃而短少、利润因营业中断而减少等;人身危险,是指与人的生命和身体有关的各种危险,通常分为生命危险和健康危险,前者即人的死亡,后者指人的伤残和疾病;责任危险,是指因对他人的财产或人身造成损害而依法应负赔偿责任的危险,如交通事故责任、产品责任等;信用危险,是指交易关系的一方所面临的因对方不履约而遭受经济损失的危险,如赊销信用危险、贷款信用危险等。

(二)以团体共济为目的

保险是建立在“我为人人,人人为我”这一理念基础上的一种风险分散制度,其基本原理是集合危险、分散损失,根本目的是团体共济。具体而言,这一要素包含以下几方面内容:

1. 众人协力。从具体意义上说,保险是建立在投保人与保险人之间的法律关系(合同关系),但这种具体法律关系不能孤立地存在,而是作为一个庞大群体中的一分子而存在。换句话说,保险的参加者不只是一个投保人和一个保险人,也不只是社会中的少部分个人或单位,而是面临同类危险和同样需要的大量社会成员。只有众多的社会成员参加保险,结成共同团体,才能积聚足够的资金,确保少数人的意外损失得到及时和充分的补偿。因此,任何一种保险,都以一个共同团体的存在为先决条件。

2. 合理分摊。保险的实质是由共同团体的全体成员分担个别成员的意外损失。但是,在一个保险团体中,每一个成员所面临的风险是不同的,其所分摊的份额(向保险人缴纳的保险费)也应有所不同。如果风险不同而分摊金额相同,则会引发如下后果:一部分风险较小的成员因感吃亏而退出保险,剩余的少数风险较大的团体成员也就面临着两难选择:要么承担高额保险费以求风险损失的充分补偿,要么由于保险基金不足而面临意外损失得不到充分补偿的状况。在这种情况下,原来所形成的互助共济关系就会受到破坏,共同团体也将难以维系。另外,从保险人的角度来看,保费的收入与损失赔付总额也应大体相当,否则保险的经营也将难以为继。因此,保险的成立不但须有众人协力,而且须做到合理分摊,即根据概率论的科学方法合理地计算出各种保险的保险费率,使每个保险团体成员的负担相对公平合理,从而使其乐于参加,保险人也能收支平衡或有所盈余,确保这种互助共济关系的稳定和发展。

3. 损失补偿。保险的基本功能,是对被保险人因意外事件所遭受的经济损失予以补偿。人们结成保险团体,积聚保险基金,并非为了消灭危险或避免危险,而是为了确保自己的意外损失能够得到及时和充分的补偿。从这一意义上说,参加保险者得到的并不是真正意义上安全,而是一种经济上的保障。

需要指出的是,团体共济及其各项内容只是从总体上揭示了保险的构成要素,就具体的保险关系而言,有的保险类别(如人身保险中的储蓄性保险)并不反映这一特性。但从一般意义上说,团体共济仍是保险成立的基础。

(三)以商业经营为手段

保险作为一种团体共济制度,是通过商业经营的方式运行的。具体而言,保险的功能是通过专事保险业务的商业机构(保险公司)的经营活动来实现的,即由投保人按一定比例向保险公司缴纳保险费,保险公司依约定条件向被保险人支付保险金。[9]

保险作为一种商业经营活动,须以营利为目的,保险公司赚取给付后的结余利润,是推动保险业发展的根本动力。这种营利性符合普遍社会需求,表现出很高的社会价值,因而保险也具有一定的公益性。但营利是保险经营的直接目的,社会福祉只是其客观功能,因此不能按社会效益去约束保险公司的经营行为,从而使商业保险等同于社会保险。

三、保险与类似行为的比较

保险作为一种商业行为,起到风险分散的作用,其具有危险依赖性、危险选择性、行为营利性、社会分档性、资金公益性、目的合法性、利益对等性等特征。[10] 通过与下列几种行为的比较,更能凸显保险的上述特征。

(一)保险与储蓄

储蓄是存款人将资金交由银行或其他金融机构定期或不定期储存,并按约定时间和方式支取本金和利息的行为。从形式上看,储蓄(存款)和投保都是一种资金运用,功能上也有相似之处:储蓄除作为投资手段外,也兼有经济保障作用;而在某些保险(人寿保险)中,投保人交付保费也可能取得一定的投资收益。但从根本上说,储蓄是单纯的资金存储与个人投资行为,而保险则是一种公益性的团体共济行为,除业务承办者不同(分别为银行和保险公司)外,二者还存在以下区别:

1. 目的不同。储蓄作为一种积蓄、储存资金的手段,可以应付各种需要,既可以补偿意外事故的损失,也可以用于其他目的,如教育、婚嫁、个人或家庭消费等,甚至可以是无特定目的的资金积累;而保险的目的一般来说是单一的,参加保险是为了应付个人或个别单位难以预测的意外事故,以较小的支出换取较大的经济保障。

2. 实施方式不同。储蓄是完全的个人行为,可以单独地、个别地进行,无须顾及其他储户的利益,所以,资金存取完全自由;而保险是多数人的互助合作行为,必须依靠多数人的互助共济才能实现,投保人交付保险费后能否享有保险金给付的利益,取决于一定的条件,保险费一

---

〔9〕 船东互保协会等互助型保险机构所经营的类似保险业务,究其实质也属于保险活动,应当受到保险法的规制和保险监管部门的监管。参见张冠群:《互助契约是否为保险或类似保险》,载《月旦裁判时报》2012 年第 2 期。

〔10〕 徐卫东:《保险法论》,吉林大学出版社 2000 年版,第 5 ~13 页。

般不能取回。

3. 给付反给付关系不同。在储蓄关系中,双方的给付与反给付关系是个别均等关系,存款人不但有权取回全部本金,而且有权取得约定或法定孳息;而保险关系双方的给付与反给付之间并非个别均等关系(就单个保险合同而言,保险费与保险金之间往往是不对等的),而是一种综合的均等关系。

(二)保险与保证

保证是债的担保方式之一,即由第三人作为保证人为债务人履行债务提供担保,当债务人不履行债务时,由保证人承担履行或赔偿责任的担保方式。保证和保险一样都是一种合同关系,且保证人和保险人所负义务都具有为对方提供保障的性质,外观上有相似之处,尤其是保证保险与保证担保更为接近。但二者是不同性质的合同关系,不应混为一谈:

1. 保险是一种双务有偿合同关系,保险人的主要义务是在约定事故发生或约定期间届满后向被保险人或受益人支付保险金,投保人的主要义务是向保险人缴纳保险费;而保证合同则是单务合同、无偿合同。

2. 保险是一种不依赖于其他合同而存在的主合同,而保证是一种从合同,其成立和生效须以主合同的成立和生效为前提条件。

3. 在保证关系中,保证人承担的是代偿责任,因此在承担保证责任后对主债务人享有求偿权;而保险人给付保险金是履行自己应尽的义务,除非保险事故的发生是第三者的责任,保险人无追偿权。

(三)保险与救济

救济是指由个人、社会团体或政府对遭遇灾害事故的社会成员提供物质帮助和补偿。在当代社会,救济主要表现为一种政府行为,对灾害事故的受害者进行补偿和安置是政府不可推卸的责任。保险以团体共济为宗旨,也具有灾害救济和补偿功能。从这一意义上说,保险和救济都是社会保障体系的组成部分。但二者存在以下区别:

1. 保险是一种合同关系,当事人的权利义务通过合同约定,双方都要受合同约束,并对自己的违约行为承担责任;而救济则是一种单方行为。就民间救济而言,救济人的行为相对自由,受到的法律约束少;政府救济虽然受到法律约束,但这种约束不是基于双方的约定,而是基于法律的强制性规定。

2. 保险是一种有偿行为,投保人与保险人之间存在对价交易;救济则是一种无偿行为,被救济者与救济者之间不存在交换关系。

3. 保险一般表现为金钱赔偿或给付,保险金的数额根据损失情况确定或由当事人事先约定;而救济既可以采取金钱形式,也可以采取实物形式,其金额或数量取决于救济人的意愿或法律的规定。

(四)保险与赌博

从形式上看,保险与赌博有某些相似之处,集中表现在二者都是射幸行为,即利益的获得依赖于偶然性因素,并不是投入后必然得到预定的收益,而且在给付与反给付之间都不需要建立个别的均等关系。在保险的初创时期,也曾出现保险与赌博不分的现象。但在现代社会,保险与赌博已有本质区别:

1. 危险(风险)的性质不同。在保险关系中,危险是不依赖于保险行为本身而客观存在的,即不论是否投保,保险标的都面临着危险。如房屋被毁、车辆被盗的危险,无论是否投保均客观存在。而赌博中的危险,实质上是一种由赌博行为本身引起的风险,即赌博参与人为了在随机事件中获利而"自找"的风险,如果不参与其事,即无风险可言。例如,某一场足球比赛的结果对于参与足球博彩的人来说是风险,而对其他人则不构成风险。

2. 社会作用不同。保险通过分散危险,消化损失,达到互助共济,从而实现保障社会经济生活安定的目的,其结果是变不确定(意外损失)为确定(损失补偿),对社会发展具有积极作用。而赌博则恰好相反,其结果是变确定(原有赌本)为不确定(或赢或输),实际上是制造风险,因此它不是也不可能成为安定社会经济生活的手段,相反会对社会带来消极作用。

3. 对象不同。保险要求相关保险法律关系主体对保险对象有保险利益,不允许为与自己没有任何利害关系的财产或人身投保;而赌博的对象则不受限制,可以是任何随机事件,从体育比赛、纸牌点数到政治选举、动物互斗,都可能成为赌博对象,不必考虑被赌的随机事件与参赌者之间有无经济利益关系。

正是由于保险与赌博的本质差异,各国法律对待二者的态度也迥然不同。保险作为一种有益于社会的商业经营行为,各国法律均予以认可并维护和促进其发展;而对于赌博,由于其对社会安定和发展弊多利少,各国多采取否认立场,或作为不法行为予以禁止,或作为特许经营行为加以严格监管。

第二节　保险的分类

一、强制保险与自愿保险

按照实施方式分类,保险可分为强制保险与自愿保险。

强制保险又称法定保险,是指根据国家法律或行政命令,在投保人与保险人之间强制建立的保险关系。换言之,对此类保险,投保人必须投保,保险人也必须承保,而没有不参加保险或拒绝承保的选择权。许多国家和地区都以法律或行政命令的形式规定,特定范围内的任何标的都必须参加保险,否则不得从事相应的业务活动。

推行强制保险一般是出于维护公共利益的需要。具体而言,有以下三方面原因:(1)保障公众利益。例如,英国《1969 年雇主责任(强制保险)法》第 1 条第 1 款规定,在英国从事营业活动的每一位雇主都必须在经过批准而设立的保险人处投保一份或多份合法保险单,以对其因雇员在英国境内为其工作期间或因为工作而遭受的人身损害或职业疾病,应当承担的责任提供保障。我国香港特别行政区法例第 282 章《雇员补偿条例》第 40 条,所有雇主必须投购雇员补偿保险(俗称"劳保")以承担雇主在法律(包括普通法)下的责任,否则不得雇用雇员从事任何工作,不论其合约期或工作时数长短、全职或兼职、长工或临时工。此外,各国普遍将汽车第三者责任险规定为强制保险,是为了保障交通事故中受害者的利益;法律强制经营者投保公众责任险,也是为了使在公共场所意外伤亡的受害人及受益人能够及时得到金钱补偿,从而恢复正常生活。(2)保护公有财产。如我国曾于 20 世纪 50 年代实行过国有企业财产强制保险。(3)保证保险公司经营盈余。对于某些涉及重大社会利益的风险,商业保险公司因为经营风险太高而无力承保,为了使足够多数的单位和个人参加保险,达到最大限度地分散风险,可以推行强制保险,如农业保险、渔业保险、地震保险等。

在强制保险中,国家通过法律或法规统一规定保险险种、保险责任范围、除外责任、保险期限、保险金额、保险费率、保险赔偿方式等,不容当事人协商和选择。至于承保机构,则既可以作出强制性规定,要求到指定的保险公司投保,也可以不做统一规定,允许当事人选择保险公司投保。

自愿保险也称任意保险,是指投保人与保险人在平等自愿的基础上建立的保险关系。在自愿保险中,投保人自主决定是否参加保险,自由选择保险人,自行确定保险险种、保险金额、保险期限。换言之,参加保险不是投保人的一项法律义务,任何人都不得强制其参加保险。不仅如此,投保人还可以中途退保,终止保险合同。作为保险合同的另一方,保险人也不负强制缔约义务,而是可以根据保险标的的情况自由决定是否承保。商业保险绝大部分都是自愿保险。

从理论上说,在自愿保险情形下,保险合同的条款应当由当事人双方自由拟定,充分反映双方当事人的真实意思,保险人不得依据自己的优势地位强迫对方接受保险条款。但在保险实务中,由于保险业经营的社会化和标准化,法律允许由保险公司提供格式化的合同条款(或保险单),投保人不得就合同的基本条款进行协商或变更,只能表示接受或不接受。这种经营方式在一定程度上限制了投保人的意思表示自由,但本质上并未违反合同自由原则,也未改变自愿保险的性质。

二、财产保险与人身保险

根据保险标的的不同,保险可分为财产保险和人身保险。

财产保险,是指以各种财产及与之相关的利益为标的,由保险人对保险标的可能遭受的意外损失负赔偿责任的一种保险。早期的财产保险仅指有形财产保险,最初为承保海上船舶及货物火害损失的海上保险,其后出现的是承保有形财产(主要是建筑物、设备和生产材料)火灾损失的陆上保险。因此,狭义的财产保险仅指有形财产保险,且与火灾保险基本同义。随着社会经济的不断发展和保险业的进步,财产保险的承保范围逐渐由有形财产扩展到无形的财产性利益,责任保险、信用保险及保证保险应运而生,并从传统的保险分类中分离出来,成为独立的保险类型。但也有人仍将其纳入财产保险的范畴,此为广义的财产保险。

人身保险,是指以人的生命和身体为标的,以生存、年老、疾病、伤残、死亡等为保险事故,被保险人在保险期间发生保险事故或生存到保险期满,保险人向被保险人或其受益人支付约定保险金的保险。与财产保险一样,人身保险也经历了承保范围和功能逐步扩张的历程。人身保险的最早形式是人寿保险,只以死亡为保险事故,由被保险人的受益人受领保险金,后来逐渐发展到生存险(两全险)、年金险、意外伤害险、健康险等具有储蓄性质和补偿性质的险种。随着社会经济的不断发展和人们对保险需求的不断扩大,人身保险的种类也日益增多,既有各种传统的人身保险,又出现了从传统的生存保险分化出来的返还式保险(如平安保险、教育保险、婚嫁保险),以及名目繁多的投资连结保险。

我国《保险法》第 95 条把保险公司的业务分为两大类:一类是财产保险业务,包括财产损失保险、责任保险、信用保险、保证保险等保险业务;另一类是人身保险业务,包括人寿保险、健康保险、意外伤害保险等保险业务。

由于保险标的的不同,财产保险与人身保险在法律调整上存在诸多差异,如财产保险严格适用填补损害原则,人身保险则不然(意外伤害保险和健康保险除外);财产保险的保险利益以经济利益为判断标准,人身保险则不以此为限;人身保险合同(保险单)在一定条件下具有现金价值,财产保险合同则无;人身保险的投保人可任意解除合同,财产保险则不然;等等。

三、原保险与再保险

根据保险人承担保险责任的次序的不同,保险可分为原保险与再保险。

原保险,是指保险人对被保险人或受益人承担直接的、原始的赔偿或给付责任的保险关系。在这种保险关系中,投保人和被保险人为一般的(保险公司以外的)单位或个人。此即人们日常所见的保险关系。

再保险也称分保,是指保险人将其承保业务的一部分或全部分给其他保险人承担,由其他保险人与之共担风险的一种保险。再保险的投保人(也是被保险人)本身就是保险人,称为原保险人或保险分出人;接受其投保的保险人称为再保险人或保险分入人。再保险的保险标的是原保险人的保险责任,原保险人通过再保险,使危险损失在若干保险人之间又发生了转移。这种危险转移是纵向的,再保险人面对的是原保险人,并不与最初的投保人发生关系。对原保险人来说,再保险的意义在于扩大业务经营能力,提高财务稳定性;对于再保险人来说,则可以从承保业务中得到保费收入,而其所承担的风险与原保险并无不同。再保险最初只适用于财产保险,尤其是海上保险和火灾保险,现在已逐步发展到人身保险和责任保险。

第三节 保险的职能和作用

一、保险的职能

保险的职能,是指保险所具有的内在功能。它由保险的根本特征和地位所决定,是保险的本质的客观反映,也是保险的社会价值的集中体现。

关于保险的职能,经济学界较为一致的认识是,保险的基本职能有二:一是分散风险,二是补偿损失。在此基础上,保险又派生出防灾防损、融通资金、收入分配等职能。[11]

(一)分散风险

保险作为人类应对自然灾害和意外风险的一种手段,其目的不是消灭风险或避免风险,而是分散风险。保险组织通过向投保人收取保险费,建立保险基金,当被保险人遭受损失时,用保险基金进行补偿。这实际上就是用广大投保人的钱来补偿一部分被保险人的损失,或者说将一部分人面临的危险分摊给广大投保人,这样就从整体上提高了对危险的承受能力。某地区有10000户居民,各有一幢价值50万元的房屋,如果都不参加保险,结果不幸遭遇火灾的人只能自行承担50万元损失;如果都参加保险,假设每户每年缴纳500元保险费,便可以形成

---

〔11〕 张洪涛、郑功成主编:《保险学》,中国人民大学出版社2002年版,第84~91页。

500万元保险基金,这样就可以为至多10户遭遇火灾的居民提供全额经济补偿(不计保险公司的经营成本和盈利)。实际上,通过保险,该10户受害户的500万元损失就由10000户面临同样火灾风险的投保人(包括受害户自己)分摊了。这种通过保险实现的危险分担,实现了灾害事故发生的偶然性和必然性的统一(对于个体来说,危险事故是否发生具有不确定性,谁也不能断言自己的房屋何时会发生火灾;但对于群体而言,危险事故的发生具有必然性,在一定时期内,某一地区的众多房屋中,难免会有房屋发生火灾)。

(二)补偿损失

保险的另一项基本职能,是对遭受意外损失的被保险人提供经济补偿。补偿损失和分散风险是保险存在价值的最基本反映,具有内在统一性。风险分担是保险价值存在的基础,又是完成保险任务的物质保障;经济补偿是保险存在价值的根本,也是保险的终极目的。二者是手段和目的的统一,没有分散风险就不可能有损失补偿;离开损失补偿,分散风险也将失去意义。

保险的补偿损失功能主要体现在财产保险中,包括补偿被保险人因自然灾害和意外事故造成的经济损失、被保险人因依法承担民事赔偿责任所造成的损失等。通过保险补偿,被保险人能够用获得的保险金重新购置财产,恢复正常生活和生产经营。但对于人身保险而言,其是否具有损失补偿职能则不无疑问。

损失补偿以损失的发生为前提条件,没有损失就谈不上补偿,这一点在财产保险中是没有疑义的,而人身保险则似乎并非如此。现代意义上的人身保险主要包括人身意外伤害保险、健康保险和人寿保险,其中前两类在一定程度上也带有经济补偿性质,当被保险人遭遇意外伤害或患病时,会因此造成经济上的损失,人身意外伤害保险和健康保险可以在一定程度上对被保险人给予经济上的补偿。而人寿保险则有所不同。人的生命价值是不能以金钱衡量的,生命的丧失也不可能用金钱补偿,因此,人寿保险并不是一种严格意义上的补偿性保险,而是一种定额给付保险。但就其本质而言,人寿保险和其他人身保险一样具有补偿功能,其目的不是补偿生命的丧失,而是补偿被保险人所供养的人因其死亡而遭受的经济损失(生活费来源的丧失)。至于那些纯粹带有储蓄性质的人身保险(如生存险、教育险、婚嫁险、年金险),则是传统人寿保险的衍生产品,并不能从根本上否定保险的损失补偿功能。

(三)防灾防损

保险不能阻止危险事故的发生,但具有预防灾害损失的职能,即通过保险人参与防灾防损活动,提高社会的防灾防损能力。一般而言,防灾防损是全社会的共同任务,政府也设置了不少防灾防损部门,如公安消防、交通安全、生产安全、劳动保护、防震、防汛抗旱等部门。保险公司作为以营利为目的的商业机构,也必然要参与到防灾防损活动中去。首先,保险公司从自身效益出发,愿意主动参与防灾防损工作。防灾防损工作做得好,危险事故就发生得少,保险公司的经济赔偿就会减少,利润就会相应增加。因此,保险公司从主观利益出发采取的行为,如开展防灾防损宣传、向防灾防损部门投资、资助防灾防损研究等,从客观上促进了全社会防灾防损工作的开展,减少了灾害事故的发生和损失。其次,保险公司具备开展防灾防损工作的条件和能力。保险公司的日常业务都是围绕“危险”而展开的,从承保、计算费率到理赔,都在与危险事故打交道,对每一次事故的发生原因、损失情况都要进行分析、研究和统计,积累了大量有关危险的第一手资料,在科学研究的基础上,保险公司完全有能力做好防灾防损工作。最后,保险将提高被保险人的防灾防损意识。保险关系建立后,根据保险合同的规定,保险人可以对保险标的的安全情况进行检查,如发现不安全因素,应及时向投保人提出消除不安全因素的合理建议,投保人应及时采取措施消除,否则,由此引起的保险事故所造成的损失由投保人自己负责,保险人不负赔偿责任。这样,保险就成为督促投保人重视自身检查、消除不安全因素、预防灾害事故的重要手段。

(四)融通资金

保险是一种团体共济制度,通过团体成员共同集资建立保险基金,用以补偿团体成员的灾害损失。保险能够汇集社会上分散的资金,形成巨额保险基金。从理论上说,保险基金只能用于赔偿被保险人的经济损失或支付保险金,不得移作他用。但在现实中,保险事故不可能都同时发生,保险基金因此也不可能一次性全部支付出去,总有一部分资金处于闲置状态。这部分资金作为一种资源,是能够带来利润的,闲置即等于损失。因此,应允许保险公司将闲置的保险基金投入社会再生产中。保险基金投入社会再生产有两种途径:一种是存入银行,由银行贷放出去,进入社会再生产过程;另一种是保险公司直接投资,如投资于证券交易、购置不动产等。对保险公司而言,前者风险小,但收益低;作为商业机构,从自身经济利益出发,保险公司更愿意直接运用保险基金,以获得更高收益,而且保险基金的投资渠道众多,通过投资分散化,可以最大限度地降低风险。事实证明,保险业越是发展,保险投资就越重要,现在投资已经成为保险公司重要的利润来源。但需指出的是,保险的融资职能是派生出来的,保险基金首先要承担经济补偿职能,所以保险基金的运用要以保证保险赔偿为前提,遵守安全性、营利性、流动性原则。

(五)收入分配

保险向多数投保人收取保费,并在危险事故发生后向少数被保险人进行经济补偿,这一过程就像财政中的转移支付一样,对这一部分资金实现了再分配。在各种保险中,社会保险最能体现分配职能。凡参加社会保险的社会成员,都要按照规定的比例用自己收入的一部分支付社会保险费,而支付的社会保险费不一定与其将来可能享受的保险待遇相一致,这就是社会保险在不同社会成员之间的收入再分配作用。

二、保险的作用

保险的作用与保险的职能是两个相互联系的概念。职能是事物本质的客观反映,作用是事物产生的影响和效果。保险的作用,就是保险职能的发挥所产生的社会效果。对此,可从宏观和微观两方面加以考察。

保险的宏观作用,即保险对全社会和整个国民经济产生的影响,主要体现为:

1. 稳定社会再生产循环。现代社会是一个由众多生产部门结成的有机体,各经济主体之间既分工又合作,存在千丝万缕的联系,一家企业的稳定生产不仅对自身至关重要,而且对与之有密切经济联系的其他企业也有重大影响,整个经济是一张错综复杂的网,动其一点必将波及其他,产生类似于“多米诺骨牌”的连锁效应。因此,当个别经济主体遭受意外损失时,将损失控制在一定范围,并使其尽快恢复生产能力,就显得尤为重要。保险就提供了这样一种机制。当一家企业发生危险事故、生产受到影响时,通过保险可以及时获得经济补偿,尽快恢复生产,从而把对其他企业的影响降到最低点,维持社会再生产循环的稳定与发展。

2. 推动社会经济交往。现代社会经济交往,无论是商品买卖还是资金借贷,都离不开信用,对“陌生人”信用的顾虑往往影响交易的进行,而信用调查则增加了交易成本。保险作为对意外事故的经济补偿手段,在一定程度上消除了经济主体对信用的顾虑,客观上起到了提高信用的作用,有助于推动经济交往。在这一点上,信用保险和保证保险的作用显得尤为突出。如在出口信用保险中,出口商如因进口商违约而遭受损失,保险公司将负担其债权损失的经济补偿责任,从而极大地调动有关厂商的出口积极性。

3. 扩大积累规模。一定时期的国民收入经过分配和再分配,形成积累基金、消费基金和后备基金。保险基金作为后备基金的一部分,经过保险投资重新进入社会再生产过程,实际上增加了积累资金的规模,提高了社会再生产能力。

4. 推动科技发展。科技进步是经济发展的主要动力,也是提高企业竞争力的重要手段,但新技术的研发往往面临较大的风险。通过保险的介入,可以给企业提供保障,使其大胆开发新技术、新产品,从而推动科技发展。

5. 增加外汇收入。保险促进了国际贸易(尤其是出口贸易)的发展,增强了一国的出口创汇能力。同时,通过开展国际再保险业务获得的外汇保费收入也是一项重要的非贸易外汇收入。

保险的微观作用,是指保险对作为经济个体的单位和个人产生的影响。这种作用主要表现为:有助于受害企业及时恢复生产,把因危险事故造成的损失降到最低;有助于安定人民生活,维护家庭稳定;有助于均衡个人及家庭财务收支。

案例练习

某高校学生团队推出了校园创新金融小产品“挂科险”,同学们只要投保5元,考试一旦不及格,就可以获得一定数额的保险赔付。“挂科险”推出后,一夜之间获得了上万点击量,两天内卖出了100份。为了吸引高分学生,该团队又同步设计了一个“高分险”,如果投保的科目成绩绩点达到4.0,也可以得到相应的保险赔付。

问题:

(1)“挂科险”的形式是否构成保险?

(2)“高分险”的形式是否构成保险?

第二章　保险法概述

本章导读

我国保险法的调整对象是商业保险关系。保险法除具有商法的一般特征外，还具有私益性与公益性的结合、任意性与强制性的结合、技术性与伦理性的结合等特征。保险法的渊源包括法律、行政法规、部门规章、司法解释等。我国保险法采取统一立法模式，将保险合同法与保险业法统一规定于保险法之中。现行《保险法》自1995年颁布以来，分别经历了2002年、2014年和2015年三次修正，以及2009年一次修订。

第一节　保险法的概念和特征

一、保险法的概念

（一）广义的保险法与狭义的保险法

在学理上，保险法有广义和狭义之分。广义的保险法，包括保险公法和保险私法；狭义的保险法，仅指保险私法。保险公法和保险私法是以法律规范属性为标准所作的分类。所谓保险公法，是指有关保险的公法性质的法律规范，即调整国家对保险业的监督管理关系及社会公共保险关系的法律规范，包括保险业法和社会保险法。所谓保险私法，是指有关保险的私法性质的法律规范，即调整自然人、法人和其他组织之间保险关系的法律规范，包括保险合同法和保险特别法。

（二）形式意义上的保险法与实质意义上的保险法

以法律渊源的载体形式为标准，保险法可分为形式意义上的保险法和实质意义上的保险法。形式意义上的保险法，是指以保险法命名的专门性规范文件，如我国1995年颁布的《保险法》。实质意义上的保险法，是指法律体系中一切有关保险的法律规范的总和，除以保险法命名的形式意义上的保险法之外，还包括有关行政法规、规章、司法解释等有关保险的法律规范，如《海商法》中关于海上保险的法律规范。

本书中所称的保险法，是以商业保险关系为调整对象的法律规范的总称，是指广义的保险法和实质意义上的保险法，但不包括社会保险法。

二、保险法的调整对象

《保险法》第2条规定："本法所称保险，是指投保人根据合同约定，向保险人支付保险费，保险人对于合同约定的可能发生的事故因其发生所造成的财产损失承担赔偿保险金责任,或者当被保险人死亡、伤残、疾病或者达到合同约定的年龄、期限等条件时承担给付保险金责任的商业保险行为。”第 181 条规定:“保险公司以外的其他依法设立的保险组织经营的商业保险业务,适用本法。”依据上述规定,保险法的调整对象是商业保险行为以及由此产生的商业保险关系。保险法的调整对象不包括社会保险关系,社会保险关系由《劳动法》和《社会保险法》等法律调整。《社会保险法》第 1 条规定:“为了规范社会保险关系,维护公民参加社会保险和享受社会保险待遇的合法权益,使公民共享发展成果,促进社会和谐稳定,根据宪法,制定本法。”

保险法调整的商业保险关系具体包括以下内容。

(一)保险营业关系

保险营业关系,是指保险人基于保险营业活动而形成的各类社会关系。保险营业关系产生于各类法律地位平等的民商事主体之间,调整此类社会关系的法律规范属于保险私法规范。

1. 保险合同关系。此类关系是平等主体之间的投保人一方与保险人一方通过订立保险合同而设立、变更、终止权利义务的法律关系。保险合同关系包括财产保险合同关系和人身保险合同关系。保险合同关系成立于平等的民商事主体之间,其性质是一种横向社会关系。保险合同关系是保险法调整对象的最主要内容。《保险法》第二章“保险合同”就保险合同的一般规定、人身保险合同和财产保险合同的有关规则作出了具体规定。

2. 保险中介关系。此类关系是指保险人或投保人与保险代理人或保险经纪人之间的基于保险中介行为产生的社会关系。在实践中,通常是由保险代理人和保险经纪人等保险业务人员向投保人进行保险推介,以促成保险合同的订立。通过保险代理人和保险经纪人的保险中介活动,起到了沟通保险人和投保人、推动保险经营的作用。《保险法》第五章“保险代理人和保险经纪人”就保险合同当事人与保险代理人、保险经纪人之间的权利义务关系作出了具体规定。

3. 保险人内部及相互之间的关系。此类关系包括两方面具体的内容:(1)保险企业的内部组织关系,这种关系主要受保险公司法的规范。(2)保险企业与保险企业相互之间的外部关系,这是一种横向的竞争与协调关系,这种关系除受保险法的规范外,还受反不正当竞争法的规范。《保险法》第 67 条第 2 款规定:“国务院保险监督管理机构审查保险公司的设立申请时,应当考虑保险业的发展和公平竞争的需要。”

4. 保险相对人内部及投保人相互之间的关系。此类关系也包括两方面具体的内容:(1)保险相对人内部的关系,即投保人、被保险人和受益人相互之间的关系。这三者可以是同一主体,也可以是不同的主体。如属不同的主体,则会涉及三者之间的权利义务如何分配或安排的问题。(2)投保人与投保人相互之间的内部关系,如相互保险社中社员之间的关系等。

(二)保险管理关系

保险管理关系,是指代表国家行使职权的国务院保险监督管理机构在行使管理职权的过程中,与各被管理主体之间形成的社会关系。保险管理关系存在于管理机构与被管理者之间,此类关系的性质为法律地位不平等主体之间的关系,调整此类关系的法律规范大多属于保险公法规范。

1. 国家与保险人之间的关系。此类关系是国家与保险企业之间以监督与被监督、管理与被管理为内容的纵向社会关系。国家为了规范保险企业的有关保险经营行为,维护被保险人的利益,保障保险业的健康发展,设立了保险业主管机关,负责审批保险企业的设立,监督和管理保险企业的保险经营行为。在我国现行法律体系下,保险业主管机关是国务院保险监督管理机构。任何保险企业从事保险经营活动,都必须在有关主管机关的监督管理下合法地进行。《保险法》第六章“保险业监督管理”就国务院保险监督管理机构的管理权限及职责作出了具体规定。

2. 国家与保险中介人之间的关系。此类关系是国家与保险中介人之间以管理与被管理为内容的纵向社会关系。国家通过立法对保险代理人和保险经纪人的任职资格和从业条件作出相应的规定,并通过有关国家机关对保险代理人和保险经纪人的任职资格和从业条件进行审核和批准。保险代理人和保险经纪人从事有关保险中介活动,必须在有关主管机关的监督管理下合法地进行。《保险法》第五章“保险代理人和保险经纪人”就国务院保险监督管理机构对保险中介人的管理权限及职责作出了具体规定。

3. 国家与投保人之间的关系。此类关系包括两方面具体的内容:(1)国家与投保人之间保护与被保护的关系,即国家为了维护广大投保人、被保险人和受益人的一般利益而形成的关系。此类关系主要通过国家立法实现,如《保险法》所规定的订立保险合同时对投保人一方的倾斜保护。(2)国家与投保人之间强制与被强制的关系,即国家基于特定的立法目的而强制投保人投保某些险种,如国家通过法律规定机动车保有者必须投保机动车交通事故责任强制保险。

三、保险法的特征

对于保险法的特征,学界观点不一。一种观点认为,保险法的特征主要有:广泛的社会性、严格的强制性、至善的伦理性、特定的技术性、趋同的国际性。[1] 另一种观点认为,保险法的特征有:保险法是商法、保险法是管理法、保险法是任意法、保险法是技术法。[2] 本书认为,保险法作为商法的组成部分,当然具有商法的一般属性,但其也具有一些区别于其他商事法律的自身特征。

(一)私益性与公益性的结合

由于保险法的商法属性,使其必然表现出一定的私益性特征。保险法的私益性,是指保险法所调整的各种保险合同是双方当事人为追求私法上的利益而进行的商事法律行为,投保人与保险人之间基于保险合同而形成的关系是一种商事法律关系。从本质上而言,保险法属于私法的范畴。从投保人和被保险人方面而言,通过与保险人订立财产保险合同或人身保险合同,可以使其达到预防风险的目的,而使与其有关的财产利益或人身利益有所保障。从保险人方面而言,通过从事保险经营行为,可以使保险企业所追求的营利性目标得以实现。

保险法的公益性,体现为保险法具有社会性的特征,即保险法对保险业的调整更多地注重保险业的社会责任或公共责任。保险法的公益性从某种程度上来说,是为了修正从事保险业的大企业过分追求营利性而表明的一种法律态度。20 世纪以来,各国越来越重视对包括保险业在内的与公众社会生活关系甚为密切的大企业的法律调整。这是因为这些大企业所从事的

---

〔1〕 樊启荣:《保险法》,高等教育出版社 2010 年版,第 17、18 页。

〔2〕 徐卫东:《保险法论》,吉林大学出版社 2000 年版,第 50 ~ 54 页。

事业一旦经营不良,将使公众的社会生活遭受重大的不利影响。法律的这种变化和倾向,被称为法律的社会化趋势。保险业由于在保险活动中处于最重要的地位,其经营行为与社会公众的切身利益直接相关,因此法律对其的调整也越来越体现出社会化或公益性的特征。具体来说,与一般的企业相比较而言,保险业的社会性体现为:(1)由保险的技术上的特征而产生的团体性、集体性以及寿险的长期性;(2)对于投保人、被保险人而言,保险所保障的偶然事故大多数是他们的不幸遭遇;(3)保险是市场经济之核心——金融业的一环,担负着维持经济秩序的重要角色;(4)保险资金(尤其是寿险业)在公益事业上的投资;(5)保险具有节省货币准备的特征。[3]

概言之,保险法的私益性,主要是针对保险合同双方当事人所追求的利益而言;保险法的公益性,主要是针对保险法对保险业的法律规制而言。二者相辅相成,形成了保险法的特色。

(二)任意性与强制性的结合

保险法的任意性,是指在保险合同法领域中,允许保险人、投保人或被保险人、受益人享有设立、变更、终止保险合同的权利,允许其采用协议或其他方式设定义务或施加条件,只要不违反法律的强制性规定,不违反法律的基本原则,也不损害第三人或公共利益,法律就认可其效力并给予保护。保险合同属于商事合同,合同法的一般原理和规则均适用于保险合同。通过订立保险合同而达成意思表示一致的保险行为,是建立在当事人意思自治的基础上的,它以当事人自愿和意思表示真实为行为有效的必备要件。《保险法》第11条规定:"订立保险合同,应当协商一致,遵循公平原则确定各方的权利和义务。除法律、行政法规规定必须保险的外,保险合同自愿订立。"保险法的任意性实质上是合同自由原则在保险法上的具体体现。此外,国家基于特定的立法目的规定某些险种属于强制保险,强制要求投保人与保险人缔结保险合同,这是对当事人意思自治在某些特殊领域所作出的限制。

保险法的强制性,是指由于保险事业涉及社会公共利益,具有公益性和社会性的特征,而使保险法规范中多有强制性规定的内容。与民商法中大量存在的任意性规范不同,那些属于强制性规范性质的保险法规范,不允许当事人作出变更或限制。例如,关于保险人的免责事项,《保险法》第27条第2款规定,投保人、被保险人故意制造保险事故的,保险人有权解除合同,不承担赔偿或者给付保险金的责任。即使当事人有相反约定,其约定也应认定为无效。又如,关于财产保险合同中对超额保险的禁止,《保险法》第55条第3款规定,保险金额不得超过保险价值;超过保险价值的,超过部分无效。可以说,保险法的强制性是保险法公益性的进一步具体体现。但是,对于保险法的强制性,也有学者持否定态度,认为强制性只存在于社会保险法中,而不存在于商业保险法中。[4]

(三)伦理性与技术性的结合

保险法的伦理性,是指为防止道德危险,保险法对保险合同当事人提出了较高的善意要求,而使保险法具有了一定的伦理性特征。保险合同是射幸合同,保险的这种射幸性质使其具有了导致道德危险发生的可能。法律为防止道德危险的发生,要求保险合同当事人必须以特别的善意订立保险合同。因此,保险合同又被称为"最大善意合同"。保险法的这种伦理性要

〔3〕 陈云中:《保险学要义》,台北,三民书局1992年版,第44页。
〔4〕 徐卫东:《保险法论》,吉林大学出版社2000年版,第53页。

求，在保险法的各个历史发展阶段均有一定的反映。例如，英国《1906 年海上保险法》第 17 条规定：海上保险契约是以绝对的诚实守信为基础。倘若任何一方不遵守诚实守信原则，另一方得声明此项契约无效。又如，我国《保险法》第 16 条关于“如实告知义务”的规定，也属于此类性质的规定。

保险法的技术性，是指基于保险行为长期实践中得来的经验和客观规律，保险法中存在很多具有一定技术性要求的法律规范。例如，保险费率的厘定、承保风险的选择程序、保险事故损失的计算、保险赔款的计算、设立保险公司应具备的技术与物质条件、责任准备金的提存等。这些法律规范的内容一般不允许当事人之间加以约定，具有强行法的性质。

四、保险法的地位

保险法的地位，是指保险法在整个法律体系中属于哪一层次的法律部门及其所处的具体位阶如何。各国由于对保险法的法律属性的认识有所差异，对保险法地位的确定也不尽相同。一般来说，在采民商合一制的国家中，保险法是民法的特别法，与民法的关系是特别法与普通法的关系，凡保险法无特殊规定的，皆适用民法的一般规定；在采民商分立制的国家中，保险法与公司法、票据法、海商法等均属商法的组成部分。

我国因不存在民商分立的立法传统，在现行法律体系下，保险法属于广义民法的范畴，居于民事特别法的地位。在学理上，保险法被归入商法的范畴。在我国现阶段，保险法是规范保险活动、保护保险活动当事人的合法权益、加强对保险业的监督管理、促进保险事业健康发展的重要手段，是我国社会主义市场经济法律体系的重要组成部分。

第二节　保险法的渊源和体例

一、保险法的渊源

保险法的渊源是指保险法规范的表现形式，即根据保险法的效力来源而划分的保险法的不同形式。就我国现行法而言，保险法的渊源主要如下。

（一）法律

法律是指由全国人民代表大会及其常务委员会制定颁布的具有法律效力的规范性文件。在我国，有关保险的法律主要有《保险法》和《海商法》。

《保险法》于 1995 年 6 月 30 日第八届全国人民代表大会常务委员会第十四次会议通过，1995 年 10 月 1 日起施行。其后，全国人大常委会分别于 2002 年、2014 年和 2015 年对《保险法》进行了三次修正，于 2009 年对《保险法》进行了一次修订。《保险法》是新中国成立以来第一部以保险法命名的专门法律，也是我国现行保险法体系的基本法。现行《保险法》共有八章 185 条。除总则和附则外，该法从保险合同、保险公司、保险经营规则、保险代理人和保险经纪人、保险业务监督管理、法律责任六个方面对商业保险的经营和监管作了全面的规定。

《海商法》于 1992 年 11 月 7 日第七届全国人民代表大会常务委员会第二十八次会议通过，1993 年 7 月 1 日起施行。《海商法》是我国调整海上运输关系和船舶关系的商事特别法，该法第十二章对海上保险合同作了规定。该章共有6节41条,主要内容包括:一般规定,合同的订立、解除和转让,被保险人的义务,保险人的责任,保险标的的损失和委付,保险赔偿的支付。该章规定与《保险法》构成特别法与普通法的关系,在具体规则上存在若干差异。

(二)行政法规

行政法规是指由国家最高行政机关即国务院制定颁布的具有法律效力的规范性文件。在《保险法》颁布施行之前,重要的保险行政法规有1983年颁布的《财产保险合同条例》(已失效)和1985年颁布的《保险企业管理暂行条例》(已失效)。随着《保险法》等法律的实施,根据“新法优于旧法”的原则,《财产保险合同条例》和《保险企业管理暂行条例》中与《保险法》不一致的规定,应以《保险法》为准。《保险法》实施之后,国务院于2001年12月12日公布了《外资保险公司管理条例》。2006年3月30日,国务院颁发了《机动车交通事故责任强制保险条例》。2012年11月12日,国务院颁发了《农业保险条例》。2014年10月29日,国务院颁发了《存款保险条例》。

(三)部门规章

部门规章是指由国务院相关部委制定颁行的具有法律效力的规范性文件。作为保险法渊源的部门规章主要是原银保监会制定的各类规范性文件,重要的有:《外资保险公司管理条例实施细则》《保险保障基金管理办法》《再保险业务管理规定》《保险代理人监管规定》《外国保险机构驻华代表机构管理办法》《健康保险管理办法》《保险资金境外投资管理暂行办法》《银行保险机构许可证管理办法》《保险公司管理规定》《保险经纪人监管规定》《保险公估人监管规定》《互联网保险业务监管办法》《保险公司偿付能力管理规定》《保险资产管理公司管理规定》《银行保险监管统计管理办法》《银行保险机构消费者权益保护管理办法》《人身保险产品信息披露管理办法》《保险销售行为管理办法》等。

(四)司法解释

作为保险法渊源的司法解释,主要是指由最高人民法院制定颁发的,针对审判实践中具体适用法律的有关问题而作出的有权解释。最高人民法院所制定颁布的司法解释,对各级人民法院处理同类案件具有拘束力。司法解释具有释法功能,某些解释甚至具有造法作用,这对于弥补现行法律规定的不足、指导各级人民法院妥善处理司法实践中出现的新问题具有积极意义。其中,最为重要的司法解释是最高人民法院颁布的四个《关于适用〈中华人民共和国保险法〉若干问题的解释》(以下简称《保险法解释》)。《保险法解释(一)》共6个条文,主要针对2009年《保险法》修订后新法和旧法的衔接适用等问题作出了规定,该司法解释自2009年10月1日起施行。《保险法解释(二)》共21个条文,主要针对重复保险、投保人的告知义务、保险人的说明义务、保险代位权、格式条款的解释等问题作出了规定,该司法解释自2013年6月8日起施行。《保险法解释(三)》共26个条文,主要针对人身保险合同的若干具体问题作出了规定,该司法解释自2015年12月1日起施行。《保险法解释(四)》共21个条文,主要针对财产保险合同的若干具体问题作出了规定,该司法解释自2018年9月1日起施行。

(五)国际条约

我国加入WTO以后,中国政府承诺遵守的有关保险法的国际条约和国际惯例,也是我国保险法的渊源。

二、保险法的立法体例

各国保险法在内容上主要涉及两个方面:一方面是保险合同法,主要调整保险人与投保人和被保险人之间基于保险合同而形成的社会关系;另一方面是保险业法,主要调整国家对保险公司的监督、管理而形成的社会关系。虽然各国的保险立法基本上都是以保险合同法和保险业法作为保险法内容体系的最基本组成部分,但在具体的立法体例上,却有以下几种不同的模式:第一种模式是统一立法,即将保险合同法和保险业法统一规定于一部法律中,统称保险法。第二种模式是分别立法,即将保险合同法和保险业法分别以两部不同的法律加以规定,并分别以保险合同法和保险业法命名,如法国、德国、日本等。第三种模式是将保险合同法规定于商法典中,保险业法单独立法,如韩国等。第四种模式是将保险合同法规定于民法典中,保险业法单独立法,如意大利等。

在《保险法》颁布之前,我国的保险立法采取了保险合同法和保险业法分立的立法体例,先后颁布了《财产保险合同条例》和《保险企业管理暂行条例》,对保险合同关系和保险业监督管理关系分别进行调整。1995 年颁布的《保险法》改变了这种状况,采取统一立法体例,该法包括总则、保险合同、保险公司、保险经营规则、保险业的监督管理、保险代理人和保险经纪人、法律责任、附则。从内容和规范功能上来看,现行《保险法》集行为法与组织法于一身,具体包括了保险合同法、保险组织法、保险行为法、保险业监督法,实现了保险私法与保险公法的融合。我国保险法从分立走向合并,在我国保险法立法进程中是一个重大举措。

第三节 保险法的沿革

一、保险法的形成

一般认为,现代意义的保险发源于意大利,最早的保险立法也出现在意大利。据考证,最早的保险立法是意大利的《康索拉都海事法例》,继而是 1266 年的《亚勒龙法》,其中关于商事部分的规定为当时欧洲各国商人所普遍采用。但也有一种观点认为,保险法最早起源于 1369 年的热那亚法令。[5]

真正意义的保险法产生于 14 世纪之后。随着海上贸易的发展,海上保险事业不断繁荣,特别是欧洲地区的海上交通要冲如意大利北部地中海沿岸热那亚、佛罗伦萨以及西班牙的巴塞罗那等先后发布了各种海事法规,这些法规大多包含海上保险的规定。其中,1435 年《巴塞罗那法令》规定了有关海上保险的承保规则及损害赔偿的手续,被世人公认为最早的海上保险法典,也是世界上最古老的保险法典。该法的精髓为后立的海上保险法所继承,当代各国通行的英国劳氏货船保单,就是以《巴塞罗那法令》为模本的。1523 年的《佛罗伦萨法令》在巴塞罗那法令的基础上使保险立法向前迈进了一步。该法令总结了以往海上保险的做法,规定了标准保险单格式,形成了一部比较完整的条例。此后,出于保险司法的需要,比利时的安特卫普、荷兰的阿姆斯特丹先后设立了海上保险法院,专司海上保险纠纷案件的审判。1601 年英王伊

---

〔5〕《中国大百科全书·法学卷》,中国大百科全书出版社 1984 年版,第 12 页。

丽莎白制定的第一部有关海上保险的法律中,也规定了在保险商会内设立仲裁庭,以解决海上保险的纠纷案件。几乎与此同时,1681 年法国国王路易十四颁布《海事条例》,其中第六章就是有关保险的规定。1731 年德国汉堡也制定了《保险及海损条例》。至 18 世纪中叶,丹麦、瑞士等北欧国家也都相继制定了保险条例。

英国《1906 年海上保险法》是保险立法真正成熟和完善的重要标志。该法共 94 条,对海上保险有关事项的规定颇为详尽,具体包括:海上保险合同的定义和要件、保险单的格式和制定、合同条款的解释、全部和部分损失、海损和救助费用的确定等。该法的意义远远超越了"海上",对后世各国保险立法产生了深远的影响。

综上所述,保险法的形成经历了一个有规律的发展过程。首先,从保险法产生时间的角度来说,13 世纪产生了现代意义上的保险法,其发展先是由习惯法到惯例集,再由惯例集到成文法,英国《1906 年海上保险法》是保险立法真正成熟和完善的标志;其次,从保险法适用空间的角度来说,先有海上保险法规,后有陆上保险法规;再次,从保险法内容的角度来说,先有财产保险法规,后有人身保险法规;最后,通过实践中的逐步完善,形成了完整的保险法体系。

二、各主要国家保险立法概况

(一)法国的保险立法

法国是现代保险法的起源地。欧洲大陆最早的具有现代意义的保险法,是法王路易十四于 1681 年颁布的《海事条例》。从整体上说,《海事条例》是调整航海贸易的一部海商法,但其第六章对海上保险作了规定。以后各国海商法多有海上保险的规定,就是以此为开端的。从内容上看,路易十四的《海事条例》要比《巴塞罗那法令》的规定更为完善。1807 年拿破仑制定商法典时,其海商法部分就是以路易十四的《海事条例》为基础的。

值得一提的是,在路易十四颁布《海事条例》之前的 1671 年,法国的里昂曾出版了《海事指南》。《海事指南》虽然不是立法文件,但它对保险业务及保险的形式有详细解释,实际上是一个完整的海上保险法提纲。所以,它对以后的法国乃至世界各国的海上保险立法产生了深远的影响。

法国的陆上保险,原先适用其民法的规定。然而,《法国民法典》只是在"射幸契约"中提到保险契约,此外并无详细的规定。1904 年法国开始拟定保险契约法草案,其间经反复修改,《保险契约法》于 1930 年 7 月 13 日被通过并施行。该法共四章:第一章为保险的一般规定,第二章为损害保险的规定,第三章为人身保险的规定,第四章是有关程序的规定。1905 年,法国颁布了《人寿保险事业监督法》,之后,1938 年又通过了有关监督保险企业的专门法律。至此,法国的保险立法已趋于完善。

1976 年,法国将有关保险的法律、规定、政令编纂成《保险法典》。该法典分为法律、规定、政令三部分,每一部分又分为五章:第一章为保险合同、第二章为强制保险、第三章为保险公司、第四章为保险特有的机制、第五章为一般代理和中间商。

(二)德国的保险立法

德国的保险立法稍晚于法国,其保险法的编制形式与法国也有不同。例如,法国在其民法典和商法典中都有关于保险的规定,但在德国的民法典和商法典中均未对保险契约作出规定。

德国最早的保险立法是 1731 年颁布的《汉堡海损及保险条例》,此后,《德意志商法典》以及汉堡商会制定的《1919 年海上保险规则》等都是欧洲著名法规,流传甚广。当然,这些法规都是有关海上保险的法规。德国的陆上保险法——《保险合同法》于 1908 年 5 月 30 日颁布,自 1910 年起施行。该法共 5 章 193 条。其后,《保险合同法》经历了多次修订。最近的一次修订发生于 2008 年,此次修订的背景是欧盟于 2002 年颁布了两个对保险业至关重要的指令,一个是异地直销指令,另一个是保险中介指令。此次修订一方面是按照欧盟指令将相关内容转化为德国国内法,另一方面是将德国多年司法实践积累的不成文法(包括联邦最高法院判决、联邦宪法法院判决)一并转化为成文法。此次修订的内容主要包括:保险人建议义务的明确、保险人说明义务的强化、投保人解除权的改进、投保人告知义务的完善、保险标的危险增加规定的完善、支付保险费规定的修改、专节规定为第三人保险、规定临时保险、专节规定预约保险、保险中介与保险顾问规定的完善、投保人导致保险事故发生和违反防灾减损义务以及侵害保险人代位权法律后果的细化、责任保险的修改、运输保险的修改、建筑物火灾保险的修改、人寿保险的修改、新增职业伤残保险的规定、意外伤害保险的修改、新增健康保险的规定等。

至于对保险业的监督,有 1931 年制定的《民营保险法》、1931 年 6 月 6 日颁布施行的《私营保险公司和住房建造储蓄协会监督法》和 1951 年 7 月 31 日生效的《保险机构监督法》。仿效德国做法的有瑞士、奥地利、瑞典和丹麦等国家。

(三)日本的保险立法

日本的保险业与保险立法,都是在同外国通航以后出现的。在 2008 年以前,日本有关陆上保险和海上保险都规定在其商法典中(陆上保险规定于该法第三编第十章中;海上保险规定于该法第四编第十章中)。其中,有关陆上保险的规定共 55 条,其内容主要包括关于财物保险的规定、关于火灾保险的规定、关于生命保险的规定、关于保险业者破产的规定等。有关海上保险的规定共 27 条,主要内容是海上保险的范围、海损的补偿、船舶及海运货物的保险价额、航海保险的保险期、海上保险证券的记载事项、保险人和被保险人的责任等。

2008 年 6 月,日本在《商法典》之外颁布了独立的《保险法》,该法是在商法典“保险编”的基础上大规模修订而成。该法虽命名为《保险法》,但实为保险合同法。该法共 5 章 96 条(另加“附则”6 条),各章包括总则、损害保险、生命保险、伤害疾病定额保险、杂则。该法的立法原则体现了四个“强化”:(1)强化符合现代保险交易发展规则的制定;(2)强化对投保人一方的保护;(3)强化保险契约当事人以外的第三人的法律地位;(4)强化道德风险的防范。

日本的保险业法是在其商法典颁行之后的一年即 1900 年颁布的。该法于 1939 年曾被逐条进行修改。1995 年,日本将原有的《保险业法》《保险展业法》《外国保险公司法》合并并补充成为新的《保险业法》(1996 年 4 月 1 日起施行),并于 1996 年 12 月 22 日颁布了《保险业法实施条例》。现行的日本保险业法包括以下内容:(1)将保险业务分为三大类,即人寿保险(生命保险)、财产保险(损害保险)和意外保险(包括意外伤害、疾病和护理等保险业务)。其中人寿保险公司可以经营人寿保险业务和意外保险业务,财产保险公司可以经营财产保险业务和意外保险业务。(2)规定了保险经纪人制度。(3)保险条款、费率自由化。(4)新增了偿付能力管理、被保险人保障基金、财务公开制度等内容。

(四)英国的保险立法

英国是保险最早发源的国家之一,在普通法中就有许多关于保险的规则。1774 年,英国颁布了《人寿保险法》。其后,英国于 1876 年制定了《保险单法》,1923 年制定了《简易保险法》,

1966年制定了《道路交通法》(该法规定,机动车使用者必须订立为第三者利益的强制保险合同)。

关于海上保险,从1756年到1778年,首席法官曼菲尔德收集大量欧洲的海上保险案例及国际惯例,编订海上保险法案例,并于在职期间作出了一些有名的判例,为以后的立法打下了基础。1906年,英国颁布并施行了《1906年海上保险法》。这一法律对保险单的格式和制定,以及全部或部分损失,海损和救助费用的确定等,都一一作了规定。英国的《1906年海上保险法》在其附件中附有劳合社保单,作为海上保险单的基本样式,这种保单原先由劳合社保险业者专用,后来日本也将其作为保险的基本单据予以援用。总之,英国《1906年海上保险法》对世界各国的海上保险立法产生了很大的影响。

在英国,海上保险、火灾保险和人寿保险等几种保险契约被看作"绝对信任"的契约,它要求投保人全部揭示已知的重要事实(对精明保险人在决定是否承担风险和决定保险费时发生影响的全部事实)。否则,即使不可能"恢复原状",契约也得因未揭示全部事实而被认为无效。此外,财产保险的保险人有代位请求权,即在赔付保险金之后,可以承受被保险人的权利。这些规定,后来都成为各国保险立法的重要内容。

虽然英国是不成文法国家,但却有不少成文的保险法。除上述的海上保险法、简易保险法等外,还有1958年的《保险公司法》、1975年的《保险单持有人保护法》、1977年的《保险经纪人法》和1982年的《保险公司法》等。就近期而言,英国《2015年保险法》于2015年2月12日获得女王批准,并于2016年8月正式生效。该法在三个问题上对英国现行的商业保险合同法作出了重大改革:(1)商业保险合同和其他非消费者保险合同中投保人或被保险人的告知和虚假陈述问题;(2)保险中保证制度的问题;(3)被保险人欺诈索赔的法律救济问题。[6]

(五)美国的保险立法

与英国不同,美国有关保险的法律是由各州自行制定的,全国并没有一部统一的保险法。这些由各州制定的保险法,大都是关于被保险人的保护以及对保险业的管理、监督等内容。其中,关于管理和监督保险人的法规,一般都对保险公司的设立、对保险业的财务监督及保护被保险人利益等方面作了规定。股份保险公司必须遵守州法律关于最低资本和盈余的规定。当然,最低资本的金额在各州、各种保险间并不一致。对相互保险公司只规定最低盈余额。各州保险法规定保险企业可列入资产负债表的资产内容,规定计算准备金的方法、投资的方向及比例,规定对费用开支的限制以及公司分红方法等。此外,美国各州为保护投保人的利益,均对保险代理人和经纪人作了规定。例如,禁止不合格的代理人经营保险业务,禁止保险代理人以给予投保人佣金作为参加保险的引诱,禁止不正当的营业行为(如不公平的理赔、歧视某些被保险人等)。州保险委员会(保险委员会的委员大多数是由州长任命)有权阻止不正当的营业行为,如果情况严重,还可以吊销其执照。

在美国各州的保险法中,《纽约州保险法》被认为是最为完备的一部法律。该法颁布于1892年,于1939年重新编纂,现存61章,内容涉及对保险公司、代理人和经纪人的监管和对保险合同的管理。

---

〔6〕《英国〈2015年保险法〉及立法背景资料》,郑睿译,载王宝敏主编:《保险法评论》(第6卷),法律出版社2016年版,第289页。

出于管理与监督保险业的需要,美国各州还设立专门的保险业的行政管理部门,即保险管理部(厅)。各州的保险部(厅)一般设有控告处,专门处理投保人和消费者对保险人的控告,但仅仅是进行调查并从保险人处取得答复而已;作为控告处,并无权命令保险人赔付有争议的索赔。值得一提的是,美国国会于 1999 年 11 月通过了《金融服务现代法》,废除了此前关于银行、证券和保险业严格分业经营的规定,允许银行、证券公司和保险公司进入彼此领域进行竞争。该法确立的混业经营原则对美国金融业乃至全球金融业的结构调整和发展方向产生重要影响,且这一影响仍在持续。

三、中国保险立法

(一)清末的保险立法

我国最早的保险立法活动始于清朝末年。光绪二十九年(1903 年),由清廷指派大臣载振、伍廷芳等人起草商事法规,草拟大清商律。后经日本法学家志田钾太郎修订,于光绪三十四年(1908 年)完成,全称为《大清商律草案》。其中,第七章和第八章分别规定了"损害保险营业"和"生命保险营业"。从第 176 条至第 236 条,分别规定了总则、火灾保险营业、运送保险营业和生命保险营业的法律规则。由于清政府处于崩溃瓦解的非常时期,中国最早的保险立法也夭亡于摇篮中。

清末涉及保险的另外一个立法尝试是宣统二年(1910 年)制定的《保险业章程草案》。该草案共 7 章 105 条。各章的名称分别为总则、股份公司、相互公会、物产保险、生命保险、罚则和附则。这项法律草案因为辛亥革命的爆发而成为废案。

(二)北洋政府和国民政府时期的保险立法

1912 年,在学习西方、创办民族工商业的巨大压力下,北洋政府开始组织起草有关商事的立法。1914 年,《商人通例》颁布。该法第 1 条列举了 17 种商业行为,其中第 12 项是保险。有关商人能力、商业登记、商号、商业账簿、商业使用人、商业学徒及代理商的条款均适用于保险公司。1919 年制定了《保险业法案》,共 42 条,明确规定申办保险公司要向农商部门申请颁发营业执照,并缴纳规费。保险组织采用股份有限公司的形式,注册公司的资本总额不得低于 20 万元。该法案还具体规定了对保险业的管理权限及方式、公司清算、解散、破产程序以及对违法行为的处罚。

国民政府于 1927 年取得对国家的统治权后,陆续制定了一系列的法律,包括 1927 年 11 月 19 日颁布的《国民政府财政部金融监理局组织条例》,1928 年颁布的《保险条例草案》,1935 年颁布的《简易人寿保险法》,1929 年制定的《保险法》,但未施行,1937 年修订公布的《保险业法》和《保险业法施行法》。

抗日战争爆发以后,国民政府的保险立法主要是创办一系列的强制保险,包括 1937 年的《战时运输兵保险法》、1940 年的《战时保险业施行法》等。

(三)中华人民共和国成立后的保险立法

中华人民共和国成立后,面对接收官僚资本保险公司、改造华商保险公司和建立人民保险公司的局面,对保险业的管理权主要由各地方政府行使。因此,中华人民共和国成立初期先出现的是一些地方性的法规,如 1949 年东北财政经济委员会制定的《公营企业投保火险简略办法》《上海市统一火险费率实施办法》等。属于全国性保险立法的,主要有 1949 年 12 月 23 日由政务院财政经济委员会制定的《关于国营公营企业必须向中国人民保险公司进行保险的指示》。1951 年 2 月 3 日,政务院通过了《关于实行国家机关、国营企业、合作社财产强制保险及旅客强制保险的规定》。同年 4 月 24 日,政务院财政经济委员会公布了 6 项保险条例,即《铁路车辆强制保险条例》《船舶强制保险条例》《铁路旅客意外伤害强制保险条例》《轮船旅客意外伤害强制保险条例》《飞机旅客意外伤害强制保险条例》《财产强制保险条例》。同时公布的还有配合财产保险条例的 3 个保险费率表。1953 年 6 月 20 日,财政部发布了《关于财产强制保险投保发、范围的通知》。1957 年 4 月 6 日,财政部又发布了《公民财产自愿保险办法》。1958 年 10 月,中国人民保险公司国内业务停办后,客观上使保险立法丧失了存在的基础,从而使保险法制处于停滞的状态。

1980 年国家决定恢复国内保险业务,又使保险立法提上了议事日程。为配合 1981 年 12 月 13 日颁布的《经济合同法》,国务院于 1983 年 9 月 1 日公布了《财产保险合同条例》,这是新中国调整保险合同关系的第一部专门立法。1985 年 3 月 3 日,国务院又制定了《保险企业管理暂行条例》。该条例规定了中国人民银行为国家保险管理机关,中国人民保险公司是拥有垄断经营权的在全国经营保险和再保险业务的国营企业;设立保险企业要具备的条件,包括最低的资本金额;保险公司要保证有足够的偿付能力和保险准备金;关于再保险的法律要求等。其余法律、法规中涉及保险内容的有《涉外经济合同法》《外资企业法》《海商法》《经济合同法》《商业银行法》《民用航空法》等。

1995 年 6 月 30 日,第八届全国人民代表大会常务委员会第十四次会议通过了《保险法》,并于 1999 年 10 月 1 日起施行。《保险法》的制定适应了我国保险业迅速发展的客观需要,填补了我国系统性保险立法的空白。同时,还适应了我国社会主义市场经济的发展需要,严格规范保险行为,全面保护被保险人和保险当事人的合法权益,强化对保险业的监督管理。

2002 年 10 月 28 日,第九届全国人民代表大会常务委员会第三十次会议通过了《保险法》(修正案),并于 2003 年 1 月 1 日起施行。此次修正的《保险法》条文共计 38 条,涉及总则、保险合同、保险经营规则、保险代理人和保险经纪人、法律责任等方面。此次修正的背景是我国保险业的内部结构和外部环境均发生了较大变化,尤其是我国加入 WTO 以后将保险业对外资保险公司开放的新情况。此次修正主要遵循以下几方面的原则:一是对与加入 WTO 承诺不符的条文进行修改;二是对不利于保险业发展的条文进行修改;三是对能够通过司法解释解决的条文和可改可不改的条文暂时不进行修改。

2009 年 2 月 28 日,第十一届全国人民代表大会常务委员会第七次会议通过了修订后的《保险法》,并于 2009 年 10 月 1 日起施行。此次修订的背景是,《保险法》虽经 2002 年修正有所完善,但其各方面缺陷仍较突出,已经不能适应保险业快速发展的现实要求。与 2002 年仅针对少量条文修改不同,此次修订是对《保险法》的全面修改,条文数量由修订前的 158 条增加到修订后的 187 条,绝大多数条文都有修改。此次修改的具体内容包括以下方面:

1. 关于保险合同有关规定的修改。具体包括保险利益规定的修改,新增保险合同附条件、附期限的规定,保险合同条款解释的修改,加强对投保人、被保险人权益保护的规定等。

2. 关于保险公司有关规定的修改。具体包括取消对保险公司组织形式的限制,严格保险公司的设立条件,明确保险公司董事、监事和高级管理人员的资格条件等。

3. 关于保险经营规则有关规定的修改。具体包括适当拓宽保险公司的业务范围;适当拓宽保险资金运用的渠道，严格规范保险公司的关联交易，明确规定保险公司销售人员应取得资格许可，新增保险公司的信息披露义务，充实保险业务中禁止性行为规定。

4. 关于保险中介有关规定的修改。具体包括：要求保险专业代理机构、保险经纪人采取实缴货币资本，保险专业代理机构、保险经纪人的高级管理人员的任职资格规定，从事保险代理、保险经纪业务人员的任职资格规定，完善保险从业人员法律责任的规定等。

5. 关于加强保险业监管有关规定的修改。具体包括加强对保险公司使用的保险条款和保险费率合法性监管的规定，加强对已发生偿付能力不足的保险公司重点监管的规定，监督保险公司聘用资信良好的会计师事务所等中介服务机构的规定，保险监督管理机构调查违法行为所必需手段的规定等。

2014 年 8 月 31 日，第十二届全国人民代表大会常务委员会第十次会议通过了《保险法》（第二修正案），此次修正改动不大，仅修改 2 个条文。2015 年 4 月 24 日，第十二届全国人民代表大会常务委员会第十四次会议通过了《保险法》（第三修正案）。此次修正的重点是，取消保险销售、保险代理、保险经纪等从业人员的资格核准等行政审批事项。此次修正共涉及 13 个条文，并删除原第 132 条和第 168 条。

在发展我国保险业的政策制定层面，国务院于 2006 年发布了《关于保险业改革发展的若干意见》（被业内称为“国十条”），又于 2014 年发布了《关于加快发展现代保险服务业的若干意见》（被业内称为“新国十条”）。“新国十条”指出，到 2020 年，基本建成保障全面、功能完善、安全稳健、诚信规范，具有较强服务能力、创新能力和国际竞争力，与我国经济社会发展需求相适应的现代保险服务业，努力由保险大国向保险强国转变。保险成为政府、企业、居民风险管理和财富管理的基本手段，成为提高保障水平和保障质量的重要渠道，成为政府改进公共服务、加强社会管理的有效工具。保险深度（保费收入/国内生产总值）达到 5%，保险密度（保费收入/总人口）达到 3500 元/人。保险的社会“稳定器”和经济“助推器”作用得到有效发挥。

案例练习

李某因公出差，搭乘长途汽车发生交通事故死亡。据该省规定：凡在该省搭乘长途汽车的旅客，都应向保险公司投保旅客意外伤害险，保险费包含在票价内。事后，保险公司向李某家属给付 8000 元保险金。李某所在单位是实行《劳动保险条例》的国有企业，李某家属向单位提出，李某因公死亡，根据《劳动保险条例》规定，单位应给付丧葬费、抚恤费、子女生活费等。单位则认为，李某车票由单位报销，即单位承担了李某的保险费，保险公司支付的保险金应先交还单位，单位再依据《劳动保险条例》规定给付丧葬费、抚恤金、生活补助费等。

问题：

（1）李某与保险公司之间的保险合同关系是否受《保险法》调整？

（2）李某与所在单位的劳动保险关系是否受《保险法》调整？

（3）本案应当如何处理？

第二编　保险合同总论

第三章　保险合同概述

本章导读

保险合同是指投保人与保险人订立的,约定保险权利义务关系的协议,具有双务性、射幸性、补偿性、有偿性、诺成性、非要式性、继续性、附和性和属人性等特征。除《保险法》将保险合同区分为财产保险和人身保险的分类方式外,还可依据不同标准对保险合同进行类型化区分。投保人和保险人是保险合同当事人,被保险人和受益人是保险合同关系人。不同于保险的客体,保险合同的客体是当事人的行为。《保险法》规定了保险合同的基本条款,此外当事人还可约定特约条款。保险合同条款的解释受到《保险法》及其司法解释的规制。

第一节　保险合同的概念和特征

一、保险合同的概念

保险合同是指投保人与保险人订立的,约定保险权利义务关系的协议。[1] 根据当事人双方的约定,投保人一次性或分期支付保险费给保险人,保险人承诺在特定事件发生时或约定期限届至时履行保险赔付责任。保险是一种虚拟商品,并无实物,其载体就是保险合同中约定的各种条款,如有关保险标的、保险期间、保险事故、保险赔偿范围和方式的条款。投保人一方必须详细阅读保险合同,方可知晓自己购买的究竟是何种商品。保险交易也属于延时交易,保险合同这一具有法律上拘束力的协议确保了保险消费者的权益能够获得法律保障。与此同时,保险合同还是保险监管机构监管的关键对象、保险合同当事人履约的主要依据,而且在当事人发生纠纷并诉至法院或提交仲裁时,是人民法院或仲裁机构据以明断是非、做出公正裁决的重要证据。总而言之,保险合同既是保险制度的功能得以落实的具体手段,也是保险法规制的主要内容。

二、保险合同的特征

保险合同是合同的一种,其具备一般合同所共通的特性。除此之外,保险合同又是一种特定的合同类型,故而存在一些不同于一般合同的特征。

---

〔1〕《保险法》第10条第1款。

(一)双务性

合同以给付义务是否由双方当事人互负为标准,可分为双务合同和单务合同。双务合同是指双方互负对待给付义务的合同,如买卖、租赁等。而单务合同则是指仅有一方当事人负有给付义务的合同,如赠与、无偿保管合同等。区分这两类合同需注意的是,在单务合同中,并非有一方是不负任何义务的,而是有一方仅有一些非给付义务、附随义务,却不负有能构成对价的给付义务。例如,在有些赠与合同中约定,赠与人负有将赠与物交付给受赠人的义务,而受赠人负有将赠与物按赠与人指定用途使用的义务,这两项义务并不是互相对应,也不构成对价,这种附负担的赠与仍然是单务合同。保险合同是典型的双务合同。依据保险合同的约定,投保人负有支付保险费的义务,保险人负有在保险期间承担投保人、被保险人损害风险的义务。保险人的风险承担义务意味着,从保险期间开始之日起,保险保障对象的损害风险就依约定全部或部分移转至保险人处。一旦承保范围内的保险事故在保险期间发生,保险人赔偿或给付保险金;如果保险事故在保险期间未发生,保险人也在这段时间内提供了经济上和精神上的保障,使投保人、被保险人免于后顾之忧。然而,保险合同与一般的双务合同也存在一些差异:(1)在一般的双务合同中,如无特别约定,存在"同时履行抗辩权"的问题,合同当事人双方应同时为对待给付,如果一方请求另一方先行给付,另一方可以拒绝。而在保险合同的情形下,投保人应先履行支付保险费的义务。(2)一般双务合同中的给付义务,一旦某一方当事人不履行,另一方可以以诉讼的形式请求给付。但根据《保险法》第 38 条的规定,保险人对人寿保险的保险费,不得用诉讼方式要求投保人支付。之所以如此规定,理由是人寿保险兼具储蓄的功能,法律并无强制储蓄的必要,而且如果投保人欠缴保费,在经历一定程序和期间后,保险合同效力将终止,保险人也不至于遭受损害。

(二)射幸性

以合同的法律效果在订约时是否确定为标准,合同可分为实定合同和射幸合同。实定合同是指合同的法律效果在订约时已经确定的合同。绝大多数合同都是实定合同。射幸合同是指合同的法律效果在订约时不能确定的合同。保险、彩票、赌博等均属于此。保险合同的射幸性体现在,虽然投保人确定要支付保险费,但是保险人是否给付保险金,在合同订立当时无法明确,而取决于合同订立后不确定的偶发事故。此外,当事人双方的支出与收入具有显著的不平衡性。如果在保险保障期间发生保险事故,被保险人能从保险人处获得的保险赔付数额远远超出其所支付的保险费金额,而保险人则是赔付的保险金大大高于其从投保人处收取的保费。如果在保险保障期间未发生保险事故,被保险人在支付保费的同时无法获得任何经济补偿,而保险人则只收取保费,却无赔付之责。

正是由于保险合同的射幸性,保险法律对保险合同的规制,特别强调道德风险的控制和保险费率设定的公平合理。射幸性因其"以小博大"的特性,容易滋生道德风险。为了应对道德风险可能造成的危害,法律一般禁止或限制赌博这类目的和手段并非良善的射幸行为,[2]而针对保险这种对社会有积极作用的射幸行为,法律虽不否定其本身,但依然采取诸项规定去预防和限制其中的道德风险,如《保险法》第 27 条第 2 款规定,投保人、被保险人故意制造保险事故的,保险人有权解除合同,不承担赔偿或者给付保险金的责任。除此之外,虽然保险合同不

---

〔2〕 许德风:《赌博的法律规制》,载《中国社会科学》2016 年第 3 期。

像实定合同那样一般要求“等价”,但是保险合同讲究“对价平衡”,保险费率应以科学的方法设定,保险费的支付与可能的保险赔偿之间应当是大体均衡的,否则是不公平的,有可能因违反“对价平衡原则”被撤销乃至宣告无效。还需着重指出的是,保险合同的射幸性只是就单个保险合同而言的,并不适用于保险合同总体。假若全面考察保险合同的总体,则保险费与保险金之间的关系,并不是完全依赖于偶然事件的发生,而是以精确的数理计算为基础,要遵循“大数法则”。全部的保险费收入和全部的保险金支出大体上也是保持相互平衡的。

(三)补偿性

保险的最主要功能是填补损失,使被保险人恢复到损失发生前的经济状况,而非改善或增益其经济状况,故保险合同具有补偿性的特点。从基本原理上来说,补偿性在财产和责任保险中体现为填补具体经济损失,而在人身保险中较多体现为填补抽象损失,因为人身损害往往难以量化。但是现实中谈及补偿性更多的是针对财产和责任保险而言,此外兼及损失填补型的意外伤害保险和健康保险,如补偿具体医疗费用和住院费用的意外伤害保险或健康保险。保险合同的补偿性避免了投保人或被保险人不当利用保险制度,通过购买保险而获利,又或者故意制造保险事故,引发道德风险。保险合同的补偿性衍生出了所谓“损失填补原则”,进而为落实该项原则,保险法律规定了保险利益、保险代位权、重复保险禁止、超额保险禁止等多种制度(后文将在相关章节详述这些重要制度)。仍需提及的是,囿于投保人的保费支付能力和保险人经营风险的正常控制等因素,保险人未必一定会在损失发生后足额补偿被保险人所遭受的损失。保险合同的补偿性强调的是保险人的赔付数额与被保险人的实际损失额具有直接相关性,而非赔付数额等同于实际损失。在实务中,投保人为节省保费,没有按照保险标的物的全部价值购买保险,又或者保险人为了回避不可控风险而常常在保单中设定保险赔付的上限,这都可能导致被保险人最终无法获得与损失完全对等的补偿,但是这种情形具备现实合理性,也不违背保险合同的补偿性。

(四)有偿性

以当事人取得权益是否须付相应代价为标准,合同可分为有偿合同和无偿合同。有偿合同是指当事人一方享有合同规定的权益,须向对方当事人偿付相应代价的合同,如买卖、租赁。无偿合同是指当事人一方享有合同规定的权益,不必向对方当事人偿付相应代价的合同,如赠与、借用。保险合同是有偿合同,投保人如若想让保险人承担损失风险、提供保险保障,就必须以支付相应的保险费作为代价。保险是一种互助共济行为,许多面临共同危险的人组成风险共同体,通过保险人这个“中介”进行风险聚集和风险分散,令共同体内少数人实际发生的损失最终由共同体全体成员来分担。因此,保险费的收取和积累必不可少,否则保险赔付就成了无源之水。保险合同是强制性的有偿合同,必须有投保人交付保险费的约定,方为有效。如果保险合同中没有交付保险费的约定,又或者明确约定免除投保人交付保险费的义务,那么该保险合同全部无效。在实务中,基于宣传推广保险公司或具体险种,以及履行企业社会责任等需要,保险公司有可能会“赠送保险单”。对此应区别后作出判断,原则上,保险人不得以保险合同作为赠与的标的,无偿赠与投保人。但是,如果“赠送”的保险单中有投保人支付保险费的约定,只是保险人作为第三人替投保人代为给付,又或者保险人以自己为投保人,而以受赠人为被保险人,如此则并不违背其有偿合同的性质,应属有效。

(五)诺成性

以合同的成立是否须交付标的物或完成其他给付为标准,合同分为诺成合同和实践合同。诺成合同是指当事人双方意思表示一致即告成立的合同,如买卖合同。实践合同是指除双方当事人的意思表示一致以外,仍须交付标的物或完成其他给付才能成立的合同,如使用借贷、消费借贷、保管合同等。对于保险合同究竟是诺成合同还是实践合同,曾经存在争议,也在实务中引发不少纠纷。然而,目前通说基本上认为,保险合同是诺成合同。(1)实践合同存在的缘由主要是为了避免无偿合同中只负担义务的一方要受到合同义务的拘束。例如,无偿消费借贷中,无偿借款人在具体借款实际交付前,即使当事人意思表示一致,合同也未成立,借款人不负担任何义务。保险合同是有偿合同,不应属于此。(2)根据《保险法》第13条和第14条的规定,投保人提出保险要求,经保险人同意承保,保险合同成立。保险合同成立后,投保人按照约定交付保险费,保险人按照约定的时间开始承担保险责任。综上,保险合同是诺成合同,而非实践合同,其成立不以投保人交付保险费为必要,但是保险合同的生效,又是否以交付保险费为要件,可由当事人自由约定。实践中,财产保险合同较多约定合同生效不以交付保险费为必要,而人身保险合同(特别是人寿保险合同)则往往与此相反。

(六)非要式性

以合同的成立是否须采用法律或当事人要求的形式为标准,合同分为要式合同和非要式合同。要式合同是指法律或当事人要求必须具备一定形式的合同,非要式合同则是法律或当事人不要求必须具备一定形式的合同。保险合同是非要式合同,保险公司出具的保险单和暂保单在法律上并非保险合同本身,而只是保险合同的证明文件。当保险合同当事人意思表示一致时,保险合同即告成立,不以保险单或暂保单的作成与交付为成立要件。《保险法》第13条也明确规定了保险合同的非要式性。保险合同的非要式性不仅符合商事交易便捷的要求,而且也有利于保险消费者权益的保护,一方面使被保险人在双方意思表示一致以后到保险单签发之前的这段时间内能够获得保险保障,实现公平;另一方面还可以有效地预防保险人可能的道德风险,即保险人故意拖延保险单证的签发,一旦出险,则以合同尚未成立为由,拒绝承担保险责任。

(七)继续性

以时间因素在合同履行中所处的地位和所起的作用为标准,合同分为一时性合同和继续性合同。一时性合同是指一次给付便使合同内容实现的合同,如买卖合同、赠与合同。继续性合同是指合同内容并非一次给付即可完结,而是继续地实现的合同,如租赁合同。保险合同是典型的继续性合同,其继续期间因保险种类的不同而长短不一。举例来说,人寿保险合同的期间较长,而运输货物保险合同的期间较短。但是不管继续期间长或短,各类保险合同的内容都并非一次给付即可完结,保险人的风险保障期间往往要持续一定的时日。保险合同的继续性具有如下法律意义:(1)应适用情势变更原则,当合同成立基础在合同存续期间发生显著变化,致使原合同显失公平时,允许对合同内容作出变更。《保险法》第52条、第53条便是情势变更原则的具体体现,其规定当保险标的的危险程度显著增加或减少时,保险人得重新核定保费,并相应予以增减。甚至在一定条件下,保险人可以解除合同。(2)解除权的情形增多。合同严守原则要求,自合同有效成立后,除非有法定情形,当事人不得擅自解除,一时性合同中解除权的规定或约定较少。但是继续性合同尤为重视信赖基础,一旦当事人有失信的行为导致双方丧失互信，或者因客观情况导致信任基础不复存在，从而致使原有合同关系难以维系，法律允许当事人解除合同。《保险法》第15条规定了投保人的任意解除权，第16条、第27条等规定了若干保险人的法定解除权，另外，法律并不一概排斥保险合同中约定保险人的解除权。

（八）附和性

附和合同是指一方当事人提出合同的主要内容，另一方当事人只能作出总体上接受或不接受他方条件的决定，而一般没有商议变更的余地。保险合同即是如此，一般由保险人一方预先拟定保险合同的具体内容，投保人只能就合同内容整体作同意与否的意思表示，而往往没有修改某项条款的权利。保险合同的附和性主要是由三方面因素决定的：（1）保险合同的技术性。保险业的经营须以合理的计算为基础，极为专业性和技术化，如保障风险的评估、保险费率的确定和保险事故的查勘理赔等，普通消费者对如此事项并不熟知，更遑论自己拟定合同内容。（2）保险业务运作的团体性。从表面上看，投保人签订保险合同，只与保险人发生法律关系，但是实质上投保人乃是借由保险合同的订立加入保险人所组织的风险共同体，那么保险人在与面临相同或类似风险的投保人订立保险合同时，就必须保持标准的一致性，如此才对各方公平，也令保险业务运作更具可持续性。（3）交易成本控制的需要。随着保险业务的发展，保险人签发的同一险种保单成千上万，如果每次缔约均要与投保人进行充分协商，既低效又高成本。因此，类似保险合同这样的"公众合同"领域普遍都在推行格式合同。尽管如此，保险合同的附和性也并非绝对，在特定的险种领域，在针对特殊的投保人时，个别保险合同也有可能采取双方当事人充分协商的方式来订立。

保险合同的附和性在符合保险经营客观需要的同时，容易被保险人一方滥用，从而造成保险消费者利益的受损，因此各国法律通常对保险合同进行区别于一般充分商议合同的特别规制，我国《保险法》也不例外。（1）要求保险人在保险合同订立之时对合同条款内容进行说明。订立保险合同，采用保险人提供的格式条款的，保险人向投保人提供的投保单应当附格式条款，保险人应当向投保人说明合同的内容。对保险合同中免除保险人责任的条款，保险人在订立合同时应当在投保单、保险单或者其他保险凭证上作出足以引起投保人注意的提示，并对该条款的内容以书面或者口头形式向投保人作出明确说明；未作提示或者明确说明的，该条款不产生效力。[3]（2）保险合同条款内容不得违反强制性、禁止性规定，除此之外也不得对保险消费者造成不合理的不利益。采用保险人提供的格式条款订立的保险合同中的下列条款无效：免除保险人依法应承担的义务或者加重投保人、被保险人责任的；排除投保人、被保险人或者受益人依法享有的权利的。[4]（3）一旦保险合同当事人双方就合同条款内容的理解发生争议，应适用特殊解释规则。采用保险人提供的格式条款订立的保险合同，保险人与投保人、被保险人或者受益人对合同条款有争议的，应当按照通常理解予以解释。对合同条款有两种以上解释的，人民法院或者仲裁机构应当作出有利于被保险人和受益人的解释。[5] 值得注意的是，我国保险监管部门会依法针对不同类型的保险合同条款分别进行审批或备案，但是这不改变保险合同的附和性，也不能排除上述保险法律的特别规制。

---

〔3〕《保险法》第17条。

〔4〕《保险法》第19条。

〔5〕《保险法》第30条。

(九)属人性

保险合同具有很强的属人性,其预期损失和保险费率的高低通常与被保险人本身的特质或属性有着十分紧密的联系。被保险人的客观情况(如年龄、生活习惯、工作性质和环境等)和主观因素(包括处事态度和诚信状况)是保险人决定是否承保以及估算保险费率多少的重要依据,也影响着保险事故发生的概率。举例而言,被保险人的健康状况将影响人寿保险或健康保险的出险概率,被保险人的工作性质和经常活动区域会影响意外伤害保险的出险概率,另外哪怕针对同一辆车投保,小心谨慎的驾驶人通常比无视交通规则的驾驶人发生车辆损失保险事故的概率更低。

正因为保险合同的属人性,保险合同的转让较之一般合同转让而言受到更多的限制。如《保险法》第 34 条第 2 款规定,投保人转让“以死亡为给付保险金条件”的人身保险合同,必须经过被保险人的书面同意;又如第 49 条第 3 款规定,因保险标的转让导致的财产保险合同转让,如引起危险程度增加的,保险人有权依据合同约定增加保险费或解除合同。

第二节 保险合同的分类

对保险合同加以必要的科学分类,具有重要的理论意义与实践价值。这有利于我们更深入地认识各类保险合同的特性;有利于解决保险纠纷的法律适用问题;有利于正确界定当事人之间的权利与义务关系,从而全面地履行保险合同;有利于促进保险业务的开展,充分发挥保险制度的功能。

根据不同的分类标准,可对保险合同进行不同的划分。保险合同的分类标准很多,其名称种类亦不一而足,本节主要分析研究几种常见的保险合同分类。

一、财产保险合同与人身保险合同

以保险标的的不同性质为标准,可将保险合同区分为财产保险合同与人身保险合同。这也是我国《保险法》对保险合同所采取的立法分类。

财产保险合同,又称为产物保险合同、损失保险合同,是以财产及其有关利益为保险标的的保险合同。财产保险合同可以进一步细分为财产损失保险合同、责任保险合同、信用保险合同和保证保险合同等合同类别。财产保险合同,严格适用损失填补原则,对保险人所承担的保险责任,借助保险金额和保险价值予以限定,禁止被保险人通过保险制度获取不当利益。

人身保险合同,是以人的寿命和身体为保险标的的保险合同。传统的人身保险合同,仅以人寿保险合同为限,而现代意义上的人身保险合同,则几乎涵盖了人的生、老、病、伤、残、死等各种风险。人身保险合同可以进一步细分为人寿保险合同、健康保险合同(疾病保险合同)和意外伤害保险合同等。由于人身保险保险标的人格化,基于人身无价的民法理念,所以在人身保险合同(严格意义上应仅为人寿保险合同)领域,一般不适用保险代位权制度;由当事人协商确定保险人给付保险金的数额,一般也不存在超额保险和复保险的问题。[6]

---

〔6〕 人身保险合同领域并非一概不能适用损失填补原则及其相关制度,具体参见后文相关章节。

我国保险立法将保险合同区分为财产保险合同与人身保险合同,主要具有以下意义:

1. 保险标的相异。财产保险合同,是针对各种类型的财产及与财产有关的经济利益而订立的合同。财产保险合同的保险标的,即为财产及其有关利益,须从物的角度加以认识。人身保险合同,则是针对人的寿命和身体而订立的合同。人身保险合同的保险标的,是指人的生命或其他身体利益,保险标的具有至为明显的人格化特性,须从人的层面加以识别。

2. 保险利益的判断有别。财产保险合同和人身保险合同的保险利益有着显著区别。首先,在保险利益的构成上,财产保险合同的保险利益具有经济性,即可以货币计算与估计的利益,又称为金钱上的利益,体现为投保人(被保险人)对保险标的所具有的可以金钱价值衡量的现有利益、期待利益和责任利益。如果投保人(被保险人)所遭受的不是经济上的损失,而是政治利益上的损失,则不能构成为保险利益。人身保险合同的保险利益的构成,必须要求投保人与被保险人之间具有法定身份关系或者信赖关系(经被保险人同意以其为被保险人投保人身保险)。其次,在保险利益的存续上,依照我国《保险法》的规定,财产保险合同须于保险事故发生时有保险利益的存在,否则被保险人不得向保险人请求赔偿保险金。而人身保险合同的保险利益,仅须于合同订立之时有其存在必要,保险事故发生(或保险期限届满)之时,保险利益丧失与否不影响保险合同的效力。

3. 损失填补原则的适用与否。要言之,损失填补原则,是指被保险人因保险所得的利益,不得超过因保险事故的发生而导致的损失。一般认为,财产保险合同都适用于损失填补原则,而人身保险合同多数情形下并不适用该原则。财产保险,以填补被保险人的财产损失为目的,而不在于使被保险人因保险而获取不当利益,故严格适用损失填补原则。人身保险,则是以保护被保险人的生命、身体的完整性不受侵害为目的。基于人身无价的理念,人身保险事故发生所致损失,一般无法以金钱量化计算。且在生存保险中,在保险期限届满时保险人依约给付保险金的情形下,实际上被保险人并未遭受任何损失。所以,人身保险在多数情形下不是损失填补保险,而是按保险合同约定的保险金给付的定额给付保险。

4. 保险费的交付及返还不同。保险费,是保险人承担保险责任的代价,也是保险人积累保险基金的来源。投保人应依约履行交付保险费的义务。对于财产保险合同,如果投保人到期未支付保险费,保险人可将到期保险费视为既得债权,以诉讼方式请求投保人支付。[7] 但是,根据我国《保险法》第 38 条之规定,对于人寿保险合同的保险费,保险人不得通过诉讼方式请求投保人支付。

保险合同依法或者依照约定解除或者终止的,保险人应向投保人返还保险费。保险费的返还,对提前终止效力的财产保险合同和人身保险合同均可适用。但是,如果投保人解除已交足 2 年以上保险费的人身保险合同,保险人则应当退还保险单的现金价值,而非返还保险费。

5. 保险单有无现金价值不同。保险单有无现金价值,对财产保险合同和人寿保险合同具有不同的法律意义。财产保险合同,是损失填补性质的保险合同,不具有储蓄功能,故依据财产保险合同而签发的保险单不具有现金价值。而人寿保险合同为定额给付性质的保险合同,具有储蓄功能。凡投保人交付保险费 2 年以上者,其保险单具有现金价值。由于财产保险单不具有现金价值,不能用于设置抵押权或质权。人寿保险单则恰恰相反,经被保险人书面同意

---

〔7〕 施文森:《保险法总论》,台北,三民书局 1985 年版,第 306 页。

后,可以之设定质押。

6. 保险人的经营规则有别。根据我国《保险法》第 95 条第 1 款之规定,保险人的业务范围,包括财产保险和人身保险两种。但本条第 2 款同时规定,同一保险人不得同时兼营财产保险业务和人身保险业务。对保险人兼营财产保险业务和人身保险业务的规则限制,其深层次原因即在于财产保险和人身保险的本质区别。人身保险合同,尤其是人寿保险合同,一般期限较长。相应地,保险人依照保险合同之约定,承担保险责任的期限也是长期性的。投保人所交付的保险费并不当然构成保险人的利益收入,仍须为被保险人的利益而存在,保险人须按照保险单的全部净值提取未到期责任准备金。

二、损失填补保险合同与定额给付保险合同

以保险人给付保险金的目的为标准,可将保险合同区分为损失填补保险合同与定额给付保险合同。

损失填补保险合同,又称评价保险合同,是指在保险事故发生时,由保险人评估被保险人所遭受的实际损失,并在保险金额限度内给付保险金,以弥补被保险人所受实际损失的保险合同。损失填补保险合同的订立,旨在弥补被保险人因保险事故的发生而造成的实际损失。损失填补保险合同严格适用损失填补原则,禁止被保险人通过损失填补保险合同,获取额外的不当利益。保险人所给付的保险金,必须在合同所约定的保险金额的限度内,同时也必须在实际损失的限度内,超过限度的部分,保险人不承担给付保险金的责任。财产保险合同都属于损失填补保险合同。此外,人身保险合同中的健康保险、意外伤害保险,如其意欲保障的是可能发生的有确定价值的实际损失,亦具有损失填补保险的性质,如实务中"实支实付"型的住院医疗费用保险,虽是人身保险,但保险赔付的基础是实际花费的住院医疗费用的具体金额。

定额给付保险合同,又称定额保险合同,是指当事人双方预先约定一定数额的保险金额,于保险事故发生(或约定期限届满)时,保险人即按该保险金额给付保险金,既不得增减,也无须重新计算的保险合同。人寿保险合同即为典型的定额给付保险合同。健康保险、意外伤害保险中的多数类型亦属之,如实务中"日额"型的住院医疗费用保险,不管实际住院的花销几何,基于每日某一特定额度的赔付标准,另外依据住院的具体天数,最后得出保险人的保险金赔付数额。定额给付保险合同,保险人确定保险金的标准,是当事人双方约定的保险金额,而与保险价值及实际损失无涉。因为人寿保险合同以人的身体和寿命为保险标的,基于"人身无价"的现代民法理念,既无法对因人身保险事故的发生所致损失予以评估,甚至在一部分保险合同中,根本就没有损失的发生(如生存保险),也不能认定受益人通过人寿保险合同获取了过高的利益,不存在超额保险和复保险的问题。保险合同当事人可自由约定保险金额,一旦保险事故发生,保险人直接依约定给付保险金。保险人给付保险金的目的不是填补被保险人所遭受的实际损失,而是减轻被保险人的经济负担或者改善其生活状况。

将保险合同区分为财产保险合同与人身保险合同,更为直观、易懂,也更为符合保险学原理和保险业务的需求,但是损失填补保险合同与定额给付保险合同的分类方法,才是最为适应保险法之需求的基本分类方法,因为这一分类是与损失填补原则以及保险代位权、重复保险、超额保险、物上代位等贯彻损失填补原则的重要制度相配套的,其作为法定基本分类标准更具实质意义,也能避免不少损失填补原则适用中张冠李戴的困扰。例如,德国、日本在其保险契

约立法和理论中对于保险合同的基本划分标准,就不是沿用财产保险合同与人身保险合同的分类方法,而是采纳损失填补保险合同与定额给付保险合同的分类方法。就我国保险立法而言,这应当是未来立法修正的努力方向。

三、定值保险合同与不定值保险合同

以保险价值在订立保险合同时确定与否为分类标准,可将保险合同分为定值保险合同与不定值保险合同。这一区分,仅适用于财产保险合同,因为人身保险不存在保险价值的问题,故该区分不适用于人身保险合同。

定值保险合同,又称定价保险合同,是指当事人在订立保险合同时,即已评定保险标的的保险价值,并将之载明于合同中的保险合同。定值保险合同成立后,在保险合同的有效期限内,一旦保险标的出险,保险合同中所记载的保险价值即成为保险人计算保险金的基准。在投保人全额投保的情况下,如果保险事故导致保险标的全部损失,保险人则应按合同所约定的保险金额,全额给付保险金,不必对保险标的的价值重新评估,保险标的的实际价值高低如何,则在所不问。如果保险事故仅造成保险标的部分损失,同样无须对保险标的的价值予以重新估算,而仅须确定损失的比例,该比例与合同预先确定的保险价值相乘,即为保险人应给付的保险金。

在定值保险合同中,由于法律许可当事人以订约时自愿确定的保险价值,替代保险事故发生时的实际价值,作为计算损失的基准,就存在约定的保险价值高于保险标的出险时的实际价值的可能。对此,保险人不得再主张标的的实际价值,或以此为由拒绝履行给付保险金的义务,否则便失去了法律认可定值保险合同的意义。定值保险合同的意义即在于,以容忍一定限度内的不当得利,避免保险事故发生时估算保险标的价值的烦琐程序。

定值保险合同的优点有二:(1)简化了理赔环节和手续。由于保险价值已于订约时预先确定,故发生保险事故时,无须对保险标的的实际价值再加以估算,既减少了理赔环节,也便于及时填补被保险人的损失,以恢复被保险人的生活安定和生产秩序。(2)保险金的确定简便易行。保险事故发生后,由于以预先确定的保险价值作为计算保险金的基准,只需确定保险标的的损失比例,而无须重新鉴定保险标的的实际价值。如此,不但便于确定保险金的数额,而且可以减少当事人因鉴定保险价值而引起的纷争。当然,定值保险合同亦具有其弊端。投保人可能利用定值保险合同的特点,故意过高约定保险标的的价值(尤其是在保险人对保险标的价值的估算缺乏专业知识的情况下),从而在保险事故发生时,牟取不当利益。因此,保险人对定值保险合同多持审慎的态度。在保险实务中,定值保险合同多适用于海上保险、货物运输保险,以及以字画、古玩等不易确定价值的财产为保险标的的财产保险。

值得注意的是,不可将定值保险合同与定额保险合同(定额给付保险合同)混为一谈。后者是指当事人在合同中预先约定保险金额,当保险事故发生时,保险人即按该金额给付保险金,既无须再行计算,也不得增减。定额保险合同主要见之于人身保险中的人寿保险。

不定值保险合同,是指当事人双方在订立合同之际,不预先约定保险标的的保险价值,而是在合同中载明,于保险事故发生后,再行估算保险标的的价值以确定其损失的保险合同。在不定值保险合同中,当事人双方仅约定保险金额,而对保险标的的实际价值于保险事故发生后再行估算。一般财产保险,尤其是火灾保险,多以不定值保险的方式签订保险合同。

就不定值保险合同而言,出险后保险金数额的核定与定值保险合同迥然各异。在不定值保险合同中,保险标的的损失额,以保险事故发生后保险标的的实际价值为计算基准。确定保险标的的实际价值的通常方法,是依据保险标的的市场价格,即应以保险事故发生时,当地同类财产的价格,来计算保险标的的价值。由于市场价格随供求关系等因素而波动,因此,保险标的的实际价值可能高于或者低于订约时保险标的的价值。但是,无论保险标的的市价如何波动,保险人所给付的保险金,均不得超过保险合同所约定的保险金额。换言之,在不定值保险合同中,保险人所应给付的保险金以双方约定的保险金额为最高限额。如果保险标的实际损失高于保险金额,保险人的保险责任以保险金额为限;如果实际损失低于保险金额,则保险人的保险责任以实际损失为限。此外,不定值保险合同中,保险事故发生时,对保险标的价值的评估,还可以按保险标的的原值或者重置成本加以确定,在采用重置成本方法时,须扣减保险标的的折旧。

四、特定危险保险合同与一切危险保险合同

以保险人所承保的危险状况为标准,可将保险合同分为特定危险保险合同与一切危险保险合同。

特定危险保险合同,是指保险人仅承保保险标的的一种或者数种危险的保险合同。其中,凡保险人仅承保保险标的的一种危险的保险合同,称为单一危险保险合同。例如,火灾保险、盗窃保险、地震保险、战争保险等。目前,单一危险保险合同日趋式微,其适用范围日渐缩小,主要是一些附加险的险种。凡保险人同时承保保险标的的两种或两种以上危险的保险合同,则称为特定危险保险合同。随着保险业务的不断拓展,基于社会大众的实际需要,特定危险保险合同,在现代社会被普遍运用。

一切危险保险合同,又称综合危险保险合同,是指保险人承保保险标的的危险,是除保险合同所列明的除外责任以外的任何危险的保险合同。可见,所谓一切危险保险合同,绝非意味着保险人对任何危险均予承保,而是存在明确的范围限制。其通常做法是,保险人于保险合同中,具体列明不保危险(除外责任),而承保其他未加列明的危险。一切危险保险,通常又简称为"一切险"。其保险合同条款格式中有关保险责任的规定,通常以"一切"加"除外"的形式拟定。鉴于一切危险保险合同所承保的危险具有广泛性,有利于为被保险人提供较为广泛的保险保障,而且在理赔时,保险责任易于确定,可以预防并减少保险人与被保险人之间的讼争。因此,一切危险保险合同发展较快,得以广泛应用。但是一切危险保险合同也具有一定的缺点,即由于其不易区别保险标的的具体危险状态,导致投保人对承保危险所交付的费用的分配不甚合理。

五、个别保险合同与集合保险合同

以保险标的是否单一为标准,可将保险合同分为个别保险合同与集合保险合同。

个别保险合同,又称为单独保险合同,是指以单独一人或者一物为保险保障对象而缔结的保险合同,如投保人以其所有的一幢房屋与保险人缔结的火灾保险合同。一般保险合同都是属于个别保险合同。

集合保险合同,是指以多数人或者多数物为保险保障对象而缔结的保险合同。有学者更

进一步,把以多数人为保险保障对象的保险合同,称为团体保险;而把以多数物为保险保障对象的保险合同,称为集团保险。[8] 在人身保险合同中,团体人寿保险合同和团体健康保险合同,均属于集合保险合同。在财产保险合同中,如以仓库中所存放的多数货物为保险保障对象而成立的合同,则为集合保险合同。

六、不足额保险合同、足额保险合同与超额保险合同

以保险金额与保险价值二者之间的关系为分类标准,可将保险合同区分为不足额保险合同、足额保险合同与超额保险合同。由于人身保险合同中保险标的的人格化特征,故不存在保险价值的问题,因此,此种分类仅适用于财产保险合同领域。

不足额保险合同,又称低额保险合同或一部保险合同,是指当事人双方在保险合同中所约定的保险金额,低于保险标的的实际价值的保险合同。不足额保险合同产生的原因不外乎以下三个方面:(1)出于投保人自愿。即在保险合同订立之际,由于保险标的的危险状况良好,发生全部损失的可能性较小,投保人仅以保险价值的一部分付诸保险,以节省保险费。(2)基于保险人的规定。由于保险标的危险状况不良或其他因素,保险人仅接受一部分投保,其余部分风险由被保险人自留,借此增强被保险人的注意力,以促使其采取有效措施防范保险事故的发生。在美国,即以共同保险条款的方式处理这种问题。(3)由于客观因素的影响。即在保险合同订立之后,因保险标的价值上涨,从而使保险标的的实际价值高于保险金额。

在不足额保险合同中,保险人所承担的保险责任,仅以保险金额为限。对保险价值超出保险金额的部分,保险人则不负保险责任。如果保险标的因出险而全部受损,保险人则以保险金额的全部给付保险金。例如,以价值 50 万元的房屋投保 40 万元的火险,在房屋因火灾全部被焚毁时,保险人应给付的保险金为 40 万元。而在保险标的因出险仅部分受损时,关于保险人承担保险责任的方式,考察各国立法例,主要有两种立法模式:(1)比例分担主义,即按保险金额与保险价值的比例计算保险金。在上例中,如果损失为 30 万元,保险人应给付的保险金为 24 万元,而不是 30 万元。其计算公式为:保险金 = 损失 ×(保险金额 ÷ 保险价值)。比例分担主义多为大陆法系国家所采用,如德国、法国、瑞士和意大利等。根据我国《保险法》第 55 条第 4 款的规定,保险金额低于保险价值的,除合同另有约定外,保险人按照保险金额与保险价值的比例承担赔偿保险金的责任。可见,我国立法亦采取比例分担主义模式。(2)第一危险主义,即不考虑保险金额与保险价值的比例,在保险金额限度内,按照实际损失承担保险责任,对超过保险金额的部分,则视为被保险人的风险自留部分。英美法系各国多采用此种模式。显然,第二种立法模式对被保险人利益的保障更为充分有利。

足额保险合同,又称全部保险合同,即将保险价值全部付诸保险,使保险合同所约定的保险金额与保险价值相等的保险合同。在保险事故发生时,如果保险标的全部受损,依"全部损失,全部补偿"的原则,保险人须按保险金额的全部给付保险金;如果保险标的仅部分受损,则部分损失,部分补偿,保险人按实际损失给付保险金。唯有海上保险例外,当被保险人遭受部分损失时,得以保险标的的未受损部分,以委付方式移转于保险人,从而请求保险人予以全部补偿。我国《海商法》第 249 条即为委付制度之规定。

---

〔8〕 郑玉波:《保险法论》(修订九版),刘宗荣修订,台北,三民书局 2013 年版,第 40 页。

超额保险合同,是指当事人双方所约定的保险金额超过保险价值的保险合同。超额保险合同的产生,从当事人主观方面加以分析,约有两种情形:(1)由于善意而形成,即当事人对保险金额超过保险价值并不知情,或者由于客观因素导致保险金额超过保险价值,如当事人不了解市场价格而高估了保险标的的价值、由于市场价格下跌而导致保险事故发生时保险金额超过保险价值等。(2)出于恶意而形成,或者是由于投保人明知保险金额超过保险价值,但出于谋取不正当利益的意图而超额投保;或者是由于保险人明知保险金额超过保险价值而故意超额承保。可见,超额保险形成,既有源于善意的,也有出于恶意的;既有投保人的因素,亦有可能因为保险人的缘故,不能一概而论。

根据我国《保险法》第 55 条第 3 款的规定,保险金额不得超过保险价值。超过保险价值的,超过的部分无效。可见,我国对于超额保险合同,不区分善意与否,一律规定仅超过部分无效,保险合同在保险标的的实际价值限度内仍然具有法律效力。

七、单保险合同与复保险合同

以投保人是否“以同一保险标的、同一保险利益、同一保险事故,与数个保险人分别订立数份保险合同”为分类标准,可将保险合同分为单保险合同与复保险合同。

单保险合同,是指投保人对同一保险标的、同一保险利益、同一保险事故,与一个保险人所订立的保险合同。严格地讲,单保险(合同)并不是法律上的专门术语,而是为了与复保险(合同)相对应,在学理上所拟造的概念。保险立法对于各险种的保险合同的规制,主要是以单保险合同为范本而进行的。

复保险合同,又称重复保险合同,就各国立法例而言,有广义复保险合同和狭义复保险合同之分。所谓广义复保险合同,是指投保人于同一保险期间内,就同一保险标的、同一保险利益、同一保险事故,与数个保险人分别订立的数份保险合同。所谓狭义复保险合同,是指同一投保人,对于同一保险标的,基于同一保险利益,就同一保险事故,与数个保险人分别订立的数份保险合同,数份保险合同的保险期间发生重合或相互交叉,且其保险金额总和超过保险价值。两者的区别在于,广义的复保险合同对各合同所约定的保险金额总和是否超过保险价值在所不问。对于何为复保险合同,各国立法的规定不尽相同。19 世纪前,各国立法常采广义论,不论数个保险合同的保险金额总和是否超过保险价值,均构成复保险。但现今广义论已为多数立法例所摒弃,通例则采狭义复保险论,如德国、法国、日本、英国、韩国等。

从法律上对复保险加以调整,是现代各国保险立法的通例。立法规制复保险合同关系的意旨,举其要者,有以下四点:[9](1)防止超额保险。即预防投保人采取变相的化整为零的方法,通过与两个以上的保险人分别订立保险合同,达到超额保险的真正目的。(2)避免不当得利。保险制度旨在填补损失,而非使人获利。通过复保险以获取超过保险价值之外的额外利益,为法所不许。(3)制止道德危险。保险旨在消灾,而非使灾害增多。如果对复保险听之任之,那么,为获取不当利益,投保人(被保险人)甚至会故意促使危险事故发生或使损失扩大,保险秩序将为之紊乱。此种现象显然不符合保险之道,极易引发纷争。(4)增强安全保障。合理设置复保险的法律效力,可以增强保险制度对被保险人的安全保障。当投保人存在复保险,如

---

〔9〕 温世扬、黄军:《复保险法律问题研析》,载《法商研究》2001 年第 4 期。

因破产或其他原因致使单一保险人失去清偿能力时,仍可向他保险人求偿,使其利益不至于落空。从上述分析中可以看出,对于各保险合同保险金额总和未超过保险价值的情况,没有引发道德危险的顾虑及获取不当利益的可能,它不仅有利于投保人分散危险,而且有助于增强对被保险人的保险保障。广义复保险论不仅不符合复保险的立法意旨,而且实际意义并不大。对此,即使持广义复保险论的学者也认为:"在此情形,仅有复保险之形式,而无复保险之实质,因此,在法律上不影响其效力。"〔10〕

我国《保险法》第56条第4款规定:"重复保险是指投保人对同一保险标的、同一保险利益、同一保险事故分别与两个以上保险人订立保险合同,且保险金额总和超过保险价值的保险。"由此可见,我国《保险法》对复保险合同的界定也采狭义复保险论。我国《海商法》第225条的规定亦是如此。

八、原保险合同与再保险合同

依保险人所承担保险责任之次序,可将保险合同分为原保险合同与再保险合同。

原保险合同,又称第一次保险合同,是指投保人与保险人原始订立的保险合同。原保险合同,是最普遍的保险合同关系,是再保险合同的对称。如果没有原保险合同的存在,就无所谓再保险合同。

再保险合同,又称分保合同、第二次保险合同,是指原保险人将其所承保危险的一部分或全部,转向其他保险人投保而订立的保险合同。根据原保险人所分出的责任范围,又可将再保险合同分为一部再保险合同与全部再保险合同。我国《保险法》第28条第1款规定:"保险人将其承担的保险业务,以分保形式部分转移给其他保险人的,为再保险。"可见,我国保险立法只承认一部再保险合同,即狭义的再保险合同。其中,分出保险的保险人,称为原保险人或分出人,他同时又是再保险合同的投保人;接受分出保险业务的保险人,称为再保险人或分入人。再保险合同,原来仅适用于财产保险方面,尤其以水险、火险采用者居多。在现代保险业务中,再保险合同在人身保险方面也逐渐广为适用。再保险合同所特有的分散危险的功能,现已盛行于国际,呈现出国际化的趋势。

再保险合同的功能有二:(1)分散风险。倘若原保险人认为其所承担的责任过重,可将其所承保危险责任的全部或部分,通过订立再保险合同,转嫁于其他保险人。(2)增进协作。再保险合同的运行,一方面,可以通过风险分担的方式,有效巩固保险业的经济基础;另一方面,保险人之间亦可经由再保险这一路径,相互交流,互助合作,共谋保险事业的发展。

原保险合同与再保险合同的关系表现为:(1)两者相互依存。无原保险合同,便无再保险合同可言;无再保险合同,则原保险合同所承保的危险将不能分散,且原保险合同无效、解除和终止,再保险合同随之无效、解除和终止。但是,如果再保险合同无效、解除和终止的,并不因此影响原保险合同的效力。(2)两者各自独立。原保险合同与再保险合同在当事人及保险利益等方面均不相同,在法律上是各自独立的保险合同。因而在法律效果上:再保险人不得向原保险合同的投保人,请求交付保险费;原保险合同的被保险人(受益人)对再保险人,不享有保险金给付请求权;原保险人不得以再保险人不履行给付保险金义务为由,拒绝履行或者迟延履

---

〔10〕 施文森:《保险法总论》,台北,三民书局1985年版,第220页。

行其对于被保险人(受益人)的给付保险金的义务。

九、为自己利益的保险合同与为他人利益的保险合同

以投保人是否自行享有保险金请求权为标准,可将保险合同分为为自己利益的保险合同和为他人利益的保险合同。

为自己利益的保险合同,是指由投保人自己享有保险金给付请求权的保险合同。其情形有二:(1)投保人以自己为被保险人,而未另行指定受益人;(2)投保人以他人为被保险人,而指定自己为受益人。

为他人利益的保险合同,是指不由投保人自己,而由投保人以外的其他人享有保险金给付请求权的保险合同。其情形有三:(1)投保人以自己为被保险人,而指定他人为受益人;(2)投保人以他人为被保险人,而未另行指定受益人;(3)投保人以他人为被保险人,而又另行指定受益人。

为他人利益的保险合同,与民法上为第三人利益的合同(又称利他合同),性质相同。但两者也有不同之处:(1)民法上为第三人利益的合同,第三人对是否接受合同权利有决定权,既可以接受,也可以不接受。但只有第三人作出接受的意思表示后,其才确定地取得对债务人的请求权。而为他人利益的保险合同,受益人无须为任何意思表示,即对保险人享有保险金给付请求权。(2)民法上为第三人利益的合同,一旦第三人作出了接受的意思表示,则第三人所享有的权利便具有不可撤销性。为他人利益的保险合同,对于财产保险合同而言,被保险人为法定的受益人,当事人不得变更,否则,便有违“无损失,无保险”之理念;对于人身保险合同而言,在人身保险合同成立之后,投保人或者被保险人可以中途变更或者撤销受益人,且无须征得保险人的同意,只需通知保险人即可。

第三节 保险合同的主体和客体

一、保险合同的主体

保险合同是法律关系的一种,而法律关系中必定存在主体,以享有权利或承担义务,是故保险合同也有其主体。一般认为,保险合同的主体包括保险合同的当事人和保险合同的关系人。

(一)保险合同的当事人

1. 保险人

保险人是指与投保人订立保险合同,并按照合同约定承担赔偿或者给付保险金责任的保险公司。[11] 保险人是经营保险事业的组织体,其通过保险费的收取来组织保险保障基金,并在保险事故发生时履行保险保障之责。保险行业的经营影响着极为广泛的保险购买人群体,也是金融秩序、金融稳定的重要一环,世界各国均对保险经营设定严格的准入门槛。我国《保

〔11〕《保险法》第10条第3款。

险法》不仅规定了高标准的设立条件,[12]而且明确了保险公司的设立采用核准制,即使完全符合设立条件也未必能成功设立,设立保险公司还应当经国务院保险监督管理机构批准。[13]

2. 投保人

投保人是指与保险人订立保险合同,并按照合同约定负有支付保险费义务的人。[14] 投保人是保险人在保险合同中的相对方,既可以是自然人,也可以是法人等组织体。投保人本人一般应具有缔约能力,即相应的民事行为能力,但是这并非绝对,不具备缔约能力的投保人,如果有具备缔约能力的相关代理人或监护人代为办理,保险合同依然有其效力。保险利害关系人必须对保险标的具有法律所承认的一定的利益关系,否则保险将沦为赌博,且易滋生道德风险,是故相关保险利害关系人必须对保险标的具有保险利益,如无则保险合同无效。作为保险利害关系人之一的投保人,依据保险法律规定,其在人身保险中必须对保险标的具有保险利益,然而在财产保险中是被保险人而非投保人被要求对保险标的具有保险利益。[15] 另外,投保人还负有支付保险费的义务。保险合同是有偿合同,投保人寻求保险保障所支付的主要代价就是保险费,保险费的支付是投保人在保险合同中的主给付义务。在实务中,被保险人、受益人等利益关系人可以替投保人代为缴付保险费,保险人不得以这些利害关系人并非当事人为由拒收,并因此影响保险合同的效力,但是这些利害关系人并无支付义务,保险人也不得主动请求他们支付保险费。

(二)保险合同的关系人

1. 被保险人

被保险人是指以其财产、生命、身体或健康为保险标的的人。[16] 在财产保险中,保险事故一旦发生,就会造成被保险人人身之外的由其拥有或享有权益的财产遭受损害。财产保险的功能就是用来填补此种损害,是故财产保险中的被保险人是受到保险保障,享有保险金给付请求权的人。然而,在人身保险中,存在发生死亡这一保险事故的可能,于是通常在保险合同中另行约定一个或多个受益人来享有保险金给付请求权,因此人身保险中的被保险人是保险合同承保的风险所连接的人。投保人可以成为被保险人。无论是在财产保险中还是人身保险中,被保险人都是保险事故发生时受到损失的人,无疑都具有保险利益,至于法律是否还要求其他主体具有保险利益,则另当别论。

为了保护被保险人在保险关系中的正当权益和防止可能产生的道德风险,法律赋予被保险人在一定情形下享有同意权,如在人身保险中,以死亡为给付保险金条件的合同,未经被保险人书面同意并认可保险金额的,保险合同无效;依照以死亡为给付保险金条件的合同所签发的保险单,未经被保险人同意不得转让或者质押;[17]人身保险合同受益人的指定,须经被保险人同意或由其亲自指定。[18] 在财产保险中,保险人为维护保险标的的安全而采取安全措施

---

〔12〕《保险法》第68条。

〔13〕《保险法》第67条。

〔14〕《保险法》第10条第2款。

〔15〕《保险法》第31条、第48条。

〔16〕《保险法》第12条第5款。

〔17〕《保险法》第34条。

〔18〕《保险法》第39条第2款。

的,须经被保险人同意。[19] 与此同时,由于被保险人虽非保险合同的当事人,但是对于保险人危险估计、管控和事故发生后的损害控制都影响重大,是十分重要的保险合同关系人,而且往往也是法律义务和合同义务履行难以回避的关键主体,因此不少法定或约定义务将被保险人与投保人并列作为义务主体,其中法定义务如危险增加的通知义务、维护财产保险标的安全的义务、保险事故发生的通知义务、提供保险事故证明和资料的义务,以及减损义务等。

关于被保险人的资格,法律通常不作严格限制。被保险人既可以是完全民事行为能力人,也可以是限制民事行为能力人或无民事行为能力人。但是为了保护未成年人和精神病人等无民事行为能力人,有效防范道德风险,法律禁止为无民事行为能力人投保以死亡为给付保险金条件的人身保险,保险人也不得承保。不过父母投保的除外。

2. 受益人

受益人是指由被保险人或者投保人在保险合同中指定的,在保险事故发生时享有保险金受领权的人。投保人、被保险人可以为受益人。[20] “保险受益人”这一概念的产生,是因为在人身保险中经常以被保险人的死亡作为保险事故,然而,一旦该项事故发生则被保险人已然无法自行领取保险金,所以有在被保险人这一主体之外另行指定受益人的必要。与此相反的是,财产保险中并无这一问题,而且在财产保险中采纳“受益人”的概念,会造成实际受领保险金给付的人与遭受保险事故损害的人不一致,从而违背保险法上的损失填补原则,故一般认为“受益人”这一概念并不适用于财产保险中。《保险法》第18条第3款也表明“受益人”为人身保险中所特有的概念。然而,保险实务中确实存在财产保险合同中明确约定受益人的情形,如以某项财产的所有权人为被保险人,以该项财产的抵押权人为受益人或第一受益人(银行为典型代表)订立财产保险合同。实务中的这种情形,法律效力为何,存在疑问。[21]

受益人是在保险事故发生时享有保险金受领权的人,但由于其并非保险合同当事人,故不负保险费的支付义务,保险人也不得请求其支付。然而,这也并不妨碍在投保人不愿或不能缴纳保险费时,为了维持保险合同的效力,受益人替代投保人缴纳保险费。受益人可以由投保人或被保险人指定,不过投保人指定受益人时须经被保险人同意。投保人为与其有劳动关系的劳动者投保人身保险,不得指定被保险人及其近亲属以外的人为受益人。被保险人为无民事行为能力人或者限制民事行为能力人的,可以由其监护人指定受益人。[22] 被保险人或者投保人可以指定一人或者数人为受益人。受益人为数人的,被保险人或者投保人可以确定受益顺序和受益份额;未确定受益份额的,受益人按照相等份额享有受益权。[23] 不仅如此,已经指定的受益人可以变更或撤销。被保险人或者投保人可以变更受益人,只不过如果是投保人提议变更受益人,还须经过被保险人同意。[24] 除此之外,受益人的具体确定方法有二:(1)具名指定。即在保险合同中明确列出受益人的名字,可以是一人,也可以是多人,如受益人为“张三”。(2)类名指定。即在保险合同中以符合特定身份关系的人作为受益人,如受益人为“法定继

---

〔19〕《保险法》第51条第4款。

〔20〕《保险法》第18条第3款。

〔21〕王静:《保险案件司法观点集成》,法律出版社2016年版,第307~310页。

〔22〕《保险法》第39条。

〔23〕《保险法》第40条。

〔24〕《保险法》第41条。

承人”“配偶”“子女”等。在类名指定下，应以保险事故发生时作为特定受益人的判断时间点。

受益人的受益权在性质上是期待权，而非既得权，因为投保人或被保险人可以变更或撤销受益人。如果到保险事故发生时受益人未被变更或撤销，受益权方才转化为既得权。因此，如果受益人在保险事故发生前死亡的，其受益权灭失，不能由其继承人继承。与此同时，受益权又是固有权利，乃是基于原始取得而来，并不是继受取得所获，因此哪怕被指定的受益人同时也是投保人或被保险人的继承人，该受益人所受领的保险金也不属于投保人或被保险人的遗产，一方面无须征收遗产税，另一方面也不属于投保人或被保险人之债权人的债务清偿请求范围。受益人的受益权在如下三种情形下丧失：(1)受益人先于被保险人死亡，且投保人和被保险人并未抛弃其指定和变更受益人的权利；(2)受益人故意造成被保险人死亡、伤残、疾病的，或者故意杀害被保险人未遂的；〔25〕(3)类名指定受益人的情形下，原本具备特定身份关系的人丧失了该身份关系。例如，保险合同约定受益人为“妻子”，投保人的妻子在保险合同存续期间与投保人解除婚姻关系。

二、保险合同的客体

保险合同的客体，是指保险合同的双方当事人的权利与义务所共同指向的对象，是构成保险合同关系的要素之一。

保险合同，从性质上属于民事法律关系，是投保人与保险人双方之间所形成的权利义务关系。那么，保险合同的客体究竟为何？学术界主要有三种观点：第一种观点认为，保险合同的客体就是保险标的，即物及其有关利益或者人的生命和身体。〔26〕第二种观点认为，保险合同的客体是保险利益，因为保险合同订立的目的并非保障保险标的本身，而在于发生损失后得到补偿。〔27〕第三种观点认为，保险合同关系是一种债的法律关系，其客体是保险人向被保险人的保险利益提供保险保障的行为，而不是保险利益本身。〔28〕

本书认为，保险合同的客体应是行为，如保险人向被保险人就保险标的提供保险保障的行为，或者投保人向保险人支付保险费的行为等。保险合同是一种债的法律关系，既非对物的支配关系，亦非对人的支配关系。合同债权本质上是请求权而非支配权，主要表现为债权人得请求债务人为特定行为，而债务人则有义务为特定之行为。虽然在大多数合同中，义务人的特定行为涉及某一具体的物，但是，债权人并不能直接支配这些具体的物。故而，合同债权所指向的对象，是债务人的特定行为，而不是物。在保险合同关系中，无论是投保人(包括被保险人和受益人)，还是保险人，在请求对方当事人履行合同义务时，均是请求其为某种特定行为，而不能直接支配保险标的、保险利益或者保险基金。那种认为保险合同的客体是保险标的的主张，首先，混淆了保险标的与保险合同的标的(客体)这两个概念。保险不同于保险合同，正如买卖不等同于买卖合同一样。前者指制度本身而言，而后者则指具体的法律关系。其次，在人身保

---

〔25〕《保险法》第43条第2款。

〔26〕李玉泉：《保险法》(第3版)，法律出版社2019年版，第125页。

〔27〕庄咏文主编：《保险法教程》，法律出版社1986年版，第62页。

〔28〕李嘉华主编：《涉外保险法》，法律出版社1991年版，第99页。

险合同中,将被保险人置于保险合同关系之客体的地位,与现代民法上人的主体性理念相悖,故不足以采信。

第四节 保险合同的内容

保险合同的内容,即保险合同当事人双方的权利和义务。一般而言,保险合同的订立,都是依据保险人预先拟定的保险条款进行,保险合同的具体内容,主要通过这些保险条款表现出来。也正是因为保险合同内容的格式性,一旦双方当事人就载有合同内容的保险条款发生争议时,应依据特定的解释规则处理。

一、保险条款的特征和类型

(一)保险条款的特征

保险条款的特征主要表现如下:

1. 保险条款由保险人单方面预先拟定。随着保险业的不断拓展,保险人每天需处理大量的投保申请。在保险实务中,为了便于业务的开展,保险人均根据不同的险种,预先拟定相对应的保险条款,印制于投保单上,以供投保人使用。投保人在投保时,只需填妥姓名和住所、保险标的、保险期限等事项,经保险人同意承保,保险合同即可成立。

2. 保险合同条款的标准化。保险合同条款的标准化,又称定型化或格式化,是指保险人为了重复使用,未经与对方当事人充分协商,而预先单方面拟定的保险条款。由于保险具有较强的技术性,加之广泛使用专业术语,普通投保人很难理解其含义,更谈不上与保险人磋商确定合同的内容。再者,面对成千上万的投保申请,保险人也无法做到及时与投保人一一商定合同内容。因此,保险合同标准化已蔚然成风,投保人几无讨价还价的余地,要么从整体上接受,要么走开(take or leave it)。

针对保险合同的标准化,为了保护广大投保人和被保险人的合法权益及维护保险市场的竞争秩序,《保险法》第 135 条第 1 款规定,关系社会公众利益的险种、依法实行强制保险的险种和新开发的人寿保险险种等的保险条款和保险费率,应当报经保险监督管理机构审批;其他险种的保险条款和保险费率,应报保险监督管理机构备案。

3. 保险条款规定各险种的基本事项。保险条款由保险人预先拟定,保险人只能就该险种的基本事项作出规定,如保险费率、除外责任等。投保人必须同意这些基本条款,否则,保险合同无法成立。在此基础之上,保险人和投保人还可以结合个案的具体情况,经双方协商一致,增加有关附加条款。

4. 保险条款一经订入保险合同,即对双方当事人产生法律约束力。就具体险种的保险条款而言,在保险合同成立之前,对广大潜在的投保人没有任何法律约束力可言,即使是保险人,也可以舍弃预先拟定的保险条款,而与投保人另行协商确定合同内容。但是,一旦保险条款构成保险合同的组成部分,保险人和投保人均应遵守保险条款的约定,并承受由此而导致的法律效果。

(二)保险条款的类型

根据保险条款在保险合同中的地位,可将保险条款分为基本条款与特约条款两类。

基本条款,是保险人依照法律的规定,根据不同的险种,事先拟定的关于当事人之间权利义务关系的基本事项。基本条款,是保险合同不可或缺的条款,它载明了保险合同的基本内容。保险合同的基本条款,因险种的不同而有一定的差异性,但凡是依照保险合同的特性所必须具备的条款,均为保险合同的基本条款。此外,因法律的规定和具体险种的差异,基本条款既可以是法定条款,也可以是约定条款。

特约条款,是当事人在基本条款之外,由投保人和保险人根据实际需要,就具体事项展开个别商议而作特别约定的条款。特约条款由当事人双方结合实际情况,共同协商确定。就其内容而言,并非为保险合同所必备,当事人可以约定,也可以不约定。

二、保险合同的基本条款

基本条款是指保险法律明确规定保险合同应记载的事项,乃是保险合同必不可少的条款,记载了保险合同的主要内容。依据《保险法》第 18 条的规定,保险合同的基本条款包括如下类型。

1. 保险法律关系主体的姓名(名称)及住所

保险法律关系的主体包括保险合同当事人和保险合同关系人,前者包括保险人和投保人,后者包括被保险人和受益人。之所以保险合同必须记载合同主体的姓名(名称)及住所,乃是由于在合同成立后,举凡保险费的交付、危险增加或事故发生等的通知、事故查勘理赔、保险金的实际赔付等,都与之有密切联系。保险合同权利的行使、合同义务的履行,都需要确知行使或履行对象的关键信息,方才便利如约完成。在保险实务上,往往在姓名和住所的信息之外,还会要求记载联络电话、电子邮箱等其他相关信息,如此实际上更为符合现在的沟通联系方式,便利保险合同的具体履行。

2. 保险标的

保险标的是指作为保险合同保障对象的财产权利关系或有关主体对其寿命、身体或健康的利害关系。保险标的与保险标的物并不相同,保险标的物仅存在于财产保险之中,而且即使对于财产保险而言,一个标的物上往往有多个权益关系,仅记载保险标的物,也无法准确指示出保险保障的具体对象。例如,以一栋房屋作为保险标的物,假定该房屋上有所有权、抵押权和租赁权等,所有权人、抵押权人和租户均可以以该栋房屋投保,如若保险合同中仅记载保险标的物,根本就无法反映出保障对象为何。因此,保险保障的对象并非特定的物或人身,而是财产权利关系和人身权益关系。换句话说,应是保险标的,而非保险标的物。明确保险标的具有三项意义:确定具体险种和保险费率;判断相关主体对保险标的是否具有保险利益;决定保险人的客观承保范围。

3. 保险事故的种类

保险事故是指保险合同所承担的损害或不利的可能性,也就是保险合同所承保的危险。如是保险事故造成的损失,保险人要承担相应的保险责任;如非保险事故造成的损失,则属于责任免除,保险人并不承担保险责任。保险合同一般会详细列明哪些危险及其造成的损害属于保险事故的范畴,如火灾、意外身亡、到期日仍然生存或死亡等,同时也会以“除外条款”的方式将除外不保危险界定清楚,如在住宅火灾保险中明确约定地震海啸引发的火灾为不保危险,在健康保险中明确约定整形手术住院属于赔偿的除外情形。保险事故认定与保险人责任承担密切相关,故而必须在保险合同中对保险事故的种类、范围详细约定,否则保险人的责任承担就会处于不确定性,容易引发争议,减损保险的保障功能。

4. 保险金额

保险金额是指投保人和保险人在保险合同中约定的,在保险事故发生时保险人承担给付保险金责任的最高限额。保险金额必须一开始就在保险合同中明确约定,因为它不仅是保险赔付的最高限额,还是确定保险费数额的基本依据。在约定保险金额时,应当综合考虑投保人支付保险费的主观意愿和客观能力、被保险人或受益人的实际需要、保险人的风险承受能力等。此外,保险金额的确定还要受到两项因素的制约:(1)严格遵循保险利益原则。无论保险金额多大,都要求有关主体对保险标的享有保险利益。(2)在财产保险中,保险金额不得超过保险价值。保险价值是指保险标的物所具有的实际价值,保险价值是确定保险金额的基础。保险价值的确定,方法有三:(1)于订约之际由当事人双方约定保险价值,即定值保险,从而可以避免保险事故发生后,对保险标的进行估价的麻烦。(2)以市场价格确定。即在保险事故发生后,以同类财产在市场上的价格决定保险标的的价值,在此基础上,再估算保险人应给付保险金的多少。(3)直接依法律规定。如保险人和投保人未约定保险价值,则保险价值依照法律的规定计算。目前,这种情况主要存在海上保险中,我国《海商法》第219条即详细规定了当事人双方未约定保险价值时,保险价值的具体计算规则。保险价值只存在于一般财产保险中,而不包括责任保险这种特殊财产保险,更不适用于人身保险。依据损失填补原则,当所保财产遭受损失时,保险人只能按照实际价值进行赔付。如果保险金额超过了保险价值,超过部分无效,保险公司不予赔付。

5. 保险期限

保险期限是指保险人承担保险责任的起讫期间。保险人为保险标的提供的保险保障,是存在时间限制的。只有在保险期限之内发生的保险事故,保险人才可能承担保险责任。保险期限也是计算保险费的依据,通常保险期限越长,保险费收取越高。保险期限的计算大致有两种方法:(1)按照日历年计算。例如,某一财产保险合同约定保险期限为一年。(2)以某一事件的起讫为存续期间。例如,某一货物运输保险合同约定保险期限为该次货物运输全程。

6. 保险费

保险费是指投保人向保险人支付的,用以获得保险人提供保险保障的对价。保险合同是有偿合同,保险费的交付为保险合同之必要。保险费的交付也是保险人所经营的保险保障基金的来源。保险费的交付方式可分为一次性支付和分期支付,分期支付的方式多见于长期性的人寿保险中。

7. 保险金给付办法

保险金是指保险人在保险事故发生时实际应当赔付给被保险人或受益人的金钱数额。保险金的计算,受到损失程度、保险金额、保险价值等多种因素的影响和限制。保险金的给付关系着保险消费者一方保险权益的实现,十分重要,故应当在订立保险合同时就明确保险金的给付办法,如给付标准和给付方式等。

8. 违约责任和争议处理

违约责任是指合同当事人一方不履行合同义务,或者其履行不符合法律规定或合同约定时,应向另一方当事人承担赔偿损失、支付违约金等不利后果。在保险合同中明确相关违约责任,有利于促进保险合同的顺利履行。不过依据保险法律,投保人一方的法定义务或约定义务都多为不真正义务,其义务的不履行一般不会导致违约责任的承担,而往往引起投保人一方既有权利的减损。例如,投保人违反如实告知义务的法律后果不是投保人承担违约责任,而是丧失保险金赔付请求权。

保险合同当事人之间发生争议的,可以采取协商、仲裁或诉讼的方式加以解决。在保险合同中明确争议的解决方法,有助于及时定分止争。

9. 合同订立的年、月、日

合同订立的年、月、日就是保险合同成立的日期。该日期对于判断保险责任开始期日、保险利益存在与否等具有重要的法律意义。

三、保险合同的特约条款

我国《保险法》允许当事人在合同的基本条款之外,就与保险合同有关的其他事项作出约定,承认履行特种义务的条款。保险合同的内容,除了基本条款,还有特约条款。所谓保险合同的特约条款,是指当事人双方根据特殊需要,而自愿约定的条款。特约条款主要包括协会条款、保证条款和附加条款三种。

(一)协会条款

协会条款仅见于海上保险合同中,专指由伦敦保险人协会根据实际需要,经协商一致而拟定的保险合同条款。协会条款的种类繁多,主要是关于海上货物运输和船舶保险的内容。一旦协会条款被纳入保险合同中去,将对合同原有内容产生补充、限制或者变更等效力。

(二)保证条款

保证条款,是当事人对特定事项予以担保的条款,即保证为一定行为或不为一定行为,或者保证某种事项存在或不存在,主要是针对投保人和被保险人而言的。例如,在火灾保险合同中,投保人向保险人保证,将不会在投保房屋中存放易燃易爆物品。投保人和被保险人必须严格遵守保证条款的约定,如果违反了保证条款的约定,保险人可以解除保险合同或者拒绝承担保险责任。

(三)附加条款

附加条款,是指当事人基于特殊需要,为修正保险合同的基本条款而作出的补充约定。当事人约定附加条款的目的或者是变更基本条款的某些约定,或者是限制或扩展基本条款的内容。因此,当附加条款与基本条款发生冲突时,附加条款的效力优先于基本条款。在保险实务中,当事人一般采取在保险单空白处批注或者在保险单上粘贴批单的方式,使附加条款成为保险合同的内容之一。

特约条款是否有效,取决于当事人就该约款是否达成意思表示的一致,即特约条款是否订入保险合同。凡对于过去、现在或将来的事项,不论其本质上是否重要,一经特约,即成为保险合同的一部分。特约条款一旦成为保险合同的组成部分,即须严格遵守,具有绝对效力,不得违反。在具体的个案中,特约条款应构成保险合同的一部分,否则,不对当事人发生效力。保险实务中,特约条款多为保险人控制危险的一种方法。当然,为平衡当事人之间的权利义务关系,立足于追求实质公平与正义,对保险合同特约条款的内容,应从立法和司法上均予以必要的控制,避免显失公平情事之发生。

四、保险合同条款的解释

所谓合同解释,是指运用各种解释规则和方法,确定合同条款的含义,以消除纠纷的行为。在保险合同条款用语准确、内容清晰无歧义的情况下,根本无须运用解释方法去解释保险合同条款。但是一旦投保人、被保险人、受益人与保险人之间就合同条款的理解产生不同意见并引发纠纷时,就需要纠纷裁决主体运用一定的解释方法去解释具体的条款,以利纠纷解决。

(一)保险合同中记载内容不一致时的解释规则

由于保险实务中部分保险公司经营不够规范,经常出现投保单与保险单、其他保险凭证上的条款内容不一致,或者非格式条款与格式条款内容不一致,又或者保险凭证的内容记载时间或记载方法不一致等问题,常常引发当事人之间的认知纠纷。《保险法》对此未作规定,《保险法解释(二)》第14条确定了认定处理规则:(1)投保单与保险单或者其他保险凭证不一致的,以投保单为准。但不一致的情形系经保险人说明并经投保人同意的,以投保人签收的保险单或者其他保险凭证载明的内容为准。(2)非格式条款与格式条款不一致的,以非格式条款为准。(3)保险凭证记载的时间不同的,以形成时间在后的为准。(4)保险凭证存在手写和打印两种方式的,以双方签字、盖章的手写部分的内容为准。

(二)保险合同条款的"通常解释"规则

当保险合同中记载内容不存在不一致,或者不一致的情形已按上述认定处理规则解决之后,保险合同当事人对于合同条款仍然存在不同的解读,且这两种或两种以上的解读均具有一定的合理性,则依据《保险法》第30条前段的规定,"应当按照通常理解予以解释"。对于何谓"通常理解",一般是指"理性被保险人的理解"。根据最高人民法院《关于适用〈中华人民共和国民法典〉合同编通则若干问题的解释》第1条第1款的规定,当事人对合同条款的理解有争议的,应当以合同所使用的词句的通常含义为基础,结合合同的相关条款、合同的性质和目的、习惯以及诚实信用原则,参考缔约背景、磋商过程、履行行为等因素确定该条款的真实意思。也就是说,应当按照文义解释规则、整体解释规则、目的解释规则、习惯解释规则和诚信解释规则来探求对于合同条款的"通常理解"。文义解释是按照合同条款通常的文字含义来进行解释。文义解释要求被解释的合同字句本身具有单一且明确的含义,如地震、泥石流等。一旦合同文字的意思并不明确时,就应尝试运用整体解释规则、目的解释规则、习惯解释规则或诚信解释规则来进行补充解释。

(三)保险合同条款的歧义利益解释规则

在通过上述"通常解释"规则解释,对于格式保险合同条款仍然存在两种或两种以上解释时,根据《保险法》第30条后段的规定,人民法院或者仲裁机构应当作出有利于被保险人和受益人的解释。之所以有此解释规则,乃是因为保险合同多为格式合同,保险合同条款往往由保险人事先拟定,投保人只能整体接受或整体不接受,又加之保险合同中条文晦涩,专业性、技术性太强,投保人一方往往难以准确理解,较难就合同条款达成真正的合意,如此造成了十分不公的局面。为了保护保险消费者,实现公平,《保险法》上规定了有利于投保人一方的解释规则,即歧义利益解释规则或不利解释规则。然而,仍需注意的是,该项规则的适用不得滥用:(1)该规则为后顺位的解释规则,应在穷尽其他解释方法之后仍有问题时,方可适用;(2)如果需解释的保险合同条款并非格式条款,而是个别商议条款,不得适用。

除此之外,根据《保险法解释(二)》第17条的规定,保险合同中使用的术语可以进一步区分为非保险术语(如医学术语、气象学术语等)和保险术语。如果保险合同条款中约定了某一非保险术语,且对该非保险术语作出了符合专业意义的解释,那么此时不能适用歧义利益解释规则,而应按专业意义解释这一非保险术语。但是,对于保险术语而言,仍应适用歧义利益解释规则。之所以如此,是因为如果认可按照保险术语专业含义来解释,保险人完全可以发挥其保险专业的优势,设计一些新保险术语条款强化自己在保险合同中的优势的地位,规避歧义利益解释规则的适用。[29] 同时,创造更多不必要的保险术语会进一步加剧保险合同条款的晦涩难懂,与保单通俗化的潮流背道而驰,更容易引发保险合同当事人之间的纠纷。

案例练习

王某于某日接到保险推销电话,称为回馈客户,保险人赠送其半年的住院收入保障险,若半年后王某不终止该保险合同,则会从王某提供的信用卡中扣除保费,王某表示同意。其后,王某收到保险公司寄送的保单。半年之后,王某查询信用卡消费记录发现保险公司开始扣除保费。后王某认为其与保险公司并未订立书面保险合同,只是口头承诺接受,保险合同并未成立,遂主张保险公司返还保费。

问题:

(1)住院收入保障保险合同属于哪类保险合同?

(2)王某与保险公司之间的保险合同是否成立?

(3)本案应如何处理?

〔29〕 最高人民法院民事审判第二庭编著:《最高人民法院关于保险法司法解释(二)理解与适用》,人民法院出版社2013年版,第391页。

第四章　保险利益原则

本章导读

保险利益原则，是指保险法以保险利益作为保险合同的效力要件，投保人或被保险人对保险标的不具有保险利益的，保险合同不具有法律效力。起源于英国的保险利益原则是保险法中最重要的原则之一，在防止赌博和预防道德风险方面发挥着重要作用。在人身保险中，我国对保险利益的认定标准采利益、同意兼顾原则。保险利益的归属主体应为受益人，并且保险利益应存在于整个保险期间。在财产保险中，保险利益是具有合法性、确定性和可计算性的现有利益、期待利益或责任利益。财产保险利益的归属主体应是被保险人。保险利益应存续于整个保险期间，其移转与保险合同效力密切相关。

第一节　保险利益原则概述

一、保险利益原则的概念及其源流

保险利益，又称可保利益，依照我国《保险法》第 12 条的规定，是指投保人或被保险人对保险标的具有的法律上承认的利益。即在保险事故发生时，可能遭受的损失或失去的利益。保险利益原则，是指保险合同必须具备保险利益，否则将影响保险合同的效力或者保险金的赔付。我国《保险法》第 12 条第 1 款、第 2 款以及第 31 条第 3 款、第 48 条对此有明确规定。

保险利益原则最早确立于英国。在 18 世纪末期之前，英国的法院允许和执行了各种各样的赌博或博彩合同，这些合同都是一些对他人生命绝对不具有保险利益的人所订立的。[1] 在 18 世纪 70 年代英国的一个绅士俱乐部里，1/4 的赌博是关于第三人的死亡的，而仅有 2.5% 的赌博是关于赛马的。[2] 当时甚至出现了以遭到死刑起诉的犯罪嫌疑人的生命投保的事情。这类保单就是赤裸裸的赌博，赌的就是嫌疑人最终是否会被定罪。[3] 1750 年之前，只有以他人的生命投保，且具备相应的犯罪行为的，如毒害被保险人来获得保险金，才会被判有罪；在此

---

〔1〕 Peter Nash Swisher, *The Insurable Interest Requirement for Life Insurance: A Critical Reassessment*, 53 Drake L. Rev., 481 (2005).

〔2〕 See Geoffrey Clark, *Betting on Lives: The Culture of Life Insurance in England 1775 – 1965*, Manchester University Press, 1999, pp. 49 – 53.

〔3〕 [美]小罗伯特·H. 杰瑞、道格拉斯·R. 里士满：《美国保险法精解》，李之彦译，北京大学出版社 2009 年版，第 102 页。

之后，赌博本身才日益受到监管。[4]《1774年英国人寿保险法》是第一部明确禁止利用保险合同对他人生命进行赌博的法律。[5] 至于其他类型的保险合同，即损害补偿保险合同，也曾经有许多判例认为没有保险利益存在的海上保险合同依然是有效的。更早一些时候，无保险利益的海上保险合同甚至被认为是保险合同的一种常见形式。然而，《1745年英国海上保险法》以立法的方式终结了这一实践。[6] 这样，保险利益原则就成为英国保险法的一项基本原则。由此往后，各国都在其保险法律中逐步确立了保险利益原则和相关规定。

二、保险利益原则的功能定位

作为保险法的一项基本原则，保险利益原则主要有以下四方面的重要意义：

1. 防止赌博。保险与赌博行为最根本的区别在于保险合同中的当事人和关系人对保险标的具有保险利益。如果不规定保险利益原则，就意味着投保人可以任意地以他人财产和人身为保险标的进行投保。其结果是，一旦发生保险事故，投保人就可以在不受损失的情况下得到赔偿。这种结果既违反了公平原则，又使保险失去了给付意义，而使保险成了纯粹的赌博行为。

2. 预防道德危险。道德危险是指投保人、被保险人或受益人为诈取保险赔偿而违反法律或合同，故意引起或扩大保险事故的危险。确立保险利益原则，可以防止道德危险，维护社会的安定和善良风俗。如果在保险法中不规定保险利益原则，一些投保人就可能为了谋取不法利益而人为地造成财产损失，甚至谋害他人的性命。尽管保险法制发展初期的反赌博运动使得对道德风险的关注相形见绌，但是保险利益原则之后的演进改变了这种顺位，以至于现今防范道德风险才被认为是该原则的首要合理性根据。依据传统观点，保险合同当事人很难仅凭自身努力将道德风险降到最低，而必须由法官扮演一个交通警察的角色，运用保险利益原则使那些包含达到难以忍受程度的道德风险和对第三方具有伤害风险的保险合同无效。[7]

3. 限制赔偿范围。保险利益是保险人对被保险人或受益人补偿损失的最高限度。被保险人或受益人向保险人所主张的赔偿金额，不得超过其保险利益的金额或价值。如果不坚持保险利益原则，被保险人或受益人就可能会获得与其所受损失不相称的高额赔偿，从而损害了保险人的合法利益。

4. 一定范围内决定保险合同的效力。[8] 根据《保险法》第31条第3款的规定，订立人身保险合同时，投保人对被保险人不具有保险利益的，合同无效。另外，根据《保险法》第48条的规定，财产保险的保险事故发生时，被保险人对保险标的不具有保险利益的，不得向保险人请求赔偿保险金。

---

〔4〕 Timothy Alborn, *A License to Bet: Life Insurance and The Gambling Act in The British Courts*, 14 Conn. Ins. L. J. 2 (2007).

〔5〕 在之前英国的普通法（判例法）中，这项禁止并不存在。See Stephan R. Leimberg & Albert E. Gibbons, *COLI, BOLI, TOLI and "Insurable Interests"*, 28 Est. Plan. 333, 333 (2001).

〔6〕 See John Birds, *Birds' Modern Insurance Law*, Ninth Edition, Sweet & Maxwell, 2013, p. 41.

〔7〕 See Jacob Loshin, *Insurance Law's Hapless Busybody: A Case Against the Insurable Interest Requirement*, 117 Yale L. J., 2007, pp. 481–483.

〔8〕 韩长印、韩永强编著：《保险法新论》，中国政法大学出版社2010年版，第41～42页。

第二节　人身保险的保险利益

一、人身保险利益的认定标准

投保人对自己的身体或寿命具有保险利益，是因为投保人对自己的身体或生命拥有无限的利益；但投保人对他人的身体或生命是否具有保险利益，则并不取决于投保人与被保险人之间有否利害关系，没有法律的特别规定，即不能确定。各国关于投保人对他人是否具有保险利益，通常采取以下三种方式予以确认：

1. 利益原则。投保人以他人的身体或寿命投保的，是否具有保险利益，以投保人和被保险人相互间是否存在金钱上的利害关系或者其他利害关系为判断依据，有利害关系则有保险利益。英国、美国、比利时、荷兰等国保险法采用这一原则。

2. 同意原则。投保人以他人的身体或寿命投保的，是否具有保险利益，以投保人是否已经取得被保险人的同意为判断依据，而不论投保人与被保险人之间是否有某种无利害关系；投保人征得被保险人同意订立保险合同的，即对被保险人有保险利益。大陆法系的主要国家，如德国、法国、瑞士、日本等国保险法采用这一原则。

3. 利益、同意兼顾原则。投保人以他人的身体或寿命投保的，是否具有保险利益，或者以投保人与被保险人相互间是否存在金钱或其他利害关系，或者以投保人是否已经取得被保险人的同意为判断依据；投保人与被保险人相互间有金钱或其他利害关系的，投保人对被保险人有保险利益；投保人与被保险人相互间没有利害关系，但投保人征得被保险人同意订立保险合同的，投保人对被保险人有保险利益。我国《保险法》即采用这一原则，《保险法》第 31 条第 1 款、第 2 款规定："投保人对下列人员具有保险利益：(一)本人；(二)配偶、子女、父母；(三)前项以外与投保人有抚养、赡养或者扶养关系的家庭其他成员、近亲属；(四)与投保人有劳动关系的劳动者。除前款规定外，被保险人同意投保人为其订立合同的，视为投保人对被保险人具有保险利益。"

二、人身保险利益的归属主体

所谓人身保险利益的归属主体，是指究竟是要求投保人、[9]被保险人，还是受益人，抑或是他们中的多人，应当具有保险利益。

对此问题，如果从我国规定来看，似乎倾向于认为是投保人。《保险法》第 12 条和第 31 条规定人身保险的保险利益存在时间和保险利益具体情形时，都明确投保人应当具有保险利益。《保险法解释(二)》第 2 条进一步规定，人身保险中，因投保人对被保险人不具有保险利益导致

---

〔9〕 英美保险法中几乎从来不用"投保人"(applicant)这一概念，而采"保单持有人"(policyholder)。英美法中的保单持有人，在投保之后，基于一般社会常识，谁出钱，谁就拥有所有权。投保人购买了保险，那么显然投保人就是保单的持有人或者保单的所有者(policy owner)。而在保单转让之后，保单持有人自然为保单受让人。在此为了论述问题的方便，姑且将保单持有人与投保人等同以视之。

保险合同无效，投保人主张保险人退还扣减相应手续费后的保险费的，人民法院应予支持。我国台湾地区“保险法”更是直接在投保人(要保人)的定义中明确这一点。[10] 这一规定选择也被认为是通说。[11] 施文森教授认为，除了法定例外情形，被指定为受益人之人无须对被保险人的生命具有保险利益。理由在于投保人既然指定该第三者为受益人，无疑其与该第三人之间有信任关系的存在，当不致发生受益人谋害被保险人之情事。且保险法规定受益人故意谋杀被保险人的，即失去保险金受领权，也就是如以非法方法致使保险事故发生的，势将一无所获。[12] 投保人对于保险标的须具有保险利益为保险契约成立之前提。[13] 刘宗荣教授则认为，从实务上观察，需不需要保险利益，不能纯粹从道德风险的有无论断。从订约过程言，假若投保人对被保险人毫无保险利益或利害关系，如何能对被保险人的健康状况逐一说明？自被保险人言，被保险人对于一个与自己毫无利害关系的投保人的动机难免有疑虑，如因此而拒绝体检或保险人的查核，保险人将无法据以核准投保。更何况实践中由一个与被保险人毫无利害关系的第三人作为投保人而为被保险人投保人身保险的情形，更属罕见。[14]

本书对以上规定选择和理论通说持保留态度。那么究竟是谁应当作为人身保险利益的归属主体呢？

由于大陆法系各国保险立法一般不承认保险利益在人身保险中的适用，缺乏在此方面的具体规则，我们只能从英美保险法中汲取营养，探求人身保险中保险利益的归属主体。可是我国学者虽深受概念法学思维影响，在搭建分析框架时，却采纳了大陆法系的通行做法，认为保险合同的当事人应为投保人和保险人，而被保险人和受益人则属于保险合同关系人的范畴。这与英美法的习惯做法是不一致的，英美法通常将保险人(the Insurer)和被保险人(the Insured，or the Assured)[15] 作为保险合同当事人双方。这一系列选择本身并没有问题，只是在完成两套话语体系下进行知识的对接时，问题出现了。最早自英国《1774 年人寿保险法案》颁布之时，立法明文要求被保险人(the Assured)具有保险利益。美国早期的判例也采纳了这一表述，如 *Connecticut Mutual Life Insurance Co. v. Schaefer* 案。及至当代，英美的大多数教科书仍然在谈及人身保险中保险利益的主体时用的是“the Insured”或“the Assured”。[16] 但诚如施文森教授所言，若细加探究，“Insured”不仅指以其存有保险利益的财产为保险标的的人，同时亦指提出投保申请的人及于危险事故发生后享有保险金请求权的人。及至人身保险出现后，才发现提出投保申请的人与以生命或身体为保险标的的人及日后受领保险金给付的人未必为同一人。以“Insured”涵盖三者，难免误导。但在 20 世纪 40 年代以前，人身保险于运用上始终受产险惯例的拘束，除非保单或法令有特别规定，仍承袭“Insured”一词以资概括。因此，对于

---

〔10〕 江朝国：《保险法规汇编：立法理由 · 学说争议 · 判解函释 · 保险常识》，台北，元照出版公司 2002 年版，第 7 页。

〔11〕 林群弼：《保险法论》(增订二版)，台北，三民书局 2003 年版，第 144 页；袁宗蔚：《保险学——危险与保险》，首都经济贸易大学出版社 2000 年版，第 242 页等。

〔12〕 施文森：《保险法论文》(第一集)，台北，三民书局 1985 年版，第 35 页。

〔13〕 施文森：《保险法总论》，台北，三民书局 1985 年版，第 43 页。

〔14〕 刘宗荣：《新保险法：保险契约法的理论与实务》，中国人民大学出版社 2009 年版，第 86 ~ 87 页。

〔15〕 英国一般用“the Assured”，而美国则多用“the Insured”。两者的实质意义没有太多区别，基本可以对译。

〔16〕 See e. g. , Emeric Fischer, Peter Nash Swisher & Jeffrey W. Stempel, *Principles of Insurance Law*, Third Edition, Matthew Bender & Company, Inc. , 2004, p. 362; E. R. Hardy Ivamy, *General Principles of Insurance Law*, Butterworths Insurance Library, 1986, p. 28.

"Insured"一字究竟系指何人,有时不易捉摸,[17] 尤其是在将其逡译到大陆法系的话语体系中时。在英美保险法中,在探讨究竟谁需要具备保险利益时,大多从操作的角度谈保险利益的具体形态,如家庭成员、雇主、债权人是否具有保险利益,而从学理上探讨保险利益的抽象归属主体,是一种大陆法系概念法学的做法。英美法的论著中并没有论证保险利益归属主体的具体理由,我们只能沿着一些线索去探究。在英美人寿保险中,被保险人是以其生命作为保险标的的那个人。此人也被称为"*cestui que vie*"(简称 CQV)。[18] 应当将以其生命作为保险标的的人(CQV)和其生命受到保险保障的人(the insured)做一个区分。财产保险和人身保险中的被保险人的内涵实质是存在差异的。其共性在于,无论在什么险种中,"被保险人"指的都是其损失会触发保险人给付义务的人。[19] 但被保险人未必都是享有保险金受领权的人,也不一定是需要具有保险利益的人。以死亡人寿保险为例,因被保险人的死亡而遭受损失的,并非被保险人,而是对被保险人在经济上或情感上有利害关系的人。如果不是以文害意,在人身保险的语境中将"Insured"硬是要对译成被保险人的话,本书认为,人身保险中的被保险人不是保险利益的规范对象。

至于投保人、受益人方面,古典的合同相对性原则长期以来主导着人们的思维方式。在大陆法系,是罗马法以来就确立的"任何人不得为他人缔约"的规则;在英美法中,则是合同相对性原理(privity of contract)。一般的合同都是为自己利益的合同,在保险关系中,也是投保人取得向保险人请求的权利或获得保险人给付的对价。保险实践中通常保单持有人和保险金受领权人是同一人,并且都是作为"the Insured"被提及。加之两大法系中与保险人相对的保险合同当事人分别是投保人和"the Insured",那么在没有做更深层次考察的情况下,在立法和学理上都得出"the Insured"是投保人,人身保险中投保人应当具有保险利益的结论,也就不足为奇。然而,为第三人利益合同中第三人利益或权利,突破了传统合同的"二人模式",形成一种独特的"三人模式","静态相对性"发展为"动态相对性"。[20] 从法律关系的构造来看,人身保险合同即为典型的为第三人利益的合同。哪怕在一个具体保险关系中,某人同时作为投保人和受益人,但是生物意义上的人的同一并不排除法律意义上的人的区隔,这种情况下的人身保险仍旧是为第三人利益合同。投保人(保单持有人)是保单的所有者,却未必是受保险保障的一方。[21] 如果非要说投保人应当具有保险利益,隐而不宣的前提就是投保人(保单持有人)和受益人是同一人。从功能主义的视角来看,在投保人与保险金所有权主体并非同一人的情形下,投保人无从因保险事故的发生而获利,自然不会有故意制造危险的动因,依此分析,要求投保人具有可保利益并无实益,反增法律操作的复杂;更进一步,还会抑制保险业的发展。[22] 实践中投保人无须具有保险利益的例子比比皆是,比如单位为更好地调动职工生产积极性,为其投保团体家财险、人身险;厂家为占有市场以让利的方式为客户投保,如防盗门保险;政府为见义

---

〔17〕 施文森:《保险法判决之研究》(上册),台北,五南图书出版公司 1976 年版,第 122 ~ 123 页。

〔18〕 [美]小罗伯特·H. 杰瑞、道格拉斯·R. 里士满:《美国保险法精解》,李之彦译,北京大学出版社 2009 年版,第 156 ~ 157 页。

〔19〕 [美]小罗伯特·H. 杰瑞、道格拉斯·R. 里士满:《美国保险法精解》,李之彦译,北京大学出版社 2009 年版,第 145 页。

〔20〕 张家勇:《为第三人利益的合同的制度构造》,法律出版社 2007 年版,"代序"第 5 页。

〔21〕 *Black's Law Dictionary*, 12th ed, policyholder 2024.

〔22〕 杨芳:《可保利益效力研究——兼论对我国相关立法的反思与重构》,法律出版社 2007 年版,第 69 页。

勇为者投保意外伤害险；为表达祝愿，以保单作为礼品或特别的储蓄馈赠亲友，如婚姻纪念保险。[23] 由此可见，在人身保险中只有将受益人作为保险利益的归属主体，方能契合保险利益原则的宗旨。除非受益人（the Beneficiary）具有保险利益，否则任何人都不能获得以他人生命为保险标的的保险单。[24] 这种观点也可以从现今美国绝大多数州的保险立法中获得佐证。[25]

三、人身保险利益规范的时点

在人身保险中，对保险利益存在时间的要求，根据《保险法》第 12 条第 1 款和第 31 条第 3 款的规定，即在人身保险合同订立时，保险利益必须存在，否则保险合同无效；在保险事故发生时，保险利益是否存在，对保险合同的效力不发生影响。

之所以如此，通说认为主要基于以下原因：(1)是为了避免在订立保险合同时，投保人对被保险人因无密切的利害关系而引发道德危险，危及被保险人的生命安全。(2)是由于如果保险利益消失后，即认为保险责任终止，对保单持有人有失公平。因为投保人将来所应得的保险金，是投保人过去已缴保险费及其利息的积存，具有一定的储蓄性质。如果投保人在保险合同订立后，因保险利益的消失而丧失原来在保险事故发生时所应得的保险金，将会使其权益处于不确定的状态。(3)人寿保险单具有了一定的有价证券的性质，可以进行转让或抵押。如若要求投保后依然需要具有保险利益，将妨碍保单的可处分性。所以，人身保险的保险利益在保险事故发生时，并非必须存在。

本书认为，人身保险中的保险利益应存在于整个保险期间，不仅需要存在于保险合同生效时，也需要存在于保险事故发生时。普遍认同的是，控制寿险中的赌博风险有赖于严格的事前核保。要求投保时具有保险利益就是为了防止出现以诈取保险金为目的而危害人生命。核保时必须严格遵守保险利益原则，不能牺牲交易的安全性。[26] 问题在于，为何保险事故发生时也须具有保险利益？

人身保险的性质常常被认为是投资性保险（investment insurance），或者至少说是虽也具有补偿性合同的因素，但在某种程度上更多地具有投资性合同的色彩。[27] 本书认为，将人身保险合同定位为投资性合同乃是欧美国家将各种金融产品的衍生特性过度演绎的一个缩影。保险产品毕竟和基金等投资产品存在功能性差异。借用民法上的一对概念“损失”和“损害”来说明，人身保险中不一定需要有可用金钱计算的“损失”，但一般需要有某种“损害”，无论这种损害是物质上的还是精神上的。与商业有关的人身保险（如涉及商业伙伴关系、雇主与雇员关系、债权人与债务人关系的人身保险）和在具有金钱支持关系的家庭成员或亲属之间成立的人身保险很难说是拿关系人的生死残病做一项投资，而更多的是对关系人的事故可能给自己造

---

〔23〕 杨芳：《可保利益效力研究——兼论对我国相关立法的反思与重构》，法律出版社 2007 年版，第 69 页。

〔24〕 Franklin L. Best, Jr. , *Defining Insurable Interests in Lives*, 22 Tort & Ins. L. J. , 1986, p. 104.

〔25〕 多数州的制定法言及人身保险中的保险利益时，弃用 Insured，而直接用更为明确的 Beneficiary。See e. g. , N. Y. INS. Law § 3205 (McKinney 2000); PA. STAT. ANN. tit. 40, § 512 (West 1999); VA. CODE ANN. § 38. 2 - 301 (A) (Michie 2002); DEL. CODE ANN. Tit. 18, § 2704 (a) (1998).

〔26〕 黄勇、李之彦编著：《英美保险法经典案例评析》，中信出版社 2007 年版，第 12 页。

〔27〕 William T. Vukowich, *Insurable Interest: When it Must Exist in Property and Life Insurance*, 7 Willamette L. J. , 1971, p. 11.

成的损害进行一定的弥补。至于那些基于情感型保险利益关系而生的人身保险也是对利益人精神损害的弥补。如果连损害都没有,显然是违背保险制度设立的初衷的。因此,定额给付不是说没有损害,而是说由于损害难于用金钱估量,所以便事先约定一定数额待事故发生就径行给付。从逻辑上说,定额给付是不超过损害的,而一个正向的投资一定是超出既得利益的。何况事实上人身保险并非都具有储蓄性,单纯的死亡保险、伤害保险或疾病保险并无储蓄性可言,如果被保险人于保险期内未发生保险事故,则保险人无须支付任何保险金。只有生存保险或带有生存保险因素的人身保险才具有储蓄性。即使是这种情况,也可看作对未来预期花费的弥补。人身保险虽不是损失补偿合同,也不是投资性合同,但一定是损害弥补合同。正因如此,对于大多数保单持有人来说,人身保险的价值在于能提供安全感(security)和确定性(certainty),而不是其流动性(liquidity)。[28] 没有必要为了保单流动性而不要求保险事故发生时具有保险利益。在法益衡量中,是人的生命,还是已投入的保险费更重要?答案不言自明。

保险合同的转让也不一定改变保险利益的具体连接情况。我国《保险法》对人身保险保单的转让缺乏规定,但一般认为人身保险保单比补偿性保险保单更具可转让性。如果我们不再用为自己利益合同的古旧思维来思考,而是转换到前述将受益人作为归属主体的视角来看待人身保险利益,就会发现保险合同转让所导致的保单持有人的变化并不当然改变保险利益关系,保险利益可能一直存在。寿险保单的转让并不涉及指定新的被保险人或者受益人。恰恰相反,转让寿险保单通常被视为转让保单的各项权能,如预借现金价值的权利、退保取回现金价值的权利、变更受益人的权利,还有选择给付金支付方式的权利等。寿险保单的转让需要区分收款权的转让和保单的转让这两种情况。[29] 保单转让的受让人无须具有保险利益,而收款权转让的受让人(变更的受益人)一定得具有保险利益。那么,一方面,人身保险合同的自由转让是可行的。另一方面,无论保单如何转让,其受益人不管是否变更都肯定是具有保险利益的。因此,那种认为人身保险单可以自由转让而使保险利益在保险事故发生时不可能、不必要存在的观点是错误的。此外,某个受益人失去保险利益,并不一定就使保险合同失去效力。基于血缘产生的保险利益关系不可能发生变化,变化的只可能是基于姻亲或商业经济关系所产生的保险利益关系。这可以分两个层次分析:(1)如果保险利益彻底丧失,人身保险合同应当失效,保单持有人可以获得一定的利益返还。(2)即使保险利益丧失,只要能够通过更换受益人的形式使得保险利益仍然存在,人身保险合同仍可不失其效力。特别是在长期的寿险当中,仅仅由于受益人丧失保险利益而令保险合同无效,可能对相关利益人不太公平。变更受益人的方式可以达到防范受益人丧失保险利益后的道德风险和保障合同自由及合同承诺稳定性的多重目的。

---

〔28〕 Sachin Kohli, *Pricing Death: Analyzing The Secondary Market for Life Insurance Policies and Its Regulatory Environment*, 54 Buff. L. Rev., 2006, p. 279.

〔29〕 [美]小罗伯特·H. 杰瑞、道格拉斯·R. 里士满:《美国保险法精解》,李之彦译,北京大学出版社 2009 年版,第 185 页。

第三节　财产保险的保险利益

一、财产保险利益的认定标准

财产保险的保险利益，是指被保险人对保险标的所具有的某种合法的经济利益。财产保险利益应符合以下条件：

1. 合法性。指保险利益必须是法律承认和保护的利益。对于不符合法律规定而取得的利益和违反善良风俗而取得的利益，不能成为保险标的，投保人或被保险人对其没有保险利益。例如，小偷以赃物投保、毒贩以毒品投保等，因其利益不具有合法性，不能构成财产保险的保险利益。对保险利益的合法性，《保险法》第12条第6款作了明确规定，保险利益是指投保人或者被保险人对保险标的具有的法律上承认的利益。

2. 确定性。指投保人或被保险人对保险标的所具有的利害关系，必须是已经确定或者可以确定的，才能构成具有保险利益。已经确定的利益，为现有利益，如投保一幢房屋的价额；尚未确定但可以确定的利益，为期待利益，如企业将来在正常经营的情况下可获得的利润。现有利益的确定较为简单，期待利益的确定则容易引起争议。但随着保险技术的发展和完善，期待利益也可以比较准确地计算出来，如目前各国对货物运输保险的保险金额的确定，普遍以货物到岸价格增加10%左右作为预期利益。

3. 可计算性。指投保人或被保险人对保险标的所具有的利益，必须是具有金钱价值并可以加以计算的，才能构成保险利益。保险利益的可计算性，是判断财产保险合同是否构成超额保险以及限定保险合同的适用的标准。财产保险的主要目的是补偿损失，如果该损失不是财产上的利益，且不能以金钱标准加以计算，则无法对该损失进行填补。例如，亲人的相片、情人的书信等，虽对所有人具有利益，但由于这种利益无法以金钱加以计算，所以不能成为财产保险的保险标的。

二、财产保险利益的存在范围

财产保险的保险利益，主要包括现有利益、期待利益和责任利益。

1. 现有利益，是指投保人或被保险人对保险标的享有的已经确定的现存利益。常见的现有利益，包括投保人或被保险人对保险标的享有的所有权利益、用益物权利益、担保物权利益等。例如，汽车的所有人对其投保的汽车具有保险利益，房屋抵押权人对抵押物具有保险利益。

2. 期待利益，是指投保人或被保险人在订立保险合同时对保险标的的利益尚未存在，但基于其现有权利而在将来可获得的利益。期待利益基于现有利益而产生，无现有利益，亦不可能存在期待利益。例如，企业因经营而可能获得的利润、农民因耕种土地而可能获得的收益、因合同而产生的利益等，均可构成期待利益。

3. 责任利益，是指被保险人对保险标的所承担的合同上的责任以及侵权损害赔偿责任。民事责任主要产生于违约行为和侵权行为。当投保人或被保险人有承担民事责任的可能时，对其可能承担的责任具有保险利益。例如,投保人或被保险人对其应负担的赔偿责任具有责任利益,可以投保责任保险。在责任保险中,被保险人对第三人依法应当负担的赔偿责任为保险标的。

另外,根据《保险法解释(二)》第1条的规定,财产保险中,不同投保人就同一保险标的分别投保,保险事故发生后,被保险人在其保险利益范围内依据保险合同主张保险赔偿的,人民法院应予支持。

三、财产保险利益的归属主体

财产保险利益的归属主体应是被保险人。根据《保险法》第48条的规定,保险事故发生时,被保险人对保险标的不具有保险利益的,不得向保险人请求赔偿保险金。之所以是被保险人被定位为保险利益的归属主体,是因为一方面,保险是用来保障风险和填补损失的,如果被保险人没有保险利益,那么在保险事故发生之时就不会遭受实际损失,又何来保险人赔偿保险金的必要;另一方面,被保险人在财产保险中是保险金的受领权人,只有对其加以规制,才能达到防止赌博和预防道德风险等保险利益的存在目的。

四、财产保险利益规范的时点

对于财产保险利益规范的时点,结合《保险法》第12条第2款和第48条的规定可知,财产保险的被保险人在保险事故发生时,对保险标的应当具有保险利益。而在订立保险合同时,投保人或被保险人对保险标的是否具有保险利益并无实际意义。保险事故发生时,被保险人对保险标的不具有保险利益的,不得向保险人请求赔偿保险金。一般认为,该规则的建立,是出于“商业经营”和“对财产的充分保障”两个方面的考虑:(1)商人们需要在他们的利益成熟以前安排保险;(2)财产保险合同是损失补偿合同,它应该着眼于损失发生时刻。[30]

本书更为赞同财产保险利益规范的时点应包括整个保险期间,订立保险合同时属之,保险事故发生时亦属之。其理由在于:(1)保险利益为保险合同存在之中心目的。保险合同存在的目的在于,确保被保险人得以享受某种“利益”,纵使该利益受损害也可借由保险给付以弥补受损。倘若保险空有合同的形态,而无实质确定的保障对象,即失其存在的目的。更不用说如果投保时不知道保险利益具体为何,无法推算保险利益受损的风险,也无法运用保险技术合理计算应收取多少的对价保费。(2)从保险合同对价平衡的本质观之,保险费的交付与保险人的风险承担之间具有对价关系,如果从合同订立之日起至保险合同期间经过大半,保险利益均未产生,被保险人根本没有产生保险利益可能受损的风险,又如何为风险移转?保险人又有何依据收取保险费?此段仅投保人有缴交保费义务而保险人不须承担危险的期间,保费是否应返还?若无须返还,对平白无故缴纳保费的人是否公平?[31]

五、财产保险利益移转与保险合同效力

保险利益的移转,也称保险利益的变动,是指在保险合同生效后、保险事故发生前,因保险

---

〔30〕 樊启荣:《保险法》,北京大学出版社2011年版,第62页。

〔31〕 江朝国:《保险法逐条释义:第一卷 总则》,台北,元照出版公司2012年版,第550~551页。

标的之移转而产生保险利益之变动,即由新的主体继受保险标的之保险利益。〔32〕在财产保险中,保险合同生效后、保险事故发生前,保险利益基于法律行为或法律行为以外之事由而出现变动之事常有发生,如机动车损失险责任期间车辆被出卖、房屋火灾险责任期间房屋被继承等。

财产保险中的保险利益移转经常与保险标的物转让相联系,但保险利益移转之原因不限于保险标的物转让。保险标的物转让一般是指基于当事人的意思表示即法律行为而发生的保险标的物所有权转移,如买卖、赠与、投资等;而保险利益的变动除了保险标的物转让外,还包括基于法律行为以外的事由而发生的保险标的物所有权移转,如继承、破产、强制拍卖等。

关于财产保险利益的移转对保险合同效力的影响,我国《保险法》第 49 条仅对"保险标的的转让"作了规定:"保险标的转让的,保险标的的受让人承继被保险人的权利和义务。""保险标的转让的,被保险人或者受让人应当及时通知保险人,但货物运输保险合同和另有约定的合同除外。""因保险标的转让导致危险程度显著增加的,保险人自收到前款规定的通知之日起三十日内,可以按照合同约定增加保险费或者解除合同。保险人解除合同的,应当将已收取的保险费,按照合同约定扣除自保险责任开始之日起至合同解除之日止应收的部分后,退还投保人。""被保险人、受让人未履行本条第二款规定的通知义务的,因转让导致保险标的危险程度显著增加而发生的保险事故,保险人不承担赔偿保险金的责任。"下文分别从保险标的物转让引起的保险利益变动和其他方式引起的保险利益变动两方面加以探析。

(一)保险标的物转让

保险标的物转让是财产保险利益变动的主要原因。值得注意的是,《保险法》第 49 条使用了"保险标的转让"一词。在保险法上,"保险标的"与"保险标的物"并非同一概念,前者乃特定的财产权利或利益,其虽可谓有体物但亦可指无体物(如权利),换言之,即指"客体"而言;〔33〕而后者则仅指作为财产权利客体的有体物。从文义上说,财产保险的"保险标的转让"即作为财产保险标的的"财产及相关利益"的转让,既包括标的物(所有权)的转让,也包括作为保险标的的其他财产权利或利益的转移(如抵押权随同债权转移、占有因合法转租而转移),甚至包括"责任"的转移(如机动车侵权责任主体因车辆使用权移转而变更),但就规制价值而言,标的物(所有权)的转让乃其重点。考诸域外(大陆法系)保险立法,其规制对象一般也是"保险标的物转让",如《德国保险合同法》(2008)第 95 条、第 96 条之主题分别为"保险标的物的转让""保险标的物的转让后终止合同",《意大利民法典》第 1918 条第 1 款称为"保险物的转让"。因此,下文对《保险法》第 49 条讨论也围绕"保险标的物转让"展开。

财产保险(损失险)合同生效后、保险事故发生前,保险标的物发生转让的,被保险人丧失其保险利益(所有权),而受让人则取得该利益。关于标的物转让对保险合同效力的影响,各国家及地区的相关规定及学术主张可概括为两类:

1."对物主义"或"当然继受主义",即主张被保险人的权利义务随同保险标的物的转让而由受让人自动继受,以《德国保险合同法》为代表。该法第 95 条第 1 款规定:"如果投保人将保险标的物转让,则受让人取得投保人在拥有保险标的物所有权期间基于保险合同所享有之权

---

〔32〕 梁宇贤:《保险法新论》(修订新版),中国人民大学出版社 2004 年版,第 80 页。

〔33〕 江朝国:《保险法基础理论》,中国政法大学出版社 2002 年版,第 74 页。

利及应承担之义务。"《意大利民法典》第1918条规定:"保险物的转让不是保险契约解除的原因。"(第1款)"自转让后的第一个保险费期间届满时起十日内,知道保险契约存在的受让人未以挂号信向被保险人作出不替代被保险人在契约中的地位的意思表示,则被保险人的权利、义务转移于受让人。"(第3款)《日本商法典》第650条第1款规定:"被保险人将保险标的转让他人时,推定其同时转让保险契约权利。"《韩国商法典》第679条第1款规定:"被保险人转让保险标的时,推定为受让人承继保险合同中的权利和义务。"采此主张,系为避免保险标的物处于无保险之浮动状态,对受让人不利,增加社会成本,不符经济交易之需要;[34]同时,该主张也蕴含了私权(债权)处分自由之精神。

值得注意的是,采"当然继受主义"的国家或地区并未将此种保险合同权利义务移转的效果绝对化从而使保险人处于完全被动的地位,而是在肯认"当然转移"的同时对保险人提供一定的衡平保护。(1)"保险人合同终止权"模式,如《德国保险合同法》第96条第1项规定:"保险人有权在向保险标的物受让人发出通知之日起1个月后终止保险合同。如果保险人未在知悉转让事实之日起1个月内行使终止权,则该权利消灭。"《意大利民法典》第1918条第4款规定:"自收到转让通知之日起的十日内,通过十五日的以挂号信发出的预先通知,保险人可以解除契约。"(2)"合同失效"模式,如《日本商法典》第650条第2款规定:"于前款情形,保险标的的转让显著变更或增加危险时,保险契约即丧失效力。"(3)"约定排除"模式,我国台湾地区"保险法"第18条所称"保险契约另有订定"即其适例。

2."对人主义"或"保险人允诺主义",即主张在保险标的物转让时,须经保险人允诺,被保险人的权利义务方能移转于受让人。此为英美保险法之一般见解。在英美法系,基于保险契约为高度属人性之契约,故保险标的之转让并不当然使保险契约随之转移,受让人欲主张保险契约之效力时,需满足"保险人同意"及"保险单需和标的物同时转让"两个条件,其主要理由在于,其认为保险标的一经移转,由于每个人对标的物之照管能力不同,因而危险即发生变动,如要求保险人必须照单全收,显不合理,应给予保险人重新评估危险之机会(事前控制)。[35]质言之,"保险人允诺主义"关注的是当事人的利益平衡,或曰保险人的契约自由。

对此问题,我国保险立法经历了一个由"保险人允诺主义"到"当然继受主义"的转变过程。2002年《保险法》第34条规定:"保险标的的转让应当通知保险人,经保险人同意继续承保后,依法变更合同。但是,货物运输保险合同和另有约定的合同除外。"《海商法》第230条第1款规定:"因船舶转让而转让船舶保险合同的,应当取得保险人同意。未经保险人同意,船舶保险合同从船舶转让时起解除;船舶转让发生在航次之中的,船舶保险合同至航次终了时解除。"第229条规定:"海上货物运输保险合同可以由被保险人背书或者以其他方式转让,合同的权利、义务随之转移……"上述规定可称为"有例外的保险人允诺主义"。而现行《保险法》第49条第1款则规定"保险标的转让的,保险标的的受让人承继被保险人的权利和义务",并辅以通知、保险人解约权等规则,可谓实现了由英美法模式向大陆法通例的"回归"。应当认为,这一规定较好地兼顾了自由、效率与安全等诸价值,是我国保险合同立法的一大进步。

---

〔34〕 江朝国:《保险法逐条释义:第一卷 总则》,台北,元照出版公司2012年版,第580页。

〔35〕 江朝国:《保险法逐条释义:第一卷 总则》,台北,元照出版公司2012年版,第579页。

（二）其他方式的移转

1. 共有人应有部分的转让

《民法典》第305条规定，按份共有人可以转让其享有的共有的不动产或者动产（所有权）份额。若共有物已整体投保，应有部分之受让人是否继受转让方的法律地位？从法理上说，应有部分之受让人应与上述标的物受让人居于同等地位，即适用“当然继受”规则。我国《保险法》对此未设明文，实务上只能通过对该法第49条“保险标的转让”作目的性扩张解释予以应对。而我国台湾地区“保险法”第19条作了明确规定：“合伙人或共有人联合为被保险人时，其中一人或数人让与保险利益于他人者，保险契约不因之而失效。”

2. 共有物协议分割

《民法典》第304条第1款规定，共有人可以协商确定分割方式。若采取实物分割，则标的物所有权由共有变为单独所有，如标的物已投保，则保险合同效力如何？本书认为，首先，保险标的物分割，实为物之所有权变动，协议分割与标的物转让及共有份额转让本质无异，故应同样适用“当然继受”规则，即“保险契约不因之而失效”；其次，标的物实物分割后，各部分所有人虽不丧失被保险人地位，但其仅对自有部分具有保险利益，因此只能在此范围内继受保险合同之权利义务（如保险金请求权、保费支付义务）。于此情形，当事人对于标的物分割之事实对保险人也应负通知义务，并于通知前对保费全额负连带责任。

3. 强制拍卖

在保险标的物被强制拍卖情形下，拍得人是否当然继受保险合同的权利义务？我国保险法亦无明文。论者或谓强制拍卖属转让的一种形式，故可直接适用《保险法》第49条之规定。本书认为，强制拍卖与转让并非同一概念，《保险法》第49条并非当然适用，故此处存在立法漏洞，可参酌《德国保险合同法》第99条予以补充：“保险标的所有权由于强制拍卖移转或第三方基于用益物权、租赁契约或类似协议取得相关权益的，本法第95条至第98条之规定应予以适用。”

4. 继承

保险标的物作为遗产时，其所有权于继承发生（被保险人死亡）时移转于继承人，继承人亦得继受保险合同的权利义务。（1）由继承法观之，被保险人所享有的财产保险合同债权属其遗产范畴，得由其继承人继承；（2）由保险法观之，遗产继承乃保险标的物所有权即保险利益的法定移转，与法律行为意义上的标的物转让效果相同，应适用“当然继受”规则。我国《保险法》对此未设规定，应予完善。需指出的是，首先，在此情形下，既适用保险法的相关规则（如解约权规则），也适用继承法的相关规定（如共同继承、抛弃继承规则）；其次，保险合同因继承而发生“当然继受”并非强制性规定，当事人得约定排除其适用。

5. 破产

当事人一方破产并不必然导致既有合同关系终止。对于因破产而形成的“待履行合同”（executory contract），各国（地区）破产法通常赋予债务人或破产人解除合同或继续履行的选择权。我国《破产法》第18条第1款规定：“人民法院受理破产申请后，管理人对破产申请受理前成立而债务人和对方当事人均未履行完毕的合同有权决定解除或者继续履行，并通知对方当事人……”就保险合同而言，投保人（被保险人）破产时，对于“破产申请受理前成立而债务人和对方当事人均未履行完毕”的保险合同，破产管理人自得依上述规定决定解除或者继续履行。然而此处仍有两点疑问:(1)对于投保人(债务人)已履行完毕的保险合同,管理人是否享有解除权?(2)除破产管理人外,保险人是否有权解除合同?对此我国《保险法》亦无明文。本书认为,首先,破产法关于“均未履行完毕”的规定系对于“待履行合同”的一般性规定,对保险合同而言,应优先适用“投保人任意解约权”规则,即使一方(投保人)已履行完毕,也不妨碍其行使任意解约权,即破产管理人行使保险合同解除权不受“均未履行完毕”条件的限制;其次,对保险人而言,由于投保人(被保险人)破产,其与后者间契约关系的基础已发生动摇,自无强使其保险契约继续存在之必要,当保险人认为保险契约之存在对已不利或有增加危险之情形时,保险人亦得终止契约。[36] 我国《保险法》关于投保人破产时保险合同如何解除的规定尚付阙如,应予完善。

案例练习

某保险公司A县支公司为本单位6名女职工(包括陈某)投保妇科癌病普查保险。投保人和保险人均为某保险公司A县支公司,被保险人和受益人是这6名女职工,保期五年,保险金额10万元,保费每人100元。该保费已由该公司工会从其经费中一次缴清。

同年,原某保险公司A县支公司分立为人寿保险公司和财产保险公司两个单位,陈某被分到A县人寿保险公司工作。次年,陈某又从A县人寿保险公司调往另一保险公司的B市分公司工作。因此,A县人寿保险公司作出业务批单,以陈某不具有可保利益为由解除了保险合同,没有书面通知陈某。其后五个月,陈某被确诊罹患宫膜腺癌。陈某患癌后,两次向A县人寿保险公司递交了给付保险金的申请。A县人寿保险公司以陈某调离后已不具有可保利益,保险合同失效为由,给陈某下发了保险金拒付通知书,陈某遂提起诉讼,请求保险赔付。

问题:

(1)人身保险中何者为保险利益的归属主体?

(2)本案中保险人与投保人均为某保险公司A县支公司,保险合同是否成立?

(3)A县人寿保险公司是否可以依缺乏可保利益主张拒绝赔付?

(4)本案应如何处理?

---

〔36〕 林群弼:《保险法论》(修订三版),台北,三民书局2011年版,第159页。

第五章　损失填补原则及其应用

本章导读

损失填补原则是补偿性保险的法理渊源。以该原则为基础，派生出的超额保险、重复保险、保险代位权制度等，共同构成了损失填补原则的制度体系。根据损失填补原则，保险人应当对被保险人的实际损失进行填补，而被保险人获得的保险金不得超过其实际损失。为了贯彻该原则，避免被保险人通过重复投保获取不当利益，投保人对重复保险的各保险人负有通知义务；一旦出现保险事故，各保险人应当按照保险金额与保险金额总和的比例承担保险金给付责任。在补偿性保险中，为了避免被保险人对于同一损害获得超额赔付，法律规定保险人享有保险代位权。

第一节　损失填补原则概述

一、损失填补原则的概念

（一）保险法上的“损失”

1. 含义

保险法上的“损失”，是指保险利益因保险事故的发生而产生的经济上的不利益。保险中的损失即“保险利益的反面”。要正确理解保险法上损失的含义，就必须同时了解保险利益的内涵。保险利益是投保人对于保险标的之间存在的经济上的关系，损失即是这种受法律承认的关系遭到侵害而产生的经济上的不利益。“无保险利益，即无损失；无损失，即无保险”，这句保险法谚语揭示的正是保险利益与损失之间的密切关系。

保险法上的“损失”不同于一般民法上的“经济损失”，但两者存在一定的关联。一般民法上的“经济损失”产生后，投保人或被保险人与保险标的之间经济上的关系受到了破坏，由此产生不利益。简单来说，保险法上的“损失”是次级损失：是基于保险利益对民法上的损失再次进行经济利益损失判断，它可能等于也可能小于民法上的损失。

2. 保险中的“损失填补”与民法上“损害赔偿”的区分

保险事故发生后，保险人依照保险合同的约定，对被保险人的损失进行填补。保险人承担的这种补偿责任，通常被称为“赔偿责任”。我国《保险法》第 2 条中即采用了这种说法。民法上也有“损害赔偿责任”。但是，此“赔偿”绝非彼“赔偿”。现将两者的区别作如下分析：

（1）发生原因不同。保险人的损失填补责任是基于保险合同的约定而发生的，其前提是保险合同的存在和保险事故的发生。保险人依约支付保险金的行为,其实质是保险人承担风险义务的显性化,是履行保险合同的给付义务。民法上的损害赔偿责任是基于侵权行为或债务不履行等原因发生的。

(2)适用目的不同。保险的目的在于“补偿”而非“赔偿”。损失填补是为了向被保险人提供保险保障,分散其风险。而损害赔偿是为了保护受害人利益,且对侵害人有非难及制裁意味。所以,将《保险法》第2条的“赔偿责任”改称为“补偿责任”,更为妥当。

(3)给付范围不同。损失填补并非填补被保险人的一切损失,保险人仅在保险合同约定的保险金额和保险价值范围内,对保险事故所造成的经济利益的损失进行补偿。而损害赔偿一般按照实际损失计算,不存在限额问题。

(4)机能不同。而损失填补则是以保险人为媒介,将风险分散到危险共同体,具有社会性。损害赔偿是以个人的私力使受损的法律关系回复到衡平状态,具有个体性。

(二)损失填补原则的内容

在损失填补原则下,保险人应当对被保险人遭受的损失进行填补。但是,保险人支付的保险金不得超过被保险人的实际损失,且受到保险金额的限制。具体而言,损失填补原则包括以下内容:

1. 保险人应该对被保险人所遭受的实际损失进行填补。保险事故发生导致保险标的受损,保险人应当按照保险合同的约定对被保险人的实际损失进行补偿。在保险金额限度内,保险人应该对被保险人的损失进行充分补偿,在经济上使其恢复到保险事故发生前的状态。

2. 保险人仅应对被保险人所遭受的实际损失进行填补。保险人补偿的量不得超过被保险人的实际损失,严禁被保险人通过保险人的理赔获取额外利益。否则极易诱发道德风险。为了达到这一目的,保险实务中通常采用一些措施加以预防。例如,在保险标的部分受损的情况下,保险人计算赔偿金额时,会对保险标的的残余价值做相应的扣除;在财产保险中,如果保险事故的发生可以归责于第三人,则保险人向被保险人承担了保险责任后,取得被保险人对第三人进行追偿的请求权,即保险人享有保险代位权。

3. 保险人支付的保险金以保险金额为限。被保险人获得的补偿不得超过实际损失,并不意味着保险补偿当然完全填补实际损失,保险人的赔付还受到保险金额的限制。在超额保险、足额保险中,被保险人的实际损失能够得到充分的补偿。但在不足额保险中,根据我国《保险法》第55条的规定,保险人按照保险金额与保险价值的比例承担保险金给付责任。此时,保险人支付的保险金小于被保险人的实际损失。

二、损失填补原则的功能

尽管有关保险法原则的学说杂陈,但“损失填补原则”(principle of indemnity)几乎在各家之言中都占有一席之地。[1] 这与损失填补原则的两项功能密不可分。

---

〔1〕 关于保险的原则,存在“二原则说”“四原则说”“五原则说”“七原则说”,其中后三个学说都将损失填补原则列为保险法的原则。许多保险学者提出,保险中的一些基本概念不应被称为原则。尽管如此,“补偿”这个概念仍然被视为一个真正的原则。参见[美]所罗门·许布纳等:《财产和责任保险》,陈欣译,中国人民大学出版社2002年版,第46页。

1. 从保险人角度来看，损失填补原则要求保险人对被保险人的损失在保险金额内进行充分补偿。保险分散风险消化损失的作用，集中体现在损失填补原则上。损失填补原则的一个重要功能即“充分补偿”。[2] 保险事故发生后，保险人对于被保险人受到的损失都应该在保险金额内予以补偿。反过来说，保险共同体中的单个成员都可以借由保险将风险分散，在保险事故发生后依据保险合同获得相应的补偿，从而将自身承担的风险控制在可承受的范围之内。通过保险，被保险人既可以在保险事故发生前免于心理上的担忧，又可以在保险事故发生后减轻或者消除不利益。保险的这种安定个人生活和稳定社会秩序的功能，正是通过损失填补原则贯彻的。

2. 从被保险人角度来看，损失填补原则能够禁止被保险人获得不当利益。损失填补原则更为重要的功能在于预防被保险人的道德风险。射幸性是保险合同的重要特征。保险事故发生与否具有不确定性，而被保险人能否实际获得保险金又取决于保险事故发生与否。如果没有损失填补原则，被保险人可能会为了获得超出实际损失的利益铤而走险，故意制造保险事故，从而诱发道德风险。损失填补原则可以有效地阻却道德风险。在损失填补原则下，被保险人获得的补偿小于或等于实际损失，被保险人无法取得额外利益，丧失了故意制造保险事故的动力。所以损失填补原则又称为“利得禁止原则”。

三、损失填补原则的适用范围及例外

（一）损失填补原则的适用范围

传统的保险理论认为，损失填补原则仅适用于财产保险，并不适用于人身保险。[3] 本书认为，并非所有的财产保险都能严格适用损失填补原则，并非所有的人身保险都不适用损失填补原则，损失填补原则的适用范围为损失补偿型保险。

财产保险原则上适用损失填补原则，这在理论界和实务界都达成了共识。财产保险中不适用损失填补原则的情况，将在下文详述。人身保险中是否有适用损失填补原则的空间，学者间迄今仍争论不休，《保险法解释（三）》出台前，我国司法实务界中一般排斥在人身保险中适用损失填补原则。[4] 本书认为，损失填补原则在补偿性人身保险中适用，在人寿保险等定额性人身保险中不适用。区分人身保险是定额性保险还是补偿性保险的关键在于确定其保险合同的目的是否为“费用补偿”。如果是，则为补偿性保险，适用损失填补原则。否则，不适用损失填补原则。[5] 《保险法解释（三）》第 18 条对医疗费用保险的规定，采用的也是这种观点，即区分了补偿性医疗费用保险和定额性医疗费用保险。根据该条的规定，如果该医疗费用保险补偿的是被保险人的医疗费用损失，则应适用损失补偿原则，被保险人或者受益人就同一保险事故要求保险人支付超过实际发生的医疗费用保险金的，应不予支持。反之，如果所投的保险

---

〔2〕［英］约翰·T. 斯蒂尔：《保险原理与实务》，孟新国译，中国金融出版社 1992 年版，第 28 页。

〔3〕施文森：《保险法关于复保险之规定应否适用于人身保险》，载《保险法论文》（第三集），台北，元照出版公司 2013 年版，第 261 ~ 264 页。

〔4〕“李思佳诉西陵人保公司人身保险合同纠纷案”，载《最高人民法院公报》2006 年第 7 期；“冯跃顺诉光大永明人寿保险有限公司保险合同纠纷案”，载《最高人民法院公报》2007 年第 11 期。

〔5〕江朝国：《保险法基础理论》，中国政法大学出版社 2002 年版，第 82 ~ 83 页。

为定额给付型医疗费用保险,则不适用损失填补原则。[6]

(二)损失填补原则的例外

损失填补原则是保险法上的重要原则,立法者据此制定了禁止超额保险、控制重复保险以及设计保险代位等具体制度。但是,损失填补原则并不是一个当然具有规范上拘束力的法律原则,其规范上拘束力的发生及其效力范围,有赖于制定法加以确定。超出制定法范围的部分,应当承认保险合同的约定,而非被保险人的实际损害。[7] 保险合同约定的形式多种多样,所以这里谈到的“例外”只是举隅。需要注意的是,这些例外并非意味着对损失填补原则的完全排斥,而是为了使保险理赔过程简便、迅捷,降低损失评估成本,而容忍保险人对被保险人的补偿略高于被保险人的实际损失。在这些例外情况下,虽然保险人给付的保险金或多或少地与被保险人的实际损失有出入,但这些保险金额实质上是以保险标的的实际价值为基础进行的估价,仍然属于对损失填补原则逻辑演绎的范畴。

1. 定值保险

财产保险可以分为定值保险(valued policy)和不定值保险(unvalued policy)。对于不定值保险,因保险标的的价值并不预先确定,保险事故发生后再估算其价值确定损害,适用损失填补原则。绝大多数的财产保险为不定值保险,不定值保险除重置价值保险外,都适用损失填补原则。但对于定值保险,由于保险标的的保险价值不易确定,法律允许以“保险合同订立时约定的保险价值”,替代“保险事故发生时实际的保险价值”。保险当事人在订立保险合同时,约定保险标的的价值并在保险合同中载明的,以其为限确定保险金额。当保险事故发生后,保险人以约定的保险金额为基础,根据损失程度计算保险金,而不考虑出险时保险标的的实际价值和被保险人的实际损失。如此,损失填补原则就会出现例外:在足额保险中,保险事故发生时,若保险标的的价值与当地的市场价值相比有所降低,保险人仍应按照保险金额和损失程度赔偿,从而出现保险赔偿额大于保险标的的实际价值的情况;再如,保险标的价值的约定高于保险标的的实际价值,保险事故发生后,被保险人也可以获得大于实际损失的保险金。

定值保险并非对损失补偿原则的完全否定,而是对该原则运用的变形。[8] 其存在的意义在于,以容忍某种程度的不当得利,取代保险事故发生时计算保险价值的烦琐。定值保险保险标的的保险价值通常不易确定,如古董、书画作品等。投保人和保险人对保险价值的约定是对保险标的实际价值或市价的估计,并不是脱离实际的随意定价。并且,即使在定值保险中,保险人的补偿义务仍然是以约定的保险价值为限,保险金额不得超过对保险利益的估价。

2. 重置价值保险

重置价值保险,是指在保险事故发生后,保险人以被保险人重置保险标的所需要的费用来确定保险金额的保险。在重置保险中,保险人理赔时不扣除保险标的的折旧,只考虑重置成本。机动车保险实务上存在“免折旧附加条款”,约定保险人于被保险汽车受扣或失窃时,给付的保险金不扣除被保险汽车的折旧费用,这属于重置价值保险条款。重置价值保险合法化的

---

〔6〕 最高人民法院民事审判第二庭编著:《最高人民法院关于保险法司法解释(三)理解适用与实务指导》,中国法制出版社 2016 年版,第 504 ~507 页。

〔7〕 叶启洲:《论保险法上利得禁止原则之规范拘束力》,载《东海大学法学研究》2015 年第 47 期。

〔8〕 程兵:《保险损失补偿原则研究》,法律出版社 2015 年版,第 94 页。

缘由在于，这种保险可以满足被保险人在保险标的物灭失之后，重新购置新物，以补足其保险事故发生前的需求。[9] 在重置价值保险中，由于不扣除标的物的折旧费用，保险人给付的保险金高于保险标的的实际价值，所以重置价值保险被视为损失补偿原则的例外。

3. 委付

委付（abandonment）是海上保险特有的概念。根据我国《海商法》第249条的规定，委付是指在推定全损的情形下，被保险人让与对保险标的的权利和义务，从而取得实际全损利益的制度。委付中的推定全损，实质上是将某种程度的"部分损失"当作全损，或者是在全损不明确时，将其视为全损。补偿应以损失实际发生为前提，这是损失填补原则的应有之义。但在委付制度中，损害大小并不确定，极端情况下可能损害并没有发生，从而形成了补偿与实际损失不相符的情况。法律允许以推定全损代替实际全损，是因为委付制度存在其优势：一方面，海上货物运输中，在损失难以评估或者准确评估成本巨大时，委付能使保险理赔变得简单、迅捷，对于极其重视资金流动性的商人而言，委付无疑保障了他们的利益；另一方面，被保险人取得全损赔付的同时，将保险标的的权利义务让与保险人，能够防止被保险人获得不当利益。

四、损失填补原则的额度限制

（一）法定额度限制

1. 实际损失。保险人给付的保险金不得超过被保险人的实际损失，这是损失填补原则的应有之义。若允许补偿超过实际损失，极易引发道德风险。补偿不超过实际损失还意味着，在计算损失补偿额时，应扣除标的物的折旧费、残余价值等。

2. 保险价值。保险价值是保险利益的货币表现。损失填补原则要受到保险利益的限制。这是因为保险合同的效力与保险利益有关。若保险事故发生时，被保险人对保险标的无保险利益，则保险人无须赔偿保险金。如果保险合同有效，损失填补的额度不应超过保险价值。

（二）约定额度限制

1. 保险金额。保险金额是保险合同约定的保险人承担保险金给付义务的最高限额。保险事故发生后，保险人的损失补偿额不超过保险合同约定的保险金额。之所以设定保险金额，是因为保险人承担的风险与保费之间要遵循对价平衡原则。保险金额是以保险人收取的保险费确立的保险金责任最高限额。超过此限额，保险人将处于不公平的地位。保险人约定的保险金额不得超过保险价值。如果保险金额超过保险价值，则为超额保险。依据我国《保险法》第55条第3款的规定，超额保险的超过部分无效。如果保险金额等于保险价值，则为足额保险。当保险金额低于保险价值时，为不足额保险。在不足额保险中，保险人给付的保险金等于实际损失乘以保险金额与保险价值的比。

2. 保险人赔偿限额。保险人的赔偿限额包括被保险人自负额、小额免赔、约定单位标的物或事故的责任限额。保险人可以通过保险合同约定，被保险人承担约定金额或约定比例的损失，即被保险人自负额；或约定被保险人的损失超过一定数值才予以赔偿，即小额免赔；另外，保险人还可以通过保险合同约定每一个标的或每一次事故的最高赔偿限额。规定保险人的赔偿限额，可以限制保险人的责任，更重要的原因在于使被保险人不会因为有保险的存在，而忽

---

〔9〕 叶启洲：《论保险法上利得禁止原则之规范拘束力》，载《东海大学法学研究》2015年第47期。

视了应有的注意及谨慎。[10]

举例说明上述概念:甲对其所有的房屋 A 向保险人投保了 90 万元的房屋火灾保险,保险合同中约定,被保险人的自负额为 2 万元。该房屋的实际价值是 100 万元。同时,乙以其对该房享有的 50 万元抵押权,也向保险人投保了 40 万元的房屋火灾保险。某日,该房发生火灾,实际损失为 50 万元。在本例中,实际损失为 50 万元;甲对 A 的保险利益表现为 100 万元的保险价值,乙对 A 的保险利益表现为 50 万元的保险价值;甲与保险人的保险合同中保险金额为 90 万元,乙与保险人的保险合同中保险金额为 40 万元;甲的自负额为 2 万元。以上有关损失补偿原则的额度限制之间的关系,用公式表示如下:自负额≤实际损失≤保险人赔偿限额≤保险金额≤保险价值。

损失填补原则是补偿性保险合同的法理基础。超额保险、不足额保险、重复保险、保险代位权制度均是由损失填补原则派生的。有关超额保险和不足额保险的内容,请参照本书保险合同的分类部分。接下来的两节将介绍重复保险和保险代位权制度。重复保险和保险代位权都是损失填补原则的产物,其适用范围与损失填补原则的适用范围一致,即适用于补偿性保险合同。详见本节损失填补原则的适用范围中的相关论述,接下来的两节不再论及这一问题。

第二节　重 复 保 险

一、重复保险概述

(一) 重复保险的概念及分类

重复保险,是指投保人对同一保险标的上的同一保险利益,就同一保险事故分别向两个以上的保险人订立保险合同,且保险金额总和超过保险价值的保险。

重复保险除了消极地防止被保险人获得不当利益,还具有一项积极功能——分散保险理赔中的风险:当重复保险中的若干保险人破产或者拒绝给付保险金时,其他保险人依然能提供保障。[11] 也就是说,当保险人中有破产或者拒绝履行保险金给付义务时,被保险人仍然可以向其他保险人求偿。

依据不同标准,对重复保险可作如下分类。

1. 广义的重复保险与狭义的重复保险

重复保险有广义与狭义之分。前述定义中采用的是狭义的重复保险,我国《保险法》第 56 条中规定的也是狭义的重复保险。广义的重复保险则不包含狭义重复保险概念中的"保险金额总和超过保险价值"这一条件。广义的重复保险,停留于重复保险的字面意思,即存在"重复"的保险。我国台湾地区"保险法"第 35 条采用的即是广义的重复保险。然而,从重复保险设立的目的来看,它是基于损失填补原则——禁止被保险人因保险而获得超过其实际损失的

---

[10] 陈云中:《保险学》,台北,五南图书出版公司 2013 年版,第 173 页。

[11] 林群弼:《保险法论》(修订三版),台北,三民书局 2011 年版,第 337、338 页;梁宇贤:《保险法新论》(修订新版),中国人民大学出版社 2004 年版,第 152 页。

利益而产生的，即重复保险的规范目的在于防止被保险人获得不当利益。在保险金额总和没有超过保险价值的情况下，被保险人不会获得超额补偿，自然也不会产生不当得利的问题。所以，采用狭义的重复保险概念较为妥当。[12]

2. 善意重复保险与恶意重复保险

在学理上，依照被保险人主观上是否可归责，可以将重复保险区分为善意重复保险和恶意重复保险。

善意重复保险的投保人对于重复保险的形成并无不当得利的意图。善意重复保险通常是因为投保人对保险标的的价值估计错误，或者因保险标的的价值下跌而造成的，还存在缔约后方知晓存在重复保险，且立即向各保险人通知重复保险的情况。对于善意重复保险，因投保人不具有非难性，保险合同的效力不受影响；但是，损失填补原则的目的在于避免保险给付超过被保险人的损害，与投保人或被保险人是否具有可归责性无直接关系。[13] 所以，即便是在善意的情况下，也不允许被保险人获得超过其实际损失的补偿。如何分配各保险人的保险金给付责任，是善意重复保险中的重要问题。

恶意重复保险的投保人在订立保险合同时，意图谋取不当利益，或者在保险合同有效期内知晓重复保险的存在而不通知保险人或为虚假通知。简言之，是否为恶意重复保险要看投保人是否有不当得利的意图。对于恶意重复保险，因投保人企图谋取不法利益，破坏保险制度分散风险、填补损失的功能，在区分善意恶意重复保险的立法中，多规定恶意重复保险的保险合同无效。例如，《德国保险合同法》第 78 条第 3 款规定，投保人意图借由重复保险的订立而获取财产上的不法利益的，以该意图订立的保险合同无效。《意大利民法典》第 1910 条第 2 款也作了类似规定。

我国《保险法》第 56 条并没有依据投保人投保时的主观心理状态，对重复保险作善意与恶意的区分。在法律效力上，善意重复保险与恶意重复保险并没有区别。本书认为，因投保人的主观恶性不同，有必要对不同主观状态下的重复保险的法律后果加以区分，在保险法和司法解释中，应增设有关恶意、善意重复保险的规定。

另外，还可以根据重复保险成立的时间，将其分为同时重复保险与异时重复保险。所谓同时重复保险，是指投保人同时订立数个保险合同，构成重复保险时，即为同时重复保险。异时重复保险，是指先后订立数个保险合同，构成重复保险时，即为异时重复保险。但事实上，保险合同的订立鲜少有同时订立的情况，特别是在投保人同一的情况下，严格要求合同同时订立根本不可能。并且，这一划分对重复保险的构成、法律效果没有特殊的影响，于通知义务而言，所有的保险人都是通知对象，不必纠结于保险合同同时成立带来的微小差别。

（二）重复保险的构成要件

根据我国《保险法》第 56 条的规定，构成重复保险应当具备以下要件：

1. 投保人与数个保险人订立数个保险合同。即重复保险中的保险人、保险合同都为两个以上。若只有一个保险合同，为共同保险。共同保险是指，数个保险公司对同一危险共同承担

---

〔12〕 最高人民法院保险法司法解释起草小组编著：《〈中华人民共和国保险法〉保险合同章条文理解与适用》，中国法制出版社 2010 年版，第 363 ~ 364 页。

〔13〕 叶启洲：《论保险法上利得禁止原则之规范拘束力》，载《东海大学法学研究》2015 年第 47 期。

损失补偿的责任。它与重复保险的关键区别在于,保险合同的个数为一个还是数个。如果投保人就同一保险利益、同一保险事故向数个保险人投保,若订立了数个保险合同且保险金额总和超过保险价值的,为重复保险;如果只订立了一份保险合同,尽管保险人为数人,也不构成重复保险,而为共同保险。若只有一个保险人,则可能为超额保险。

2. 该数个保险合同为同一保险标的上的同一保险利益。投保人就不同的保险标的订立保险合同,当然不构成重复保险。例如,某人今天为其汽车投保,明天为其房屋投保,后天为其古董投保,显然都不是重复保险。要构成重复保险,在保险标的相同的情况下,还要求保险利益同一。保险利益不同,仍然为单个保险。例如,房屋的所有人和抵押权人分别就该房屋向 A、B 保险公司投保了火灾保险。此时,由于所有权人的保险利益为其对该房屋的所有权利益,抵押权人的保险利益为抵押权利益,保险利益不一致,不构成重复保险。

3. 投保人就同一保险事故投保。构成重复保险,除了投保人就同一保险利益向数个保险人投保,还要求所投保的是同一保险事故。否则,仍然不构成重复保险。例如,甲向 A 保险公司就其所有的房屋投保了火灾保险,向 B 保险公司就同一房屋投保了地震保险,向 C 保险公司投保了水灾保险,则不构成重复保险;再如,货车司机以其运输的同一批易燃且珍贵的货物,向天空和大地保险公司分别投保了火灾险及盗窃险,也不构成重复保险。

4. 该数个保险合同的保险期间重合。《保险法》第 56 条虽然没有明文规定这一点,但从重复保险存在的功能即得推知,在保险利益、保险事故一致的情况下,如果保险期间未有重合,则被保险人不存在同时获得数保险金的可能,所以该数个保险合同的保险期间重合也是构成要件之一。这里的"重合",并不要求保险期间完全一致,只需要部分保险期间重合即可。且是否重合的认定,应该以保险合同的有效期间存在重叠为标准,而不看投保的时间或者保险合同届满的时间。

5. 保险金额总和超过保险价值。这里采用的是狭义重复保险的概念,即在符合数个保险人、数个保险合同、同一保险标的、同一保险利益、同一保险事故、保险期间有重合的前提下,还要求数个保险合同的保险金额总和超过保险价值。这一构成要件是损失填补原则的题中之义。

(三)重复保险与保险竞合

1. 保险竞合

保险竞合是欧美保险法中的规则,我国保险法中没有规定。学理上认为,保险竞合是指投保人向保险人订立了保险利益、保险标的物、保险事故不完全相同的保险合同,指定同一人为被保险人,由于该数个保险合同有理赔上的重叠性,于保险事故发生时,数名保险人就同一保险事故所致损失,都应对被保险人负保险金给付责任的情形。[14]

例如,在海上货物运输中,托运人基于货物所有人的身份向甲保险人投保货物损失险,保险期间为自货物在托运地交付运送人之日起,至货物在目的地储存入仓库后十五日止;同时,仓库营业人向乙保险公司投保了货物综合损失险,并指定货物所有人为被保险人,保险期间自货物交付于仓库营业人之时起至货物移出并交付于货物所有人之时止。如果货物在储存进仓库十五日内发生毁损灭失,则甲、乙保险公司都对货物所有人负保险金给付义务,此时构成保

〔14〕 刘宗荣:《新保险法:保险契约法的理论与实务》,中国人民大学出版社 2009 年版,第 215、216 页。

险竞合。

2. 重复保险与保险竞合的区别

重复保险与保险竞合的相同点在于,对于同一损失,数个保险人都负有理赔义务。为了避免被保险人获得超过实际损失的保险金,重复保险与保险竞合都必须解决数个保险人之间如何分配保险金给付责任的问题。两者的区别主要有:

(1)重复保险要求各保险合同中的保险利益、保险标的物、保险事故同一,保险竞合则要求保险利益、保险标的物、保险事故三者中至少有一者不同。〔15〕 例如,甲对其所有的房屋及其屋内陈设投保了火灾保险,嗣后甲又为其摆放于客厅的沙发单独投保了财产损失险。后来发生火灾,甲的房屋及其屋内陈设毁于一旦。对于沙发受到毁损灭失,火灾保险和财产损失都应当赔偿,发生竞合。这两个保险中,保险利益、保险标的物并不完全一致,属于保险竞合而非重复保险。

(2)重复保险涉及的是同种保险,保险竞合涉及的可以是同种保险也可以是不同种保险。〔16〕

(3)重复保险与保险竞合分摊规则的侧重点不同。两者均以贯彻损失填补原则为出发点,但在重复保险中,无论是理论界还是实务界关注的重点都是制定损失分摊机制,防止被保险人获得不当利益。而在保险竞合中,重点则是如何有效地分摊损失以及维护保险合同各方当事人的合法利益。〔17〕

二、重复保险的通知义务

(一)通知的义务人与通知对象

我国《保险法》第 56 条第 1 款规定,重复保险的投保人应当将重复保险的情况通知各保险人。从这一规定来看,重复保险中通知义务的义务人为投保人,通知对象为各保险人。在这里,通知义务的义务人限于投保人,不包括被保险人或者其他主体。这是因为,保险合同是由投保人和保险人签订的,投保人是合同的当事人,与合同有关的义务也应该由投保人完成,这也是如实告知义务也要由投保人履行的原因。

重复保险并非一种保险合同的性质,而是多个保险合同并存的一种状态,并不存在任何一个合同名叫"重复保险"。不能因为第一个保险合同订立时并无重复投保的状况,而不认为该保险合同非重复保险,从而无须通知该保险人。〔18〕 重复保险中,投保人通知的对象为各保险人,包括所有重复保险的保险人,即承保同一保险标的、同一保险事故的全部各个保险人,包括前后各个保险合同的保险人。〔19〕

(二)通知的时间点

关于重复保险通知的时间点,我国保险法中没有明文规定。从理论上而言,投保人应该在产生重复保险时为通知,或者自知道存在重复保险时,立即为通知。具体来说,如果投保人先

---

〔15〕 刘宗荣:《新保险法:保险契约法的理论与实务》,中国人民大学出版社 2009 年版,第 218 页。

〔16〕 樊启荣:《保险法》,北京大学出版社 2011 年版,第 134 页。

〔17〕 樊启荣:《保险法》,北京大学出版社 2011 年版,第 134 页。

〔18〕 叶启洲:《保险法实例研习》(修订四版),台北,元照出版公司 2015 年版,第 274 页。

〔19〕 刘宗荣:《新保险法:保险契约法的理论与实务》,中国人民大学出版社 2009 年版,第 205、206 页。

订有保险合同,嗣后又订立另一保险合同,那么投保人应当在订立后一保险合同时,将先行所订立的保险合同的保险人名称及其保险金额,告知该后保险合同的保险人;并且,投保人应该在合理的时间内,将嗣后订立的保险合同的保险人名称及保险金额,通知先行订立的合同的各保险人。如果是订立保险合同之后知道存在重复保险的,投保人应该立即将各保险合同的保险人名称及保险金额,通知各保险人。

(三)通知的内容与方式

我国《保险法》第56条第1款规定,重复保险的投保人应将重复保险的"有关情况"通知各保险人。这里的"有关情况",应该至少包括其他保险人的名称及保险金额。将其他保险人的名称列为通知内容,是为了当有不确定事项时,保险人可以随时向其他保险人求证,或者在保险事故发生后,便利保险人之间确定保险金给付事宜。保险人知道其他重复保险合同中的保险金额,能够便于其了解自己所承保的保险金额在总保险金额中占多少比例。但是,"有关情况"不限于此。实务当中更为妥当和完善的做法是在通知的同时,附上其他保险合同,以便其他保险人全面了解重复保险的情况。

对于通知的方式,保险法没有规定。对此可以理解为,投保人以口头或书面方式为通知均可。但是,如果保险合同中约定了须以书面方式为之,从其约定。投保人履行通知义务,应该主动为之,而不采用保险人询问的方式。如果保险人已经知道或者应当知道存在重复保险,或者经保险人申明不需要告知重复保险,或者投保人按照默示或明示担保条款不需要告知的,则投保人可以不必通知该保险人。[20]

(四)重复保险的通知义务与投保人的如实告知义务之辨析

重复保险中投保人的通知义务不同于《保险法》第16条规定的投保人的如实告知义务。两者的区别主要有:

1. 两者产生的时间不同。投保人的如实告知义务在订立保险合同时就产生了。重复保险的通知义务是在出现重复投保的情况时才产生。在订立第一个保险合同时,并没有出现重复保险,投保人自然没有通知义务。

2. 两者的内容和履行方式不同。投保人的如实告知义务的内容较广泛,凡是可能影响保险人对于危险程度、保险费率等因素作出判断的内容,都属于如实告知的范围。正因为如此,如实告知义务多采用"询问式",告知义务人只需被动地回答保险人所询问的事项即可。重复保险通知义务的内容主要是重复保险的有关情况,包括其他保险人的名称、保险金额等,内容较为简单,该义务的履行采用主动方式,即由投保人主动向保险人告知重复保险的有关情况。

3. 两者的功能不同。投保人如实告知义务的一项重要功能是为了保险人确定和控制保险标的的危险程度,以决定是否承保以及保费的高低。重复保险中投保人的通知义务则与危险本身没有直接的关系,保险事故不可能仅因为没有知道重复保险的情况而发生。例如,甲为自己的机动车投保了车损险,但是隐瞒了该车之前在事故中受损的事实,保险事故可能因为之前受损而再次受损,甲未履行如实告知义务将影响保险人对风险评估。但是,甲如果只是在重复投保时未通知各保险人,未为通知的行为本身并不会直接导致保险事故的发生。

---

〔20〕 最高人民法院保险法司法解释起草小组编著:《〈中华人民共和国保险法〉保险合同章条文理解与适用》,中国法制出版社2010年版,第368页。

4. 两者的理论基础不同。投保人如实告知义务的理论基础是诚实信用原则和危险估计说,[21] 而重复保险制度的理论基础是损失填补原则。

三、重复保险的法律效果

(一)重复保险下的保险理赔

在出现重复保险的情况下,如果发生了保险事故,数个保险人之间如何分配保险金给付责任,是重复保险要解决的重要问题。根据损失填补原则,为了防止投保人取得超过实际损失的利益,我国《保险法》第56条第2款规定,所有保险人在不超过保险标的价值的前提下,按比例分担保险金给付责任。具体来说,重复保险中的保险理赔可分为以下两种情况:

1. 保险人与投保人有约定的,依照约定。当投保人向保险人为重复保险的通知义务时,保险人可能就保险责任与投保人作出特别约定。只要该约定不违反法律的强制规定,则发生保险事故时,该保险人得依照其与投保人之间的约定进行保险理赔。在实务中,约定主要表现为以下三种形式:(1)完全免除自己的责任条款;(2)减轻其给付比例条款;(3)补充责任条款。保险法的该条规定体现了对当事人意思自治原则的尊重。[22]

2. 保险人与投保人没有约定的,重复保险的各保险人按比例分担保险金给付责任。如果保险人与投保人没有就重复保险作出约定,则由各保险人依照保险金额与保险金额总和的比例承担保险金给付责任。例如,甲为其所有的价值1200万元的房屋,分别向A保险公司投保火灾保险400万元,向B保险公司投保火灾保险500万元,向C保险公司投保火灾保险600万元。在保险期间内,发生了火灾造成该房全损。那么A、B、C三家保险公司给付的保险金比例为400∶500∶600 =4∶5∶6。A保险公司给付的保险金为1200 ×4/15 =320万元,B保险公司给付的保险金为1200 ×5/15 =400万元,C保险公司给付的保险金为1200 ×6/15 =480万元。

除比例赔偿外,常见的重复保险中的理赔规则还有优先给付制和连带责任制。

(1)优先给付制。在优先给付制中,由先订立保险合同的保险人给付后,不足以填补被保险人实际损失的部分,由后一保险人按照保险合同订立的时间顺序依次承担,直到被保险人的损失完全获得填补为止。这一立法例的优点为,保险人依其订约的次序及承保的金额负责,认定方式明确,但对被保险人的权利保护有欠缺,并且在保险人间的责任分担并不公平。

(2)连带责任制。连带责任制,是指各保险人就其各自所承保的保险金额限度内,对被保险人负连带责任。被保险人得同时或先后,向部分或全部保险人请求保险金给付。保险人之间的内部关系,依各保险人所收保费的比例分担。如果超过内部应分担的比例,该保险人在向被保险人给付保险金后,可以向其他保险人行使追偿权。《德国保险合同法》第78条及《日本保险合同法》第20条采用的都是这种制度。这种立法例的优点在于,被保险人得依其自由意志选择行使权利的对象及次序,对被保险人的保护较为周全,且保险人之间的责任分担较为公平。

(二)重复保险下的保费返还

我国《保险法》第56条第3款对重复保险中保费返还的基本规则作了规定。根据该条的

---

〔21〕 樊启荣:《保险契约告知义务制度论》,中国政法大学出版社2004年版,第49页。

〔22〕 最高人民法院保险法司法解释起草小组编著:《〈中华人民共和国保险法〉保险合同章条文理解与适用》,中国法制出版社2010年版,第371页。

规定,拥有保费返还请求权的主体是投保人,请求的对象是各保险人,可以要求保费返还的范围为保险金额总和超过保险价值的部分,返还的基本规则采用的是比例返还。参照同条第2款的规定,“比例返还”是指保险金额与保险金额总和的比例。

对于重复保险中保费返还的请求时间,我国保险法中没有规定。本书认为,基于对价平衡原则,投保人在保险事故发生前后都有权请求返还超出的保费。对价平衡原则是指,从整个危险团体来看,风险承担的客观价值(保险金的支出)与保险费的收取之间要达到客观平衡。投保人所缴纳的保险费,就是保险人承担危险、将来给付保险赔偿金的对价。基于“对价平衡原则”的要求,保险人不能获得超出其承担风险的保费,所以投保人有权要求返还超过保险价值部分的保费。保险事故发生前后,超额状态未有任何改变。保险人依然没有理由取得超过其承担风险的保费。投保人的权利基础仍然存在,所以无论在保险事故发生前后,都有权请求返还保费。另外,根据我国《保险法》第55条第3款的规定,在单一的超额保险中,保险人退还相应的保险费并不区分危险发生前和危险发生后。而重复保险与超额保险,都是基于禁止不当得利原则及对价平衡原则产生的。出于“相同问题相同处理”的考虑,重复保险中的保费返还也不应区分保险事故发生前后。[23]

第三节 保险代位权

一、保险代位权概述

保险代位权是指在损失补偿性保险中,当保险事故发生时,为了避免被保险人对于同一损害,除了向保险人请求保险金给付之外,还可以对第三人行使损害赔偿请求权而违反损失填补原则,法律规定保险人在向被保险人给付保险金后,于保险金范围内取得该被保险人对于第三人的权利。

(一)保险代位权的功能

保险代位权具有以下三项功能。该三项功能同时体现在保险代位权制度,并非处于相互孤立排斥的状态。

1. 防止被保险人获得不当利益。第三人的行为导致保险事故发生,此时被保险人同时拥有损害赔偿请求权和保险赔偿请求权,这两项请求权所保障的是被保险人的同一损失,如果两项请求权都可以行使,则必然出现双重赔付。而基于损失填补原则,被保险人获得双重赔付不具有正当性。所以,保险代位权的功能之一即是防止被保险人因行使两项请求权而获得不当利益。[24]

2. 避免第三人脱责。被保险人获得保险金后,在保险金数额范围内不得再向加害第三人请求损害赔偿,否则就会发生双重请求,获得超出损失的赔偿。但这并不意味着被保险人对加害第三人的损害赔偿请求权已消灭,仅为不得行使而已。如果不将该请求权移转给保险人,则

[23] 范庆荣:《从对价平衡原则看重复保险的保费返还法律规定的适用》,载《政治与法律》2014年第6期。

[24] 江朝国:《保险法论文集》(二),台北,瑞兴图书股份有限公司1997年版,第396页。

会形成被保险人有权而不得行使，保险人欲行使而无权利，加害第三人虽有赔偿义务却无人向其问责的僵局。[25] 将损害赔偿请求权移转给保险人，则能有效避免第三人脱责。

3. 减轻未来投保人的负担。保险人在承担保险金给付责任后，因保险代位权的行使，可以从第三人处获得一定的赔偿给付。保险人实际支付数额少了，通过精算，降低未来投保人缴纳的保险费是可行且应该的。保险代位权的这项功能不止于此，它还确立了保险人取得代位所得的正当性。相较被保险人和第三人，保险人获得这项收益的后果是有区别的，分配给保险人不至于引发道德风险，相反却有利于保费，有助于维系保险公司的正常经营和偿付能力，从而最终有利于整个危险共同体。[26]

（二）保险代位权的性质

1. 保险代位权的内核：法定债权让与

关于保险代位权的性质，存在"程序代位理论"[27] 和"法定债权让与理论"[28] 两种学说。本书支持法定债权让与说。在保险人赔付保险金后，被保险人对第三人的损害赔偿请求权于保险金额范围内全部或部分地移转至保险人处，且该项权利变动为法律所强制，无须保险人和被保险人之间形成合意。[29] 这就是保险代位下的法定债权让与。

2. 保险代位权的外在构造：不真正连带之债

从法律关系的视角中观察保险代位权，它可以用不真正连带之债来解读。当保险事故发生时，基于不同的发生原因，保险人和第三人都对被保险人负以同一给付为标的的两项债务。且这两项债务实际上处于不同层次，保险人的保险金给付责任是替代责任，第三人对被保险人承担的赔偿责任是终局责任。[30] 所以保险人在向被保险人履行了给付义务后，有权向第三人追偿，此即保险代位。

二、保险代位权的成立要件

1. 被保险人对第三人有损害赔偿请求权。基于保险代位权防止被保险人获得不当利益的功能可知，被保险人对第三人拥有损害赔偿请求权是保险代位权产生的必要条件。根据《保险法解释（四）》第 7 条的规定，被保险人对第三人的债权性质为何并不影响代位求偿权的行使。此处的赔偿请求权不仅包括侵权损害赔偿请求权，也包括由合同关系、不当得利等产生的赔偿请求权；不仅包括因第三人的不法行为而产生的，也包括因第三人的适法行为而成立的，如共同海损中的弃货行为，当保险人赔付后，有权向其他共同海损债务人行使分摊请求权。[31] 另外，责任第三人的主观过错状态不影响保险代位权。只要被保险人对第三人的损害赔偿请求权获得成立，那么就没有任何理由对因法定债权移转而产生的保险代位权予以否定。因为，在

---

〔25〕 刘宗荣：《新保险法：保险契约的理论与实务》，中国人民大学出版社 2009 年版，第 247 页。

〔26〕 樊启荣：《保险损害补偿原则研究——兼论我国保险合同立法分类之重构》，载《中国法学》2005 年第 1 期。

〔27〕 黄裕凯：《英美保险代位理论——兼论与我国法理论的差异》，载《保险专刊》第 56 辑。

〔28〕 江朝国：《论保险人代位权之本质》，载《月旦法学杂志》2008 年第 8 期。

〔29〕 武亦文：《保险代位的制度构造研究》，法律出版社 2013 年版，第 32 页。

〔30〕 武亦文：《保险代位的制度构造研究》，法律出版社 2013 年版，第 33、34 页。

〔31〕 武亦文、丁婷：《保险代位权的非定义化解读：内涵、区分及构成——基于〈保险法〉第 59、60、61 条》，载《华东政法大学学报》2013 年第 2 期。

法定债权让与中,仅有权利主体的变化,而无权利内容的变化。[32]

2. 保险人基于保险合同应负保险责任。保险代位权之所以产生,正是因为被保险人除了对第三人拥有损害赔偿请求权,还对保险人享有保险金给付请求权,存在获得不当利益的可能,这为法律所禁止。如果保险人基于保险合同并不需要承担保险责任,则被保险人根本无获得不当利益的可能,保险代位权也就没有适用的必要。所以保险人基于保险合同应向被保险人承担保险责任,也是保险代位权的一项基本构成要件。

3. 保险人对被保险人已给付保险金。这是取得保险代位求偿权的实质性要件。根据我国《保险法》第 60 条第 1 款的规定,保险人自向被保险人赔偿保险金之日起,在赔偿金额范围内取得被保险人对第三人的损害赔偿请求权。这可以从不真正连带之债的角度得到很好的解释。在不真正连带之债中,承担替代责任的保险人只有在向被保险人实际给付了保险金后,才有权向第三人即最终的责任承担主体追偿。并且,从保险代位权防止被保险人获得不当利益这一功能看,若保险人尚未对被保险人为给付,则被保险人当然可以保有其对第三人的损害赔偿请求权,此时并不会发生被保险人获得不当利益的情况。[33]

4. 损害赔偿标的的一致性。所谓"标的的一致性",是指作为保险代位客体的损害赔偿请求权中的损害,须属于保险合同所承担的危险。也就是说,引起赔偿请求权的损害要与保险所承担的危险一致,才能适用保险代位权。[34] 这项构成要件是对第一项要件的进一步限定。

三、保险代位权的行使

(一)保险代位权的行使方式

我国《保险法》第 60 条第 1 款虽然规定了保险人自向被保险人赔偿之日起,得代位行使被保险人对第三人的赔偿请求权,但尚未明确保险人是以自己的名义,或是以被保险人的名义行使保险代位权。从理论上而言,保险代位权从性质上说是法定债权让与的产物。依照债权让与理论,旧债权人将债权让与新债权人后,新债权人应该以自己的名义行使受让债权。从保险实务角度来看,要求保险人必须以被保险人的名义行使保险代位权,在徒增被保险人负担的同时,还会使保险人失去独立的请求权和诉讼资格,沦落为被保险人的代理人,有违保险代位求偿权设立的初衷。[35] 正是基于以上原因,最高人民法院在《保险法解释(二)》第 16 条第 1 款中明确规定,保险人应以自己的名义行使保险代位权。

根据《保险法解释(四)》第 12 条的规定,保险人提起代位权诉讼,应以被保险人与第三人之间的法律关系确定管辖法院。第 13 条规定,保险人提起代位权诉讼时,被保险人已经向第三人提起诉讼的,可以合并审理。保险人申请变更当事人,被保险人同意的,人民法院应予准许;被保险人不同意的,保险人可以作为共同原告参加诉讼。

(二)保险代位权的行使对象

保险代位权的行使对象为对被保险人负有赔偿责任的第三人。第三人泛指保险合同当事

---

〔32〕 武亦文:《保险代位的制度构造研究》,法律出版社 2013 年版,第 69 ~ 72 页。

〔33〕 刘宗荣:《新保险法:保险契约的理论与实务》,中国人民大学出版社 2009 年版,第 242 页。

〔34〕 江朝国:《保险代位之标的一致性》,载《月旦法学教室》2004 年第 18 期。

〔35〕 许良根:《保险代位求偿制度研究》,法律出版社 2008 年版,第 149 ~ 150 页。

人以外的所有人,不仅包括自然人,也包括法人及非法人团体,但要排除与被保险人在经济上存在一致利益者。一方面,当第三人与被保险人有经济上的密切联系时,会因保险代位,造成实质上由被保险人负担赔偿责任,从而不能使被保险人获得的保险金发挥实质效益。另一方面,当第三人与被保险人有经济上的密切联系时,有合理的理由期待被保险人并不会向该第三人行使损害赔偿请求权,此时作为保险代位权最重要的两项功能——"防止被保险人获得不当利益"和"避免第三人脱责",就毫无用武之地。[36] 所以,保险代位权的行使对象不包括与被保险人在经济上存在一致利益者。

我国《保险法》第 62 条规定,保险人不得对被保险人的家庭成员或者其组成人员行使保险代位权。但为了防止道德风险,如果该损失是由被保险人家庭成员或其组成人员故意造成的,保险人仍然可以行使保险代位权。重点是如何理解这里的"家庭成员"。共同生活仅是表象,利害一致才是实质。所以,应着重审查第三者与被保险人是否因共同生活或法定义务建立了共同的、经济上的利害关系。[37] 最高人民法院在其发布的典型案例中认为,"家庭"在法律上可等同于户籍,"家庭成员"是指在同一户籍内共同生活,每个成员的经济收入都作为家庭共同财产的人,要以"同居同财"作为根本判断依据。[38]

根据《保险法解释(四)》第 8 条的规定,当投保人与被保险人为不同主体时,投保人可以成为保险人代位权行使的对象。一方面,投保人与被保险人为不同主体时,其不受损失填补原则的限制。此时,投保人签订的是为第三人利益的保险合同。被保险人是保险合同保护的对象,是保险利益的归属主体。所以损失填补原则应适用于被保险人而非投保人。另一方面,将投保人排除在保险代位权的行使对象范围之外并没有法律依据。《保险法》第 62 条将被保险人的家庭成员或其组成人员排除在之外,是因为其与被保险人建立了经济上的利害关系。尽管实践中投保人为他人投保时,投保人与被保险人一般具有一定的身份关系或经济联系,但是这种关系是偶发的、临时的,并不等同于两者形成了稳定的利益共同体。所以,投保人的身份并不当然成为妨碍保险人代位权行使的障碍。如果投保人意欲免除自身被追偿的责任,可与保险人进行协商约定,将自身排除在保险代位权的追偿对象范围之外。此外,法律实践中需要审慎处理投保人与被保险人家庭成员、组成人员竞合的情形,这可以作为"法律另有规定"的除外情形之一。

(三)保险代位权与被保险人剩余请求权受偿顺序

保险人获得保险代位权的前提,仅是保险金的现实给付,并不需要该保险金能够完全弥补被保险人的损失。所以,存在保险代位权与被保险人剩余请求权并存的可能性。当两者并存时,如果保险金给付不能完全补偿被保险人的损失,讨论保险代位权与被保险人剩余赔偿请求权的受偿顺序则变得十分必要。通说认为,解决保险代位权与被保险人剩余赔偿请求权的受偿顺序,应以"被保险人优先受偿原则"作为一般规则。这是损失填补原则的题中之义。损失

---

〔36〕 See S. R. Derham, *Subrogation in Insurance Law*, Law Book Co. , 1985, p. 94.

〔37〕 王静:《保险类案裁判规则与法律适用》,人民法院出版社 2013 年版,第 410 页。

〔38〕 "杨树岭诉中国平安财产保险股份有限公司天津市宝坻支公司保险合同纠纷案",载《最高人民法院公报》2007 年第 11 期。该案争议的焦点是被保险人的家庭成员是否属于机动车第三者责任保险中的第三者,虽然不是针对《保险法》第 62 条规定的家庭成员,但在如何界定"家庭成员"的内涵与外延上,该案提炼出的裁判要旨依然具有参考价值。

填补原则一方面要求保险人充分填补被保险人的实际损失,其言外之意当然不允许保险人与被保险人争利;另一方面,该原则更重要的功能是防止被保险人获得不当利益,保险代位权的意义也在于此,但在被保险人未从保险人处充分获得赔偿时,保险代位也就失去了其存在的意义。

(四)妨碍代位的行为及其效力〔39〕

1. 保险合同订立前

在保险合同订立之前,被保险人可能会与第三人在相关合同中约定减责或免责条款,或者以其他方式预先放弃对第三人的损害赔偿请求权。例如,快递公司在快递单(运输合同)中,约定货物发生损失时,快递公司承担的赔偿责任不超过快递费用的9倍。这样操作的原因在于快递公司本身赔偿能力有限,需要依靠减免自己的赔偿责任来维持经营。基于权利的可处分性,在保险合同订立前,被保险人可以放弃未来发生的赔偿请求权,而且一般也不应让其因此而遭受不利的法律后果。让保险人来承担这种不利的结果也是合理且可行的。第三人即使是将费用提价也无法彻底解决偶发事件对经营的毁灭性冲击,而被保险人本就是因为缺乏自我风险消化能力而藉由保险分散风险。只有保险人可以通过保险精算,将这种保险代位权不能行使或不能完全行使的风险反映到保险费的核算当中,再通过适度提高保费来消化这种风险。但是,保险人承担此种风险需要具备一定的条件。一方面,基础法律关系中被保险人的弃权行为应为有效。根据《保险法解释(四)》第9条第1款的规定,保险合同订立前被保险人已预先放弃对第三人赔偿请求权的情形下,人民法院应当依法审查被保险人弃权行为的有效性。只有弃权行为有效时,保险人才不能对第三人行使代位权。另一方面,被保险人已就该弃权行为履行了如实告知义务。由于被保险人的弃权行为会对保险人的利益产生重大影响,直接决定了保险人是否愿意承保以及保费的高低,所以被保险人与第三人在保险合同订立前的弃权行为,属于投保人(被保险人)如实告知义务的范围。根据《保险法解释(四)》第9条第2款的规定,被保险人如果未履行如实告知义务而导致保险人不能行使代位权的,保险人可以请求返还相应的保险金,保险人知道或应当知道前述情形仍同意承保的除外。在被保险人如实告知后,保险人同意承保意味着保险人预先放弃了保险代位权。基于弃权与禁反言,保险人向被保险人给付了保险金后,不得再向第三人行使代位损害赔偿请求权。

2. 保险合同订立后,保险事故发生前

保险合同订立后,保险事故发生前,被保险人仍有权放弃对第三人的损害赔偿请求权。这是因为,此时被保险人仍然是对自己权利的处分。虽然该处分行为会对保险人的代位权造成妨害,但妨害的后果并不需要采用"为法律所禁止"这种严苛的方式来预防。保险合同订立后,保险事故发生前被保险人放弃对第三人的损害赔偿请求权,属于《保险法》第61条第3款规定的"被保险人故意或者因重大过失致使保险人不能行使代位请求赔偿的权利"的情形,保险人可以扣减或者要求返还相应的保险金。

3. 保险事故发生后,保险赔付前

我国《保险法》第61条第1款规定了保险事故发生后保险人赔偿前,被保险人妨碍代位行为的效力。根据该条的规定,被保险人于此时放弃对第三人的损害赔偿请求权的,保险人不承担给付保险金的责任。被保险人因放弃向第三人的损害赔偿请求,必然导致保险人代位权的

〔39〕 武亦文:《保险代位的制度构造研究》,法律出版社2013年版,第168~176页。

落空。为了保护保险人代位权的实现,规定被保险人应该对自己妨碍代位的行为承担一定的后果十分必要。但是,采取"一刀切"的做法,直接免除保险人的保险金给付责任,则显得过于武断。被保险人的弃权行为既包括全部放弃,也包括部分放弃。如果第三人对于保险事故的发生负全部责任,被保险人全部放弃权利,保险人不承担保险金给付责任尚属情理之中。但在被保险人部分放弃权利时完全免除保险人给付保险金的责任,则有失公平。因此,我们应当对《保险法》第 61 条第 1 款作限缩理解:当被保险人的弃权行为致使保险人无法向第三人行使代位求偿权的,保险人免除其对被保险人的保险金给付责任;若被保险人只是部分放弃对第三人的损害赔偿请求权,保险人得在相应范围内减轻其保险金给付责任。需要注意的是,被保险人在保险人的许可下放弃对第三人的损害赔偿请求权,或者被保险人经保险人同意与第三人达成和解而减轻第三人的赔偿责任的,保险人不得以此为由拒绝承担全部或部分保险金给付责任。

4. 保险赔付之后

被保险人在受领保险给付后,因其对第三人的请求权已法定移转于保险人处,被保险人再对该请求权为处分行为,其性质上均属于无权处分,对保险人不生效力。根据《民法典》第 546 条以及《保险法解释(四)》第 10 条的规定,保险人获得代位权的情况未通知第三人的,该债权对第三人不发生效力。即第三人未收到保险人获得代位权的通知而向被保险人为清偿时,该清偿行为仍然有效,保险人即不能再向该第三人行使保险代位权。在这种情形下,被保险人受领第三人赔偿并无法律上的原因,且使保险人因此受到损害,属于不当得利,应向保险人负不当得利返还责任。《保险法解释(四)》第 10 条规定,此时保险人可以向被保险人主张返还相应的保险金。如果保险人获得代位权的情况已通知第三人,而第三人又向被保险人作出赔偿的,不发生债务的清偿效力,保险人仍然可以向第三人行使代位权。

《保险法》第 61 条第 1 款、第 2 款可以理解为对被保险人积极妨碍代位权行为的规定,第 3 款则属于包含了约束消极妨碍代位权行为的兜底条款。[40] 结合《保险法解释(四)》第 11 条和《保险法》第 63 条的规定,保险人向第三者行使代位权时,被保险人应当向保险人提供必要的文件和所知道的有关情况。被保险人因故意或重大过失未履行此项协助义务,致使保险人代位权行使受阻,即属于消极妨碍代位权的行为,保险人可以扣减或者要求返还相应的保险金。

案例练习

1. 甲为其所有的价值 1500 万元的房屋,先后向 A 公司投保火灾保险 400 万元,保费 400 元,并且在保险合同中订有溢价条款:如果出现重复保险的情况,A 公司仅就全部损失扣除其他保险人应负担部分的剩余损失,承担保险金给付责任;向 B 公司投保火灾保险 500 万元,保费 500 元;向 C 公司投保火灾保险 600 万元,保费 600 元。在保险期间内,因邻居乙在家烧烤时引火不慎发生了火灾,殃及甲的房屋,造成甲的房屋全损。发生保险事故时,由于房价下跌,甲房的市值为

〔40〕 最高人民法院民事审判第二庭编著:《最高人民法院关于保险法司法解释(四)理解与适用》,人民法院出版社 2018 年版,第 231 页。

1200 万元。

问题:

(1)保险事故发生后,甲可否向 A、B、C 三家保险公司请求返还保险费?如果可以,三家公司应当各返还多少保险费?

(2)甲是否负有重复保险的通知义务?如果有,应于何时为通知?

(3)甲向乙请求损害赔偿时,乙抗辩:甲投保了火灾保险,可请求给付保险金。甲因为乙造成的损失而受有利益,符合损益相抵的规定。所以,乙承担的损害赔偿金额应扣除保险金额。乙的抗辩有无道理?

(4)本案中,A 公司订立的溢价条款是否有效?A、B、C 三家保险公司以及乙之间应当如何分配责任?

2. 韩梅梅向天空保险公司投保了一份补偿性医疗费用保险,约定保险金限额为 10 万元。嗣后,韩梅梅又向大地保险公司投保了一份定额性医疗费用保险,约定保险金额为 20 万元。后来,韩梅梅与网恋中新结识的男友李雷见面时发生口角,争吵过程中被李雷打伤,花去医疗费用 8 万元。

问题:

(1)天空和大地保险公司各应向韩梅梅支付多少保险金?

(2)保险公司向韩梅梅给付保险金后,能否向李雷行使保险代位权?为什么?

(3)韩梅梅被打伤后,李雷向韩梅梅进行了忏悔。韩梅梅原谅了李雷,表示不会要求李雷承担损害赔偿责任。如果此时天空和大地保险公司都没有将保险金给付与韩梅梅,她的弃权行为有何后果?如果此时韩梅梅已取得了保险金,韩梅梅的弃权行为有何影响?

第六章　保险合同的订立

本章导读

保险合同的订立一般采取投保人提出投保要求（要约）、保险人同意承保（承诺）的方式进行，但在不同场合下也存在其他的订立方式。保险合同的形式通常为各类保险单证，但也可依法定或约定采取其他书面形式。在保险合同的缔约阶段，投保人负有告知义务，应当根据保险人的询问，将与保险标的有关的重要事实如实告知保险人，以使保险人能够正确地评估风险并决定是否同意承保。投保人因故意或重大过失违反告知义务的，保险人可以解除保险合同、不承担赔偿或给付保险金的责任。与此同时，保险人负有说明义务，应当就格式条款予以说明，并就免责条款予以提示并明确说明，以使投保人准确理解合同内容以决定是否投保。保险人对免责条款未予提示或明确说明的，该条款不生效。

第一节　保险合同的订立方式

保险合同的订立，是指投保人与保险人依据一定程序作出意思表示以缔结保险合同的行为。《民法典》第471条规定："当事人订立合同，可以采取要约、承诺方式或者其他方式。"在一般场合下，投保人与保险人订立保险合同，采取要约、承诺方式；但在某些特殊场合下，投保人与保险人也可采取其他方式订立保险合同。

一、要约

要约，是指缔约人一方以缔结合同为目的向对方当事人所作出的意思表示。发出要约的一方为要约人，受领要约的一方为受要约人。一般而言，要约须具备以下条件：（1）是特定人作出的意思表示；（2）是向相对人所作的意思表示；（3）是以缔结合同为目的的意思表示；（4）内容必须具体确定；（5）必须表明经受要约人承诺，要约人即受该意思表示约束。当事人为订立保险合同而作出要约，亦须具备以上条件。在订立保险合同的场合下，要约人通常是投保人一方，但在某些场合下也可以是保险人一方。

（一）投保人一方要约

《保险法》第13条第1款规定，保险合同的订立须经过"投保人提出保险要求"和"保险人同意承保"两个步骤，其中"投保人提出保险要求"即为投保人发出要约。这是针对一般场合下订立保险合同作出的规定。在多数场合下，保险合同的订立是由保险公司的业务人员通过商业推介完成。保险公司业务人员的此类推介行为属于要约邀请,其目的并非直接订立合同,而是促使投保人向保险人发出要约。保险公司业务人员通过宣传、介绍、推销保险公司的保险产品,唤起普通消费者或其他投保人订立保险合同的意愿,并进一步由投保人向保险人一方发出订立保险合同的要约。由投保人一方发出要约,适用以下规则:

1. 要约的形式。投保人发出要约,必须以明示的方式作出,默示不能成为作出要约的形式。所谓"投保人提出投保要求",具体表现为投保人填写保险人提供的投保单,并将填写完毕的投保单交付给保险人一方。如果投保人仅表示出投保意愿,但未填写投保单,或虽填写投保单但未将投保单交付给保险人一方,则不构成要约。以电子保单形式订立合同,投保人在网上投保的,投保人在相关网页上填写有关事项并点击确认投保的,构成要约。

2. 要约的生效时间。《民法典》第 474 条规定,要约生效的时间适用有关意思表示生效时间的一般规定。具体而言,投保人将填写完毕的投保单直接交付给保险公司业务人员的,要约即时生效。投保人将填写完毕的投保单邮寄给保险人的,要约自该投保单到达保险人时生效。投保人在网上投保的,若保险人指定特定系统接收数据电文,则要约自投保信息进入该特定系统时生效;未指定特定系统的,要约自保险人知道或者应当知道该投保信息进入其系统时生效。当事人对采用数据电文形式的意思表示的生效时间另有约定的,按照其约定。

3. 要约的撤回与撤销。要约的撤回,是指在要约生效之前,要约人欲使要约丧失法律效力而取消要约的意思表示。根据《民法典》第 475 条的规定,投保人将填写完毕的投保单邮寄给保险人的,撤回要约的通知先于或同时与要约到达保险人,可发生撤回的效果。投保人将填写完毕的投保单直接交付给保险公司业务人员的,因要约即时生效而无法撤回。投保人在网上投保的,除非保险人设置有取消投保的选项,否则无法撤回要约。要约的撤销,是指在要约生效后,要约人欲使要约丧失法律效力而取消要约的意思表示。根据《民法典》第 477 条的规定,投保人撤销要约的通知应当在保险人作出同意承保的意思表示前到达保险人,才能产生撤销要约的效果。

(二)保险人一方要约

虽然《保险法》第 13 条第 1 款规定保险合同的订立由投保人发出要约,但在某些场合下保险人也可以发出要约。包括以下情形:

1. 保险人以柜台方式销售保险。例如,保险人在机场设置柜台销售航空旅客意外伤害保险,投保人在投保单上签名并留存一联,将另一联交回柜台,即完成投保手续。在此情形下,保险人销售保险的意思表示构成向不特定旅客发出的要约,投保人同意投保的意思表示构成承诺。

2. 保险人向投保人发出未保留核保权的续保单。在保险实务中,保险人为维持其业务并服务于客户,往往在保险期间届满之前向投保人寄送记载有保险合同主要内容的续保单。其所记载内容除保险期间更新以外,与原保险单并无不同,且保险人特别声明对续保单未保留核保权。在此情形下,保险人寄送续保单的行为构成要约,投保人同意续保的意思表示构成承诺。

3. 在个别磋商的场合下保险人向投保人发出要约。虽然保险人通常借助单方拟定的投保单和保险单订立保险合同,但也存在保险人与投保人就合同条款进行个别磋商而订立合同的情形,这主要发生在投保人是商事主体的场合。在此情形下,保险人为促成较大标的额的保险合同的订立,而向投保人发出要约。

在上述三种情形中,要约的生效、撤回和撤销均适用《民法典》合同编的一般规则。但是,依据保险行业惯例,保险人发出的要约通常不会撤回及撤销,除非存在特殊事由。

二、承诺

承诺,是指受要约人同意接受要约的条件以订立合同的意思表示。受要约人针对要约向要约人作出承诺,当事人双方即达成了合意。一般而言,承诺须具备以下条件:(1)承诺必须由受要约人作出;(2)承诺必须向要约人作出;(3)承诺的内容必须与要约的内容一致;(4)承诺应当在承诺期限内到达要约人;(5)承诺必须表明受要约人决定与要约人订立合同。当事人为订立保险合同而作出承诺,亦须具备以上条件。

(一)保险人一方承诺

在多数场合下,根据《保险法》第13条第1款的规定,投保人通过填写投保单"提出保险要求",保险人"同意承保"构成承诺。由保险人一方作出承诺,适用以下规则:

1. 承诺的形式。保险人作出承诺,应以明示的方式作出,默示通常不能成为作出承诺的形式。所谓"保险人同意承保",通常表现为保险人在投保单上签章的行为。依据保险行业惯例,保险人在收到投保人填写完毕的投保单后会依据一定程序进行审核,如果经审核符合承保条件的,保险人通过在投保单上签章作出同意承保的意思表示。保险人承保之后,依惯例会将承保事实以书面或口头方式通知投保人,但该通知本身并非承诺,而是将保险人承诺的事实告知投保人一方。

2. 承诺的生效时间。《民法典》第484条规定,以通知方式作出的承诺,生效的时间适用意思表示生效时间的一般规定;承诺不需要通知的,根据交易习惯或者要约的要求作出承诺的行为时生效。《保险法》对保险人承诺何时生效未作明确规定,但从第13条规定"经保险人同意承保,保险合同成立"的文义来看,未采到达主义。在学理及保险实务中,一般认为保险人作出同意承保的意思表示即导致保险人承诺生效,而无须等到承诺通知到达投保人时才生效。理由在于:是否承保由保险人掌控,因此为体现公平,防止保险人迟延发出承诺并对其间发生的保险事故以合同未成立为由拒绝赔付的问题(多数情形下保险合同一般均约定保险责任的开始时间与合同生效时间相同),应以作出承诺的时间为承诺生效的时间。[1] 由于保险人作出的承诺即时生效,因此不存在撤回承诺和撤销承诺的可能。

(二)投保人一方承诺

保险人以柜台方式销售保险、保险人向投保人发出未保留核保权的续保单、在个别磋商的场合下,投保人可以作为受要约人作出承诺,其具体情形及规则适用如前文所述。

三、保险合同的特殊订立方式

在某些特殊场合下,当事人可以采取要约、承诺以外的方式订立保险合同,主要包括暂保承诺和总括保险两种情形。

---

〔1〕 最高人民法院保险法司法解释起草小组编著:《〈中华人民共和国保险法〉保险合同章条文理解与适用》,中国法制出版社2010年版,第61页。

(一)暂保承诺

暂保承诺,是指投保人与保险人洽谈保险合同订立的有关事项之后,在保险人正式承保之前,保险人承诺投保人从即时起提供临时保险保障。暂保承诺的作用在于,在保险人对投保人的要约进行审核并作出承诺之前,对投保人一方提供暂时的保险保障。暂保承诺在保险人作出意思表示后即时生效,在保险人与投保人之间成立临时的保险合同关系。投保人交付保险费、保险人签发暂保单,均非暂保合同关系的成立要件。在保险人审核投保人提交的投保单并且尚未正式承保期间,投保人一方发生保险事故的,保险人应负给付保险金责任。

暂保单的有效期间届满或者在有效期间届满前保险人拒绝承保的,暂保合同关系归于消灭。保险人在审核投保人提交的投保单后同意承保的,保险合同正式成立,暂保合同的效力与正式保险合同的效力合一。保险合同正式成立后,关于保险费和保险期间的起算,除另有约定外,应以暂保承诺成立时为准。

(二)总括保险

在一般情况下,财产保险合同的订立必须以双方当事人对保险标的意思表示一致为要件,但在保险实务中的某些情形下,投保人与保险人在订立保险合同时,并未将保险标的完全具体化,只是暂时以某一类财产为保险标的,待将来具体的保险标的确定时再补充告知。此类保险称为总括保险或流动保险(laufende Versicherung;Blanket Policy)。[2] 总括保险主要适用于货物运输保险、再保险和仓储营业者责任保险等场合。例如,某贸易公司与保险人约定,就该公司在一定期间(通常为1年)所有的进出口货物投保简单货物险。在总括保险合同成立后,投保人有义务将具体的保险标的告知保险人,而保险人也有义务对其承保。总括保险合同中也可以约定,对具体保险标的的投保或者承保由一方或者双方享有选择权。大陆法系立法有对总括保险明确作出规定,但我国现行法对此尚无明文规定。

第二节 保险合同的成立

保险合同的成立,是指投保人与保险人就保险合同必要条款达成合意而使合同关系得以设立的事实状态。保险合同的订立与保险合同的成立为两个不同概念,两者既联系紧密,亦存在一定区别:两者是就同一现象从不同角度观察所得出的概念,前者侧重于当事人缔结合同的行为,后者侧重于合同被缔结的结果;如果当事人就合同订立所实施的行为符合法律要求,则合同成立。

一、保险合同的成立要件

依据合同法理论,合同的一般成立要件包括:(1)缔约主体存在双方或多方当事人;(2)当事人对合同必要条款达成合意。合同的特殊成立要件包括:交付标的物(实践合同)、采取特定的形式(要式合同)等。就保险合同而言,其成立是投保人与保险人就保险合同有关事项达成

---

〔2〕 江朝国:《保险法基础理论》,中国政法大学出版社2002年版,第168页。

合意的结果,其也应符合《民法典》合同编对于合同成立要件的要求。

(一)保险合同的一般成立要件

保险合同的一般成立要件,是指所有类型的保险合同均适用的成立要件。任何险种的保险合同如果不具备一般成立要件,则不能成立。

1. 存在明确具体的投保人和保险人。保险合同是双方法律行为,故必须有两个以上的缔约主体,即投保人与保险人。如果就投保人或保险人约定不明,且无法通过合同条款解释的各种规则确定投保人或保险人究竟具体为何人的,保险合同不成立。对于投保人而言,其可以是自然人、法人或其他组织。投保人是自然人的,如果其不具有完全民事行为能力,仅影响合同的效力,而不影响合同的成立。对于保险人而言,其必须是依法设立的保险公司,以及法律、行政法规规定的其他保险组织。[3] 如果保险公司超越法律规定的或者保险监督管理机构批准的业务范围订立保险合同(如寿险公司订立财产保险合同),影响合同的效力但不影响合同的成立。

2. 投保人和保险人对保险合同必要条款达成合意。其中,合意的判断标准和范围如下:

(1)合意的判断标准。原则上采取客观标准判断双方当事人是否达成合意。首先,对于合意的判断标准,现行法原则上采取表示主义,即合意是指双方当事人对合同条款在客观上意思表示达成一致。具体表现为,投保人填写投保单、予以签章并提交给保险人,保险人对该投保单同意承保并予以签章,双方即达成合意。如果双方通过个别协商以合同书形式订立保险合同的,投保人和保险人在合同书上签章即为达成合意的体现。其次,合意内容与当事人内心真实意思不一致时,不影响合同成立,而影响合同效力。如果投保人虽然在投保单上签章并以此提出投保要求,但其对投保单所载内容因保险人未说明、说明错误而存在误解,保险合同仍然成立,但因保险人违反说明义务而导致部分条款无效。如果因投保人未履行如实告知义务使保险人在不了解保险标的真实情况的前提下同意承保的,保险合同仍然成立,保险人可以投保人违反告知义务为由解除合同或拒绝给付保险金。

(2)合意的范围。原则上当事人对合同必要条款达成合意,合同即可成立。投保人和保险人就保险合同的必要条款达成合意,即使对非必要条款尚存异议,也构成合意而不影响合同成立。如果保险人仅针对投保人投保请求的一部分同意承保,是否构成合意?例如,投保人就100吨货物投保财产险,而保险人仅同意承保50吨货物。在此情形下,如果对投保人而言就部分货物投保仍具有利益且表示接受,那么就该部分保险标的的保险关系双方达成了合意;如果对投保人而言投保全部货物才对其有意义,换言之如果保险人不是全部承保的话投保人就不会与其订立保险合同,那么保险人就部分货物同意承保的意思表示则表明双方未达成合意,保险人的意思表示构成对投保人的反要约。

(二)保险合同的特殊成立要件

1. 保险人签发保险单证是否为保险合同的特殊成立要件?保险人已在投保单上签章并同意承保,但尚未向投保人签发保险单证,在此期间发生保险合同约定的保险事故时保险合同是否已经成立,在保险实务中经常发生此类争议。对此问题,可从以下两方面进行分析:

(1)对签发保险单证的效力当事人未作约定的,签发保险单证不是保险合同的成立要件。

---

[3] 《保险法》第6条。

理由在于:其一,《保险法》第 13 条第 1 款第 1 句规定,保险人同意承保,保险合同成立。保险人作出同意承保的意思表示即导致保险合同成立,而并非以该意思表示到达投保人为合同成立要件。因此,无论是保险人签发保险单证,还是保险单证到达投保人,均非保险合同的成立要件。其二,《保险法》第 13 条第 1 款第 2 句规定,保险人应当及时向投保人签发保险单或者其他保险凭证。该句是对保险人负有及时向投保人签发保险单证义务的规定,既然签发保险单证是合同义务,则当然应发生在合同成立之后,而不应作为合同的成立要件。而且依保险惯例,在保险合同成立之前保险人不会向投保人签发保险单证,这也证明签发保险单证并非合同的成立要件。其三,保险合同是非要式合同,并非必须以保险单证的形式订立合同。《保险法》第 13 条第 2 款规定,当事人可以约定采用保险单证以外的其他书面形式订立保险合同,故采取保险单证形式并非保险合同的成立要件。

(2)当事人约定签发保险单证时合同成立的,签发保险单证是否为保险合同的特殊成立要件?对此,学界及实务界存在争议。本书认为,即使当事人约定签发保险单证时合同成立,也不能认定签发保险单证为保险合同的特殊成立要件。理由在于:其一,《保险法》第 13 条第 1 款规定保险人同意承保时保险合同成立,该款未设但书,表明现行法未将保险合同的成立问题交由当事人通过意思自治解决。其二,保险合同成立意味着投保人与保险人就保险合同必要条款达成合意,而并非等同于保险人立即提供保险保障。换言之,保险合同的成立时间与保险责任的起始时间并非绝对一致。如果保险人欲推迟保险责任的起始时间,可与投保人在保险合同中作出约定,对此现行法是承认其效力的,[4]而约定签发保险单证时合同成立则没有意义。其三,当事人约定签发保险单证时合同成立,通常以保险人单方拟定的格式条款的方式进行。《保险法》第 19 条第 2 项规定,排除投保人、被保险人或者受益人依法享有权利的格式条款无效。投保人本可依据《保险法》第 13 条第 1 款在保险人同意承保的情形下主张合同成立,而保险人又以格式条款约定签发保险单证时合同成立,该格式条款排除了投保人一方的权利,应当认定无效。

综上,无论当事人是否约定签发保险单证的效力,签发保险单证都不是保险合同的成立要件,而是保险人在合同成立后应履行的合同义务。保险人不能以未签发保险单证为由主张合同未成立,进而以此拒绝承担给付保险金的责任。

2. 投保人交付保险费是否为保险合同的特殊成立要件?投保人交付保险费对保险合同成立的影响,在保险实务中通常体现为两类纠纷:其一,保险人已在投保单上签章并同意承保,但投保人尚未交付保险费,在此期间发生保险合同约定的保险事故时,保险人以投保人未交付保险费为由主张保险合同未成立。其二,保险人尚未同意承保,而投保人已经交付保险费,在此期间发生保险合同约定的保险事故时,投保人主张保险合同已成立而要求保险人给付保险金。对此问题,可从以下几方面进行分析:

(1)原则上交付保险费是投保人的合同义务,而不是合同的成立要件。从现行法规定及保险合同的性质来看,在一般场合下,投保人是否交付保险费不影响合同的成立。理由在于:其一,《保险法》第 14 条规定,保险合同成立后,投保人按照约定交付保险费。依该条文义,投保人交付保险费的时间是在保险合同成立后,而且"按照约定"表明交付保险费是投保人的合同

---

[4] 《保险法》第 14 条。

义务。其二,保险合同是诺成合同,其不以交付保险费为成立要件。保险合同的诺成性表明,影响保险合同成立的决定性因素是双方当事人是否达成合意,《保险法》第 13 条第 1 款肯定了保险合同是诺成合同的属性。认为保险合同是实践合同,以交付保险费为合同成立要件的观点缺乏法律依据。其三,保险合同是双务合同,投保人交付保险费与保险人承担保险标的的风险构成对待给付关系。如果认为投保人交付保险费是合同的成立要件,那么交付保险费的行为必然发生在合同成立之前,这将导致保险合同成立后保险人单方面承担保险标的的风险,而投保人不再负有对待给付义务,这与保险合同是双务合同的性质不符。

(2)保险人已经同意承保,投保人尚未交付保险费的,保险合同成立。在保险实务中,保险人已经同意承保,但投保人尚未交付保险费,在此期间发生保险合同约定的保险事故时,保险人往往以保险合同未成立为由拒绝给付保险金。对此,应从两方面考虑:其一,因为交付保险费是投保人的合同义务,故投保人未交付保险费与违约责任有关。保险人同意承保后,如果投保人未在约定的期限内交付保险费,投保人构成迟延履行的违约行为,保险人可要求其承担违约责任或解除合同;如果约定交付保险费的期限尚未届至,投保人本就享有期限利益而不必交付保险费,故保险人不能要求其承担违约责任或解除合同。无论哪种情况,均是以保险合同已经成立为前提的。其二,交付保险费与保险责任的起始时间没有必然联系。《保险法》第 14 条规定,保险人按照约定的时间开始承担保险责任。依此规定,保险人承担保险责任的起始时间取决于对保险期间的约定,只要该期间已经届至,保险人即应当对该期间内发生的保险事故承担给付保险金的责任,而不考虑投保人是否已经交付保险费。当然,保险人在给付保险金之后可以请求投保人补交保险费,但保险人不得以投保人未交付保险费为由拒绝承担给付保险金的责任。另外,如果当事人双方约定自投保人交付保险费时保险人开始承担保险责任,基于合同自由原则,该约定亦属有效。在此情形下,保险人可以投保人未交付保险费而保险人尚未开始承担保险责任为由拒绝给付保险金,但保险合同依然是成立的。

(3)保险人尚未同意承保,而投保人已经交付保险费,在此期间发生保险合同约定的保险事故时,保险合同是否已成立及保险人应否承担给付保险金的责任?投保人已经提交了投保请求而保险人尚未同意承保的期间,通常被称为"候保期间",在此期间如果投保人交付了保险费并被保险人所接受,对保险合同成立及保险人承担保险责任是否存在影响呢?如果仅从理论上而言,此时因保险人尚未作出承诺而合同未成立。但是域外立法大多规定,在候保期间保险人收取保险费后、作出同意承保意思表示前发生保险事故的,一般应当承担保险责任。其立法理由包括满足投保方的合理期待原则、对价理论、满足投保人主观合理期待与维护合同对价原则之平衡理论等。[5] 对此,《保险法解释(二)》第 4 条作出了与域外立法类似的规定。依据该条规定,保险人在候保期间承担保险责任的条件如下:

其一,保险人接受了投保人提交的投保单,尚未作出是否承保的意思表示。即该条适用于候保期间。如果投保人与保险人已就保险合同的订立展开磋商,但投保人尚未填写投保单,或者虽然填写完毕投保单但尚未提交给保险人并被保险人所接受,此时发生保险事故的,保险人不承担给付保险金的责任。该条的本意在于,虽然在保险人同意承保之前保险合同没有成立,

〔5〕 最高人民法院民事审判第二庭编著:《最高人民法院关于保险法司法解释(二)理解与适用》,人民法院出版社 2013 年版,第 125～128 页。

但为了保护投保人一方的利益,在候保期间内符合一定条件的情形下,将保险合同拟制成立并由保险人承担给付保险金的责任。

其二,保险人向投保人收取了保险费。在保险实务中,普遍存在投保人提交填写完毕的投保单时由保险代理人预收第一期保险费的情况。投保人交付保险费后,会产生对保险人的合理期待,即只要符合承保条件保险人就会承保,因此域外立法通常要求保险人在作出同意承保的意思表示之前就提前对投保人提供保险保障。例如,日本大量的判例认为,只要投保人缴纳了充当首期保险费的金额之后,不论保险人是否承保,均视为保险合同成立,保险责任已经开始。[6]

其三,投保人提出的投保请求符合承保条件。对于符合承保条件,应从以下几方面理解:一是判断是否符合承保条件,应采客观标准。投保人的投保请求在客观上符合此类保险合同的承保条件,即满足该要件,至于保险人主观上是否具有承保的意愿在所不问。采此种解释,是为了防止保险人动辄以“经审核不同意承保”为由拒绝承担保险责任,如此将使该规定成为具文。二是对于是否符合承保条件的举证,采取举证责任倒置规则。《保险法解释(二)》第4条第2款规定,保险人主张不符合承保条件的,应承担举证责任。如果保险人不能举证证明投保人的投保请求在客观上不符合承保条件,即推定投保人提出的投保请求符合承保条件。三是投保人的投保请求不符合承保条件的,保险人不承担保险责任,但应当退还已经收取的保险费。在此情形下,因投保人的投保请求不符合承保条件,保险合同不成立。

其四,在候保期间发生了约定的保险事故。如果在候保期间未发生约定的保险事故,便不存在对投保人提前予以保护的问题,保险合同仍然自保险人正式同意承保时成立。

其五,当事人另有约定的,不影响该规则的适用。依最高人民法院解释,该规则属相对强制规范,一方面,保险人即便在保险合同中设置了诸如“本保险合同自投保人交纳首期保险费并且保险公司审核同意承保方成立”等规定,亦不影响该条的适用;另一方面,该条不禁止保险人与投保人作出较该条规定更有利于投保人的约定,从而为分散“空白期”风险提供更为周到的保障。[7]

综上,交付保险费原则上不是保险合同成立要件,但投保人于候保期间交付保险费并符合法定条件的,法律拟制保险合同已经成立。

二、保险合同成立的法律意义

1. 保险合同成立是确定保险合同是否有效、生效的前提。依有效合同产生相应的权利义务是当事人订立合同的本意,但合同有效、生效的前提是合同已经成立。如果因欠缺成立要件而导致保险合同不成立,则根本无须考察保险合同是否具备有效要件和生效要件。

2. 保险合同约束力的发生:对解除和变更合同的限制。保险合同成立后,无论是否已经生效,对当事人均发生一定约束力,体现为除非具有法定或约定事由,当事人不得擅自变更或解除合同。《保险法》第15条规定:“除本法另有规定或者保险合同另有约定外,保险合同成立

---

〔6〕 沙银华:《日本保险经典判例评释》,法律出版社2011年版,第11页。

〔7〕 最高人民法院民事审判第二庭编著:《最高人民法院关于保险法司法解释(二)理解与适用》,人民法院出版社2013年版,第135页。

后,投保人可以解除合同,保险人不得解除合同。”该条关于投保人的任意解除权和保险人不得解除合同的限制性规定,合同成立即可适用,而不考虑合同是否已经生效。《保险法》第 20 条第 1 款规定:“投保人和保险人可以协商变更合同内容。”依此规定,合同成立后,变更合同原则上须双方当事人达成合意,除非法律有特殊规定。

3. 附随义务的发生。合同成立后,无论是否已经生效,当事人均应当遵循诚实信用原则,根据合同的性质、目的和交易习惯履行通知、协助、保密等附随义务(《民法典》第 509 条第 2 款)。尤其对于保险人而言,其基于保险合同关系了解到的投保人及被保险人的有关人身和财产信息,应当负保密义务;就保险合同成立后有关书面资料的提交,负有通知、协助等义务。

4. 保险合同成立与保险责任的起始时间的关系。《保险法》第 14 条规定,保险人按照约定的时间开始承担保险责任。依此规定,保险合同成立并不必然导致保险责任的开始,保险责任的起始时间取决于合同对保险期间的约定。当然,在保险实务中,很多情形下合同约定自保险合同成立时起保险人开始承担保险责任,但在不违反法律禁止性规定的前提下,合同亦可约定在合同成立之后的某个时间点为保险责任的起始时间。

第三节 保险合同的形式和保险单证

一、保险合同的形式

合同的形式,是指合同内容的载体形式,即合同条款以何种具体方式予以记载。现行法对合同形式的立法态度是以不要式主义为主、以要式主义为辅。合同形式原则上由当事人自由选择,且法律列举了可供选择的三种形式即书面形式、口头形式和其他形式;仅在法律、行政法规规定或当事人约定应当采用书面形式的场合下,才强制要求合同采用书面形式。(《民法典》第 469 条)

《保险法》第 13 条第 2 款规定:“保险单或者其他保险凭证应当载明当事人双方约定的合同内容。当事人也可以约定采用其他书面形式载明合同内容。”依此规定,保险合同可以采取以下形式。

(一)保险单证形式

依《保险法》第 13 条第 2 款前段规定,保险合同可以采取保险单或者其他保险凭证的形式订立,这是最为常见的保险合同形式。有学者认为,保险单证不是保险合同的形式,而只是保险合同的凭证或证明而已。本书不赞同该观点,理由在于:其一,从《保险法》第 13 条和《保险法解释(二)》第 14 条的规定来看,将保险单证界定为保险合同的形式具有法律依据。其二,合同形式是关乎合同的成立、有效,还是仅具有证据意义,因法律规定或当事人约定的不同而有所差别。将保险单证界定为保险合同形式,与保险单证是证明保险合同的证据之间并不矛盾。其三,签发保险单证发生于保险合同成立之后,不能作为否认保险单证是保险合同形式的依据。有学者认为,因签发保险单证发生于保险合同成立之后,所以保险单证只能是保险合同的凭证而不能是保险合同的形式。该观点仍然是建立在合同形式只关乎合同成立的前提下,系对合同形式作用的误读。《保险法》第 13 条第 1 款规定,保险人同意承保,保险合同成立。该规定解决的是保险合同的成立条件及成立时间的问题,而保险合同形式解决的是合同条款以何种方式作为载体的问题,两者解决的问题不同,发生时间亦非绝对一致。事实上,其他类型的合同同样有可能存在合同成立时间与完成合同形式时间不一致的现象。其四,保险单证记载保险合同的主要内容,且需要合同当事人签字或者盖章,这符合合同形式的本质特征。

保险单证作为保险合同的形式,除具有合同书面形式的一般特征外,也因保险合同的特有性质及规则而具有一些特殊属性。分述如下:

1. 保险单证具有多样性。保险合同以外的其他合同书面形式多具有单一性,即采取一种书面载体形式记载合同条款。保险单证与此不同,一个保险合同可能存在数个不同类型的保险单证,如投保单、保险单等,其上均记载合同条款。如果各保险单证记载内容有所抵牾,应当根据《保险法解释(二)》第 14 条的规定予以认定:(1)投保单与保险单或者其他保险凭证不一致的,以投保单为准。但不一致的情形系经保险人说明并经投保人同意的,以投保人签收的保险单或者其他保险凭证载明的内容为准。(2)非格式条款与格式条款不一致的,以非格式条款为准。(3)保险凭证记载的时间不同的,以形成时间在后的为准。(4)保险凭证存在手写和打印两种方式的,以双方签字、盖章的手写部分的内容为准。

2. 保险单证所记载的合同条款,并非保险合同的全部内容。保险单证一般仅记载保险合同最核心、最重要的合同条款,如当事人、保险标的、保险金额、保险费、保险责任范围等。保险合同的有些内容并未被记载于保险单证之中,而是记载于保险人根据各险种所制定的标准保险条款之中。造成该现象的原因是:(1)保险合同的内容过于繁杂,而保险单证的纸面空间有限,无法记载全部合同条款。(2)因保险业发展形成一些业界惯例,导致某险种的某些合同条款趋同化,即所有保险公司在该险种中均采此种合同条款,因此没有必要将此类合同条款都记载于保险单证之上。

3. 作为保险合同的书面形式,保险单证具有证明保险合同关系的效力,而不是保险合同的成立要件。所谓保险单证具有证明效力,是指有保险单证存在即可证明保险合同关系的存在,但如果没有保险单证存在而有其他证据,亦可证明保险合同关系的存在。可见,保险单证的证明效力不具有排他性和唯一性,某些场合下其他证据可以替代保险单证以证明保险合同关系。根据《保险法》第 13 条的规定及保险实务界惯例,保险人签发保险单证发生于保险合同成立之后,其为保险人的合同义务,而并非保险合同成立要件。保险人不得以未签发保险单证为由主张保险合同未成立。

4. 某些保险单证具有类似证券的性质。具有该性质的保险单证主要是保险单。大陆法系的有些国家直接将保险单界定为保险证券,在符合一定条件的前提下使其依证券规则流通。我国《保险法》虽没有直接规定,但有关保险单的规定和保险实务亦表明其具有类似证券的性质。例如,在人身保险中,具有现金价值的人寿保险单在一定条件下可向保险人质押;在货物运输保险中,指示式和无记名式的保险单可随保险标的转移,受让人依保险单享有保险权益。

(二)其他书面形式

保险合同除可以采取保险单证形式以外,还可以采取以下书面形式:

1. 合同书形式。合同书,是指载有合同内容并被签名或盖章的正式书面文件。在交易实践中,合同书是最为常用的合同书面形式之一。在订立保险合同的场合下,采取合同书形式一般适用于保险人与投保人个别磋商缔结合同的场合。采取合同书形式订立保险合同与采取保险单证订立保险合同的区别在于：前者的合同条款由双方依据个别磋商确定，双方签字或者盖章完成时合同才能成立（《民法典》第490条）；后者的合同条款系由保险人为重复使用而单方拟定的格式条款，保险人同意承保时合同即成立。

2. 电子合同形式。在保险实务中，很多保险公司开设了网上投保业务，其中包括以电子合同形式订立保险合同的缔约方式。电子合同形式在性质上属于《民法典》第469条第3款规定的数据电文形式，视为书面形式。数据电文，是指以电子、光学、磁或者类似手段生成、发送、接收或者储存的信息（《电子签名法》第2条第2款）。数据电文具体包括电报、电传、传真、电子数据交换和电子邮件等形式。电报、电传和传真是传统的数据电文形式，电子数据交换（Electronic Data Interchange，EDI）和电子邮件（E－mail）则为新型的数据电文形式。以电子合同形式订立保险合同的，当事人的意思表示及签章应当适用《电子签名法》的有关规则。

3. 保险合同能否以口头形式订立？对此，学界及实务界存在争议，有肯定说、否定说和折中说等观点。其中折中说认为，财产保险合同可以采取口头形式，人身保险合同必须采取书面形式。[8] 本书认为，保险合同不能采取口头形式订立。理由在于：（1）从《保险法》第13条第2款的规定来看，订立保险合同除采取保险单证形式以外，还可以采取“其他书面形式”，而未将口头形式包括在内。（2）保险合同的内容具有较强的专业性和技术性，且内容较为繁杂，采取口头形式无法准确约定相关内容。（3）口头形式大多适用于一时性合同，而保险合同是继续性合同，不宜采取口头形式。（4）在保险实务中，虽然存在电话销售保险的现象，但在此场合下是投保人以口头形式投保并履行告知义务，保险人承保后仍会出具书面保险单证，并非以口头形式订立保险合同。

二、保险单证

保险单证，又称保险合同的书面凭证，是指由保险人签发的，记载保险合同的有关内容，用以证明保险合同关系存在的书面单证。根据法律规定及保险业的惯例，保险单证主要包括投保单、暂保单、保险单和保险凭证等。

（一）投保单

投保单，又称要保书、投保书，是指投保人表示愿意同保险人订立保险合同的书面申请。投保人填写投保单并交给保险人，以此表明投保人愿意与保险人订立保险合同，该行为构成要约。投保单具有以下几方面特征：

1. 投保单是由保险人事先拟定，内容定型化的书面文件。保险人根据保险合同的类型、险种，分别制定对应的投保单，用于投保人提出投保要求时填写，以提高交易效率。因投保单所载条款是保险人为重复使用而预先拟定的格式条款，一旦投保单成为保险合同的组成部分，投保单所载格式条款应适用《民法典》合同编及保险法关于格式条款的有关规则。

2. 投保单的内容通常包括合同的基本条款。投保单的记载事项主要包括投保人和被保险人的姓名（名称）及住所、保险标的及其地址、投保险种、保险金额、保险费及保险费率、免赔额或免赔率、保险期间及保险责任的起始时间、特别约定、投保人声明等。投保单除记载合同的

---

〔8〕 最高人民法院保险法司法解释起草小组编著：《〈中华人民共和国保险法〉保险合同章条文理解与适用》，中国法制出版社2010年版，第61页。

基本条款外,还包含一系列对投保人或被保险人的询问事项,投保人或被保险人就投保单所载的询问事项应当如实告知保险人。

3. 投保单本身并非保险合同,但一经保险人接受,即成为保险合同的组成部分。投保单记载的内容是投保人向保险人提出要约的内容,保险人对投保单进行审核后同意承保,表明双方就投保单的内容达成了合意,因此投保单一经保险人接受,即成为保险合同的组成部分。

4. 投保单和风险询问表是判断投保人是否履行如实告知义务的重要依据。投保人投保某些险种,除须填写投保单以外,还可能被保险人要求填写风险询问表。投保单和风险询问表中所列事项,一般均构成重要事实,投保人应就其作如实告知。如果投保人未如实填写投保单和风险询问表,构成对如实告知义务的违反,保险人有权解除合同或拒绝给付保险金。(《保险法》第16条)

5. 投保单须经投保人签字或者盖章,才能作为投保人的意思表示。投保人填写投保单并在投保单上签字或者盖章,才能表明投保人欲以投保单的内容向保险人提出投保要求。但在保险实务中,大量存在保险人或其代理人违规操作而在投保单上代签、补签等情形,并由此引发纠纷。对此,《保险法解释(二)》第3条作出了规定,具体内容如下:

(1)投保人或者投保人的代理人订立保险合同时没有亲自签字或者盖章,而由保险人或者保险人的代理人代为签字或者盖章的,对投保人不生效。但投保人已经交纳保险费的,视为其对代签字或者盖章行为的追认。对此规定,应从以下几方面理解:

第一,原则上应当由投保人或者投保人的代理人在投保单上亲自签字或者盖章,由保险人或者保险人的代理人代为签字或者盖章的,一般应当认定不发生投保人签字或者盖章的效力。所谓"对投保人不生效",应解释为不得视为投保人投保的意思表示。在该司法解释颁布以前,有最高人民法院公报案例判决认为:"投保单由保险代理人代填写,投保人未签字盖章的后果应当由保险人或者保险代理人承担,不能由投保人负责。"〔9〕

第二,在代为签字或者盖章的前提下,投保人已经交纳保险费的,视为其对代签字或者盖章行为的追认。投保人或者投保人的代理人没有亲自签字或者盖章的,本可以此为由否认投保单的效力,但如果其一方面并未否认,另一方面还向保险人交纳保险费,表明其认可了保险人或保险人的代理人的代签行为。在此情形下,投保人交纳保险费的行为构成对保险人或其代理人代签行为的追认,投保人就不得再以投保单不是由其亲自签字或者盖章为由否认投保单的效力。但应注意,该规则的适用应当以投保人或者投保人的代理人对代签行为知情为前提。如果投保人或者投保人的代理人对保险人一方的代签行为并不知情,即使已经交纳了保险费,也不能构成对代签行为的追认。对于知情的判断,有判决认为:"投保人在保险公司业务员代其签署投保书后,取得了业务员转交的保险合同文本及保险费发票,应视为其对业务员代签行为已经明知。在此后长达五年的时间里,投保人按照保险合同的约定及时足额交纳各年度保险费的行为,即属于以积极参与合同履行的方式表达了对代签行为的追认。"〔10〕

第三,追认的效力不及于"投保人声明栏"处的代签章。在保险实务中,投保单需要投保人签章的地方主要有两处:一是就投保单中合同条款部分签章,这部分构成投保人要约的内容;

---

〔9〕"卫勤俭诉中保财产保险有限公司台山市支公司等保险合同纠纷案",载《最高人民法院公报》2001年第3期。

〔10〕《最高人民法院公布三起保险合同纠纷典型案例》,载《人民法院报》2013年6月8日。

二是在“投保人声明栏”处签章。目前较为普遍的做法是,保险人为履行说明义务,在投保单上“投保人声明栏”载明“保险人已向本人详细介绍了保险条款,并就该条款中有关责任免除的内容作了明确说明,本人接受上述内容,自愿投保本保险”。保险人就该内容代签章并且投保人交纳保险费的,不能作为保险人已履行说明义务的证明依据。因为投保人交纳保险费,仅表明其具有订立保险合同的意愿,至于保险人是否履行了说明义务,还应结合其他证据予以认定。

(2)保险人或者保险人的代理人代为填写保险单证后经投保人签字或者盖章确认的,代为填写的内容视为投保人的真实意思表示。但有证据证明保险人或者保险人的代理人存在《保险法》第116条、第131条相关规定情形的除外。该款是保险人或者保险人的代理人代为填写保险单证的有关内容而由投保人签章确认所适用的规则。对此规定,应从以下几方面理解:

第一,该款适用于保险人一方代替投保人一方填写保险单证的情形。该款规定的“保险单证”,在文义上包含投保单、保险单等,但由于保险实务中多由代填投保单引发纠纷,因此该款规定对于投保单的代填行为尤其具有适用意义。

第二,保险人或者保险人的代理人代为填写保险单证之后,经投保人签字或者盖章确认的,代为填写的内容视为投保人的真实意思表示。这里强调的是保险人一方代填行为应当在前,投保人签章确认应当在后。保险人一方代为填写保险单证的有关内容,投保人在了解该代填内容的前提下予以签章确认,该代填内容才能视为投保人的真实意思表示。在保险实务中,有的保险人或其代理人要求投保人先在空白投保单及风险询问表上签章,然后再由保险人一方代填有关内容。由于投保人在签章时并不了解保险人一方将要代填的内容,故对于此类代填内容不能视为投保人的真实意思表示。

第三,对该款“但书”的理解。《保险法》第116条、第131条规定了保险公司及其工作人员、保险代理人、保险经纪人及其从业人员在从事保险业务中的禁止行为。如果保险人一方实施该两条所列举的行为,即使投保人在保险人一方代填后予以签章确认,也不能视为投保人的真实意思表示。例如,保险代理人为促成保险合同订立以获取佣金,故意不将投保人如实告知的事项(如被保险人曾经手术)填写于投保单。对于具有该款“但书”的情形,由投保人一方负举证责任。

(二)暂保单

暂保单,又称临时保险单、临时保险书,是指在正式保险单签发之前,保险人为证明保险合同的签订及内容,向投保人签发的临时保险凭证。暂保单具有以下几方面特征:

1. 保险人签发暂保单的目的,是使保险人有足够时间评估风险,从而决定是否提供长期保险。对于投保人投保的某些险种,保险人需要一定时间全面评估风险,以决定是否提供长期保险。如果保险人经过评估认为不适合承保长期保险,可以不承保。保险人签发暂保单可以避免保险人从一开始就对长期保险合同予以承保。

2. 暂保单对被保险人而言,可在急需保险保障的情况下,立刻获得保险保障。在保险人进行风险评估且尚未正式就长期保险承保之前,如果被保险人此时即需要保险保障,保险人可通过签发暂保单对被保险人提供临时保险。通过签发暂保单而提供的此类临时保险,在汽车保险和火灾保险中较为常见。

3. 暂保单的内容相对简单且有效期限较短。暂保单的内容一般仅载明投保人、被保险人、保险标的、险种、保险费、保险金额和保险期间等事项。有关当事人之间的权利义务的具体内容,以保险单的记载为准。由于是临时保险,暂保单的有效期限较短,通常不超过30日。

4. 暂保单的效力与正式保险单相同。虽然暂保单记载的内容较为简略,但其具有与正式保险单等同的效力。在暂保单有效期限之内,即使保险人尚未签发正式保险单,如果发生保险事故,被保险人可凭借暂保单要求保险人承担给付保险金的责任。在暂保单的有效期限内,如果保险人签发正式保险单,或者暂保单有效期限届满,暂保单自动失效。

5. 在正式签发保单前,保险人可提前终止暂保单的效力。暂保单是保险人在特定条件下签发的临时保险单证,保险人在暂保单的有效期限内享有随时解除合同的权利。只要保险人未签发正式保险单,即使暂保单有效期限尚未届满,保险人有权提前终止暂保单的效力,并且无须说明理由,但必须事先通知投保人或被保险人。

6. 暂保单一般适用于财产保险。在财产保险中,适用暂保单的情形主要有以下四种:(1)投保人与保险人已就保险合同必要条款达成合意,但合同的其他内容尚需进一步磋商确定,或者保险人须对承保危险进行进一步评估而不能立即就正式保险合同予以承保,因此先由保险人向投保人一方签发暂保单。(2)保险代理人与投保人已就保险合同内容达成合意,但尚未向保险人办妥正式保险单,因此保险代理人先向投保人一方签发暂保单。(3)保险公司的分支机构受经营权限和经营程序的限制,接受需要由总公司批准的保险业务,在总公司批准之前,保险公司的分支机构先向投保人一方签发暂保单。(4)在出口贸易结汇时,保险人在签发正式保险单之前可以先行签发暂保单,证明出口货物已经投保,作为结汇的凭证。

人寿保险一般不适用暂保单,理由在于:(1)人寿保险大多具有储蓄性质,保险期间较长,不宜适用有效期限较短的暂保单。(2)人寿保险合同一旦成立,保险人的合同解除权即受到限制而不能任意解除合同。因此,保险人往往保留对人寿保险合同的核保权,而不愿将签约权授予保险代理人。(3)人寿保险合同在正式签发保险单之前,保险人对承保危险须完全接受,保险合同才能成立。如果仅有暂保单,很难证明投保人与保险人已就合同内容达成合意。

(三)保险单

保险单,又称保单、保险证券,是指保险合同成立后,保险人向投保人签发的保险合同的正式书面凭证。保险单具有以下几方面特征:

1. 保险单是保险合同的正式书面凭证。保险单应当载明投保单的内容,如果在签发保险单之前有暂保单的,还应将暂保单的内容也载入保险单之中。如果保险单的内容与投保单或暂保单的内容不一致,一般应当以保险单的内容为准。对于该问题,有判决认为:"保险协议与保险单载明的其他条款共同构成了保险合同的内容,两者内容如果出现冲突,应以保险单所载条款为准。"[11]

2. 保险单记载保险合同的重要内容。与投保单和暂保单相比,保险单所记载的内容更为全面细致,其涉及保险合同最重要、最核心的内容(见表6-1)。

---

〔11〕 参见"神龙汽车有限公司与华泰财产保险股份有限公司等保险合同纠纷上诉案",载刘德权主编:《最高人民法院裁判意见精选》(下),人民法院出版社2011年版,第1072页。

表 6-1　保险单的内容

事项	定义	具体内容	作用
声明事项	投保人向保险人所作的陈述事项	被保险人、保险标的、保险金额、保险价值、关于危险性质的说明和保证等	确定保险人承保危险的依据
承保事项	保险合同当事人双方的权利义务的具体内容	保险费的数额及支付方式、保险金的数额及支付方式、危险增加或保险事故发生时的处理等	确定保险合同当事人及关系人享有的权利和承担的义务
不保事项	对保险人所承担保险责任的限制方式及限制内容	除外责任、免赔事项及免赔率(额)等	限制保险人所承担保险责任的范围,并减轻投保人交付保险费的负担
条件事项	发生保险合同约定的保险事故时,被保险人或受益人请求保险人给付保险金所应当具备的条件	保险事故发生时被保险人应当采取的措施、被保险人或受益人请求给付保险金时应当提交的书面资料、索赔程序、保险代位权、争议的解决方式等	确定被保险人或受益人请求保险人给付保险金的具体条件和方式

3. 保险单一般在保险合同成立后签发。保险人签发保险单是保险人的合同义务而非合同成立要件。保险人同意承保即保险合同成立时,通常不能立即向投保人签发保险单,而需要经过保险人内部规程后才能签发保险单。在保险合同成立后的多长时间内,保险人应当签发保险单?对此现行法未规定明确的期限,《保险法》第 13 条第 1 款仅规定保险人应当“及时”签发。对于是否“及时”,应结合行业惯例、合同标的额及其他因素综合判断,而不能仅以保险人内部规程为唯一的依据。

(四)保险凭证

保险凭证,又称小保单,是指保险人向投保人签发的,以证明保险合同成立或保险单已签发的书面凭证。保险凭证具有以下几方面特征:

1. 保险凭证是简化了的保险单,与保险单具有相同法律效力。保险凭证的作用在于,在某些险种中投保人或被保险人可以更方便地携带。因保险凭证规格简易且纸面较小,投保人或被保险人凭借随身携带的保险凭证即可向保险人主张有关权利。在某些零售型保险业务中,保险凭证还具有为被保险人提供增值服务的功能。

2. 保险凭证所载内容十分简要,凡是保险凭证上未载明的内容,均以同一险种的保险单所载内容为准。保险凭证所载内容一般包括投保人(被保险人)、保险标的、保险金额、保险期间、险种等。涉及保险人和被保险人的具体权利义务的合同条款如保险事故、除外责任等,保险凭证一般均不记载。因此,保险凭证未记载的合同内容,均以保险人在该险种所出具的保险单所载内容为准。

3. 保险凭证一般适用于下列场合:(1)在货物运输保险中,根据预约保险合同,由保险人向被保险人签发保险凭证,以记载保险标的、保险金额、航程等事项。(2)在机动车辆第三人责任险中,因该险种为强制保险,由保险人向被保险人签发保险凭证,以便于被保险人随身携带以供有关部门检查。(3)在团体保险中,保险人签发的保险单依惯例由该团体负责人保管,而由保险人另外向每一个参加保险的被保险人签发一张单独的保险凭证,作为其参加保险的证明。

(4)在对外贸易的有关保险中,适用联合保险凭证(Combined Insurance Certificate)。这种保险凭证主要用于保险公司与外贸公司合作时附印在外贸公司的发票上,仅注明承保险别和保险金额,其他项目均以发票所列为准。当外贸公司在缮制发票时,保险凭证也随即办妥。

第四节　投保人的告知义务

一、告知义务的概念和理论依据

(一)告知义务的概念和特征

告知义务,又称如实告知义务,是指投保人一方在订立保险合同时,应当将有关保险标的的信息向保险人作出如实陈述、说明的义务。《保险法》第16条第1款规定:"订立保险合同,保险人就保险标的或者被保险人的有关情况提出询问的,投保人应当如实告知。"告知义务具有以下几方面的特征:

1. 告知义务是先合同义务。告知义务存在于保险合同成立之前即缔约阶段,在该阶段内投保人与保险人就保险合同的订立进行磋商时,由投保人一方履行告知义务。告知义务不是合同义务,其不同于保险合同成立之后被保险人负有的危险程度增加的通知义务,后者虽然也是要将保险标的的有关事实通知保险人,但其性质属于合同义务。

2. 告知义务是法定义务。告知义务是由保险法直接规定的法定义务而非约定义务,投保人一方不得以当事人未约定为由拒绝履行告知义务。

3. 告知的内容是与保险标的有关的信息、情况,且限于重要事实。例如,人身保险中被保险人的健康状况、财产保险中保险标的的用途等。通过投保人一方将保险标的有关信息、情况告知保险人,保险人据此评估风险以决定是否承保及如何确定保险费率。

4. 告知的方式是陈述和说明。投保人一方履行告知义务,既包括对与保险标的有关事实状态的陈述,也包括对相关信息的解释和说明。在保险实务中,投保人一方通常是以填写投保单和风险询问表的方式履行告知义务。

(二)告知义务的理论依据

对于告知义务的理论依据和立法基础,学界存在争议,主要有诚实信用说(最大善意说)、射幸合同说、瑕疵担保说、合意说、危险估计说等观点。[12] 诚实信用说认为,保险合同是最大诚信合同,由当事人基于最大善意订立,故投保人在订约时应将有关保险标的的重要事项如实告知保险人,以防止保险制度被恶意使用。射幸合同说认为,由于保险合同具有射幸合同的性质,对于不确定之危险事故,双方当事人必须以均等认识为必要,故投保人在订约时应将有关保险标的的重要事项如实告知保险人。瑕疵担保说认为,保险合同是有偿合同,合同当事人负有瑕疵担保义务,如果投保人就有关重要事项隐瞒、遗漏或为不实告知,应承担瑕疵担保责任。合意说认为,保险合同的成立以双方当事人对合同内容之危险程度及其范围达成意思一致为必要,投保人履行告知义务即以达成当事人合意为目的。危险估计说认为,投保人的告知义务

---

〔12〕 樊启荣:《保险契约告知义务制度论》,中国政法大学出版社2004年版,第49页以下。

是保险技术的要求。保险人必须对保险标的进行充分了解,才能正确地测定风险、合理地计算保险费率,以实现收取保险费与支出保险金之间的平衡。危险估计说现今为多数国家之通说。在我国,大多著述以诚实信用原则作为告知义务的理论依据,但亦有观点主张以诚实信用说与危险估计说作为共同的理论依据。前者是对投保人主观状态上的要求,后者是对告知内容以及法律效果等客观方面的限制。[13] 本书认为,从告知义务的起源或初始制度价值来看,其确与诚实信用原则有关;从现行法规定来看,某些条文也包含了危险估计说的精神(《保险法》第16条第2款)。

二、告知义务的主体

关于告知义务的主体,域外规定存在差异,大致存在三种模式:第一种模式将告知义务主体限定为投保人;[14]第二种模式中告知义务主体是投保人和被保险人;[15]第三种模式将告知义务主体规定为投保人,但同时还应考虑被保险人对投保是否知情或对其是否及时通知,而规定不同的法律效果。[16]

我国《保险法》和《海商法》对告知义务主体的规定并不一致。仅从文义上看,《保险法》第16条第1款规定告知义务主体是投保人,对于被保险人是否负有告知义务未作规定。《海商法》第222条规定告知义务主体是被保险人,对于投保人是否负有告知义务未作规定。《保险法解释(二)》第5条规定,投保人明知的与被保险人有关的情况,应当如实告知,但对被保险人是否直接负有告知义务未作规定。学界大多认为应将《保险法》第16条第1款规定的投保人扩大解释为"投保人一方",即投保人和被保险人均为告知义务主体。[17] 司法实务中也有判决认为投保人与保险人不一致时,告知义务的主体包括投保人和被保险人。[18]

本书认为,从现行法解释论的角度而言,告知义务主体仅限于投保人而不包括被保险人;在受益人与投保人、被保险人不一致的情形下,受益人也不负告知义务。理由如下:(1)《保险法》第10条第2款和第12条第5款分别明确界定了投保人和被保险人的内涵及外延,将投保人扩大解释为包括被保险人,缺乏法律依据。(2)《保险法解释(二)》颁布之前的"公开征求意见稿"第5条曾经将投保人和被保险人均规定为告知义务主体,但该司法解释正式通过时放弃了该规定,仍遵循《保险法》的做法将告知义务主体表述为投保人。在该司法解释颁布之前,司法实务中普遍较为谨慎地将告知义务主体限定为投保人。[19] (3)虽然《海商法》第222条规定被保险人负有告知义务,但结合该法第221条、第225条、第226条等的内容来看,其使用的被保险人概念实为投保人概念。(4)从域外立法来看,将告知义务主体规定为投保人和被保险人

---

〔13〕 最高人民法院保险法司法解释起草小组编著:《〈中华人民共和国保险法〉保险合同章条文理解与适用》,中国法制出版社2010年版,第86页。

〔14〕 参见我国台湾地区"保险法"第64条。

〔15〕 参见《日本保险合同法》第28条、第55条、第84条。

〔16〕 参见《德国保险合同法》第19条、第47条。

〔17〕 樊启荣主编:《保险法学》,高等教育出版社2021年版,第35页;韩长印、韩永强编著:《保险法新论》,中国政法大学出版社2010年版,第55页;许崇苗:《保险法原理及疑难案例解析》,法律出版社2011年版,第100页。

〔18〕 天津市第一中级人民法院民事裁定书,(2012)一中民二终字第122号。

〔19〕 例如,山东省高级人民法院2011年颁布的《关于审理保险合同纠纷案件若干问题的意见(试行)》第5条规定:"投保人与被保险人非同一人时,保险人主张被保险人未履行如实告知义务而拒绝承担责任的,人民法院不予支持。"

并非立法通例。将告知义务主体规定为投保人,同时区分被保险人是否知情而规定不同法律效果,同样可以防范可能产生的道德风险。(5)受益人与投保人、被保险人不一致的,其并无义务了解保险标的或被保险人的有关事项,而且受益人亦非合同当事人,将其作为告知义务主体在理论上和实践上均不妥当。

三、告知义务的履行方式

对于履行告知义务的具体方式,域外存在两种规定模式:询问告知主义和自动申告主义。依询问告知主义,告知义务的履行是被动告知,告知义务人只对保险人所询问的事项负告知义务。询问的形式一般采取书面询问方式。德国、俄罗斯采询问告知主义。依自动申告主义,告知义务的履行是主动告知,告知义务人对保险人虽未询问,但足以影响保险的有关重要事项也负有告知义务。日本、意大利等国采自动申告主义。

对于《保险法》第16条第1款,学界主流观点认为系采取询问告知主义。《保险法解释(二)》第6条第1款规定:"投保人的告知义务限于保险人询问的范围和内容。当事人对询问范围及内容有争议的,保险人负举证责任。"该规定明确采取了询问告知主义。该款包含了三层基本含义:(1)投保人履行告知义务的方式是对保险人询问的问题作出如实回答,对于保险人未询问的事项无须主动告知。(2)如果投保人和保险人就询问范围及询问内容存在争议,由保险人负举证责任。即保险人不能举证证明其已经询问的,推定为未询问,投保人对此内容不负告知义务。(3)对于询问的形式,该款未作限定。保险人提供书面投保单及风险询问表交由投保人填写,此为传统的询问方式。但目前电话营销已成为一种常见的保险销售方式,在此销售模式中,保险公司的业务人员仅通过电话询问投保人及被保险人的有关信息,并将所有通话录音保存,而不再另行进行书面询问。故该款未规定必须采取书面形式进行询问,而是通过举证责任规则解决相关纠纷。

投保人在网上投保,以电子保险单形式订立保险合同的,投保人履行告知义务仍然以保险人询问的事项为限。保险人应当在相关网页上提出各项询问并设置相关"确定"或"激活"选项,以便于投保人履行告知义务。有最高人民法院公报案例判决认为:"保险人出售'自助式保险卡'未对相关事项向投保人提出询问,自行代替投保人激活保险卡形成数据电文形式的电子保险单,在保险合同生效后,保险人以电子保险单内容不准确、投保人违反告知义务为由主张解除合同的,不予支持。"[20]

现行法采取询问告知主义的合理性在于:(1)由于保险技术具有较高的专业性,普通投保人不易知悉哪些事项是重要事实而需要告知。保险人作为保险制度的经营者和组织者,掌握着充分的信息资源和技术优势,由保险人就重要事实提出询问较为妥当。(2)科学技术的进步使保险人具有多种途径了解和评估各类危险。在保险业发展早期,《1906年英国海上保险法》曾经要求投保人就一切重要事实做主动告知,因为在当时的技术条件下,投保人告知是保险人了解保险标的有关情况的最重要途径。而在当今航运贸易标准化,互联网、卫星技术等普遍运用的背景下,保险人可以通过多种途径获悉与保险标的有关的重要事实,其对投保人告知的依赖性在一定程度上已经降低。(3)保险技术的成熟决定了询问告知主义更有利于保险业的发

---

〔20〕 "韩龙梅等诉阳光人寿保险股份有限公司江苏分公司保险合同纠纷案",载《最高人民法院公报》2010年第5期。

展。保险技术经过数百年的发展已渐趋成熟，各险种基本上均采标准合同条款，对投保人应告知的重要事实以标准化形式在投保单及风险询问表中设问，投保人只需对其作答即可，这极大地提高了交易效率，有利于保险业的总体发展。(4)询问告知主义符合侧重保护投保人的立法趋势。在各国立法日益侧重保护投保人的背景下，采取询问告知主义更有利于保护投保人一方的利益。

四、告知义务的履行时间

对于告知义务的履行时间，《保险法》第16条第1款规定的是“订立保险合同”之时，即保险合同成立之前的缔约磋商阶段。因告知义务的性质为先合同义务，其履行时间应在保险合同成立之前自无疑问，但“订立保险合同时”应解释为“投保人提出投保要求时”抑或“保险人作出同意承保的意思表示之前”，在理论中和实务上则不无疑问。在保险实务上易产生纠纷的情形是：投保人填写投保单及风险询问表时履行了如实告知义务，但在投保人提交投保单及风险询问表之后、保险人同意承保之前，投保人又知悉了一些新的重要事实或有关重要事实发生了变化，投保人此时是否需要追加告知？例如，投保人填写并提交投保单之后才被确诊患有某种疾病。在现行法采取询问告知主义的前提下，告知义务的履行时间可从以下几方面理解：

1. 投保人履行告知义务主要是在填写投保单及风险询问表之时。因现行法采取询问告知主义，告知义务的履行方式为投保人就投保单及风险询问表所设提问作出回答，因此投保人履行告知义务的时间主要是在填写投保单及风险询问表之时。

2. 投保人提交投保单及风险询问表之后、保险人同意承保之前，投保人又知悉了一些新的重要事实或有关重要事实发生了变化，投保人应当追加告知。理由在于：(1)《保险法》第16条第1款规定的“订立保险合同”之时，在文义上包括合同成立之前的整个缔约阶段，而不仅限于投保人提出投保要求时。(2)基于诚实信用原则，投保人应本着最大善意履行告知义务，在出现新的重要事实且合同尚未成立时，投保人应当通过追加告知使保险人补充了解保险标的的最新情况。(3)基于危险估计说的要求，投保人必须将新的重要事实告知保险人，才能使保险人全面正确地评估危险并适用保险技术计算出合理的保险费率。(4)有最高人民法院公报案例判决认为：“投保人一方履行如实告知义务的期限，应当自提出投保请求时开始，在双方协商过程中持续，直到保险合同成立时为止。在双方协商期间投保人一方才了解到的重要情况，以及从不重要变为重要的情况，投保人一方都有义务告知保险人。”[21]

3. 保险合同成立之后，告知义务即归于消灭，但存在以下两种例外情形：

(1)保险合同续约时。保险合同续约，俗称“续保”，是指保险合同的保险期间届满后，当事人为使保险合同的效力不终止，在具备一定条件的前提下使合同效力得以延续的情形。保险合同续约包括两种情况：其一，保险合同存在“自动续约条款”，在保险合同的保险期间届满后，依据该条款所定条件自动续约。在此情形下，投保人与保险人愿在不改变合同内容的前提下继续维持合同的效力。在自动续约时，如果有关重要事实已经发生变化，投保人应当追加告知。其二，原保险合同终止，投保人与保险人以原保险合同内容为基础重新订立合同。在此情形下，投保人应当依据新合同的要求履行告知义务。

---

〔21〕“江苏外企公司诉上海丰泰保险公司海上货物运输保险合同纠纷案”，载《最高人民法院公报》2005年第11期。

(2)人寿保险合同复效时。对于人寿保险合同复效时投保人是否负有告知义务,国外学说判例争议较大,有肯定说与否定说之争。[22] 现行法对此未有明文规定。依据《保险法》第37条第1款的规定,复效的条件是"经保险人与投保人协商并达成协议,在投保人补交保险费后,合同效力恢复"。对此,应当解释为投保人提出复效申请(同时履行告知义务),保险人接受并同意复效而达成协议。在保险实务中,投保人申请复效时保险人一般要求被保险人重新体检并就有关事项进行告知,故在此情形下投保人须再次履行告知义务。

五、告知义务的内容

(一)应当告知的事项

对于投保人应当向保险人做如实告知的内容范围,可从以下几方面理解:

1. 必须是与保险标的有关的信息、情况。因为告知义务的目的是使保险人正确了解保险标的的有关情况,并就承保危险进行准确评估,所以投保人应当告知的内容必须与保险标的有关。对于与保险标的无关或不影响保险人决定是否承保及计算保险费率的有关内容,投保人不负告知义务。

2. 以投保人明知的内容为限。所谓投保人明知,是指投保人通过某种方法或手段实际了解有关情况和事实。告知义务的范围是否包括投保人应知的事实?对此理论及实务上素有争议。《保险法解释(二)》第5条规定,应当如实告知的内容仅限于投保人"明知"的事实,而不包括"应知"的事实。依据最高人民法院相关人士的解释,该规定的理由在于:(1)现代保险告知义务的实质并不是要求投保人承担无限告知义务;(2)保险实践中有保险公司滥用告知义务逃避责任;(3)落实2009年《保险法》修订时的立法意旨;(4)从保险实践来看,投保人明知并不是不可证明的。[23] 但应注意的是,《保险法》第16条规定投保人违反告知义务包括故意违反和重大过失违反两种情形:在故意违反告知义务的情形下,以投保人明知为前提自无疑问;投保人因重大过失违反告知义务的,因司法解释中的该规定,应当被缩限解释为投保人在明知情形下具有重大过失,而不包括投保人应知但因重大过失而不知的情形。

3. 必须构成"重要事实"。将告知的事项范围限定于重要事实,是各国保险立法通例。所谓重要事实,是指与保险标的有关且影响风险评估的事实。依据重要事实标准,投保人无须将与保险标的有关的所有事实告知保险人,而仅须将其中影响风险评估的有关事实予以告知。该标准一方面使保险人能够凭借此类事实正确地评估风险以决定是否承保及保险费率,另一方面使投保人免负无限告知义务,而只需对特定范围内的事项负告知义务。我国《保险法》第16条第2款未直接采"重要事实"概念,而是表述为"足以影响保险人决定是否同意承保或者提高保险费率的",该表述实际上采取的就是重要事实标准。依据该规定,投保人应当告知的事项包括:(1)足以影响保险人决定是否同意承保的事项。即如果投保人对此类事项不如实告知,将对保险人决定是否同意承保产生影响。换言之,如果投保人对此类事项如实告知,保险人有可能不予承保。例如,在人身保险中,被保险人患有某种严重疾病。(2)足以影响保险人

[22] 樊启荣:《保险契约告知义务制度论》,中国政法大学出版社2004年版,第170页。

[23] 最高人民法院民事审判第二庭编著:《最高人民法院关于保险法司法解释(二)理解与适用》,人民法院出版社2013年版,第148页。

提高保险费率的事项。即如果投保人对此类事项不如实告知，将对保险人依据保险技术正确计算保险费率产生影响，体现为如实告知会导致更高的保险费率。例如，投保财产是易碎品。

对于是否构成重要事实，以下几个问题值得注意：

问题一：保险人询问的事项是否均构成“重要事实”？在保险实务中，保险人通常主张投保单及风险询问表所载询问事项均为重要事实而要求投保人告知。对重要事实的判断标准，有主观标准和客观标准：前者主张只要保险人认为是重要的事项，即为重要事实；后者主张只有在客观上影响风险评估的事项，才是重要事实。对此，应从以下两方面认定：(1)保险人询问的事项原则上应认定为“重要事实”。即重要事实的判断原则上采主观标准。因为保险人掌握专业性较强的保险技术，其知悉哪些事项会影响承保及保险费率，其在投保单及风险询问表所载询问一般也会遵循保险行业惯例在该险种中所设询问。如果对每一个询问均采客观标准作单独判断，势必将降低交易效率，在保险实务中也难以操作。(2)如果当事人对是否构成重要事实存在争议，应采客观标准判断，由保险人就询问事项为重要事实负举证责任。如果投保人认为某些询问不构成重要事实并未作如实告知而引发纠纷，应当由保险人负举证责任证明该事项确实足以影响保险人决定是否同意承保或者提高保险费率。如果保险人不能举证证明，则应推定该事实不构成重要事实。

问题二：采客观标准，“重要事实”的具体情形如何认定？换言之，当事人对是否构成重要事实存在争议的情形下，保险人应举证证明何种事实属于重要事实，才能认定询问事项为重要事实。现行法对此未作明确规定，只能结合行业惯例、危险程度等因素判断该事实是否达到“足以影响保险人决定是否同意承保或者提高保险费率”的程度。有最高人民法院公报案例判决认为：“足以影响保险人决定是否同意承保或者提高保险费率的判断标准，不能依据投保人、被保险人、受益人或保险人的主观认识，必须根据投保人未如实告知事项的具体内容和性质，综合各种情况进行客观、全面考量。”〔24〕从各国保险法的规定来看，投保人应当告知的事实通常包括以下几项：(1)足以使投保危险增加的事实；(2)为特殊动机而投保的，有关该动机的事实；(3)表明投保危险特殊性质的事实；(4)显示投保人在某方面非正常的事实。〔25〕司法实务中可以此作为参照标准。

问题三：保险人以“概括性条款”询问，投保人如何履行告知义务？在保险实务中，保险人通常在投保单及风险询问表中既针对特定问题询问，也使用“概括性条款”补充询问。所谓概括性条款，是指缺乏具体内涵和外延，难以准确界定其内容的条款。实践中，概括性条款一般是以“其他”“除此以外”等兜底条款的方式出现。例如，保险人首先询问被保险人是否患有心脏病、高血压、肝炎等特定疾病，最后询问“是否患有其他严重疾病”。在此情形下，对特定疾病的如实告知较易判断，但对概括性条款的询问如何告知则不无疑问。《保险法解释(二)》第6条第2款规定：“保险人以投保人违反了对投保单询问表中所列概括性条款的如实告知义务为由请求解除合同的，人民法院不予支持。但该概括性条款有具体内容的除外。”该款包含了两层基本含义：(1)保险人以概括性条款询问的，投保人原则上不负告知义务。概括性条款将列举条

---

〔24〕“何丽红诉中国人寿保险股份有限公司佛山市顺德支公司等保险合同纠纷案”，载《最高人民法院公报》2008年第8期。

〔25〕李玉泉：《保险法》(第2版)，法律出版社2003年版，第59页。

款里未提及问题全都囊括进去,实质上是要求投保人承担主动、无限告知义务,从根本上违反了询问告知主义的立法目的。(2)如果概括性条款有具体内容的,投保人应负告知义务。所谓“有具体内容”,是指该概括性条款虽未列举具体事项,但限定了特定范围内的事项,其内涵和外延依据一定标准能够确定。例如,对于“其他心脑血管类疾病”这类询问,投保人应当如实告知。

(二)免除告知的事项

在域外保险法上,基于特殊立法政策或其他原因,一般规定有免除告知的事项,即使此类事项构成重要事实。[26] 我国现行法对此没有规定。结合保险原理及司法实务经验,下列事项可认定为免除告知的事项:

1. 保险人被公认已知或应知的事实。对于法律的内容及新法律的颁布,因任何人都应了解法律,故投保人无须告知。某些重大事件已被新闻媒体广泛报道,普通民众也认其为常识的,投保人无须告知,如汶川地震。

2. 任何降低风险的事项。如果某类事项具有降低保险人承保风险的作用,因该事项对保险人有利,保险人不得以此事项未被告知为由拒绝承担保险责任。例如,投保人投保盗窃保险,但未告知投保财产已安装防盗警报系统。

3. 保险条件已包含的事实。对于任何与默示或明示担保条款重叠的事项,因已经在合同中作了特别约定,投保人无须另行告知。

4. 对保险人的提问,投保人未作回答或回答明显不正确、不完整,而保险人未就此进一步询问核实的,其后不得以此为由主张投保人违反告知义务。该规则产生的背景是,保险人为削减交易成本,越来越依赖于预先起草统一制式的投保单获取信息。投保单并非针对特定投保人设计,因而其倾向于尽可能地囊括一切可能与保险标的风险评估有关的信息,使得此类投保单包含了大量与特定投保人无关的询问项目,导致投保人不能回答或不愿回答。对此若保险人不再加以询问,应视为弃权。[27]

5. 保险人声明无须告知,或其言行使投保人有合理理由相信无须告知的事项。例如,保险代理人在帮助投保人填写投保单时,错误地建议其无须告知某重要事实,其后保险人不得再以此为由主张投保人违反告知义务。

6. 保险人未询问的事项。此为询问告知主义的当然要求。

六、违反告知义务的法律后果

(一)故意违反告知义务的法律后果

故意违反告知义务,是指投保人明知某事项是与风险评估相关的重要事实,而故意不告知或不实告知。投保人故意违反告知义务的,产生以下两方面后果:

1. 保险人有权解除合同。依《保险法》第16条第2款的规定,投保人故意未履行如实告知义务,足以影响保险人决定是否同意承保或者提高保险费率的,保险人有权解除合同。保险合同解除后,投保人与保险人便不再受该合同的拘束,而依据法律规定及合同约定了结双方当事人之间的权利义务关系。对于该后果,具体从以下几方面分析:

---

〔26〕［英］约翰·T.斯蒂尔:《保险的原理与实务》,孟兴国等译,法律出版社1992年版,第26页。

〔27〕马宁:《保险法如实告知义务的制度重构》,载《政治与法律》2014年第1期。

(1)保险人解除合同,不以发生保险事故为必要。投保人在保险事故发生之后请求保险人给付保险金,保险人发现投保人故意违反告知义务的,有权解除合同并以此为由拒绝给付保险金。即使在保险事故未发生的情形下,只要保险人发现投保人故意违反告知义务,亦可解除保险合同。

(2)保险人解除合同的时间限制。依《保险法》第16条第3款的规定,保险人自知道有解除事由之日起超过30日不行使的,解除权消灭。自合同成立之日起超过2年的,保险人不得解除合同;发生保险事故的,保险人应当承担赔偿或者给付保险金的责任。该款规定的30日是保险人行使解除权的除斥期间,为不变期间,不能适用中止、中断及延长规则。该款规定的2年为不可抗辩期间,经过该期间的,无论保险人是否对解除事由知情,均不得再解除合同。

(3)保险人对投保人违反告知义务知情的,其解除权受到限制。具体分为两种情况:

第一,《保险法》第16条第6款规定,保险人在合同订立时已经知道投保人未如实告知的,保险人不得解除合同;发生保险事故的,保险人应当承担赔偿或者给付保险金的责任。该款规定系借鉴英美法系的禁反言(estoppel)规则。[28] 英美保险法上的禁反言,是指保险人一方对某种事实向投保人或被保险人所作的错误陈述为投保人或被保险人所合理信赖,以至于如果允许保险人一方不受这种陈述的约束将损害投保人和被保险人的权益时,保险人一方只能接受其所陈述事实的约束,失去了反悔权利的一种情况。[29] 在该款规定的情形下,保险人在缔约时明知投保人违反告知义务且不符合承保条件却仍然予以承保,其行为使投保人合理相信该保险合同合法有效,其后保险人即不得再以投保人违反告知义务为由解除合同。如果发生保险事故的,保险人应当承担赔偿或者给付保险金的责任;如果尚未发生保险事故的,保险人应在保险期间内继续提供保险保障。《保险法解释(三)》第5条规定:"保险合同订立时,被保险人根据保险人的要求在指定医疗服务机构进行体检,当事人主张投保人如实告知义务免除的,人民法院不予支持。保险人知道被保险人的体检结果,仍以投保人未就相关情况履行如实告知义务为由要求解除合同的,人民法院不予支持。"该条包含了两层基本含义:其一,保险合同订立时,被保险人根据保险人的要求在指定医疗服务机构进行体检,不因此免除投保人的告知义务。在人身保险中,保险人通常要求被保险人在投保时进行体检,以确定被保险人是否患有某种疾病。要求被保险人体检,是保险人用以过滤被保险人有关信息的辅助手段,以防止被保险人带病投保。被保险人按照保险人要求进行了体检的,不因此减轻或免除投保人的告知义务。在该司法解释颁布以前,即有判决持此意见。[30] 其二,保险合同订立时,保险人知道被保险人的体检结果仍予以承保,即丧失合同解除权。在此场合下适用禁反言规则,保险人不得再以投保人违反告知义务为由解除合同。

第二,《保险法解释(二)》第7条规定,保险人在保险合同成立后知道或者应当知道投保人未履行如实告知义务,仍然收取保险费的,保险人不得解除合同。该款规定系借鉴域外的弃权规则。[31] 弃权包括明示弃权和默示弃权:明示弃权是指当事人以明示的意思表示形式放弃权

---

〔28〕 安建主编:《中华人民共和国保险法(修订)释义》,法律出版社2009年版,第45页。

〔29〕 [美]约翰·F.道宾:《美国保险法》,梁鹏译,法律出版社2008年版,第217页。

〔30〕 江苏省南京市玄武区民事判决书,(2011)玄商初48号。

〔31〕 最高人民法院民事审判第二庭编著:《最高人民法院关于保险法司法解释(二)理解与适用》,人民法院出版社2013年版,第190页。

利;默示弃权是指当事人以推定行为或沉默形式放弃权利。在该款规定的情形下,保险人在保险合同成立后知道或者应当知道投保人未履行如实告知义务,其本可行使合同解除权但却并未行使,反而仍然向投保人收取保险费,该行为是以推定行为形式放弃解除权,故其后保险人不得再以投保人违反告知义务为由解除合同。

(4)保险人解除合同,以投保人违反告知义务影响风险评估为条件,但不以投保人违反告知义务与保险事故发生之间具有因果关系为前提。投保人违反告知义务是否必须与保险事故发生之间具有因果关系?域外立法存在两种模式:模式一为否定说(危险评估说),只要投保人违反告知义务影响保险人对危险的评估,即使违反告知义务的行为与保险事故发生之间不具有因果关系,但该违反行为影响了保险人承保意愿,保险人就有权解除合同或免责。模式二为肯定说(促使损害发生说),只有投保人违反告知义务与保险事故发生有因果关系,保险人才有权解除合同或免责。《保险法》第 16 条第 2 款针对保险人的解除权采取危险评估说,投保人违反告知义务足以影响保险人决定是否同意承保或者提高保险费率的,保险人即有权解除合同;不要求投保人违反告知义务与保险事故发生之间具有因果关系。因此,投保人对影响风险评估的任一事项未作如实告知的,如果尚未发生保险事故,保险人有权解除合同;如果发生了保险事故,不考虑投保人未如实告知事项与保险事故发生是否具有因果关系,保险人均有权解除合同。

(5)保险合同解除权与撤销权的关系。投保人故意不告知或不实告知,符合民法及合同法上欺诈之要件的,保险人能否依据《民法典》第 148 条撤销合同,而不适用《保险法》第 16 条解除合同呢?对此,现行法未作规定,有学理观点持肯定意见。[32] 本书认为,在现行法未作规定的前提下,应解释为保险人同时享有解除权和撤销权,由其选择行使。承认保险人享有撤销权的实益在于,因解除权受到 2 年不可抗辩期间的限制,如果保险人在合同成立 2 年之后才得知投保人故意违反告知义务的,保险人丧失解除权。但在此情形下,保险人仍可在《民法典》第 152 条规定的除斥期间内行使撤销权,以防止恶意投保人获取不当利益。

2. 保险人对合同解除前发生的保险事故,不承担给付保险金责任,不退还保险费。依《保险法》第 16 条第 4 款的规定,投保人故意不履行如实告知义务的,保险人对于合同解除前发生的保险事故,不承担赔偿或者给付保险金的责任,并不退还保险费,即俗称"不赔不退"。对于该后果,具体从以下几方面分析:

(1)保险人不赔不退以合同解除为前提。《保险法》第 16 条第 4 款规定保险人不赔不退是合同解除的具体后果,而并非规定保险人可直接依据该款拒绝给付保险金。在保险实务中,某些保险人在发现投保人违反告知义务后,并不主动解除合同,而是待投保人请求给付保险金时再以其违反告知义务为由拒绝给付保险金,以致发生纠纷。对此,《保险法解释(二)》第 8 条作出了规定,该条包含以下两层含义:

第一,保险人未行使合同解除权,直接以投保人违反告知义务为由拒绝赔偿的,人民法院不予支持。投保人违反告知义务,保险人能否不解除合同直接拒赔?对此,理论及实务上一直存在争议,有肯定说和否定说两种观点。司法解释采取否定说,其理由在于:其一,否定说符合立法原意。根据体系解释,《保险法》第 16 条第 2 款规定违反告知义务的基本后果是解除合

---

〔32〕 马宁:《保险法如实告知义务的制度重构》,载《政治与法律》2014 年第 1 期。

同,第3款为解除权行使的期间,第4款和第5款则是解除权行使的法律后果,第6款是对解除权行使的限制。其二,采纳肯定说将使《保险法》第16条第3款关于不可抗辩期间的规定成为具文。其三,允许当事人以协商方式维持合同效力符合双方当事人的利益。[33]

第二,当事人就拒绝赔偿事宜及保险合同存续另行达成一致意见的,依其约定。在有些场合下,合同解除未必符合保险人的利益,故司法解释允许当事人双方在保险事故发生后就赔偿事宜另行协商,以维持合同的效力。但应注意,当事人双方只能在保险事故发生后进行此种协商,如果保险合同事先约定保险人有权不解除合同而直接拒赔,该约定无效。

(2)保险人不赔不退,以投保人违反告知义务影响风险评估为条件,但不以投保人违反告知义务与保险事故发生之间具有因果关系为前提。《保险法》第16条第4款并未规定保险人不赔不退必须以投保人违反告知义务与保险事故发生之间具有因果关系为前提,因此保险人不赔不退与解除合同同样适用危险评估说标准,即投保人违反告知义务足以影响保险人决定是否同意承保或者提高保险费率的,保险人有权不赔不退。具体内容如图6-1所示:

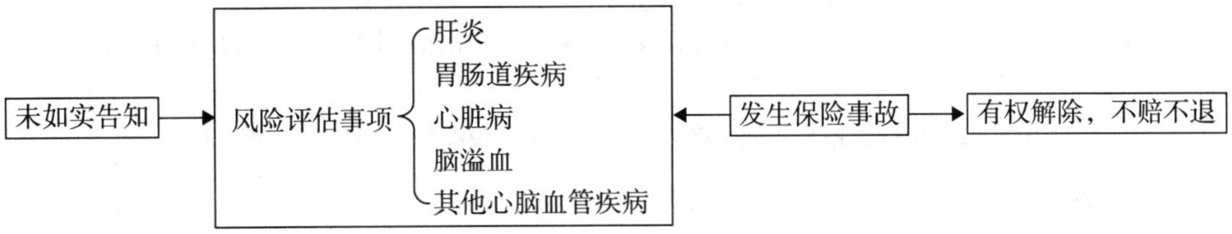

图6-1　投保人违反告知义务影响风险评估的法律后果

(二)重大过失违反告知义务的法律后果

重大过失违反告知义务,是指投保人明知某事项的有关情况,但因重大疏忽未能认识到该事项是与风险评估相关的重要事实,而未告知或不实告知。2009年《保险法》修改时,将旧法规定的故意与"过失"违反告知义务修改为故意与"重大过失"违反告知义务。这意味着投保人因一般过失、轻微过失及无过失而未作如实告知的,不构成对告知义务的违反。投保人重大过失违反告知义务的,产生以下两方面后果:

1. 保险人有权解除合同。依《保险法》第16条第2款的规定,投保人因重大过失未履行如实告知义务,足以影响保险人决定是否同意承保或者提高保险费率的,保险人有权解除合同。保险人在此情形下解除合同的具体效果,与前述因投保人故意违反告知义务而保险人解除合同的具体效果之(1)至(4)相同,此处不再赘述。关于前述第(5)之保险人的撤销权,因为欺诈以行为人具有欺诈的故意为要件,故投保人重大过失违反告知义务的并不构成欺诈,因而不存在撤销权的问题。

2. 对于合同解除前发生的保险事故,保险人是否承担赔偿或者给付保险金的责任,区分为以下两种情况:

(1)投保人违反告知义务,对保险事故的发生有严重影响的,保险人对于合同解除前发生的保险事故,不承担赔偿或者给付保险金的责任,但应当退还保险费。依《保险法》第16条第5

〔33〕 最高人民法院民事审判第二庭编著:《最高人民法院关于保险法司法解释(二)理解与适用》,人民法院出版社2013年版,第202~203页。

款的规定,投保人因重大过失未履行如实告知义务,对保险事故的发生有严重影响的,保险人对于合同解除前发生的保险事故,不承担赔偿或者给付保险金的责任,但应当退还保险费,即俗称"不赔应退"。应注意的是,在此情形下,保险人不赔应退以"投保人重大过失违反告知义务对保险事故的发生有严重影响"为条件,即采取"促使损害发生说"为标准,要求投保人违反告知义务的行为与保险事故的发生之间具有因果关系。

(2)投保人违反告知义务,对保险事故的发生没有严重影响的,保险人对于合同解除前发生的保险事故,应当承担赔偿或者给付保险金的责任。对《保险法》第16条第5款进行反面解释,在投保人重大过失违反告知义务对保险事故的发生没有严重影响的情形下,保险人应当承担赔偿或者给付保险金的责任。具体内容如图6-2所示:

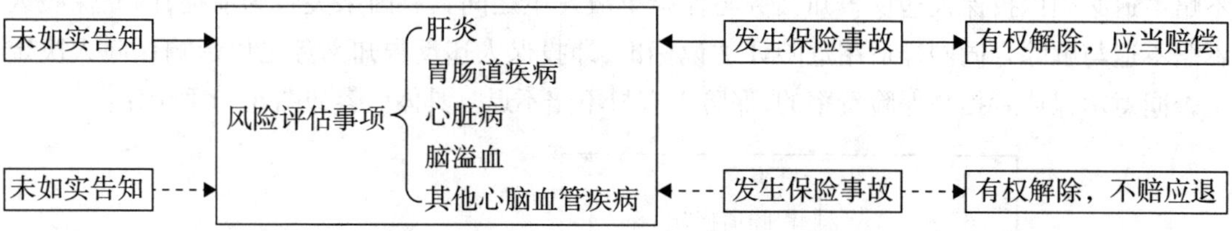

图6-2　投保人违反告知义务对保险事故发生没有严重影响的法律后果

第五节　保险人的说明义务

一、说明义务的概念和理论依据

(一)说明义务的概念和特征

说明义务,又称醒意义务,是指订立保险合同时保险人应当向投保人说明保险合同条款内容的义务。《保险法》第17条规定,订立保险合同采用保险人提供的格式条款的,保险人应当向投保人说明合同的内容;对保险合同中免除保险人责任的条款,保险人应当提示并且明确说明。说明义务具有以下几方面的特征:

1. 说明义务是先合同义务。说明义务存在于订立保险合同时即缔约阶段,在该阶段内保险人采用其提供的格式条款作为双方合意的基础,保险人就有关合同条款内容应当向投保人作出说明。说明义务不是合同义务,其存在于合同成立之前,故保险人违反说明义务不产生违约责任,而应依据法律规定产生相应的法律后果。

2. 说明义务是法定义务。说明义务是由保险法直接规定的法定义务而非约定义务,保险人不得以当事人未约定该义务为由拒绝履行说明义务,也不得在保险合同中约定免除保险人的说明义务。

3. 说明的内容是保险人提供的格式条款,尤其是其中免除保险人责任的条款。一方面,由于格式条款是由保险人单方拟定,其内容并非保险人与投保人共同磋商的结果,故保险人应将格式条款的内容向投保人作出说明和解释,以使投保人了解所订合同包含的具体权利和义务。另一方面,由于保险技术具有较强的专业性,保险人提供的格式条款包含的一些专业名词对普通投保人而言实属陌生，也有赖于保险人通过履行说明义务使投保人理解其含义。

4. 说明义务的履行不以投保人询问为前提，保险人应当主动履行说明义务。与告知义务采取询问告知主义不同，说明义务由保险人主动履行，而不以投保人询问为条件。其原因在于，由于保险人提供的格式条款具有较强专业性，普通投保人既不理解有关条款的含义，也不了解哪些条款是重要条款，而无法提出有价值的询问，因此保险人应当本着最大诚信原则，对有关条款的内容作出解释并对具有重要意义的免责条款作出明确说明。

（二）说明义务的理论依据

对于说明义务，学理上一般从以下三个方面加以解释：

1. 说明义务是保险法上诚信原则的要求。保险合同是射幸合同，且投保人与保险人双方对有关信息的掌握具有不对称性，因此双方应当本着最大善意使对方了解有关信息，以促使保险合同在公平合理的基础上订立。对投保人而言，其应将与保险标的有关信息告知保险人，使风险评估能够得以准确地进行。对保险人而言，其应向投保人说明、解释保险合同有关条款的含义及效果，使投保人了解其行为的法律意义及其可能产生的法律效果。[34]

2. 说明义务是附合合同的要求。保险合同多以附合合同形式订立，保险人一方作为保险制度的运作者和金融机构，具有投保人无法比拟的资源优势和技术优势。如果保险人不对合同条款作出说明，对于缺乏专业保险知识的普通投保人而言，其将无法准确理解合同条款的含义和法律后果，从而导致双方当事人不是在平等信息条件下缔结合同。我国《民法典》第496条规定，格式条款提供方应当向对方就格式条款内容履行说明义务。保险合同法作为民商事特别法，理应规定保险人的说明义务。

3. 说明义务是合理配置交易注意义务的要求。有学理观点认为，包括说明义务在内的缔约信息义务本身改变的是交易注意结构，所以交易注意配置理论能够合理解释说明义务的理论依据：（1）该理论在合同法视野中统一考察保险人与投保人的缔约信息义务，可以对该义务进行整体合理的构建。（2）该理论的出发点是交易信息问题，契约经济理论的信息范式模型是分析展开的理论工具。（3）合理性分析是司法裁判过程中的重要活动，而该理论不仅指明了一种裁判思维的路径，而且为该路径提供了一种分析工具。[35]

（三）告知义务与说明义务的区别

告知义务与说明义务都是在保险合同缔约阶段存在的先合同义务，两者均为保险法上诚信原则的要求，对于平衡双方的信息对称均具有重要意义。但两者存在以下几方面的区别：

1. 立法目的不同。告知义务的目的在于维护保险人的利益，使保险人能够在掌握保险标的有关信息的基础上正确评估风险，并最终使保险制度能够正常运行。说明义务的目的在于维护投保人和被保险人的利益，保险人通过向投保人说明保险合同条款尤其是免责条款的内容和法律后果，使投保人正确理解保险合同的内容并以此决定是否投保。

2. 告知或说明的内容不同。告知义务的内容是与保险标的有关的事项，且该事项为影响保险人进行风险评估的事项。说明义务的内容是保险人拟定的用以订立合同的格式条款，包括保险人免责条款的有关内容，这些内容一般记载于投保单之上，在投保人填写投保单时保险

〔34〕 江朝国：《保险法论文集》（一），台北，瑞兴图书股份有限公司1997年版，第151页。

〔35〕 曹兴权：《保险缔约信息义务制度研究》，中国检察出版社2004年版，第138页。

人或保险代理人应予以说明。

3. 履行义务的方式不同。告知义务采取询问告知主义,其履行具有被动性,投保人只需就保险人的询问作出如实回答,而不需要主动将有关事项告知保险人。说明义务的履行具有主动性,保险人应当主动将保险合同条款尤其是免责条款向投保人予以说明,而不以投保人询问为前提。

4. 是否要求义务人具有主观过错不同。投保人违反告知义务,以其主观上具有故意或者重大过失为条件。保险人违反说明义务,现行法未规定以其具有主观过错为条件,即只要保险人未履行说明义务,无论其主观心态如何均产生相应的法律后果。

5. 违反义务的后果不同。投保人违反告知义务的法律后果是保险人有权解除合同、"不赔不退"或"不赔应退"等。保险人违反说明义务的法律后果是未说明的合同条款不被订入合同之中。

二、说明义务的主体、对象和种类

(一)说明义务的主体

《保险法》第17条规定,履行说明义务的主体是保险人,对此应当解释为"保险人一方"。在保险实务中,保险人通常借助保险代理人或其他保险业务人员完成保险合同的具体订立工作。保险代理人或其他保险业务人员在与投保人缔约磋商时,尤其是在辅助投保人填写投保单时,应就有关合同条款履行说明义务,使投保人在确知有关条款的准确含义及法律后果的前提下完成投保行为。

(二)说明义务的对象

在2009年修订《保险法》之前,旧法规定保险人说明义务的对象是"保险合同的条款内容"。现行《保险法》第17条规定,说明义务的对象是以格式条款形式记载的合同内容。依此规定,保险人仅须就其提供的格式条款(包括以格式条款记载的免责条款)负说明义务,对保险合同中的非格式条款不负说明义务。因为非格式条款一般适用于个别磋商订立保险合同的场合,在此场合下,投保人与保险人就合同的具体内容通过磋商达成合意,并以非格式条款的形式加以记载。对于非格式条款的形成,投保人参与了制订,而且个别磋商订立保险合同的场合下投保人通常也是商事主体,其并非如普通消费者那样缺乏专业知识和技术资源,故现行法只要求保险人就格式条款履行说明义务。

(三)说明义务的种类

《保险法》第17条规定的说明义务包括两种类型:第1款规定的是对于不涉及保险人免责的普通格式条款的说明义务;第2款规定的是对于保险人免责条款的明确说明义务。

三、普通格式条款的说明义务

《保险法》第17条第1款规定:"订立保险合同,采用保险人提供的格式条款的,保险人向投保人提供的投保单应当附格式条款,保险人应当向投保人说明合同的内容。"该款规定的保险人对普通格式条款的说明义务,具体可从以下几方面理解:

1. 保险人应当主动履行说明义务。与《保险法》第16条规定的告知义务采取询问告知主义不同，第17条规定的说明义务未要求保险人履行说明义务须以投保人询问为条件，因此保险人在订立合同过程中应当就有关合同内容主动向投保人作出说明。

2. 保险人履行说明义务的方式有书面形式和口头形式。对于保险人履行说明义务的方式，《保险法》未作限定，保险人可以采取书面形式或者口头形式履行说明义务。保险人采取书面形式履行说明义务，通常是保险人制订相关书面文件对格式条款加以解释，并交由投保人阅读并签章，以证明保险人履行了说明义务。保险人采取口头形式履行说明义务，则是保险人在缔约过程中通过面谈、电话等方式向投保人解释格式条款的内容。保险人无论是以书面或口头形式履行说明义务，在就其是否履行了说明义务发生争议时，原则上应由保险人负举证责任，证明其确已履行了说明义务。

3. 说明义务的具体内容包括对投保单附格式条款的义务和说明合同内容的义务。

（1）对投保单附格式条款的义务。在保险实务中，保险人制订的投保单往往侧重于对投保人询问的具体设计，而省略了某些作为合同重要内容的格式条款。由于保险合同条款是合同内容的具体体现形式，其决定了投保人是否决定投保的意愿，故应当让投保人在缔约阶段了解格式条款的内容，因此，2009年《保险法》修订后规定"采用保险人提供的格式条款的，保险人向投保人提供的投保单应当附格式条款"。该义务是保险人的法定义务，不应以投保人要求为前提，如果保险人未履行该义务，直接发生保险人违反说明义务的后果。但也有判决认为："若投保人未收到保险条款，应当及时通知保险公司进行补办。若投保人对于保险合同完整性审查不严，则应当自行承担不利的法律后果。"[36]

（2）说明合同内容的义务。该义务要求保险人应当向投保人说明、解释其提供的格式条款的含义和法律效果，使投保人能够在理解合同内容的基础上决定是否投保。

4. 关于说明的标准。《保险法》第17条区分规定对普通格式条款的说明义务和对免责条款的明确说明义务，但对于普通格式条款的说明义务应采何种标准未作规定，尤其是该条表述的"说明"与"明确说明"存在何种区别，尚存疑问。本书认为，对普通格式条款的说明义务的标准，可从以下几方面把握：

（1）保险人应当重点针对普通投保人不易理解的保险专业名词、术语作出说明。保险合同具有较强的技术性，其格式条款多涉及对普通投保人而言实属陌生的专业名词和术语，如保险利益、保险价值等。如果投保人不能准确理解这些专业名词和术语的含义及法律效果，势必难以做出符合其真实意思的投保决定，故保险人针对此类专业名词和术语应当予以重点说明。

（2）保险人使投保人理解格式条款的含义和法律效果，原则上应采客观标准，在个别场合下可采主观标准予以补充。所谓客观标准，是指针对普通投保人履行说明义务时，保险人应使智力、社会经验、受教育程度等方面处于中等程度的投保人能够理解保险人说明的内容。所谓主观标准，是指针对文盲、残疾人等智识能力较低的特殊投保人履行说明义务时，保险人应结合投保人的理解能力以适当的方式使其能够理解保险人说明的内容。

（3）"说明"与"明确说明"的关系。虽然《保险法》第17条区分规定普通格式条款的说明义务和免责条款的明确说明义务，但该规定只是强调保险人对免责条款应当负更重的特别说明义务。无论是"说明"还是"明确说明"，均应达到使投保人明确理解合同内容的程度，在此

[36] 上海市长宁区人民法院民事判决书，(2013)长民二(商)初803号。

方面两者并无差异。依据最高人民法院的解释,两者的区别在于:"说明"侧重于使投保人知晓格式条款是保险合同的主要内容,并了解其含义,其目的在于保险合同的整体性;而"明确说明"则侧重于使投保人充分了解保险合同中免除保险人责任条款这一足以影响投保人缔约意思和缔约目的的重要事项的真实含义及法律效果,其目的在于保险合同中责任条款的有效性。[37]

四、免责条款的明确说明义务

《保险法》第17条第2款规定:"对保险合同中免除保险人责任的条款,保险人在订立合同时应当在投保单、保险单或者其他保险凭证上作出足以引起投保人注意的提示,并对该条款的内容以书面或者口头形式向投保人作出明确说明;未作提示或者明确说明的,该条款不产生效力。"该款规定的保险人对免责条款的明确说明义务,在主动说明方面与《保险法》第17条第1款的普通格式条款的说明义务的要求相同,但在其他几方面则存在一定差异。

(一)"免责条款"的界定

在保险法领域,能够使保险人免除保险责任的主要有两种情形:情形一,保险合同约定的"责任免除"条款,或称除外责任条款。此类条款是依据法律规定、行业惯例及保险原理所确定的免责条款,如财产保险中常见的除外责任条款包括战争或军事行动、核子辐射和污染、因保险财产本身缺陷或保管不善导致的损失等。情形二,投保人一方违反某些法定义务或约定义务,导致保险人有权解除保险合同或拒绝给付保险金。例如,投保人违反告知义务(《保险法》第16条)、投保人一方违反出险通知义务(《保险法》第21条)等。对这两种免责的情形,保险人是否都负明确告知义务,《保险法》未予明确,学界及实务界存在争议。依据《保险法解释(二)》的规定,对"免责条款"的界定从以下几方面进行分析:

1.《保险法解释(二)》第9条第1款规定,保险人负明确告知义务的"免责条款"包括保险人提供的格式合同文本中的责任免除条款、免赔额、免赔率、比例赔付或者给付等免除或者减轻保险人责任的条款。依该款规定,保险人负明确告知义务的"免责条款"主要是前述第一种情形下的除外责任条款。

2.《保险法解释(二)》第9条第2款规定,保险人因投保人、被保险人违反法定或者约定义务而享有合同解除权的条款不属于"免责条款"。依该款规定,保险人对前述第二种情形不负明确告知义务。其立法理由在于:(1)将"免责条款"界定为除外责任条款符合保险原理;(2)要求保险人对过多条款进行明确说明可能无助于该制度的立法目的;(3)要求保险人承担过重的说明义务会增加保险人的运营成本,不利于督促其真正履行说明义务;(4)合同解除的相关条款虽可能导致保险人不承担保险责任,但这不是直接免除保险人的保险责任;(5)导致保险人免责的条款内容众多,难以穷尽。[38]

3.《保险法解释(二)》第10条规定,保险人将法律、行政法规中的禁止性规定情形作为保

---

〔37〕 最高人民法院保险法司法解释起草小组编著:《〈中华人民共和国保险法〉保险合同章条文理解与适用》,中国法制出版社2010年版,第105页。

〔38〕 最高人民法院民事审判第二庭编著:《最高人民法院关于保险法司法解释(二)理解与适用》,人民法院出版社2013年版,第232~233页。

险合同免责条款的免责事由,保险人对该条款仅负提示义务,不负明确说明义务。在保险实务中,很多保险条款载明:被保险人无证驾驶、酒后驾车的,保险人免责。如果保险人对此类条款未明确说明,保险人是否可依据此类免责条款拒赔?对此,实务界存在较大争议。司法解释的规定减轻了保险人对此类免责条款的说明义务,仅要求保险人对此类条款向投保人作出提示,而不必明确说明。其立法理由在于:(1)此类条款的内容属法律强制性规定,任何人都应当遵守,故投保人有主动知道该规定的义务;(2)法律强制性规定的内容一般较易理解,且对其解释应由有权部门完成,不以保险人的说明为依据;(3)投保人投保时对于违反禁止性规定行为能否获得保险赔偿应当较一般免责条款具有更高的关注度,易于理解相关条款;(4)对于法律禁止性规定,投保人对其内容应当理解,只是不知道被保险人违反该规定将导致保险人免责的后果,故保险人应当予以提示。[39] 有判决认为:"保险合同将'无牌行驶'作为免责事由,而'无牌行驶'亦是《道路交通安全法》明令禁止的行为,其内容已由该法明确规定,保险公司无须在合同中详细解释'无牌行驶'的含义,只需告知投保人无牌行驶将导致无法获得理赔的免责事由。"[40]

(二)"明确说明"的前提:提示义务

《保险法》第17条第2款规定,对于免责条款,保险人在订立合同时应当在投保单、保险单或者其他保险凭证上作出足以引起投保人注意的提示。该款规定了保险人对免责条款的提示义务。《民法典》第496条第2款规定,提供格式条款的一方应当采取合理的方式提示对方注意免除或者减轻其责任等与对方有重大利害关系的条款。可见,免责条款的提示义务并非保险合同所独有,其为合同法上对提供格式条款一方的一般要求。法律之所以规定提示义务,一方面,因为免责条款的法律效果特别重要,有必要提示投保人特别注意;另一方面,在提示投保人注意免责条款的基础上,方便保险人进一步对该条款内容作出说明。在性质上,提示义务是一项在明确说明义务之前的前置义务。

1. 提示的时间。《保险法解释(二)》第11条第1款规定,保险人履行提示义务的时间是"保险合同订立时"。对此,应解释为在投保人提出投保要求之前。因为提示义务的作用是使投保人了解免责条款的内容和法律效果以决定是否投保,如果在投保人提出投保要求之后(提交填写完毕的投保单)再进行提示,已无意义。提示义务的履行一般在说明义务的履行之前,两者亦可同时进行。

保险合同存续期间内保险标的被转让的,保险人对受让人不负提示义务及明确说明义务。《保险法解释(四)》第2条规定,保险人已向投保人履行了提示和明确说明义务,保险标的受让人不得以保险标的转让后保险人未向其提示或者明确说明为由,主张免责条款不成为合同内容。该情形下,因保险人已向投保人履行了提示和明确说明义务,免责条款已经确定地产生法律约束力。如果受让人因不知该免责条款存在而受有损失,可依据其与保险标的转让人之间的合同关系寻求救济。

2. 提示的方式。依《保险法》第17条第2款的规定,保险人的提示应当在投保单、保险单

---

〔39〕 最高人民法院民事审判第二庭编著:《最高人民法院关于保险法司法解释(二)理解与适用》,人民法院出版社2013年版,第249~250页。

〔40〕 上海市第一中级人民法院民事判决书,(2012)沪一中民六(商)终42号。

或者其他保险凭证上作出。保险人不能以公告、公示或备案的方式向不特定的投保人进行提示,而应当在具体的保险单证上作个别提示。《保险法解释(二)》第11条第1款规定,保险人履行提示义务的方式为:保险人在投保单或者保险单等其他保险凭证上,对保险合同中免除保险人责任的条款,以足以引起投保人注意的文字、字体、符号或者其他明显标志作出提示。在保险实务中,保险人通常对免责条款部分采取字体加黑、加粗、加星或加框等方式,以提示投保人对此部分予以特别注意。

通过网络、电话等方式订立保险合同的,依《保险法解释(二)》第12条的规定,保险人履行提示义务的方式可以是以网页、音频、视频等形式对免责条款予以提示和明确说明。在网络保险销售的场合下,保险公司以网页的形式提供格式条款,并通过投保人的点击来确认其履行提示义务和明确说明义务。在电话保险销售的场合下,保险人在订立保险合同时仅与投保人电话沟通,并就免责条款的内容进行口头提示和明确说明,并通过电话录音证明其履行了该两项义务。有判决认为:"保险人通过电话销售方式推销保险时,应当向投保人交付保险条款,对于免责条款应当作出足以引起投保人注意的提示,并主动履行明确说明义务。"〔41〕

3. 提示的程度。依《保险法解释(二)》第11条第1款的规定,保险人的提示应当达到"足以引起投保人注意"的程度。对于该标准,具体从以下几方面分析:(1)文件的外形。免责条款无论记载于投保单或其他文件,均应当在外观上使投保人产生它是规定权利义务的合同条款的印象。(2)清晰程度。提示投保人注意的免责条款的文字或语言必须清晰明白且不存在疑义。(3)提示标志的显著性。保险人对免责条款的文字、字体、符号或者其他标志必须具有显著性,即此种标志足以引起投保人的特别注意。(4)与非免责条款的区分度。保险人应通过提示使投保人能够容易地将免责条款与非免责条款加以区分,对免责条款给予特别的关注。

(三)"明确说明"的标准

《保险法解释(二)》第11条第2款规定,保险人对保险合同中免责条款的概念、内容及其法律后果以书面或者口头形式向投保人作出常人能够理解的解释说明的,人民法院应当认定保险人履行了明确说明义务。依该款规定,明确说明的标准可以从以下几方面分析:

1. 保险人履行明确说明义务的方式有书面形式和口头形式。在保险实务中,保险人通常以书面声明的方式要求投保人签章,以证明其履行了明确说明义务。此类书面声明较为常见的表述是:"保险人已将保险条款(包括责任免除部分)向我作了明确说明,我已对该保险条款的内容(包括责任免除部分)充分了解,同意按该保险条款与保险人订立合同。"

如果投保人在此类书面声明上签章,是否能够证明保险人履行了明确说明义务?对此,《保险法解释(二)》第13条第2款规定,投保人在此类相关文书上签字、盖章或者以其他形式予以确认的,原则上应当认定保险人履行了明确说明义务。在该司法解释颁布以前,有最高人民法院公报案例判决即采取此意见。〔42〕但另有证据证明保险人未履行明确说明义务的除外。据此,投保人在此类书面声明上签章仅具有证据意义而不具绝对的效力。在无其他证明力更强的证据的情形下,该签章行为能够证明保险人履行了明确说明义务,但如果存在其他更有力

---

〔41〕 上海市浦东新区人民法院民事判决书,(2010)浦民六(商)初6992号。

〔42〕 "段天国诉中国人民财产保险股份有限公司南京市分公司保险合同纠纷案",载《最高人民法院公报》2011年第10期。

的相反证据，亦可认定保险人未履行明确说明义务。例如，投保人不识字，只是按照保险代理人的要求在书面声明上捺了手印。有判决认为："保险代理人的证言具有较高证明力。在保险公司确实没有履行免责条款的提示义务和明确说明义务的情况下，即使投保人签收了投保单并声明理解免责条款，该免责条款也不能产生效力。"〔43〕

2. 明确说明的内容包括免责条款的概念、内容及其法律后果。保险人履行明确说明义务时，应当就免责条款的概念、内容及其法律后果作出说明和解释，使投保人确实地理解免责条款的法律意义及其对当事人权利义务关系的影响。有最高人民法院公报案例判决认为："保险公司虽然在保险合同文本中以黑体字提示了免责条款，但仅能证明其尽到了提醒投保人注意的义务，不能认定保险公司已经履行了就免责条款的概念、内容及其法律后果等以书面或者口头形式向投保人或其代理人作出解释，以使投保人明了该条款的真实含义和法律后果的明确说明义务。"〔44〕

3. 保险人使投保人理解免责条款的概念、内容及其法律后果，原则上应采客观标准。2000年最高人民法院研究室《关于对〈保险法〉第十七条规定的"明确说明"应如何理解的问题的答复》（法研〔2000〕5号）规定，保险人履行明确说明义务应达到"使投保人明了该条款的真实含义和法律后果"的程度。但由于各投保人的智识能力存在差异，保险人使其真正理解免责条款含义有难有易。保险人履行明确说明义务究竟采统一的客观标准，还是根据投保人的智识能力采不同的主观标准？该批复并未明确。

依《保险法解释（二）》第11条第2款的规定，保险人履行明确说明义务应达到"常人能够理解"的程度，显然采取客观标准。所谓"常人能够理解"，是指在智力、社会经验、受教育程度等方面处于中等程度的投保人能够理解。在一般情形下，保险人采客观标准履行明确说明义务即可，但如果投保人是文盲、残疾人等智识能力较低的特殊人士，保险人应结合投保人的理解能力以适当的方式使其能够理解保险人说明的内容，即采取主观标准予以补充。

4. 保险人履行了明确说明义务的举证责任由保险人负担。《保险法解释（二）》第13条第1款规定，保险人对其履行了明确说明义务负举证责任。

五、违反说明义务的法律后果

依《保险法》第17条的规定，保险人违反说明义务不以主观过错为要件，即保险人只要客观上具有违反说明义务的行为，无论其主观上是否具有故意或过失，均构成违反说明义务而产生相应的法律后果。

（一）违反普通格式条款的说明义务的法律后果

对于违反普通格式条款的说明义务的法律后果，《保险法》未作规定，理论界和实务界存在争议，主要有倡导性规范说、不利解释说和合同法规范说等观点。〔45〕 本书认为，对于违反普通格式条款的说明义务的法律后果，可从以下三方面分析：

---

〔43〕"周志成诉中银保险有限公司北京分公司保险合同纠纷案"，载最高人民法院中国应用法学研究所编：《人民法院案例选》（2013年第2辑），人民法院出版社2013年版，第293～296页。

〔44〕"杨树岭诉中国平安财产保险股份有限公司天津市宝坻支公司保险合同纠纷案"，载《最高人民法院公报》2007年第11期。

〔45〕董彪：《保险法判例与制度研究》，法律出版社2012年版，第17页。

1.保险人对于格式条款中的专业名词、术语未予说明,且投保人对该专业名词、术语的准确理解影响其投保意愿的,投保人可依据“重大误解”撤销合同。在此情形下,保险人未就某些具有核心或关键意义的专业名词、术语向投保人履行说明义务,导致投保人对此类专业名词、术语存在重大误解,投保人可依据《民法典》第147条撤销合同。

2.保险人对于格式条款中的专业名词、术语未予说明,但投保人对该专业名词、术语的理解不影响其投保意愿的,可适用不利解释规则确定格式条款的内容,不影响合同效力。在此情形下,投保人具有投保的真实意思,其对保险合同的核心内容并无误解,只是对个别格式条款因保险人未作说明而不理解其准确含义,但即使对这些格式条款存有误解也并不影响其投保意愿。因此,投保人与保险人就合同主要条款已达成合意,合同成立并且有效,对保险人未予说明的格式条款适用不利解释规则以确定其内容。当然,如果依据通常解释该格式条款只有一种含义,则应依据通常解释确定其内容,而无须再适用不利解释规则。

3.保险人对于格式条款中专业名词、术语以外的内容未予说明,依据客观标准投保人能够理解此类内容的,不影响合同效力。对于格式条款中专业名词、术语以外的内容,普通投保人无须保险人说明即可理解其真实含义及法律效果,故保险人对此类内容未予说明的,并不影响投保人的投保意愿。如果投保人主张对此类内容也无法理解,必须借助保险人履行说明义务才能理解其含义及法律效果,应由投保人负举证责任。

(二)违反免责条款的明确说明义务的法律后果

《保险法》第17条第2款规定,保险人违反免责条款的提示义务或者明确说明义务的法律后果是“该条款不产生效力”。据此,对于违反免责条款的明确说明义务的法律后果,可从以下两方面分析:

1.保险人未予明确说明的免责条款不生效。所谓不生效,是指该免责条款因保险人未履行明确说明义务而不产生法律约束力。因此,如果在保险期间内发生保险事故,且具有此类免责条款所载的事由,保险人不能依据此类免责条款拒绝承担保险责任。不生效不同于无效,合同条款无效主要是因为条款内容违反法律强制性规定或公序良俗而导致当然无效。保险合同中的免责条款并非当然无效,如果保险人对免责条款履行了明确说明义务,此类条款即可具有法律约束力,免责条款不生效并非因为其内容违法,而是因为保险人对其未履行法定的明确说明义务,未能使投保人明确了解此类条款的含义及法律效果。

2.其他合同条款的效力不受影响。保险人对免责条款未履行明确说明义务,仅导致该免责条款不生效,对其他合同条款的效力不产生影响。因保险人对其他合同条款履行了说明义务,投保人与保险人就这些合同条款的内容已达成合意,当事人双方仍然应当依据这些合同条款行使权利和履行义务。

案例练习

1.2008年9月13日,甲公司向某保险公司投保企业财产损失险(含附加盗窃险),投保单填写的内容为:“保险标的为甲公司库存的一批木耳,保险金额20万元,保险费2000元自合同成立后1周内一次付清,责任期限自2008年10月14日至2009年10月13日。”甲公司投保2周后,保险公司业务员电话通知甲公司其投保要求已被保险公司审核批准，但保险单还需几天后才能出具给甲公司。其后，甲公司一直未按合同约定交纳保险费，保险公司也未向甲公司出具保险单。2008 年 10 月 26 日，甲公司仓库被盗，损失价值 8 万元的木耳，公安机关出具了立案证明。甲公司据此向保险公司索赔，保险公司以甲公司未交纳保险费及未出具保险单为由拒赔。

问题：

(1) 甲公司未交纳保险费，是否影响合同成立？

(2) 保险公司未出具保险单，是否影响合同成立？

(3) 在本案中，保险公司应否承担给付保险金责任？

2. 2010 年 9 月 10 日，林某以自己为被保险人，其妻李某为受益人，向保险公司投保终身两全人寿险。林某在填写投保单内之告知事项时，因重大过失未将其多年之高血压症状据实告知。其后，保险公司之特约体检医师对林某进行体检时，也因过失未能发觉林某患有高血压症状。同年 9 月 25 日，保险公司同意承保并向林某出具了保险单。2011 年 3 月 20 日，林某因患急性肝炎死亡。李某持保险单向保险公司请求给付保险金时，保险公司发现林某违反告知义务的事实。

问题：

(1) 保险公司是否有权解除合同？

(2) 保险公司是否有权以林某未履行告知义务为由拒绝给付保险金？

(3) 如果保险公司在林某投保时明知其违反告知义务，仍予以承保，后果如何？

(4) 如果保险公司在合同成立之后得知林某违反告知义务，仍向其收取保费，后果如何？

(5) 如果林某死亡发生于 2012 年 9 月 25 日之前，后果如何？

第七章　保险合同的效力

本章导读

保险合同有效，须具备一般有效要件和特殊有效要件。一般有效要件包括主体适格、意思表示自愿真实、内容合法；特殊有效要件涉及危险存在、交付保险费约定、保险利益、超额保险和死亡保险等问题。保险合同一般自成立时生效，但当事人可约定附款以限制保险合同的效力发生。在保险合同有效期限内，依据法律规定的条件和程序，经当事人双方协商一致，可对除保险标的更替以外的保险合同内容予以变更。保险合同当事人，可依法将其所享有的合同权利和负担的合同义务，全部或部分转让给第三人。当出现法定或约定事由时，投保人或保险人有权解除保险合同。由于一定法律事实的出现，保险合同所设定的权利义务关系将归于消灭，保险合同的效力永久性停止。

第一节　保险合同的有效要件

保险合同有效，是指已成立的保险合同，因符合法律规定的条件，按照当事人双方意思表示的内容发生相应的法律效果。合同有效，须符合一定的有效要件，而有效要件主要是对当事人意思表示品质的要求。凡符合法律所规定的有效要件者，则为法律所肯定；反之，则为法律所否定，不能发生当事人预期的法律效果。保险合同具备一般合同的共性，其有效应适用合同有效要件的共同规定。同时，由于保险合同又具有独特性，故其有效尚需满足一定特殊条件之要求。因此，保险合同的有效，须同时满足一般要件和特殊要件的双重要求。

一、保险合同的一般有效要件

根据《民法典》第 143 条的规定，民事法律行为的有效要件有三，即行为人具有相应的民事行为能力、意思表示真实以及不违反法律、行政法规的强制性规定且不违背公序良俗。这是法律关于民事法律行为一般有效要件的规定。作为民事法律行为之一种，保险合同也应符合上述条件，才能具有相应的法律效力。

（一）主体适格

主体适格，即合同当事人须具有相应的缔约能力，是指当事人能够通过自己的行为缔结合同，并享有合同权利、承担合同义务的资格。就保险合同而言，保险人和投保人均须具有缔约能力，保险合同才能有效。

1. 保险人

由于保险事业对国民经济及民众生活影响重大，且为防止保险人投机取巧及出于对社会安全的考虑，应对保险人资格加以限制。[1] 对保险人资格设有限制是各国立法通例，现代保险事业以法人经营为原则。根据我国《保险法》第6条之规定，保险业务只能由依法设立的保险公司及法律、行政法规规定的其他保险组织经营，其他单位和个人均不得经营保险业务。可见，保险人作为保险合同的一方当事人，须是依法成立的从事保险经营业务的机构。此外，我国《保险法》还限定了保险人的业务范围，并且对保险业务实行分业经营，即同一保险人不得同时兼营财产保险与人身保险业务，保险人只能在依法被核定的业务范围内开展保险经营活动。[2] 因此，非依法设立的保险人或保险人超出其经营范围的，[3]均为主体不适格，不具备相应的缔约能力，其所订立的保险合同归于无效。

2. 投保人

自然人、法人和非法人组织均可作为投保人，成为保险合同的当事人。作为保险合同的当事人，投保人必须具备相应的缔约能力。缔约能力以民事行为能力为基础。法人作为组织体，其行为能力与其权利能力保持一致，不存在年龄、智力与精神健康状况问题，因此，对于法人而言，当然具有参与保险活动的缔约能力。非法人组织，虽不具有法人资格，但是能够依法以自己的名义从事民事活动，在保险实务中，非法人组织作为投保人，与保险人缔结保险合同以获取保险保障，早已是活生生的保险实践。值得探讨的是，自然人作为投保人时的缔约能力问题。我国《保险法》对此未设明文规定，故《民法典》的相关规则可直接适用于保险合同。完全民事行为能力人自然可以成为投保人。当自然人为无民事行为能力人时，参与保险活动，须由其法定代理人进行，保险合同如果由其本人订立，当然无效。当投保人为限制民事行为能力人时，其所订立的保险合同的效力状况如何，应视具体情况而定。[4] 如果限制民事行为能力人事前取得法定代理人同意的，则保险合同的效力不受影响；如事前未取得法定代理人同意，则限制民事行为能力人所订保险合同的效力，取决于法定代理人是否追认或保险人是否撤销，该保险合同为效力待定合同。[5] 一经追认，即自始有效；倘若法定代理人拒绝追认或保险人予以撤销，则该保险合同自始无效。对于无须法定代理人追认的合同，只能是与限制民事行为能力人年龄、智力、精神、健康状况相适应的合同，方为有效合同，例如，投保学生平安险或旅行平安保险等。

（二）意思表示真实

意思表示真实，是指行为人的表示行为出于其自由意志，且与其内心的效果意思相一致，民法理论上又称为“意思表示无瑕疵”。意思表示真实，是保险合同有效要件之一。它意味着当事人订立保险合同，通常是经过深思熟虑的，对合同的利弊得失有着充分的理解。重大误解、欺诈、胁迫等导致认识上的偏差，倘若没有这些因素制约，当事人就不会订立合同，或者至

---

〔1〕 梁宇贤：《保险法新论》（修订新版），中国人民大学出版社2004年版，第38页。

〔2〕《保险法》第8条、第95条。

〔3〕《民法典》第153条、第505条。

〔4〕 也有学者认为，在保险合同中，投保人具有权利能力即可，是否具有行为能力，则在所不问。参见刘宗荣：《保险法》，台北，三民书局2021年版，第89页。

〔5〕《民法典》第145条。

少不会以该内容订立合同,那么,当事人的意思表示即存在瑕疵。现代民法对意思表示真实的要求,主要是通过对不真实表示行为的效力评价规则实现的。我国《民法典》就虚假表示、欺诈、胁迫、恶意串通、重大误解、显失公平等违背自愿真实意思的情况下所订立合同的效力,予以明确规定,且区别不同情况,分别设定了合同无效或可撤销的法律后果。[6] 上述规则同样适用于保险合同。

(三)内容合法

内容合法,旨在规制合同的内容品质。为使合同发生完全的法律效力,达到当事人所预期的目的,合同的内容必须不违反法律法规的强行性或禁止性规定,不违反社会公共秩序与善良风俗,否则,合同不生效力。[7] 保险合同也不得违反法律与公序良俗。保险合同的内容合法,主要包括目的合法、标的合法、条件合法等。例如,当事人以所拥有的毒品投保损失保险,由于标的物违法,该合同无效。需指出的是,一般民事合同法律规范多为任意性规范,当事人通常得以约定变更其内容或者排除其适用。但由于保险法具有强烈的社会性和技术性,因此,保险法规范多为强行性规范。对于此种强行性规范而言,当事人不得以约定加以变更或者排除其适用。否则,该部分条款或者整个保险合同归于无效。

二、保险合同的特殊有效要件

保险合同有效,除须具备上述一般有效要件外,还须符合一些特殊要件的要求。这些特殊要件,主要是基于保险合同的独特性而设置。

(一)危险的存在

保险源自危险的存在,先有危险的存在,然后才有作为损失填补手段的保险制度的构建,借以分担危险、消化损失。保险制度的创设,服务于分散遭遇同类风险的社会大众所受经济损失的危险。[8]

危险(risk),又称风险,其含义并不统一。有指灾害之本体者;有指因灾害而生之损害者;有指灾害之程度者;亦有指丧失利益之忧虑者,凡此种种皆泛称为"危险"。[9] 保险法上所谓危险,并非指业已发生的事故(但法律有特别规定者除外),也不是想象中的危险,而是指人们主观上所忧虑的,因自然灾害或意外事故的发生,造成财产损失或人身伤亡的可能性。

作为一种存在不利结果可能性的现实状态,危险的存在不以人的意志为转移。在人类的社会实践中,一方面,人们试图凭借科技力量将危险拒之门外,力保太平;另一方面,人类的生产与生活又不断催生新的危险,危险与人类的衣食住行相伴而生。倘若没有保险制度,人类生活与生产将处处遭遇困难。但是,并非一切承保"危险"的合同均为有效合同,危险的存在是保险合同的有效要件之一,无危险则无保险(no risk,no insurance)。例外情况下,法律承认追溯保险(retrospective insurance)的效力。

---

〔6〕《民法典》"总则编"第六章第三节。

〔7〕《民法典》第143条。

〔8〕 See John F. Dobbyn, *Insurance Law*, West Publishing Co. ,1981, p. 3.

〔9〕 桂裕:《保险法论》,台北,三民书局1981年版,第9页。

1. 原则——无危险无保险

保险对特定危险所致损失给予填补,[10]以求生活安定。如果危险已发生或已确定地不可能发生,则无须求诸保险。当事人以此类危险订立保险合同,合同当然无效。否则,无异于鼓励当事人利用保险形式获取不法利益,既易于诱发道德危险,又损害危险共同体利益,导致保险功能紊乱。具体而言,保险人与投保人订立保险合同,是以危险发生与否不确定为前提,并以此不确定性之概率来计算投保人须交付的保险费,以符合商业保险的对价平衡原则。[11] 倘若法律允许投保人于危险不确定时不投保,反而于日后保险事故发生时与保险人订立保险合同,将会导致已发生的损失转由其他投保人负担的后果。如此,投保人必心存侥幸,待保险事故发生后再订约以获取保险金。此举不仅根本无法达到保险分散危险的目的,也将使保险法的最大诚信原则丧失殆尽,保险制度名存而实亡。同理,若允许保险人对已确定不发生的危险加以承保,也有违最大诚信原则。因此,无论是从保险本质,还是从保险制度良性运行的角度而言,对于已发生或已确定不发生的危险,应禁止其成为保险承保的对象。即使当事人已订立合同,原则上也是自始无效。

无危险无保险,是各国立法通例,譬如,根据《意大利民法典》第 1895 条的规定,如果风险从未存在过或在契约缔结前已不再存在,则契约无效。[12] 我国《保险法》对此未设明文规定,但这绝不意味着当事人可违反无危险无保险之原则。根据《保险法》第 2 条对何谓"保险"的界定,可推断出"无危险无保险"的立法意旨,从而使承保已确定发生或确定不发生之危险的保险合同归于无效。我国《海商法》第 224 条作出了相关规定,但未涉及合同效力状态的判断。

2. 例外——追溯保险

并非所有承保已发生或已确定不发生危险的保险合同一律归于无效,追溯保险即为例外。所谓追溯保险,是指对客观上已确定发生或已确定不发生的危险,当事人主观上仍善意地相信危险的存在,从而订立保险合同,其保险合同有效,即合同的效力溯及既往的保险。追溯保险的构成,须符合三个条件:(1)客观上须危险已发生或已确定地不可能发生;(2)当事人双方主观上须为善意,即均不知危险已发生或已不可能发生;(3)保险合同须有效成立。法律承认追溯保险的效力,其原因在于所承保的危险仍具有主观不确定性。

追溯保险,肇始于海上保险。以往通信设施不发达,船舶出海后,往往经年累月,通信艰难就导致对船舶是否遇险不明确。如双方当事人均出于善意而订立保险合同,即使在订约之际船舶已出险,保险人仍应依约填补损失;若船舶安然抵达目的港,投保人仍应依约交付保险费。在海上保险,追溯保险又可称为"无论已否发生损失"(lost or not lost)保险。但追溯保险是否仅适用于海上保险领域?从现代各国的立法例来看,追溯保险的适用不限于海上保险合同。[13] 我国现行《保险法》对于追溯保险制度没有规定。但在保险实务中,如果当事人双方在

---

〔10〕 人身保险并不绝对以损失为给付保险金的条件,如生存保险。

〔11〕 对价平衡原则,是指投保人所负担的保险费须与保险人所承担的危险构成对价关系,并于保险期间维系平衡。它是商业保险所特有的原则,社会保险不适用该原则。社会保险立足于"社会的公平",且社会保险有社会财富再分配的意义,其保险费按缴费能力界定。因此,虽每个人所缴付的保险费不尽相同,却可从社会保险中获取同等的保险给付。而商业保险则着重于"个人的公平",每个投保人所应缴付的保险费因各自情况的不同而相异,与此相应,保险人可能给付的保险金亦各不相同。

〔12〕 另参见《德国保险合同法》第 2 条、《日本保险合同法》第 5 条、《韩国商法》第 644 条。

〔13〕 可参见《德国保险合同法》第 2 条、《日本保险合同法》第 5 条。

合同中有关于追溯保险的约定,根据合同自由原则,在满足其他有效要件的前提下,不宜否定其效力。

(二)交付保险费的约定

保险合同为双务有偿合同,投保人以交付保险费,作为获取保险保障的对待给付。如果没有保险费的积累,保险人便没有资金用以填补被保险人因保险事故的发生而遭受的损失。保险费的交付,对于保险合同的效力以及整个保险制度的运行均具有重要意义。为此,我国《保险法》第18条第1款也明文规定,保险合同应当包括"保险费以及支付办法"事项。

保险合同是诺成性合同,不以保险费的实际交付作为合同的成立要件。但是,保险费却实实在在地影响着保险合同的效力。究竟是以交付保险费的约定,还是以保险费的实际交付行为作为保险合同的有效要件,学界对此存有分歧。主张前说者认为,只需有交付保险费的约定,保险合同即可有效。保险费债务成为保险人的既得债权,投保人交付保险费的时间,依照当事人双方的约定,遵循合同自由原则,法律无须过多干涉。主张后说者则认为,在保险费实际交付之前,保险合同不发生效力,保险人从投保人交付保险费的次日起开始承担保险责任。

本书认为,应以交付保险费的约定作为保险合同的有效要件,如果保险合同没有交付保险费的约定,则合同无效。首先,保险合同为有偿合同。这是法律的强制性规定,也是由保险事业经营的宗旨和保险的特性所决定的。"保险契约必须有保险费的约定,没有保险费的约定者,保险契约形同赌博,而且违反公共利益,应该无效。"[14]因此,如果当事人双方约定投保人无须交付保险费或者免除投保人交付保险费的义务的,保险合同应为无效合同。保险人不得将保险合同作为赠与的标的,无偿赠与投保人(被保险人)。其次,交付保险费是投保人应该履行的合同义务。考察各国立法,通例均以交付保险费的约定,而不是保险费的实际交付为保险合同的有效要件。根据我国《保险法》第14条之规定,交付保险费应为投保人履行合同义务的行为。最后,如将保险费的交付作为保险合同的有效要件,理论上将难以自圆其说。一者,交付保险费是投保人依保险合同所应履行的主要义务。在保险合同的效力发生之前,投保人自然无须履行合同义务。二者,坚持将保险费的交付作为保险合同的有效要件,将使分期付费保险合同的存续,发生技术上的困难。投保人如迟延交付到期保险费,保险合同无效,从而无权就此后因保险事故的发生所致损失,请求保险人承担给付保险金的责任。保险人也无法主张保险合同继续存在,并请求投保人交付此后到期部分的保险费。

(三)保险利益

各国保险立法均确立了保险利益原则。按照我国《保险法》第12条之规定,人身保险的投保人在保险合同订立时,对被保险人应具有保险利益;财产保险的被保险人在保险事故发生时,对保险标的应具有保险利益。在人身保险中,当投保人对被保险人不具有保险利益从而导致保险合同无效时,投保人有权请求保险人退还扣减相应手续费后的保险费。[15] 据此,人身保险合同以保险利益的存在作为其有效要件,财产保险合同则以保险利益的存在,作为保险金赔付条件(详见本书第四章"保险利益原则")。

在司法实务中,法院对投保人于订立合同时是否具有保险利益,应主动审查;保险合同订

---

〔14〕 刘宗荣:《保险法》,台北,三民书局2021年版,第230页。

〔15〕《保险法解释(二)》第2条。

立后,如当事人以投保人丧失对被保险人的保险利益为由,主张保险合同无效的,人民法院不予支持。[16]

(四)保险金额不超过保险价值

超额保险(over insurance),是指保险金额超过保险价值的保险。从当事人的主观心态分析,超额保险可分为善意超额保险和恶意超额保险两种类型。

关于超额保险,各国家和地区的相关规定一般均区分善意超额保险与恶意超额保险而予以不同的效力评价。对于善意超额保险,通例认为仅超过部分为无效,而合同于保险标的实际价值限度内发生法律效力。恶意超额保险的效力,主要有四种规定模式:(1)全部无效说。如超额保险是由于当事人出于谋取不法利益所致,则整个保险合同归于无效。以德国和意大利为代表。(2)超过部分无效说。恶意超额保险,仅是保险金额超过保险价值部分无效,其他部分的效力不受任何影响。以《俄罗斯联邦民法典》为代表。(3)得解除合同说。该说认为,超额保险合同如系一方恶意而订立,则他方享有合同解除权。以我国台湾地区为代表。(4)得撤销合同说。如保险人或投保人恶意以高于保险价值的金额订立保险合同,则得撤销该合同。我国澳门特别行政区《商法典》作此规定。

根据我国《保险法》第55条第3款的规定,保险合同中保险金额不得超过保险价值;如超过保险价值,则超过部分无效,且保险人应当退还相应的保险费。由此可见,我国不区分善意超额保险与恶意超额保险而异其效力,一律仅超过部分无效,保险合同在保险标的实际价值限度内仍然有效,即超额保险仅为部分无效,而非全部无效。诚然,该规定适用于善意超额保险,符合通例,实践中也是可行的。但若适用于恶意超额保险,其合理性则大有疑问。鉴于此,我国现行《保险法》关于超额保险效力的规定,并进一步加以修改细化。具体而言,把超额保险划分为善意超额保险与恶意超额保险两种形态,对于善意超额保险,仅使超过部分无效,而非整个合同无效;在恶意超额保险,如一方为恶意,则赋予善意一方当事人以合同解除权,如双方当事人均为恶意,则保险合同全部归于无效。

(五)死亡保险中的特别要件

死亡保险,是指以被保险人的生命为保险标的,在保险有效期限内,以被保险人的死亡为保险人给付保险金条件的保险。这里所讲的死亡保险,指所有以被保险人的死亡为给付保险金条件的人身保险合同,而不局限于人寿保险合同中的死亡保险合同。在意外伤害保险合同及健康保险合同中也可能也存在死亡保险条款。死亡保险合同的有效,还须满足下列两个特殊要件:

1. 须经被保险人同意及认可保险金额

在人身保险合同中,以死亡为给付保险金条件的合同,未经被保险人同意并认可保险金额的,合同无效。[17] 即以被保险人的死亡为给付保险金条件的人身保险合同,被保险人的同意及对保险金额的认可,是死亡保险合同有效的特别要件。

如果因为保险合同的存在,反而使得被保险人的生命处于更危险的境地,显然与保险的本意不符。因此,法律为强化对人身保险中道德危险的防范,从而赋予被保险人以同意权。通过

---

〔16〕《保险法解释(三)》第3~4条。

〔17〕《保险法》第34条第1款。

赋予被保险人同意权,使被保险人对投保人的品质、经济状况及投保动机等加以判断,最终由其决定是否同意投保人以其为被保险人投保死亡保险。如同意投保,则仍须由被保险人对保险金额加以认可。被保险人的同意权是预防道德危险的有力措施。同时,赋予被保险人以同意权,也是对被保险人人身权的尊重与保护。如果未经被保险人的同意与认可,就以其生命为标的进行投保,显然是对被保险人依法享有的独立、平等的人身权的侵犯。

以被保险人的同意及认可作为死亡保险合同的特别有效要件,则要求被保险人须具有相应的民事行为能力。否则,其意思表示不能产生相应的法律效力。但是,如果绝对坚持此特别要件,又势必使相当一部分人得不到保险保障,尤其是当父母为其未成年子女投保人身保险时。有鉴于此,我国《保险法》第 34 条第 3 款设置了例外规定,即当父母以其未成年子女为被保险人,与保险人订立以死亡为给付保险金条件的合同时,此类合同不以被保险人的同意并认可保险金额为有效要件。未成年人父母之外的其他履行监护职责的人,为未成年人订立以死亡为给付保险金条件的合同,归于无效,但经未成年人父母同意的除外。[18]

如何判断被保险人是否同意投保人为其订立保险合同并认可保险金额?司法实践中认为,当具有下列情形之一时即构成同意并认可:(1)被保险人明知他人代其签名同意而未表示异议的;(2)被保险人同意投保人指定的受益人的;(3)有证据足以认定被保险人同意投保人为其投保的其他情形。[19]

关于被保险人同意及认可的形式,《保险法》并未明确规定,根据司法解释之规定,可以采取书面形式、口头形式或者其他形式。被保险人同意及认可的时间点,既可以在合同订立当时,也可以在合同订立后追认;[20] 且法院应依职权主动审查以死亡为给付保险金条件的合同,是否经过被保险人同意并认可保险金额。[21] 本书认为,将口头方式作为被保险人同意的形式,在欠缺有力证据的情形下,将加大纠纷判断与裁判难度,而且不利于保护被保险人。

被保险人同意的撤销。被保险人对于以其为被保险人的死亡保险的同意,能否撤销?《保险法》对此未置可否。根据司法解释之规定,被保险人可撤销该同意之意思表示,但须采书面形式。[22] 司法解释之规定,有利于控制道德危险,保护被保险人,值得肯定。

2. 被保险人不得为无民事行为能力人

根据我国《保险法》第 33 条第 1 款之规定,投保人不得为无民事行为能力人投保以死亡为给付保险金条件的人身保险,且保险人也不得承保。该规范为强行性规范,倘若以死亡为给付保险金条件的人身保险合同的被保险人为无民事行为能力人的,则该保险合同无效。

如上文所指出的,被保险人同意及对保险金额的认可,是以死亡为给付保险金条件的人身保险合同的有效要件。被保险人的同意及认可,在性质上属于一种单方法律行为,故无民事行为能力人作出的此种意思表示不生效力。再者,如任何人均得以无民事行为能力人为被保险人,投保以死亡为给付保险金条件的人身保险,一是对道德危险难以控制,二是将使无民事行

---

〔18〕《保险法解释(三)》第 6 条。

〔19〕《保险法解释(三)》第 1 条第 2 款。

〔20〕《保险法解释(三)》第 1 条第 1 款。

〔21〕《保险法解释(三)》第 3 条。

〔22〕《保险法解释(三)》第 2 条。

为能力人的人身安全面临更多风险，这与保险的宗旨不相符合。

投保人不得为无民事行为能力人投保以死亡为给付保险金条件的人身保险，保险人也不得承保，这属于原则性的规定，尚有例外情况存在。父母（包括经未成年人父母同意的其他履行监护职责的人）以未成年子女为被保险人，而与保险人订立的以死亡为给付保险金条件的人身保险合同，并非无效。但此类合同所约定的保险金总和不能超过保险监督管理机构规定的限额。[23] 这种限制也是世界各国保险立法的惯常做法，既可以强化保险监管，又可以预防道德危险。需特别指出的是，这一保险金总和的限制是强制性的，担负着维护公序良俗和控制道德危险的重任。如果当事人所约定的保险金突破了保险金总和之限制，那么保险合同在超过限额的范围之内归于无效。

（六）免责条款及格式条款的有效要件

免责条款以及格式条款，在保险实践中已广为采用。在充分鼓励发挥它们的价值的同时，各国立法也不断关注对免责条款和格式条款的内容控制，如明确规定何种免责条款或格式条款归于无效，以保护投保人利益。

1. 免责条款

根据我国《保险法》第 17 条第 2 款之规定，保险人在订立合同时应对保险合同中免除保险人责任的条款向投保人提示且明确说明；未作提示或者明确说明的，该条款不产生效力。可见，在符合法定条件的情况下，保险合同中免除保险人责任的条款将因不生效而不具有法律约束力。须注意的是，此时保险合同只是部分条款不生效，并非整个合同不生效。

保险人提供的格式合同文本中的责任免除条款、免赔额、免赔率、比例赔付等免除或减轻保险人责任的条款，可认定为“免除保险人责任的条款”，保险人应尽到提示和说明义务。[24] 而保险人因投保人、被保险人违反法定或约定义务，享有解除合同权利的条款，则不属于“免除保险人责任的条款”。[25]

2. 格式条款

保险实践中，采用保险人拟制的格式条款订立保险合同已成为业界常态。为防止保险人利用自己的专业优势及强势地位，强迫投保人、被保险人接受对己不利之条件，实有必要对格式条款加以有效规制。

保险合同采用保险人提供的格式条款订立的，其中免除保险人依法应承担的义务或加重投保人、被保险人责任的条款，以及排除投保人、被保险人或受益人依法享有的权利的条款，归于无效。[26]

---

〔23〕《保险法》第 33 条第 2 款。

〔24〕“吴某诉某保险公司财产保险合同纠纷案”，载《最高人民法院公报》2014 年第 2 期；《保险法解释（二）》第 9 条第 1 款。

〔25〕《保险法解释（二）》第 9 条第 2 款。

〔26〕《保险法》第 19 条。

第二节 保险合同的生效

一、概述

合同的生效,是指已经成立的合同因符合法定的有效要件,从而使其所具有的法律效力得以实际发生。根据《民法典》第502条第1款之规定,依法成立的合同,自成立时生效。如果法律没有特别规定,且当事人也没有特别约定的,合同自成立之时即开始生效。依据意思自治原则,法律行为依据当事人的意思成立,并发生当事人所欲发生的效果。但是,合同成立后,可能发生当事人订约时未曾预料的不确定风险或新的发展变化。因此,当事人如对法律行为效果之发生或消灭加以限制,并无不可。"为顺应当事人需要,法律乃本乎私法自治原则,创设两种制度,俾供利用,一为条件,二为期限。条件及期限除分配交易上危险外,亦具有引导相对人为特定行为的功能。"〔27〕此即法律行为的附款。法律行为的附款,是当事人对法律行为效果的发生或消灭所附加的限制。法律行为的效力,最终取决于条件成就与否或期限是否届至。其中,与合同生效相关的附款分别称为生效条件(或称延缓条件、停止条件)与生效期限(始期)。

一般情况下,保险合同具备成立要件,又满足了前文所述有效要件的要求,那么,保险合同立即生效。且在此种情形下,保险合同的成立时间与生效时间是一致的。保险合同性质上属于双方法律行为,保险合同当事人对于保险合同的生效,同样可以附款施加限制。我国《保险法》同样遵循此制度原理,如《保险法》第13条第3款明确规定,投保人和保险人可以对合同的效力约定附条件或附期限。

二、保险合同附生效条件

根据我国现行《民法典》之规定,当事人对合同的效力可以约定附条件,附生效条件的合同,自条件成就时生效;附解除条件的合同,自条件成就时失效。

附条件的法律行为,是指当事人以将来客观上不确定事实的发生或不发生作为附款,以决定法律行为效力发生或终止。所附条件,应指将来不确定的事实。"条件是当事人用来考虑未来之不确定事件的、法律行为上的手段。"〔28〕附条件合同的法律意义,即在于贯彻私法自治原则,充分尊重当事人的意愿,使合同更好地服务于当事人的需要。附条件的基本分类,为附生效条件和附解除条件,这里仅讨论保险合同附生效条件的情况。

所谓生效条件,又称延缓条件或停止条件,是指决定合同效力发生与否的客观不确定事实。附生效条件的合同,虽已成立,但尚未生效,其效力处于停止状态。在效力停止期间,当事人享有期待利益。此时,权利人不能行使合同权利,义务人也无须履行合同义务。待所附条件成就时,合同的效力发生;如所附条件不成就,则该合同终不生效。这种情况下,合同生效与否,不是基于法律的原因,而是当事人贯彻私法自治的结果。在保险合同中,投保人和保险人

---

〔27〕 王泽鉴:《民法总则》,北京大学出版社2022年版,第430页。

〔28〕 [德]迪特尔·梅迪库斯:《德国民法总论》,邵建东译,法律出版社2000年版,第627页。

亦可根据其合意，于合同中约定保险合同生效的条件，使保险合同生效与否取决于所附条件是否成就。保险合同所附的生效条件，除须符合民法上对条件的要求外，双方当事人可自由约定。

针对实践中存在的要求投保人交付保险费保险合同才成立的做法，有学者认为，此仅系当事人约定的保险合同何时生效的一种附加的延缓或停止条件而已。还有学者认为，此时投保人交付保险费的行为，既为成就保险合同所附条件的行为，同时也是履行合同义务的行为。如此解释，既不损及保险合同的双务性，又使保险合同与实践合同相区别：在保险合同，是否以投保人交付保险费为合同生效条件，系由双方当事人约定。如无约定，双方当事人一旦达成协议，符合合同的有效要件，保险合同即成立且生效，即使投保人未实际交付保险费，如发生保险事故，保险人仍应依约承担保险责任。反之，如当事人约定以保险费之交付作为合同的生效条件，则在投保人交付保险费之前，如果发生了保险事故，保险人也无须承担保险责任。本书认为，上述两种解释并不妥当。保险合同具有诺成性，因而，保险费的交付并不是保险合同的成立要件，保险合同仅须有交付保险费的约定即可。从性质上而言，交付保险费，是投保人依约履行合同义务的行为。在合同生效之前，当事人自然不必履行合同义务。如将投保人交付保险费的行为视作为当事人约定的生效条件，那么，在此条件成就前，投保人交付保险费便没有根据。

在保险费的交付上，《韩国商法》的处理方法具有借鉴意义。《韩国商法》第 650 条规定："合同签订之后，保险合同人应毫不迟延地支付全部或者第一次保险费；在保险合同人未支付的情形下，若无规定，自合同成立之后起两个月，则应视为该合同已被终止。""在约定的期间内未交付继续保险费时，保险人可以规定一定的期间催告保险合同人。在该期间内仍未支付，可以终止该合同。""在为特定的他人投保的情形下，当保险合同人迟延支付保险费时，保险人也规定一定期间催告该他人支付保险费；未经催告，则不得解除，或者终止合同。"同时，由于保险人可以诉讼方式请求保险费的交付，因此，可赋予保险人以选择权，如保险人选择以诉讼方式请求投保人支付保险费，则不发生合同效力终止的法律后果。这种措施，不仅具有可操作性，而且灵活性强。

三、保险合同附生效期限

附期限法律行为，是以将来确定的期限的届至为附款，作为决定法律行为效力发生或消灭的依据，包括附始期法律行为和附终期法律行为。法律行为所附期限，既可以是确定期限，也可以是不确定期限。但期限必须是由当事人任意选定的将来确定到来的事实，且须符合法律的规定。依《民法典》第 160 条之规定，当事人对合同的效力可约定附期限；附生效期限的合同，自期限届满时生效；附终止期限的合同，自期限届满时失效。据此，可以通过附加将来确定到来的期限，作为合同效力发生或消灭的依据。其中，以其到来使合同生效的期限，称为生效期限或始期。由于该期限的作用在于延缓法律行为效力发生，与延缓条件大致相当，故又称延缓期限。在该期限届至前，合同已经成立，但当事人所欲追求的效果暂不发生，合同的效力仍然处于停止状态，权利人不能行使合同权利，义务人也无须履行合同义务。待所约定的期限到来时，合同的效力方发生，权利人的权利由期待权转化为既得权。以其到来使合同效力消灭的期限，则称为终期或者失效期限，近似于解除条件。

保险合同同样可利用附加始期的方式,从而限制合同效力的发生。在保险实务中,以始期限制保险合同效力发生的案例较为常见。业界普遍推行的零时起保制即其适例,即将保险合同生效的时点设定于合同成立日的次日零时或约定的将来某一日的零时。此外,如健康保险合同中的犹豫期间、人寿保险合同中的延期承保等约定,也属于对保险合同附加生效期限的例子。在始期届至前发生的保险事故,不论保险人是否已收取保险费或者已签发保险单或暂保单等单证,均无须承担保险责任;反之,始期届至后发生的保险事故,保险人不论是否已收取保险费或者已签发保险单或暂保单等单证,符合保险合同约定和法律规定的,应承担保险责任。

四、保险责任的开始

保险责任开始,是指保险人按照保险合同的约定,开始承担保险责任。

举例说明:投保人甲与保险人乙于2020年12月30日,以甲所有的房屋为保险标的,订立了一份火灾保险合同,双方约定保险期间为2021年1月1日零时至2021年12月31日24时,保险责任开始时间为2021年1月10日。该火灾保险合同同时符合上文所述的成立要件及有效要件。2021年1月5日,该房屋发生了火灾事故,且火灾发生的原因在保险人乙承保的范围之内。试问,保险人乙对甲因火灾事故所遭受的损失,是否应承担给付保险金的保险责任?

我国《保险法》第18条第1款规定了保险合同应当包括的事项,"保险期间和保险责任开始时间"位列其中。所谓保险期间,系指保险合同中约定的一定期限,只有保险事故发生于该期限内,保险人才承担给付保险金的责任。而保险责任开始时间,则具体指保险人开始承担保险责任之时日,也是被保险人真正获得保险保障的起始点。可见,保险期间与保险责任开始时间不可混淆,尤其不能把保险责任开始时间与保险期间的起始时间视为同一物。否则,法律如此规定便是多此一举,也不能对追溯保险的存在加以解释。有人认为,保险责任开始时间指保险期间开始的时间,[29]这种认识欠妥当。在一般情况下,保险责任开始时间与保险期间的起始时间可以是一致的。但是,也不排除两者不同步的情况,即保险责任开始时间既可以先于保险期间的起始时间,也可以后于保险期间的起始时间。根据我国《保险法》第14条之规定,保险合同成立后,保险人按照约定的时间开始承担保险责任,即是对此最好的注解。有鉴于此,在上文所述案例中,保险人乙对甲所遭受的损失并不承担给付保险金的责任。

保险的宗旨,在于分散危险于大众,消化损失于无形。投保人与保险人订立保险合同,其目的则在于,在保险事故发生后,能从保险人处弥补其所遭受的损失,即实实在在的保险保障,而非仅限于一份形式上的保险合同。事实上,只有从保险合同双方当事人在合同中所约定的保险责任开始时间之后,保险合同才在实质意义上发生效力,起到真正的保险保障作用。在保险责任开始时间之前,投保人获得的仅是形式意义上的保险,倘若此时保险标的发生保险事故,保险人自不必承担给付保险金的责任。因此,保险合同生效,绝不意味着保险人须立即开始承担给付保险金之责任。

---

〔29〕 秦道夫主编:《保险法论》,机械工业出版社2000年版,第93页。

第三节　保险合同的变更、转让和解除

一、保险合同的变更

（一）保险合同变更的概念与特征

合同的变更，有广义与狭义之分。广义的合同变更，是指合同的主体或者内容发生变化。狭义的合同变更，是指合同成立后，尚未履行或者尚未全部履行之前，在当事人不发生变化的基础上，仅合同内容发生变化。我国《民法典》所称的合同变更，仅指狭义的合同变更，而关于主体的变更则称为合同的转让。相应地，保险合同的变更，也有广义与狭义之分。根据我国《保险法》第 20 条的规定，保险合同的变更是指合同内容的变更。关于保险合同当事人的变更，则涉及权利义务的转让，将在“保险合同的转让”部分予以分析。

保险合同的变更，是指在保险合同的有效期限内，依据法律规定的条件和程序，经当事人双方协商一致，对除保险标的以外的保险合同的内容予以修改或者补充。就保险合同而言，保险标的是保险合同保障的对象。每一个保险标的，所面临的具体风险因素和危险程度各不相同，而保险标的的危险状态，直接影响着保险人是否愿意承保及保险费率的厘定等承保条件。在保险合同有效期限内，如果以另一物或另一人取代保险合同的原保险标的，其结果只能是原保险合同的终止和一个新保险合同的产生，当事人之间的权利和义务将发生实质性的变化。因此，保险合同的变更，不包括保险标的的更替。但是，在保险合同成立后，如果仅仅是保险标的的危险程度发生增加或者减少，仍属于保险合同变更的内容之一。

保险合同的变更，主要具有以下法律特征：

1. 保险合同变更，发生在保险合同成立之后，尚未履行或者尚未全部履行完毕之前。保险合同未成立，当事人之间根本不存在合同关系，当然无保险合同变更可言；如果保险合同已全部履行完毕，则合同关系归于消灭，也不可能变更保险合同关系的内容。

2. 保险合同变更，通常是当事人双方协商一致的结果，任何一方当事人均不得擅自变更合同内容。如果当事人对合同变更的内容约定不明确，则推定保险合同未发生变更。当然，保险合同的变更，也可以直接依据法律的规定发生。例如，在保险合同的有效期内，保险标的危险程度增加的，保险人有权要求增加保险费；如果保险标的危险程度或保险价值明显减少的，保险人应降低保险费。

3. 保险合同变更，只是使保险合同的内容发生变化，而保险合同的双方当事人保持不变。如果任何一方当事人发生变化，则构成保险合同的转让，而非合同变更。

4. 保险合同变更，只是对原保险合同关系作出部分修改或补充，而非对保险合同内容的全部变更。如果保险合同的内容已经全部发生变化，实际上导致原保险合同关系消灭，而产生了一个新的保险合同关系。

5. 保险合同变更，仅于发生变更的范围内使保险合同的原有内容归于消灭，而变更范围之外的合同内容仍继续有效。且保险合同的变更一般不涉及已经履行的部分，其效力仅向将来发生，并不因变更合同而使已履行部分发生返还的效果，即保险合同变更不具有溯及既往的效力。

(二)保险合同变更的要件

保险合同变更应具备以下要件,始能发生变更的法律效力:

1. 保险合同的变更,须以当事人之间已存在合法有效的保险合同关系为前提。保险合同变更,只是使保险合同的部分内容发生了变化。如若当事人之间根本不存在合同关系,就失去了变更合同内容的前提。保险合同的变更,是当事人双方在原来已经存在的保险合同关系的基础之上,通过协商一致而对某些合同的条款加以修改或补充,从而改变原合同关系的部分内容。如果不存在原合同关系,则当事人协商合意的结果,可能是一个新合同关系的订立,而不是合同的变更。此外,如果合同被确认为无效、被撤销或者被解除,则保险合同关系终止,失去法律约束力,当然也谈不上合同变更的问题。可见,当事人之间已存在有效的保险合同关系,是变更保险合同内容的前提条件。

2. 保险合同的变更,须依据法律规定或当事人的约定。"保险契约为对人契约,当事人间之互信关系至为重要,故不得随意变更。"[30] 保险合同是投保人和保险人双方合意的结果,因而《保险法》第20条第1款明确规定,经投保人和保险人协商一致,可以变更保险合同的内容。当然,当事人双方变更合同的协议须符合合同的有效要件。如果合同变更的协议不成立或无效,则当事人仍须按原合同关系履行合同。在多数情况下,保险合同的变更主要是通过当事人双方的约定进行的。此外,当保险合同某些条款的变化符合法律规定的变更情形时,当事人可以提出变更保险合同。例如,当投保人、被保险人未按照约定履行其对保险标的的安全应尽责任时,保险人有权要求增加保险费或者解除合同。[31] 又如,在合同有效期间内保险标的的危险程度显著增加的,保险人有权要求增加保险费;当保险标的危险程度明显减少或保险价值明显减少时,也会引起保险费条款的变更。[32]

3. 保险合同的变更,须引起保险合同部分内容的变化。保险合同变更为合同内容的变化,因而,合同内容发生变化,是保险合同变更不可或缺的要件之一。如果当事人双方协商的结果,并没有引起保险合同内容的任何变化,就不发生合同的变更问题。且合同内容的变化仅是局部的变化,如在保险合同有效期限内,当保险标的的用途、范围、存放地点、危险程度等发生变化时,当事人根据具体情况,通过协商一致,对保险责任、保险费、保险期限以及保险金额等条款中的任何一项条款内容予以修改或补充,均可引起保险合同部分内容的变更。倘若当事人合意的结果,是使原保险合同关系的内容全部发生变化,那么,将导致原保险合同关系终止和新合同关系的产生。保险合同关系变更后,变更部分的内容和未发生变更部分的内容将保持连续性,共同构成一个完整的合同,为投保人和被保险人提供保险保障。

4. 保险合同的变更,须符合法定的形式要求。根据《保险法》第20条第2款的规定,当事人变更保险合同的,应由保险人在保险单或其他保险凭证上批注或者附贴批单,或者由投保人和保险人订立变更的书面协议。即保险合同的变更为要式行为,须采取书面形式,否则,不发生合同变更之效力。批单是保险合同变更最常用的书面凭证形式。在批单中,需要列明所变

---

〔30〕 江朝国:《保险法基础理论》,中国政法大学出版社2002年版,第170页。

〔31〕《保险法》第51条第3款。

〔32〕《保险法》第52~53条。

更条款的具体内容，一般将其粘贴在原保险单或者其他保险凭证上。如果不采用批单方式的，投保人和保险人则必须订立变更保险合同的书面协议。

（三）保险合同变更的效力

保险合同的变更，是在保持原合同关系的基础上，使原合同关系的某项或某一部分内容发生变化。当保险合同变更生效后，即对当事人双方产生法律约束力。双方当事人均应当按照变更后的保险合同所约定的内容，履行各自的合同义务。任何一方违反变更后的保险合同关系之内容的，均构成违约，须依法承担违约责任。

保险合同的变更，并不引起保险合同效力的中止或者中断。在双方当事人就合同的变更事项尚未达成合意之前，原保险合同继续有效。当事人所承担的合同义务，当然也需要依据原合同关系继续履行，任何一方当事人均不得以合同的某项或某部分内容正在协商变更为由，拒绝履行自己的合同义务。例如，因保险标的的危险程度明显降低或者保险价值明显减少时，投保人要求保险人减少保险费的，在保险人与投保人就保险费是否可以降低的问题达成一致之前，投保人无权以变更保险合同为由，拒绝依照原保险合同的约定，向保险人交付其已经承担保险责任部分的相应保险费。再者，如果在保险合同变更过程中，发生了合同所约定的保险事故，被保险人因此而受有损失的，保险人也必须依原保险合同之约定，承担给付保险金的责任。

保险合同的变更，原则上仅从变更之日起，向将来发生变更之效果，不具有溯及既往的效力。即对保险合同变更前，当事人已经履行的合同部分没有约束力，任何一方当事人都不能因为保险合同的变更，而单方面要求他方当事人按照变更后的合同内容，改变现有秩序，返还已经作出的履行。

保险合同的变更，不影响当事人之间请求民事损害赔偿的权利。如因保险合同的变更，给一方当事人造成损失的，另一方应负民事损害赔偿责任。

二、保险合同的转让

（一）保险合同转让的概念与特征

保险合同的转让，是指保险合同当事人一方，依法将其所享有的合同权利和负担的合同义务，全部或部分地转让给第三人的行为。保险合同转让与保险合同变更不可混淆。保险合同转让仅是合同当事人发生变化，合同内容在转让前后保有同一性；而保险合同变更则只是保险合同内容发生部分的变化，当事人在变更前后保持不变。

保险合同转让主要具有以下法律特征：

1. 保险合同转让，将使合同当事人发生变化。保险合同转让将导致第三人代替原合同一方当事人，从而取得保险合同当事人的法律地位。保险合同当事人的变化，实质上是导致原保险合同关系消灭，新保险合同关系的产生。

2. 保险合同转让，并不改变原合同关系的权利义务内容。保险合同转让是对合法有效的合同权利的让与或者义务的承担，这种转让并不变更原合同关系的具体内容，转让后的保险合同内容与转让前的保险合同内容具有同一性，只是当事人发生更替而已。

3. 保险合同转让，通常涉及两个法律关系、三方当事人，即原保险合同当事人双方之间的关系，转让人与受让人之间的关系。这两个法律关系既相互独立又密切联系。合同转让主要是在让与人与受让人间发生的，当保险合同转让因符合法律规定或合同约定的条件而发生相应的法律效果后,让与人一方将从原保险合同关系中脱离出来,受让人则取代让与人的法律地位,成为原保险合同关系的一方当事人。

(二)保险合同转让的要件

保险合同的转让,需具备下列要件,才能发生相应的法律效力:

1. 须存在合法有效的保险合同关系。保险合同转让,以存在合法有效的保险合同关系为前提条件。倘若保险合同根本就未成立或者被宣告无效,或者已经被撤销或被解除,保险合同关系便不存在。由于没有转让对象,则无所谓保险合同转让的问题。即使存在所谓的"转让"行为,也因对象不存在而归于无效,让与人应对善意受让人所受损失承担损害赔偿责任。

2. 须让与人与受让人之间达成让与合意或存在法律规定的原因。保险合同的转让,须让与人与受让人之间达成转让协议。当事人经平等协商就转让事项达成合意,且该协议应当具备合同的有效要件。否则,该转让行为为无效行为或可撤销行为,且主观上有过错的当事人应赔偿无过错方因此所受损失,受让人已接受给付或已为给付的,均应依不当得利规则处理。此外,在存在法律规定的理由时,如保险人破产、解散等,保险合同也发生转让。

3. 须符合法律规定的程序要件。由于合同转让牵涉原合同当事人的权益,根据《民法典》之规定,合同转让应当及时通知债务人或者取得原合同债权人的同意。如果合同转让未通知债务人的,该项合同转让对债务人不生效力。依我国《保险法》的规定,财产保险合同中保险标的转让的,应当通知保险人。在司法实践中,于被保险人、受让人依法及时向保险人发出保险标的转让通知后,保险人作出答复前,发生保险事故的,被保险人或者受让人亦可请求保险人按照保险合同约定承担赔偿保险金的责任。[33] 依照以死亡为给付保险金条件的人身保险合同所签发的保险单,未经被保险人书面同意,不得转让。

(三)财产保险合同的转让

财产保险合同的转让,一般是由于保险标的的转让而引起。对此,本书在第四章"保险利益原则"的相关部分已做论述,此处不再赘述。

(四)人身保险合同的转让

关于人身保险合同的转让,其情形主要有:因人寿保险单的转让而引起的人寿保险合同债权的让与;因保险人资格的消灭而引起人寿保险合同权利义务的概括承受。

1. 因人寿保险单的转让而引起的人寿保险合同债权的让与,其实质是受益人的变更。依据《保险法》第34条第2款之规定,以死亡为给付保险金条件的合同所签发的保险单,未经被保险人书面同意,不得转让。因此,经被保险人书面同意,投保人可以转让以死亡为给付保险金条件的保险单;非以死亡为给付保险金条件的人身保险合同,则无须被保险人同意即可转让。关于受益人问题,详见本书"人身保险合同"部分。

2. 因保险人资格的消灭而引起人寿保险合同权利义务的概括承受问题。与财产保险合同不同,人寿保险合同一般期限较长,并具有储蓄性。而保险人不可能永久长存,为了不因保险人资格的变化,而使被保险人或受益人的利益受到损害。我国《保险法》第92条明确规定:"经营有人寿保险业务的保险公司被依法撤销或者被依法宣告破产的,其持有的人寿保险合同及责任准备金,必须转让给其他经营有人寿保险业务的保险公司;不能同其他保险公司达成转让

[33] 《保险法解释(四)》第5条。

协议的,由国务院保险监督管理机构指定经营有人寿保险业务的保险公司接受转让。”根据该规定,保险人依法被撤销或者被依法宣告破产,是引起人寿保险合同转让的法定原因。人寿保险合同的法定转让,是为了使被保险人和受益人的合法权益免遭因保险人主体资格变化所引起的损害。此种转让行为是出于法律的规定,所以无须征得投保人一方的同意,但不得损害被保险人、受益人的合法权益。

至于人身保险合同的投保人死亡或破产时,如何设置保险合同的效力状态,我国保险立法对此尚付阙如。本书认为,在此种情形下,为投保人的继承人或破产管理人的利益考量,应使原保险合同的效力得以继续维持;同时赋予保险人提前通知该继承人或破产管理人,以终止保险合同关系的权利;而该继承人或破产管理人则有权立即终止该合同关系。当然,如果投保人与被保险人为同一人时,因保险标的不复存在,则保险合同关系终止;且如果该人身保险合同中,含有以死亡为给付保险金条件的条款,保险人应履行给付保险金之义务。

三、保险合同的解除

(一)保险合同解除的概念与特征

1. 保险合同解除的概念

所谓保险合同解除,是指保险合同有效成立之后,有效期限届满之前,保险合同当事人一方行使合同解除权,使合同关系归于消灭的单方法律行为。解除保险合同,是一方当事人的单方行为,无须依赖对方的协助,也无须与对方当事人另行达成合意,而是直接依据法律的规定或者合同的约定,一方当事人行使解除权,使保险合同关系自始或仅向将来归于消灭。有学者认为,保险合同解除,是保险合同当事人行使解除权而使保险合同自始无效的法律行为。[34]这种认识值得商榷。保险合同为继续性合同,保险合同解除,原则上不具有溯及力,而是仅向将来发生解除的效力;在例外情况下,解除保险合同具有溯及既往的效力。而且,保险合同解除的后果,并非是使保险合同“无效”,而是使保险合同的效力提前终止。

为准确理解保险合同解除,还应将其与以下相关概念加以辨别:

(1)保险合同解除与保险合同终止。保险合同解除,是导致保险合同终止的事由之一。但是,保险合同终止的事由远非合同解除一种,保险合同终止的适用范围要广于保险合同解除的适用范围,有效期限届满、完全履行和保险标的的灭失等,均是导致保险合同终止的事由。

(2)保险合同解除与保险合同无效。保险合同无效,是指已经成立的保险合同,因欠缺合同的有效要件,从而使合同根本就未在当事人双方之间发生效力。保险合同解除,以已依法成立且有效的保险合同为对象,否则,便无解除可言;解除保险合同的目的是提前终结保险合同的效力。保险合同无效与否,须经人民法院或仲裁机关裁决,当事人无权确认;而保险合同的解除,于保险合同解除条件成就之时,可由解除权人自己行使,无须他人协助。保险合同的无效为自始无效,使保险合同自成立之初,便不具有法律效力;而保险合同解除使保险合同的效力向将来消灭,仅在例外情况下具有溯及力。

(3)保险合同的解除与协议解除。保险合同解除,以合同解除权存在为前提,以解除权人行使解除权为必要。如果当事人根本就不享有解除权,则无保险合同解除可言。所谓协议解

---

〔34〕 周玉华:《保险合同法总论》,中国检察出版社 2000 年版,第 387 页。

除,是指合同成立之后,尚未履行或尚未完全履行之前,当事人双方通过协商一致,达成解除合同的协议,以使合同关系归于消灭。虽协议解除亦是终止合同关系的事由之一,但从本质上而言,协议解除并不属于狭义合同解除的范畴。保险合同解除以解除权的存在为前提条件,而协议解除是当事人合意的结果,并不以解除权的存在为前提;保险合同解除是当事人单方行为的后果,而协议解除则是双方法律行为所致的结果;保险合同解除的效力由法律直接规定,而协议解除的效力听凭当事人的意思自由。

有学者认为,保险合同在法律上没有协议解除的必要性与可能性。对投保人而言,除非有合同的事先约定或法律的强制性规定,投保人有权随时解除保险合同,而无须与保险人达成解除的合意。对保险人而言,除非享有法定解除权或者约定解除权,否则,保险人无权解除保险合同。只要投保人愿意,保险合同关系就必须维持下去,保险人没有通过与投保人达成协议从而解除合同的可能性。[35] 这一认识不无道理。

(4)保险合同解除与保险合同撤销。保险合同解除与保险合同撤销均将导致保险合同关系归于消灭,并且二者都是由于享有权利的一方当事人行使权利的结果。但保险合同解除与保险合同撤销之间也存在着明显区别:其一,保险合同解除适用于有效成立的合同,而保险合同撤销则适用于保险合同成立时当事人意思表示有瑕疵的合同;其二,保险合同解除权的产生,既可能源于法律规定,也可能出于合同约定,而保险合同撤销权的产生只能基于法律的直接规定;其三,保险合同撤销使保险合同关系自始不存在,具有溯及力,而保险合同的解除是否具有溯及力,则须视具体情况而定。

2. 保险合同解除的特征

保险合同的解除,主要具有如下法律特征:

(1)保险合同的解除,以有效成立的保险合同为解除对象。由于保险合同解除以提前消灭合法有效的保险合同的效力为目的,因此无效保险合同、可撤销保险合同及效力待定的保险合同都不能成为保险合同解除的对象。此外,如果保险合同已完全履行,也无解除可言。

(2)保险合同的解除须具备解除条件。保险合同一经有效成立,对当事人双方均具有法律约束力。因此,任何一方当事人均不得擅自解除合同。保险合同的解除必须具备解除的条件。保险合同解除权包括法定解除权和约定解除权,解除的条件也包括法定条件和约定条件两种。需注意的是,不能将保险合同的解除条件与附解除条件的保险合同所附解除条件相混淆。前者不是合同的附款,而后者是合同的附款。

(3)保险合同的解除,以解除权人行使解除权为必要。当保险合同解除的条件成就时,并不当然发生保险合同解除的后果。倘若解除权人不实施解除合同的行为,保险合同仍将继续有效存在。实施解除行为的当事人必须享有解除权,否则,不能解除保险合同。解除权受除斥期间的限制,除斥期间经过,解除权人的解除权即已不复存在。

(4)保险合同解除的后果是使保险合同关系归于消灭。但是,保险合同关系的消灭是溯及既往的消灭,抑或仅向将来发生效力?根据《民法典》之规定,[36] 合同的解除原则上具有溯及

---

〔35〕 王存:《略论保险合同的解除》,载《法律科学》1997 年第 2 期。

〔36〕 《民法典》第 566 条第 1 款规定:“合同解除后,尚未履行的,终止履行;已经履行的,根据履行情况和合同性质,当事人可以请求恢复原状或者采取其他补救措施,并有权请求赔偿损失。”

力。但是,基于保险合同继续性的特点,保险合同的解除是否具有溯及力,则不能一概而论。原则上,保险合同的解除不具有溯及力,例外情况下,才赋予保险合同的解除以溯及既往的效力。

(二)保险合同解除的要件

只有同时满足下述要件之要求,保险合同才能被解除:

1. 保险合同解除,须存在合法有效的保险合同关系。保险合同解除的对象,是有效存在的保险合同。如保险合同不成立、无效或被撤销,或者保险合同已完全履行,根本无保险合同关系存在,则无所谓保险合同解除的问题。

2. 保险合同解除,须任一方当事人享有合同解除权。基于维护交易安全,稳定交易秩序,保护当事人合法权益之考量,禁止任何一方当事人擅自解除合同。当事人解除合同,必须依法享有合同解除权,否则,解除合同便为不法。保险合同的解除同样如此,如果投保人或保险人不享有法定解除权或约定解除权,就不能通过单方法律行为解除保险合同。

3. 须当事人行使解除权的条件成就。依据法律规定或者合同约定,享有解除权的当事人,并非可以任意行使合同解除权。合同解除权的行使,受解除条件成就与否的限制。如果依据法律规定或者合同约定,当事人在某种情况下可以解除保险合同,但该情形终未出现,则条件未成就,当事人不能行使解除权。例如,依据《保险法》第 37 条之规定,在保险合同效力中止之日起 2 年内,投保人与保险人未达成复效协议的,保险人有权解除保险合同。那么,若保险合同未发生效力中止之情形,或合同虽中止但当事人双方已达成复效协议,则解除权行使的条件未能成就,保险人无权以此为由解除保险合同。

4. 须有保险合同解除权人的解除行为。在保险合同存续期限内,如果解除权行使条件成就,并不当然发生保险合同解除之后果,即保险合同并不因解除条件成就而自动解除。法定解除权或约定解除权的行使条件成就后,还必须解除权人做出具体的解除行为,否则,保险合同关系仍继续存在。例如,当保险合同效力中止之后 2 年内,双方当时未达成复效协议的,则保险人行使合同解除权的条件成就。但是,如保险人选择了放弃行使解除权,则保险合同关系继续存在,只不过保险合同的效力仍处于暂时停止状态,依然存在恢复合同效力的可能。

5. 保险合同解除须通知对方当事人。根据《民法典》第 565 条第 1 款之规定,当事人一方解除合同的,须通知对方,通知到达对方时合同解除。通知,实质上也是解除权人行使解除权的具体表现。解除权的行使是需要受领的意思表示,在意思表示到达相对人时生效。在保险合同中,解除权人行使解除权以终止保险合同关系的,也应将解除合同事项通知对方当事人,否则,不发生合同关系解除之效力。相对人对解除合同关系如有异议,可请求人民法院或仲裁机构确认解除行为的效力。

投保人解除保险合同,是否须取得被保险人或受益人的同意?对此,根据《保险法解释(三)》第 17 条之规定,投保人解除保险合同,当事人以其解除合同未经被保险人或者受益人同意为由主张解除行为无效的,人民法院将不予支持,但被保险人或者受益人已向投保人支付相当于保险单现金价值的款项并通知保险人的除外。

(三)保险合同解除权

1. 合同解除权的概念与性质

所谓合同解除权,是指合同当事人所享有的可以解除合同,从而提前终止合同权利义务关系的权利。解除权或者直接源于法律的规定而产生,或者基于当事人的约定而产生,前者称为法定解除权,后者则称为约定解除权。

合同解除权,在性质上属于形成权。因而,解除权人行使解除权,只需权利人单方为解约的意思表示即可发生解约的效力,而无须征得对方当事人同意。

2. 保险合同解除权的产生

(1)法定原因

第一,投保人的法定合同解除权。根据《保险法》第15条之规定,原则上,保险合同成立后,投保人有权随时解除保险合同。出于保险的特殊性以及保护投保人之需,保险法赋予投保人以任意解除权。但需指出的是,法律赋予投保人以任意解除权,并不意味着投保人可以为所欲为,毫无限制地行使法定合同解除权。一方面,当事人可通过合同约定对投保人的法定解除权加以制约。另一方面,法律对投保人的法定解除权也给予了相应的限制。如在货物运输保险合同和运输工具航程保险合同中,当保险责任开始后,合同当事人不得解除合同,[37]海上保险也作此规定。[38] 再如,投保人解除保险合同,往往是以保险费返还的减少为代价的。依《保险法》第54条之规定,投保人解除财产保险合同的,如在保险责任开始前,虽然保险人应当返还保险费,但投保人负有支付手续费的义务;如在保险责任开始后,对于保险责任开始之日起至合同解除之日止的保险费,投保人仍负有交付之义务,剩余部分保险人才负返还义务。无论如何,投保人解除保险合同,将导致保险费的相应扣减,使得投保人法定合同解除权的行使,须以付出一定的经济损失为代价。如此,将降低投保人解除保险合同的任意性。

第二,保险人的法定解除原因。依照《保险法》第15条之规定,除法律另有规定或保险合同另有约定外,保险合同成立后,保险人不得解除保险合同。保险人是保险事业的专业经营者,也是保险责任的承担者,应对保险合同的内容有非常专业和清晰的理解。且其与投保人缔结保险合同时,也经过了严格的核保程序。因此,保险人一旦与投保人缔结了保险合同,为满足社会大众分散危险、转嫁损失的需要,充分发挥保险的保障作用,保险人就必须切实履行保险合同义务。非依法律明文规定或者保险合同的约定,保险人不得解除保险合同。

保险人于何种情形下,才能行使法定合同解除权?作为保险合同另一方当事人的投保人(或被保险人)如果主观上有违反保险合同的过错,客观上实施了损害保险人合法权益的行为(包括作为和不作为),保险人即可行使合同解除权。保险人法定解除权,既赋予了保险人以解除合同的权利,发挥利益救济作用,又为保险人行使解除权划定范围,实现权利限制功能。[39] 我国《保险法》详细地规定了保险人法定解除权的产生原因,主要有如下情形:

其一,投保人违反如实告知义务的。投保人故意或因重大过失未履行如实告知义务,足以影响保险人决定是否同意承保或者提高保险费率的,保险人有权解除合同。但保险人在合同订立时已知投保人未如实告知的,保险人不得解除合同(《保险法》第16条第2款、第6款)。但是,如保险人在保险合同成立后知道或应当知道投保人未履行如实告知义务,却仍然收取保险费的,不能根据《保险法》之规定主张解除合同。[40]

---

〔37〕《保险法》第50条。

〔38〕《海商法》第227条。

〔39〕姜南:《保险合同法定解除制度研究》,中国检察出版社2010年版,第60页。

〔40〕《保险法解释(二)》第7条。

其二,被保险人或者受益人骗取保险金给付的。未发生保险事故,而被保险人或者受益人谎称发生了保险事故,向保险人提出赔偿或者给付保险金请求,则保险人有权解除合同,并不退还保险费(《保险法》第 27 条第 1 款)。

其三,投保人、被保险人故意制造保险事故的。当投保人、被保险人故意制造保险事故时,保险人有权解除合同,不承担给付保险金责任(《保险法》第 27 条第 2 款)。

其四,投保人、被保险人违反维护保险标的安全义务的。在财产保险合同中,投保人、被保险人未按照约定履行其对保险标的的安全维护义务的,保险人有权要求增加保险费或者解除合同(《保险法》第 51 条第 3 款)。

其五,保险标的的危险程度显著增加的。因保险标的转让导致危险程度显著增加的,保险人可以按照约定增加保险费或解除合同;在财产保险合同有效期内,保险标的的危险程度显著增加的,被保险人应当按照合同约定及时通知保险人,保险人可以按照合同约定增加保险费或者解除合同(《保险法》第 49 条第 3 款、第 52 条第 1 款)。保险标的危险程度虽然增加,但增加的危险属于保险合同订立时保险人预见或者应当预见的保险合同承保范围的,则不构成危险程度显著增加。司法实践中,认定保险标的是否构成"危险程度显著增加",应当综合考虑保险标的用途的改变、[41]保险标的使用范围的改变、保险标的所处环境的变化、保险标的因改装等原因引起的变化、保险标的使用人或者管理人的改变和危险程度增加持续的时间等因素。[42]

其六,人身保险合同中误报年龄且超过年龄限制的。投保人申报的被保险人年龄不真实,并且其真实年龄不符合合同约定的年龄限制的,保险人可以解除合同,并按照合同约定退还保险单的现金价值(《保险法》第 32 条第 1 款)。

其七,效力中止的人身保险合同逾期未复效的。人身保险合同效力中止后,自合同效力中止之日起 2 年内双方未达成复效协议的,保险人有权解除保险合同(《保险法》第 37 条)。

其八,保险标的发生部分损失且已赔付保险金的。在财产保险合同中,当保险标的发生部分损失时,自保险人赔偿之日起 30 日内,投保人可以解除合同;除合同另有约定外,保险人也可以解除合同,但应提前 15 日通知投保人(《保险法》第 58 条第 1 款)。

(2)约定原因

我国《保险法》上并未明确规定保险合同的约定解除制度。根据《民法典》第 562 条第 2 款之规定,合同当事人可约定解除合同的条件,当解除条件成就时,解除权人可以解除合同。据此,在保险合同中,投保人和保险人也可以约定解除条款,明确约定当事人可以解除合同的条件。"当事人在不违反法律强制规定或公序良俗之前提下,得于契约中任意约定,基于一定事由之发生,一方或双方据以解除契约,同时并得约定其解除权之行使期间。"[43]当约定解除权的条件成就时,当事人可通过单方法律行为,解除保险合同关系。

从保险实务看,当事人可解除保险合同的约定原因,主要是对特约条款的违反,但不以此为限。特约条款,主要是对关于保险标的的权利义务或者事实的确认或承诺所作出的特别约

---

〔41〕"郑诗琦诉三星财产保险(中国)有限公司财产保险合同纠纷案",载《最高人民法院公报》2022 年第 5 期。

〔42〕《保险法解释(四)》第 4 条第 1 款。

〔43〕梁宇贤:《保险法新论》(修订新版),中国人民大学出版社 2004 年版,第 148 页。

定,其内容与保险标的的危险状况息息相关。特约条款的意义,在于通过约定,特别强调该条款内容对当事人的约束力。如果当事人违反特约条款之规定,则保险合同得以存在的基础发生动摇甚至丧失,保险合同的效力将因此发生变动,当事人可通过约定的解除权,提前终止保险合同关系。

3. 保险合同解除权的限制

建构在"我为人人、人人为我"这一社会互助共济理念基础之上的保险制度,是现代社会配置资源的有效措施之一。它将少数人遭受不幸的意外损失,通过危险共同体,分散于社会大众,使之消化于无形,从而有助于生活的稳定和生产的恢复,实现社会安定之福祉。如果只一味重视行使保险合同解除权的自由,而忽视对其应有的限制,则势必造成保险合同当事人依一己之利,随意做出解除合同与否的决定,进而影响社会秩序的稳定。有鉴于此,现代保险立法加强了对保险合同解除权的干预,对之予以有效限制。

(1)弃权

弃权,是保险合同当事人一方放弃其依合同所享有的某项权利,通常是针对保险人抛弃合同解除权与抗辩权而言的。弃权可理解为保险人出于维系保险合同效力的利益需要,而对投保人、被保险人或受益人违反义务行为的宽宥。弃权,一旦通过明示或者默示的方式做出,即产生相应的法律后果,嗣后当事人不得再重新主张该权利。例如,保险人明知投保人未履行如实告知义务,却未进一步要求投保人如实告知,仍与之订立保险合同,则视为保险人主动放弃了抗辩权利,构成弃权,无权再以投保人违反如实告知义务为由解除保险合同。[44]

但依保险通例,凡与社会公众利益有关的权利,当事人不得随意抛弃。例如,投保人、被保险人或者受益人故意实施保险欺诈,意欲谋取保险金的,保险人若放弃合同解除权,便为法律所不许。

(2)除斥期间

除斥期间,是指权利的预定存续期间,如权利人于此期间内不行使权利,则权利即行消灭。"除斥期间之实益,在排除契约上之瑕疵,使权利义务,因此期间之经过,而复臻于确定,所以防止当事人利用法律关系之不确定,延宕时间而获取不当之利益也。"[45] 合同解除权,性质上为形成权。根据一般民法原理,形成权的存续有除斥期间的限制。除斥期间经过,形成权便归于消灭,且除斥期间为不变期间,不存在中止、中断或延长之情事。借此以维持原秩序,尽快确定当事人之间的法律关系。根据我国《民法典》第 564 条之规定,法律规定或者当事人约定解除权行使期限,期限届满当事人不行使的,该权利消灭;法律没有规定或者当事人没有约定解除权行使期限,自解除权人知道或者应当知道解除事由之日起 1 年内不行使,或者经对方催告后在合理期限内不行使的,该权利消灭。保险合同解除权同样应受除斥期间的限制,一旦除斥期间经过,当事人就不再享有合同解除权,不能再以此为由主张解除保险合同。例如,司法实践中认为,投保人违反如实告知义务时,如保险人未在法定期间内解除合同,不仅解除权丧失,且其以投保人违反如实告知义务为由拒绝赔偿的,法院不予支持。[46]

---

〔44〕 "何丽红诉中国人寿保险股份有限公司佛山市顺德支公司、中国人寿保险股份有限公司佛山分公司保险合同纠纷案",载《最高人民法院公报》2008 年第 8 期。

〔45〕 桂裕:《保险法》(新版增订),台北,三民书局 1981 年版,第 168 页。

〔46〕 "田某、冉某诉某保险公司人身保险合同纠纷案",载《最高人民法院公报》2014 年第 2 期。

我国《保险法》对法定解除权的除斥期间,有的作出了明确的规定,有的没有明确。例如,对于人身保险合同,当投保人申报的被保险人年龄不真实,并且其真实年龄不符合合同约定的年龄限制的,保险人享有合同解除权。但是,自保险合同成立之日起逾2年的,保险人便不再享有合同解除权。在财产保险合同有效期内,保险标的危险程度显著增加的,保险人有权解除保险合同,但立法上却未见对该解除权的除斥期间的规定。对此种状况,尚待立法进一步完善。保险实务中,当事人双方应尽可能地通过约定对解除权行使期限加以明确,以有效地预防纷争。

(3)解除事由的限制

某些保险合同性质较为特殊,如果当事人得任意解除合同,将造成不必要的利益损失,甚至产生不公平的结果。因此,各国保险立法均对合同解除权作出了除外规定,以限制保险合同解除之事由。例如,依据我国《保险法》第50条之规定,对于货物运输保险合同和运输工具航程保险合同,保险责任开始后,合同当事人不得解除保险合同。又如,《海商法》第227条第1款规定,除合同另有约定外,保险责任开始后,当事人双方均不得解除合同。

(四)保险合同解除的效力

合同解除的效力,在于使合同关系归于消灭。但从何时开始消灭,即合同解除是否具有溯及力,这是合同解除的一个重要问题。根据《民法典》第566条第1款之规定,合同解除原则上具有溯及力。学界通说则认为,非继续性合同的解除,原则上具有溯及力;继续性合同的解除,原则上无溯及力。就两类合同的性质而言,非继续性合同被解除时能够恢复原状;而继续性合同解除时,已经履行的给付不具有可返还性,如租赁合同。

保险合同,是典型的继续性合同。保险合同义务的履行,是在一定的持续时间内完成的,而非一时或一次性履行完毕。在保险合同的整个保险期限内,保险合同持续性地发生相应的法律效力。那么,保险合同的解除是否就必然不具有溯及力呢?本书认为,对于保险合同的解除是否具有溯及力的问题,不能一概而论。

1. 投保人解除合同时的溯及力问题

投保人解除合同的溯及力问题,因财产保险合同和人身保险合同而有差异。

投保人解除人身保险合同的,其解除的效力自始发生,使保险合同关系自始消灭,即具有溯及力。投保人解除人身保险合同的,保险人应自收到解除合同通知之日起30日内,按照合同约定退还保险单的现金价值。[47] 由于人身保险合同,尤其是人寿保险合同,属于定额给付保险合同,具有明显的储蓄性,投保人交付的保险费经过积累成为保险责任准备金,最终仍应返还给被保险人或受益人。故它不是保险人已经取得的营业利益,而是保险人对投保人的负债(就可以积累保险金的纯保费部分)。对这类合同,投保人要求解除的,法律规定解除的后果应当溯及既往,合同的效力自始消灭,保险人应当向投保人返还保险费。返还的具体数额,应当根据投保人交费的年限是否积累了一定的现金价值来决定。

投保人解除财产保险合同,其解除的效力仅向将来发生,保险合同关系自解除之日起归于消灭,即不具有溯及力。财产保险合同是典型的损失填补保险合同。当事人订立合同的目的,在于补偿被保险人因保险事故发生而遭受的实际损失。而投保人交付的保险费,则是保险人

---

〔47〕《保险法》第47条。

承担保险责任的对价。对于这类合同,投保人要求解除的,法律规定解除的效力仅向将来发生,已经作出的履行,双方不负恢复原状的义务;尚未履行的,终止履行。具体而言,法律根据保险人是否已开始承担保险责任而异其后果。保险人未开始承担保险责任的,保险人应当返还投保人已经交付的保险费,但投保人应当向保险人支付相应的手续费。因此,保险人未承担保险责任时退还给投保人的保险费是扣除手续费后的余额。保险人已经开始承担保险责任的,则有权收取相应保险期间的保险费,剩余部分返还给投保人。[48]

2. 保险人解除合同时的溯及力问题

保险人根据法律的规定,行使解除权以解除合同的,其解除的效力,因投保人、被保险人或受益人的过错程度不同,以及财产保险合同和人身保险合同的差异,而有两种不同法律后果。

(1)解除的效力溯及既往。因投保人的过失行为而导致保险人解除合同的,或者依据法律规定的情形,保险人解除人身保险合同的,其解除的效力自始发生,合同关系自始归于消灭,即具有溯及力。当事人双方就合同已经履行的部分,需要恢复到合同订立前的状态。具体包括以下几种情况:投保人因重大过失未履行如实告知义务,足以影响保险人决定是否同意承保或者提高保险费率,保险人解除保险合同的,应向投保人退还保险费;人身保险合同的投保人申报的被保险人年龄不真实,且其真实年龄不符合合同约定的年龄限制,保险人解除合同的,应向退还保险单的现金价值;人身保险合同自效力中止之日起2年内双方未达成复效协议,保险人解除合同的,保险人应按合同约定退还保险单的现金价值。

(2)解除的效力对不同的当事人而有不同。因投保人、被保险人或受益人的故意行为或欺诈行为而导致保险人解除合同的,其解除的效力对投保人一方不具有溯及力,而对保险人则具有溯及力。即保险人在这种情况下解除保险合同的,对保险人而言,解除的效力始于保险合同成立之时,保险人无须承担保险责任;对投保人而言,解除的效力则仅自解除生效时向后发生,保险人已对其为给付的,其负有返还的义务,而其已向保险人交付的保险费,保险人则无须返还。通过对同一解除行为赋予双方当事人不同的法律效力,以示对投保人、被保险人和受益人的故意行为或欺诈行为的惩戒。具体情况包括:其一,因投保人故意不履行如实告知义务,保险人解除合同的,对保险合同解除前发生的保险事故,不承担给付保险金的责任,并不退还保险费;其二,因投保人、被保险人或受益人故意制造保险事故,或者谎称发生保险事故而向保险人为保险金给付请求,导致保险人解除合同的,保险人不承担保险责任,也不退还保险费。

四、保险合同的终止

(一)保险合同终止的概念与特征

保险合同的终止,又称保险合同的消灭,是指由于一定法律事实的出现,使保险合同所设定的权利义务关系归于消灭,即保险合同的效力永久性停止。

保险合同的终止不同于保险合同的中止。终止,是使保险合同的效力永久性的停止,当事人的权利义务关系彻底归于消灭,不存在复效的问题。中止,仅是使保险合同的效力暂时停止,合同关系仍然存在,且一旦条件具备,保险合同的效力即可恢复,复效前后的合同具有同一性。

---

〔48〕《保险法》第54条。

保险合同的终止主要具有下述法律特征：

1. 保险合同终止的事由一经出现，则合同权利义务关系在法律上发生当然消灭的后果，无须当事人另行主张。保险合同终止，基于法定的终止原因，自该原因出现之日起，合同效力终止之效果立即发生。当事人既无须达成任何关于合同效力终止的合意，也不负合同消灭的通知义务。

2. 保险合同终止具有永久性。一旦具备了终止的条件，保险合同关系绝对消灭，且是永久性消灭。保险合同终止，使合同效力继续发生的基础丧失，不存在恢复合同效力的可能性。

3. 保险合同终止，一般不具有溯及既往的效力。保险合同终止后，当事人所接受的给付一般不发生返还问题。只有在保险合同因解除而终止的某些情况下，才具有溯及力，当事人须返还因合同所受利益。

(二)保险合同终止的事由

引起保险合同终止的事由，多种多样，不一而足，归纳起来，不外乎以下几方面。

1. 合同解除

当事人根据法律的规定或者合同的约定，当法定或约定的事由出现时，通过行使解除权使保险合同关系归于消灭。解除权在性质上为形成权，因此，只需解除权人单方的意思表示即可发生解除效力，不必经对方当事人同意，但解除权人须将解除合同的意思表示通知对方。

2. 协议解除

协议解除，也是保险合同中终止的事由之一。它是当事人双方通过协商，达成一个解除保险合同的协议，以终止合同权利义务关系。当事人原本并不享有合同解除权或解除权之条件尚未成就，但是，当事人双方可以通过订立一个新合同的方式，以使当事人之间的原保险合同关系完全归于消灭。

3. 有效期间届满

保险合同是一种债的关系，任何合同之债均有存续期间的限制，具有时间性。合同之债只有在约定的期限内才具有法律约束力；期限届满，合同之债则归于消灭。因保险合同有效期限届满而引起保险合同的终止，也称自然终止或届期终止。由于在保险期限内，保险事故的发生只是偶然，故届期终止是引起保险合同终止的最普遍、最基本原因。无论是长期保险合同，还是短期保险合同，但凡保险合同约定的期限届满时，当事人之间的权利义务关系就归于消灭，合同即告终止。

4. 给付义务的全部履行

给付义务的全部履行，一般是指保险人给付了全部保险金。当保险合同约定的保险事故发生或期限届满时，保险人依合同约定给付了全部保险金，保险合同即告终止。例如，当保险标的因保险事故发生而受损，保险人依保险金额给付了全部保险金，即使合同保险期限可能尚未届满，合同关系也归于消灭。

当保险合同约定保险金给付义务已全部履行时，保险合同终止。具体的履行方式，可能是一次性全部给付，也可能是分次给付，直至达到保险合同约定的保险金额。例如，财产保险合同中，保险标的因保险事故的发生而全部损毁或灭失，保险人按合同约定一次性给付保险金，合同因义务全部履行而终止。如果保险标的在保险期间内数次发生部分损失，每一次的损失都在保险金额限度内，在保险金额不变的情况下，保险人分次进行给付，当该给付的保险金已达到保险合同约定的限额时,保险人的给付义务已全部履行,则合同终止。在人身保险合同中,保险人依照合同约定的条件和方式给付全部保险金后,保险合同终止。

5. 被保险人撤销其对死亡保险的同意

以死亡为给付保险金条件的保险合同,须经被保险人同意并认可保险金额。如果被保险人以书面形式通知保险人和投保人撤销其所作出的同意意思表示的,可认定为保险合同解除。[49] 此时,保险合同关系归于消灭。

6. 保险标的灭失或被保险人死亡

此处所谓保险标的灭失或被保险人死亡,主要是指非因保险事故的缘由而导致的结果。在财产保险合同中,如保险标的非因保险事故而灭失的,保险保障的对象不复存在,被保险人丧失保险利益(保险事故也断无发生的可能),根据无保险利益无保险、无危险无保险之理念,保险合同当然终止。在人身保险合同中,被保险人非因保险事故而死亡的,使得保险事故的发生成为不可能,无危险则无保险,保险合同只能终止。例如,意外伤害保险中的被保险人因疾病而死亡。

(三)保险合同终止的后果

保险合同终止的,自终止效力发生之时起,保险合同关系绝对归于消灭,不再继续。保险合同终止的直接法律后果,即是使保险人所承担的保险责任得以免除。保险事故发生在保险合同终止发生效力后的,保险人无须承担保险责任;但是,如果保险事故发生在保险合同终止前的,保险人的保险责任则不能被免除。例如,保险标的发生部分损失,保险人终止合同的,应提前 15 日向投保人发出终止通知,保险合同自通知到达投保人后终止,如果发生保险事故,保险人将免于承担保险责任;但若保险事故发生于保险人发出通知之后投保人收到通知之前,则保险人仍须承担保险责任。

保险合同终止后,在某些情况下,保险人需向投保人退还保险费。因保险标的发生部分损失,如果当事人终止保险合同的,保险人应将保险标的未受损失部分的保险费,扣除自保险责任开始之日起至终止合同之日止期间的应收部分后,将余额退还投保人。非因保险事故,保险标的全部灭失或损毁的,保险人应向投保人退还保险费。退还的具体办法参照《保险法》第 54 条之规定。非因保险事故而致人身保险合同中的被保险人死亡的,根据投保人的交费年限,保险人应向投保人退还保险费或者返还保险单的现金价值。

案例练习

1. 从 2006 年 10 月起,投保人甲与保险人乙每年均签订一份财产保险合同。2008 年 10 月 8 日,双方又签订一份格式财产保险合同,约定乙承保甲共计 100 万元的固定资产和存货,甲应交付保险费 3 万元,保险责任期限自 2008 年 10 月 11 日零时起至 2009 年 10 月 10 日 24 时止;发生保险事故时,投保人未按照约定交付保险费的,保险人不负赔偿责任;特别约定:按照去年保单续转,保险费到账生效。同年 11 月 16 日,投保人甲交付全部保险费。

[49] 《保险法解释(三)》第 2 条。

2009年10月10日,甲、乙双方又续订了财产保险合同,其内容除保险责任期限自2009年10月11日零时起至2010年10月10日24时止外,其他内容与2008年财产保险合同一样。2009年10月31日20时,甲单位发生火灾,共计损失150万元。火灾发生后,甲当日通知保险人乙,要求勘查火灾现场,并派人交付保险费。2009年11月1日,乙以甲于火灾后才交付保险费为由,拒收保险费并拒绝勘查现场。2009年12月30日,乙向甲发送了解除保险合同通知书。

问题:

(1)甲、乙所签订的保险合同是否有效?

(2)案中所涉保险合同从何时开始生效?

(3)乙从何时开始承担保险责任?

(4)2009年10月31日发生的火灾,在甲、乙双方2008年签订的保险合同保险期间内吗?

(5)乙是否应当向甲承担给付保险金的责任?

(6)乙有权解除保险合同吗?

2. 王某2013年10月10日购买一栋别墅,价值200万元,10月15日,王某以该别墅向A保险公司投保房屋火灾保险,保险期限为1年,保险金额为200万元,并于当日交清了全部保险费。2014年2月10日,王某将该别墅以250万元的价格卖给汪某,买卖双方既没有通知A保险公司,也没有经A保险公司办理批单手续。2014年4月20日汪某将该别墅改造为高档会所,经营餐饮服务业。2014年6月10日,因意外发生巨大火灾,房屋全部被烧毁。

问题:

(1)该火灾保险合同在别墅转让后效力状态如何?

(2)汪某请求A保险公司给付保险金,A保险公司是否应当赔付?

(3)王某有权请求A保险公司给付保险金吗?

第八章　保险合同的履行

本章导读

保险合同的履行,应遵循诚实信用原则。投保人和保险人,应按照法律规定和合同约定,履行其所承担的义务。投保人的义务,主要包括交付保险费、维护保险标的安全、复保险通知、危险增加通知、出险通知、施救义务和单证提供等。保险人所负担的义务主要有签发保险单证、危险承担、通知义务、给付保险金和承担必要合理费用等。保险人的理赔程序,因险种不同而有差异。陆上保险的保险金给付请求权的诉讼时效,适用《保险法》规定;海上保险的保险金给付请求权的诉讼时效,适用《海商法》规定。陆上保险和海上保险,保险费返还请求权与保险费交付请求权的诉讼时效,《保险法》和《海商法》无特别规定,应适用《民法典》及相关司法解释之规定。

第一节　保险合同履行概述

一、保险合同履行的概念与特征

所谓保险合同的履行,是指保险合同当事人双方依照合同约定或者法律规定,全面地适当地完成各自所承担的合同义务,从而使权利人的权利得以实现的行为。保险合同的履行,是保险合同所具有的法律效力的集中体现,也是保险合同法规制的主要内容之一。

保险合同的履行,主要具有以下法律特征:

1. 保险合同的履行,通常表现为当事人的作为。履行保险合同,必须有当事人的履约行为,这是权利人的权利得以实现的条件。保险合同的履约行为通常表现为义务人的积极作为。保险合同是双务合同,投保人和保险人双方均须为一定的积极行为,以使对方当事人的权利得以实现。

2. 保险合同的履行,是当事人全面适当地完成合同义务的履约行为。履行保险合同,从本质上而言,应当是保险合同义务的全部履行。只有投保人和保险人依约定或者依法全面地、适当地履行各自所承担的合同义务,才能满足权利人的要求,最终使保险合同关系归于消灭。因此,全面地、适当地履行合同义务,是对投保人和保险人履约行为的基本要求。如果当事人完全未履行合同义务、未完全履行合同义务或履行合同义务不当,均应承担相应的违约责任。

3. 保险合同的履行,是当事人全面地、适当地履行合同义务的行为过程。保险合同是典型的继续性合同,保险合同的权利义务关系,非一次行为即可实现,而是必须继续地履行义务。

无论是投保人的履约行为，还是保险人的履约行为，都不是一蹴而就的。例如，投保汽车保险的汽车，因保险事故的发生而受有损害，保险人即应承担保险责任，但保险合同并非在理赔之后即归于消灭。此外，保险合同的当事人为完成最终的给付行为，通常还需要实施一系列的准备行为。如保险人为完成最终的理赔，须经过立案检验和现场勘查等过程。虽然履约准备行为并非合同义务的组成部分，但履约的准备行为是最终履约行为的基础，故此，其并非可有可无。

二、保险合同履行的原则

保险合同履行的原则，是指法律所规定的，保险合同的当事人在履行合同义务的过程中必须遵循的一般准则。根据《民法典》第 509 条第 1 款、第 2 款之规定，当事人应当按照约定全面履行自己的义务，并且应当遵循诚实信用原则，根据合同的性质、目的和交易习惯履行通知、协助、保密等义务。《保险法》第 5 条也要求合同当事人行使权利、履行义务应当遵循诚实信用原则。可见，诚实信用原则，是当事人履行保险合同的过程中应当遵循的重要原则。

诚实信用原则，是现代民商法的基本原则，其适用范围同样应包括保险合同领域。诚实信用原则是整个保险合同法的基本原则，当然对保险合同的履行也具有法律指引和评价意义。因此，投保人和保险人在行使合同权利、履行合同义务时，应当诚实无欺、恪守诺言，以最大善意地行使权利和履行义务，尊重他人的合法权益，维护国家利益和社会公共利益。

诚实信用原则作为保险合同履行的原则，具体而言，主要表现为以下四个方面的要求：

1. 实际履行。当事人必须依照保险合同约定的标的，履行自己所承担的合同义务，不能以其他标的加以替代。实际履行，既是诚实信用原则的客观要求，也是实现当事人缔结保险合同目的的主要手段。

2. 适当履行，又称全面履行或者正确履行。除非经过权利人同意，义务人应当按照保险合同所约定的标的以及质量、数量，在适当的履行期限、履行地点，以适当的履行方式，全面地履行合同义务。适当履行是对实际履行的补充和扩展。

3. 协作履行。当事人不仅应该适当地履行自己所应承担的义务，而且应基于诚实信用原则的要求，尽力协助对方履行义务。在保险合同的履行过程中，只有双方当事人相互配合、互相协作，保险合同才会得到适当履行。例如，在保险人勘查理赔的过程中，投保人、被保险人和受益人应当积极配合并协助保险人的工作，提供相关文件资料。

4. 经济合理。当事人在履行保险合同时，应当讲求经济效益，力求以最低的成本支出，获取最佳的经济效益。根据《保险法》第 57 条第 1 款之规定，保险事故发生后，被保险人应尽力采取必要的合理的措施，以防止或减少损失的扩大，即经济合理地履行保险合同的明证。

需指出的是，作为保险合同履行的原则，诚实信用原则的特点在于评价保险合同条款及其履行效果。诚实信用原则对保险合同内容的履行评价，仅具有补充、解释和调节的作用，并不能代替保险合同的约定或者法律的规定。因此，对于保险合同有约定或者保险立法已经规定的事项，当事人应当完全按照约定或者法律规定行使权利和履行义务。[1]

---

〔1〕 邹海林：《保险法》，人民法院出版社 1998 年版，第 167 页。

三、保险合同的同时履行问题

双务合同的当事人双方互负对待给付义务,基于“与则为取”之理念,一方当事人之所以履行给付义务,在于取得对方的对待给付。在双务合同中,如果法律没有特别规定履行顺序,合同也没有特别约定当事人履行的先后,当事人双方应当同时履行合同义务,任何一方在自己没有履行义务时,都无权请求对方履行,否则被请求方可行使同时履行抗辩权。

保险合同是双务合同,投保人的缴纳保费义务和保险人的危险承担义务互为对待给付。那么,保险合同能否同时履行?有学者基于保险人的保险责任为具体的给付保险金的义务之认识而提出,保险合同一成立,投保人即负有交付保险费的义务,故其义务履行在先;而保险人所承担的给付保险金的义务何时开始履行,则完全取决于保险事故或事件是否发生,故其义务的履行必然在后。[2] 且“保险契约之要保人有先为保险费给付之义务,不得依民法之规定主张同时履行抗辩权”。[3] 据此,保险合同不存在同时履行问题。

本书认为,保险合同能否同时履行,其关键在于如何理解保险人的义务。持金钱给付说的学者认为,保险人的义务为具体的给付保险金的义务。保险人所负义务以约定保险事故的发生或者约定的期限届满为条件,因此,保险人给付保险金的行为是附停止条件的法律行为。金钱给付说注重将保险事故发生或约定期限届满时具体给付保险金的义务,理解为保险人的义务,较为片面,不足以涵盖保险的全部功能及精义。本书认为,保险人所负义务为危险承担义务。保险人的义务并非仅仅始于保险事故发生或约定期限届满之时,而是在整个保险期限内,保险人均无条件地负有承担危险的义务。实际上,保险事故发生之前或者约定期限未届满之时,保险合同所提供的保险保障已具有经济上及精神上的价值。如果仅将保险人的义务限定为具体的金钱给付义务,在保险合同有效期限届满后,如果保险事故未发生,因为保险人没有履行给付保险金的义务,那么,保险人受领保险费就未付出相应的对价,缺乏正当性根据。故而保险人无权收取保险费,已经收取的保险费还应当返还投保人。且由于不存在对待给付关系,甚至保险合同的双务性也会发生动摇。如此推论下来,显然有悖于保险制度的基本原理。根据我国《保险法》第 14 条之规定,保险合同成立之后,投保人按照约定交付保险费,保险人则按照约定的时间开始承担保险责任。由此可见,对于保险合同义务的履行时间,法律并未强行规定有先后之别,当事人享有自治权。因此,如果保险人和投保人在保险合同中没有特别约定履行义务的先后顺序,当事人双方应当同时履行各自所负的合同义务。

四、保险合同的强制履行问题

强制履行,是指一方当事人不履行合同时,另一方有权请求人民法院强制违约方依约履行合同义务。依法有效的合同,对当事人双方均具有法律约束力。如果任何一方当事人拒不履行自己所负的合同义务,另一方可以诉诸法院,请求法院以公力强制违约方履行义务。

保险合同由于自身的特殊性,其强制履行问题有别于一般合同。由于被保险人和受益人分别是财产保险合同和人身保险合同的保险金受领权人,因此保险金给付请求权同样由被保险人和受益人行使。保险人给付保险金是有条件的,只有在保险事故发生或约定的期限届满

---

〔2〕 庄咏文:《保险法教程》,法律出版社 1986 年版,第 52 页。

〔3〕 梁宇贤:《保险法新论》(修订新版),中国人民大学出版社 2004 年版,第 28 页。

时，保险人才履行具体的给付保险金的义务。在此条件成就前，被保险人和受益人无权请求保险人给付保险金，更谈不上请求强制保险人履行的问题。保险人的强制履行请求权，一般表现为保险人请求投保人交付保险费。投保人拒交或迟延交付保险费时，保险人能否请求强制履行，因险种不同而有差异。

按照保险立法的通例，不能以诉讼方式请求交付的保险费，仅限于人寿保险的保险费。因为健康保险、意外伤害保险在性质上和财产保险一样，都属于损失填补保险，其保险费均为获取保险保障所支付的对价，不具有投资的性质，故而保险人也可以诉讼方式请求投保人交付保险费。有学者指出，人寿保险的保险费不得以诉讼方式请求交付，基于下列三点理由：人寿保险有关人格权，不可勉强；人寿保险原则上视若投资（储蓄），并听任投资人的自由；第一期保险费如不支付，契约效力不开始，以后陆续到期的保险费如不支付，经过一犹豫期（通常为一个月），效力即停止，保险人并无损失。〔4〕 我国2002年《保险法》修正时，扩大了不得以诉讼方式请求交付保险费的保险险种的范围，规定所有人身保险的保险费均不得以诉讼方式请求支付。2009年《保险法》修订时，明确限缩保险人不得以诉讼方式请求投保人支付保险费的险种范围，将其限定为人寿保险。因此，依据我国现行立法之规定，法律禁止保险人以诉讼方式请求人寿保险保险费的交付。〔5〕 因此，对于人寿保险的保险费不得强制履行。而对于人寿保险以外的其他险种的保险费，保险人可以任何合法的方式请求投保人交付，包括强制履行在内。

有学者进一步认为，从立法意旨而言，寿险之保费不得以诉讼方式请求给付，系指第二期以后的保险，对于第一期保险费，应视为既得债权，保险人于保险合同成立后仍得以诉讼方式请求给付。〔6〕《意大利民法典》即其适例，该法典在“人寿保险”部分规定，如果投保人没有支付第一年的保险费，保险人得自保险费到期之日起的6个月内就合同的履行提起诉讼；如果保险费是分期付款的，也适用该规定。〔7〕 可见，对于人寿保险的保险费，保险人并非绝对不能以诉讼方式请求投保人交付。

第二节 投保人义务的履行

投保人是保险合同的当事人，应当按照法律的规定和合同的约定，履行其所承担的义务。投保人的义务，主要包括交付保险费的义务、维护保险标的安全的义务、通知义务和施救义务等。

一、交付保险费义务

保险合同是有偿合同。在保险合同中，投保人付出的代价一般是金钱，称之为保险费。保

〔4〕 桂裕：《保险法的理论基础》，载梅仲协主编：《二十世纪之社会科学 法律学》，台北，正中书局1962年版，第238页。
〔5〕《保险法》第38条。
〔6〕 江朝国：《保险法基础理论》，中国政法大学出版社2002年版，第197页。
〔7〕《意大利民法典》第1924条。

险费一般仅限于金钱形式。保险费是投保人为转嫁风险,而交付给保险人,作为保险人承担保险责任的对价。对保险人而言,保险费是其保险基金的来源。倘若没有保险基金的积累,保险人便无资力对被保险人因出险所受的损失予以填补或承担定额给付的责任。基于保险费的重要意义,无偿保险既有违保险基本原理,也有损危险共同体的合法权益。如果当事人在保险合同中没有交付保险费的约定,则保险合同无效。交付保险费,是投保人的主要合同义务。在保险合同成立后,投保人应当按照合同所约定的数额、期限、地点和方式,向保险人交付保险费。

(一)交付义务人

投保人是与保险人相对应的保险合同相对方当事人,负有交付保险费的义务。故而,我国《保险法》第10条明确规定,投保人是按照保险合同负有交付保险费义务的人。《日本保险法》第2条亦作如此规定。无论是为自己利益订立的保险合同,还是为他人利益订立的保险合同,投保人均为保险费的交付义务人,当无疑义。投保人如果不交付保险费,保险人因此而享有对投保人的抗辩权,保险人也可以之对抗被保险人和受益人。交付保险费,投保人既可以亲自为之,也可以委托他人代为交付。

根据保险通例,保险费除可由投保人自己交付外,也可以由有利害关系的第三人交付。〔8〕所谓有利害关系的第三人,是指利益受保险费交付与否所产生的效果影响的人,如投保人的债权人、继承人、被保险人或人寿保险中的受益人等。对于利害关系第三人所为的保险费给付,保险人不得拒绝受领,也不能因此主张保险费未交付。我国司法审判实践中,认可利害关系第三人代为交付保险费的行为之效力。〔9〕此外,由于利害关系第三人并非交付保险费的义务人,其交付保险费的行为,性质上仅为任意性行为,并不因交付而成为交付义务人。保险人也不因此而对利害关系第三人享有交付保险费的请求权,仍然只能对投保人为交付保险费的请求。

(二)保险费的数额

保险费的数额,在保险合同成立之时就须确定。保险费的具体数额,以当事人双方约定的保险金额为基础,依据保险人单方面确定的保险费率计算,并载明于保险合同中。约定的保险费额,非经当事人合意,不得任由当事人一方的意思随意增加。〔10〕当然,在保险合同的存续期限内,保险费的数额也并非一成不变,它可能随危险程度的增减变化而相应发生变化。在财产保险合同有效期内,如果保险标的的危险程度显著增加的,保险人有权要求增加保险费或解除保险合同;如果保险标的的危险程度或保险价值明显减少的,保险人应当降低保险费。

(三)交付方式

根据我国《保险法》第35条的规定,保险费的交付方式,可分为一次性交付和分期交付两种。所谓一次性交付,就是一次性付清全部保险费。所谓分期交付,则是将保险合同期间,分为几个付费期间,义务人按期交付一定数额的保险费。具体采取哪一种交付方式,可由当事人在保险合同中约定。通常,保险期间较短者适用一次性交付方式,如货物运输保险、责任保险

---

〔8〕例如,《德国保险合同法》第34条第1款规定:"保险人应得到期之保险费、为第三人利益之保险或其他保险人基于保险合同应得之给付,被保险人、第三受益人以及抵押权人均可以代为履行,保险人不得依《民法典》的规定加以拒绝。"

〔9〕《保险法解释(三)》第7条。

〔10〕梁宇贤:《保险法新论》(修订新版),中国人民大学出版社2004年版,第119页。

等各种财产保险、旅游保险等；保险期间较长者，如人身保险，则大多约定以分期交付方式交付保险费。保险费的交付应符合合同约定的方式。

在人身保险合同方面，根据我国《保险法》第36条第1款之规定，合同约定分期交付保险费的，投保人支付首期保险费后，除合同另有约定外，投保人自保险人催告之日起超过30日未交付当期保险费，或者超过约定的期限60日未交付当期保险费的，合同效力中止，或者由保险人按照合同约定的条件减少保险金额。

原则上，保险费应当以现金方式交付，除非合同中约定或据保险惯例可采用票据方式支付，否则，保险人可以拒绝受领。如果保险合同约定或者依习惯，投保人可以票据代替现金交付保险费，保险人不得拒绝。但是，在票据未获承兑时，保险人可以放弃票据上的权利，而主张保险费未交付的法律效果。

（四）交付期限

保险费的交付期限，依合同自由原则，可由当事人约定，投保人应在合同约定的时间内交付。如果保险合同未有约定，则在保险合同生效之后，投保人即应向保险人交付；保险人也有权请求投保人交付，投保人在被请求交付之后，如仍未履行交付义务的，则构成给付迟延。保险合同约定一次性交付的，投保人应于保险合同成立时一次性付清全部保险费。例如，根据《中国保险行业协会机动车商业保险示范条款（2020版）》第5条第2款之规定，除当事人另有约定外，投保人应在保险合同成立时一次交清保险费。保险合同约定分期交付的，投保人应当按期交付各期保险费。

保险合同是诺成性合同，不以保险费的交付作为保险合同的成立要件，而以保险费交付的约定作为保险合同的有效要件。但在保险实务中，当事人多约定以保险费的交付作为保险人承担保险责任的开始时间。

（五）交付地点

关于保险费交付的地点，《德国保险合同法》第36条明确将保险费交付地设定为投保人住所地，当投保人为其职业活动投保且营业地与住所地不一致时，则以营业地为保险费交付地。而我国《保险法》对此未设明文规定。根据民法原理，债务的履行地点有债权人住所地主义（赴偿债务）与债务人住所地主义（往取债务）之别。对于赴偿债务，债务人须到债权人所在地履行债务；对于往取债务，债权人须到债务人所在地接受债务人的履行。金钱债务一般属于赴偿债务。依照法律规定，给付货币债务的履行地点不明确的，在接受货币一方所在地履行。[11] 因此，像其他债务人一样，投保人有义务联系其债权人——保险人，并在保险人的营业所在地交付保险费。

当然，对于保险费的具体交付地点，当事人于合同中有约定的，应从其约定。在保险实务中，保险费的交付方式不同，也会涉及不同的交付地点。对一次性交付或者分期交付的第一期保险费，一般由保险人派人到投保人所在地收取，此时债务属于往取债务；分期交付首期以外的各期保险费，一般由投保人到保险人的营业所在地交付，又属于赴偿债务。实务中还存在保险人派员到投保人所在地收取每一期保险费的情况。

---

〔11〕《民法典》第511条第3项。

(六)交付对象

保险费应向保险人,或者享有代理权能代表保险人接受交付的代理人交付。保险人是享有保险费债权之人,因此,保险费应向保险人交付。如果当事人双方约定,保险费必须向保险人特定的营业所交付,则保险费只有交付于该营业所才发生交付的效力。反之,如果当事人双方没有特别约定保险费应交付于何处的,则投保人可向保险人的任何营业所履行交付保险费的义务,该所收受保险费之后,保险费交付即已完成。保险人便不得以保险费未到达总公司为由,主张保险费未交付。

至于代理人,"具体来讲,备有承保人签发的正式收据的代理人、有权订立临时保险合同的代理人、有权订立新的保单或者续签旧保单的代理人都有权(默示的实际或表面代理权)为承保人接受保险费"。[12] 我国立法并没有对可以代理保险人收取保险费的代理人有明确限制。因此,无论是专业代理人、兼业代理人,还是个人代理人,都可以代理收取保险费。如果当事人之间没有特别约定,保险费交付于保险代理人的,直接对保险人发生交付的效力。实务上,保险人可对其代理人代理收取保险费的权利进行限制,但这种限制非经公示,不得对抗善意第三人。

二、维护保险标的安全义务

投保人与保险人缔结保险合同,并非为保证保险事故绝对不发生,除为获取出险后的保险金保障外,也意图通过保险人的专业协助,以防范和化解风险,避免或减少损失的发生。保险人也从初始单一的事后补救,转而积极致力于事前预防。另外,由于保险合同的存在,虽保险标的仍处于投保人、被保险人的控制之中,但保险标的的危险已然转嫁,信息的不对称将会诱使投保人、被保险人疏于防范、怠于保管。因此,现代保险法大多为投保人、被保险人设定了维护保险标的安全的义务(也称防灾减损义务)。我国《保险法》第51条第1款规定,被保险人应当遵守国家有关消防、安全、生产操作、劳动保护等方面的规定,维护保险标的的安全。可见,维护保险标的安全是投保人的合同义务之一。

(一)维护保险标的安全义务的适用范围

诚如有学者所言,维护保险标的安全的义务是各种保险的投保人和被保险人的法定义务,不宜只取决于当事人是否约定该义务,而应规定在保险通则,成为各种保险投保人及被保险人的共同义务,以免挂漏。[13] 关于维护保险标的安全义务之规定,我国《保险法》虽将之置于"财产保险合同"部分,但此项义务同样应当适用于人身保险合同。在人身保险合同中,投保人、被保险人也负有须注意安全,避免发生人身伤亡的义务。这不仅符合保险制度原理,也是保险合同关系的本质要求。

(二)维护保险标的安全义务的履行

1. 投保人和被保险人应主动履行维护保险标的安全之义务。投保人、被保险人应自觉遵守国家有关安全、消防、劳动保护和生产操作规程等方面的规章制度,积极采取有效措施,控制和预防风险,维护保险标的的安全。在保险实务中,各险种的保险条款常常针对相应的保险标

---

〔12〕[英]默科姆·A.克拉克:《保险合同法》,何美欢、吴志攀等译,北京大学出版社2002年版,第304页。

〔13〕刘宗荣:《保险法》,台北,三民书局2021年版,第247页。

的，就对其安全的维护，规定具体的防范措施。

2. 由保险人协助投保人和被保险人，共同加强风险管理，防止损失的发生或者扩大。在保险合同的存续期间内，出于维护双方当事人利益的考虑，保险人根据保险合同的约定，有权对保险标的的安全状况进行检查，及时向投保人、被保险人发出消除不安全因素和安全隐患的书面建议，如改善消防设备等。在必要的情况下，为维护保险标的的安全，经由被保险人同意，保险人可直接对保险标的采取合理的安全防范措施。[14]

（三）违反义务的法律后果

根据《保险法》第 51 条第 3 款之规定，如果投保人、被保险人未按照约定履行其对保险标的安全应尽的责任，违反了维护保险标的安全的义务的，保险人有权要求增加保险费或者解除保险合同。即在此种情况下，法律赋予保险人以选择权，其可以要求投保人增加保险费，也可以选择解除合同，从而脱离合同关系的约束。

值得注意的是，保险事故如因投保人或被保险人未履行维护保险标的安全的义务而发生，保险人是否有权拒绝承担给付保险金之责任？我国立法对此未设明文规定。建议对此予以修订，在必要的情况下，赋予保险人以拒赔权，以更好地促进维护保险标的安全义务的履行，增强制度的可操作性。

三、复保险通知义务

保险之目的在于分散危险，填补损失，而不在于使人获利。复保险的存在，则可能使被保险人获得超过实际损失的保险金，从而违反了保险法禁止不当得利的意旨。因而，借助通知义务，使投保人将复保险的事实通知给各保险人，以免在保险事故发生后，各保险人所给付的保险金总和超过被保险人所遭受的实际损失。在复保险中，对投保人课以通知义务，已成为保险立法通例。我国《保险法》第 56 条第 1 款也明确规定，复保险的投保人应当将复保险的有关情况通知各保险人。对此，本书在第五章“损失填补原则及其应用”的相关部分已做分析，此处不再赘述。

四、危险增加通知义务

（一）危险增加的含义

所谓危险增加，是指当事人在订约之际未曾预见，但在保险有效期间内，作为保险合同基础的原危险的状况发生了变化，使保险标的受损的可能性增加。例如，人身保险的被保险人在保险合同成立后，放弃程序员工作而成为一名职业消防员，其实际发生人身伤亡的可能性将加大；投保火灾险的房屋一侧新建存放烟花爆竹的仓库。如果危险在订约之际业已预见或者应当预见，就不构成危险的增加。如人寿保险的被保险人，在订约之后身患疾病。因为生老病死是人生的自然规律使然，缔约后患病是订约之初就应当预料到的情形。

判断某一情事的变化是否构成为“危险增加”，须同时满足以下要件：（1）重要性。即危险已严重到足以使保险人要么提高保险费，要么解除保险合同的程度。如果危险的加重程度轻

---

〔14〕《保险法》第 51 条第 2 款、第 4 款。

微,并未动摇当事人之间的对价平衡关系,投保人无须履行通知义务。故此,我国《保险法》特意强调通知义务履行条件为危险程度“显著”增加。(2)持续性。即危险改变这一状况须持续一段时间,如果危险只是一时的状态,继而又回复原状的,则不构成为危险增加。例如,汽车的刹车短暂失灵,嗣后修复,这一情形即不必通知。即便日后该车出险,也和该次刹车短暂失灵所引致的危险增加无关。(3)不可预见性。即危险增加必须是当事人订约之初未曾预料到,未被保险人估算在危险之内。如果该危险状况已经计算在内,则不影响对价平衡关系,所以,不称其为危险增加。在司法审判实践中,对于“危险程度显著增加”的认定,则须结合保险标的用途的改变、保险标的使用范围的改变、保险标的使用人或者管理人的改变等多种因素加以综合考量。[15]

(二)危险增加通知义务的意义

根据《保险法》第52条第1款之规定,在合同有效期内,保险标的的危险程度显著增加的,被保险人应当按照合同约定及时通知保险人,保险人可以按照合同约定增加保险费或者解除合同。危险增加通知义务的法理依据为情势变更原则。订约之际,基于最大诚实信用原则和评估危险的需要,投保人负有如实告知义务,使保险人知悉将要承保危险的状况,以决定是否承保及应收取的保险费。保险合同是继续性合同,保险合同成立后,在其效力持续期间,如果发生危险增加之情事,就打破了原先当事人之间的对价平衡关系。“为调整(变更)契约之内容,资料之提供乃首要之条件”,[16]投保人或被保险人在知悉危险增加后,应通知保险人,使保险人得以重新评估危险,平衡当事人之间的对价关系,以求公平。

(三)危险增加通知义务的适用范围

关于危险增加通知义务,我国《保险法》将之规定于“财产保险合同”部分,那么,该义务适用于财产保险合同当无疑问。但对于人身保险合同是否适用,法律没有规定。按照危险增加通知义务的立法意旨来考量,该义务应当同样适用于人身保险合同。况且在人身保险合同成立后,危险增加的情况是客观存在的,如被保险人从事了更危险的工作等,为维护对价平衡关系和公平起见,不应否定危险增加通知义务在人身保险合同中的适用。具体就保险实务而言,在损失填补性质的人身保险合同中,往往均有危险增加通知义务的约定,客观上也使其适用范围得以拓宽。

(四)通知义务人

根据我国《保险法》第52条之规定,负有危险增加通知义务之人为被保险人。在保险合同成立后,无论投保人是否同时为被保险人,一般情况下,财产保险的保险标的均处于被保险人的实际占有控制之下,对保险标的异动较为清楚;人身保险的被保险人对自身面临风险的变化也是最为了解。因此,使被保险人负担危险增加通知义务合情合理。

当投保人与被保险人不是同一人时,危险的增加可能已为投保人所知悉,而被保险人对此尚一无所知,或者危险的增加纯粹由于投保人的行为而引起,则应使投保人履行危险增加的通知义务。投保人履行危险增加的通知义务,与被保险人履行该通知义务发生相同的法律效果。

---

〔15〕《保险法解释(四)》第4条第1款。

〔16〕江朝国:《保险法基础理论》,中国政法大学出版社2002年版,第239页。

（五）通知的方式

投保人和被保险人履行危险增加的通知义务，应采取何种方式？我国《保险法》没有明文规定。根据私法自治原则，当事人可在合同中对此加以约定。当事双方如有约定，则从其约定；如无约定，则不论以口头形式，还是以书面形式为通知义务，均为有效。

（六）通知的时间

凡是在保险合同的有效期间内，发生了危险增加的情况，义务人均应履行通知义务。就具体的通知时间而言，根据我国《保险法》之规定，义务人应当“及时”通知保险人。如果危险的增加是由投保人或者被保险人的行为所引起，义务人应事先通知；如果危险的增加不可归责于投保人或被保险人的行为，义务人应于知晓危险增加后，立即通知保险人。当然，对于通知的时间，当事人双方可于合同中加以具体约定。

（七）义务的免除

保险合同成立后，保险标的面临的风险千变万化。义务人应将危险增加事宜通知于保险人，此为原则，但绝不意味着投保人或被保险人对所有关于危险增加的事项均负有通知义务。

按照保险惯例，在下列情况下，可免除投保人和被保险人的通知义务：(1)轻微的危险增加，即危险的增加不影响保险人的负担的；(2)为保护保险人的利益而致危险增加的；(3)为履行道德上的义务而使危险增加的；(4)危险增加为保险人已知或应知的；(5)危险增加经保险人声明不必通知的。

（八）违反通知义务的法律后果

多数大陆法国家在立法上，据当事人主观上是否具有可归责性，将危险增加区分为主观危险增加与客观危险增加。所谓主观危险增加，是指危险状态的增加，是由投保人或被保险人的行为所引致，或者虽非由其所引致，但其知悉该状况后可以消除该危险。所谓客观危险增加，是指非由投保人或被保险人所引致的危险状态的增加，并且投保人或被保险人在知悉该状况后也无法消除该危险。这一做法较为合理，其可取之处在于：区分投保人或被保险人的主观因素的差异，以便设置不同的法律后果。

我国立法上并未作如此区分，也即违反通知义务法律后果的设定与当事人主观心态无关。首先，在义务人将危险增加的事项通知保险人之后，保险人可综合考虑危险的具体增加程度，从而选择是增加保险费以继续承保，还是解除保险合同。但在受领危险增加的通知后，如果保险人未作任何表示，仍按合同原定保险费收取保险费或者于出险后按约定给付保险金的，则视为保险人放弃上述权利，嗣后不得再以此为由，主张增加保险费或者解除保险合同。其次，投保人或者被保险人违反危险增加通知义务，即应通知而未为通知的，如果因危险的增加而导致保险事故发生的，则保险人不承担保险责任。

五、出险通知义务

所谓出险通知义务，即保险事故发生的通知义务，是指在保险合同有效期内，合同所约定的保险事故发生后，投保人、被保险人或者受益人应当将出险事实告知保险人。保险事故发生后，为使保险人能够及时采取必要措施以防止损失扩大，减轻损失，从速保全证据，勘查事实，确定损失程度，也为使得被保险人、受益人迅速获得理赔，投保人、被保险人或者受益人应将保险事故发生的事实通知保险人。为此,我国《保险法》第 21 条第 1 款明文规定,投保人、被保险人或者受益人知道保险事故发生后,应及时通知保险人。

(一)通知义务人

在财产保险合同中,投保人为保险合同的当事人、缔约人;被保险人是保险合同的关系人,其既是保险事故发生时直接受损失之人,也是享有保险金给付请求权之人。除此之外,无所谓受益人问题。因为依我国《保险法》的规定,受益人制度仅存在于人身保险中。在财产保险中,被保险人即为"受益人"。因此,财产保险合同的出险通知义务,应由投保人或者被保险人履行。

就人身保险合同而言,受益人才是享有保险金给付请求权之人,且当投保人和被保险人为同一人时,可能因为人身保险事故的发生,造成投保人伤亡,而无法或者无人履行通知义务。故除使投保人和被保险人负有出险通知义务之外,受益人亦是人身保险出险的通知义务人。也有学者认为,使受益人负担出险通知义务,与受益人在合同中的地位相悖,因此,受益人原则上不负出险通知义务,仅在投保人、被保险人丧失通知能力的情况下才负出险通知义务。[17]

(二)通知期限

保险事故发生后,义务人应于何时通知保险人出险事宜?对此,有两种不同的立法例:(1)明确规定义务人应于一定期限内通知保险人。关于具体的时限,有的规定为 3 日或 5 日,有的规定为 10 日,如《意大利民法典》第 1913 条之规定;(2)要求义务人从速通知保险人,而不规定具体的时限,如《日本保险合同法》第 14 条之规定。前者规定了具体的时限,虽然较为明确,便于操作,但也正是由于太过明确的特点,使其失去了应有的弹性,无法涵盖实务中所有可能出现的各种复杂情况。例如,义务人所在地通信设施欠发达或者因为传达人的过失导致保险人未能及时获取信息而逾期等。后者虽然欠明确,但却颇具弹性,更能涵盖保险事故发生后的一切具体情形。出险后,义务人倘若能够及时通知,即应及时为通知义务。如果怠于通知,则有违诚实原则,构成义务的违反。反之,如果将通知时限具体规定为 3 日或 5 日内,出险后义务人本来能够于当天通知保险人,却拖延至第五天方为通知,虽不构成义务的违反,却实际上造成了保险人无法及时收集证据,无法防止损失的扩大。这种状况与出险通知义务的立法本意不相吻合。故而在英美等国的保险实务中,出险通知义务的期限均规定为"立即"(immediately)或者"尽快"(as soon as possible),甚至于保险事故发生后一年,义务人才通知保险人的,仍然被法院裁决认为发生通知的效力。

我国《保险法》之规定属于后者,要求义务人应"及时"通知保险人。在我国保险实务中,双方当事人大多在保险合同中明确约定具体的通知时限,当事人有约定的应从其约定。

(三)通知事项

根据保险合同,保险人只对因合同中所约定保险事故的发生所致损失,承担给付保险金的责任。因此,通知事项应当是保险人依约应负保险责任的事故的发生。例如,死亡保险中被保险人的死亡,火灾保险中火灾的发生。保险事故发生,关系到保险人是否须给付保险金,事关重大,所以必须通知,"但只以通知发生保险事故的事实为已足,不以将损害数额一并估价

---

[17] 伍坚:《论保险法中的出险通知义务》,载《保险研究》2008 年第 5 期。

为必要”。[18]

在保险实践中，对于引起保险标的发生损失的事故，是否属于合同所约定的保险事故的范围，投保人、被保险人或受益人可能并无明确的认识，实际上这也是引发保险合同纠纷的主要原因之一。因此，不应强求义务人通知事项的准确无误，只要其通知的内容达到目的就足够了。

（四）通知方式

关于出险通知义务的履行，应采取何种方式，法律并未明确规定，因此可以任何方式为通知。但是，如果当事人事先在保险合同中约定有某种特定方式的，则应从其约定。如合同中没有约定的，义务人既可以书面方式为通知，也可以口头方式为通知，只要义务人使保险事故发生的事实到达保险人即可。但在美国，义务人通常先以电话通知保险人，然后再做成书面形式。

（五）违反通知义务的后果

就违反通知义务的法律后果而言，规定模式主要有四种：

1. 因怠于通知而导致损失扩大的，就扩大的损失部分，保险人不承担保险责任，但保险人不能据此解除保险合同。如《韩国商法》第 657 条第 2 款规定：“因保险合同人或者被保险人、保险受益人怠于第 1 款之通知义务而使损害增加时，保险人不承担补偿该增加的损害的责任。”

2. 保险人享有损害赔偿请求权和解约权。义务人应赔偿保险人由于义务人违反通知义务而使保险人遭受的损失，保险人还可以解除保险合同。如我国台湾地区“保险法”第 63 条规定：“要保人或被保险人不于第 58 条、第 59 条第 3 项所规定之期限为通知者，对于保险人因此所受损失，应负赔偿责任。”此外，依其第 57 条之规定，保险人还享有契约解除权。这一规定模式，对于通知义务人而言，委实过于严苛。

3. 保险人免于承担保险责任。保险事故发生后，通知义务人怠于通知或者不履行通知义务的，保险人可以免于承担保险责任，如《德国保险合同法》第 30 条第 2 款规定：“在投保人违反上述通知义务（保险事故发生后的通知——笔者注）的情形下，保险人可以拒绝承担保险责任，但保险人已通过其他方式及时获悉的除外。”

4. 区分通知义务人的主观过错状况，从而决定违反通知义务的法律后果。如根据《意大利民法典》第 1915 条之规定，被保险人恶意不履行通知义务或救助义务，丧失赔偿请求权；如果被保险人因其过错而未履行上述义务，保险人有权根据其因此所受损失的情况减少损害赔偿金。

我国 2002 年《保险法》对义务人违反出险通知义务的法律后果，未设明文规定。2009 年修订《保险法》时，则对这一状况进行了修改。根据《保险法》第 21 条之规定，义务人因故意或重大过失未及时通知，致使保险事故的性质、原因、损失程度等难以确定的，保险人对无法确定的部分，不承担保险责任，但保险人通过其他途径已及时知道或应当及时知道保险事故发生的除外。对此，可分为以下三点详述：

1. 保险人免除保险责任的承担。义务人未及时通知，致使保险事故的性质、原因、损失程

[18] 刘宗荣：《保险法》，台北，三民书局 2021 年版，第 246 页。

度等难以确定的,保险人可以不承担保险责任。但需注意的是,保险人免责的范围限于无法确定的部分。对于能够确定的部分,保险人则不能免责。针对该免责规定,也有学者认为,在属于第三人保险的责任保险中,该规定未顾及责任保险的公益性,对于受害第三人的保护,有所不妥。[19] 这一认识,不无道理。

2. 区分义务人的主观过错。出险通知义务的违反系义务人故意或重大过失所致的,保险人方能对无法确定的部分予以免责。义务人如果因一般过失未履行出险通知义务,保险人仍应依照约定承担保险责任。

3. 保险人免责的例外情形。保险人通过其他途径,已经及时知道或者应当及时知道保险事故发生的,则保险人不能免除责任的承担。

在海上保险中,《海商法》第236条规定,一旦保险事故发生,被保险人应当立即通知保险人,并采取必要的合理措施,防止或者减少损失;对于被保险人违反该义务所造成的扩大的损失,保险人不承担赔偿责任。可见,该规定与《保险法》的立场存有细微差别。

六、施救义务

(一)施救义务的法律意义

所谓施救义务,又称防止损失扩大义务,是指保险事故发生之后,投保人、被保险人除应为通知义务外,还需采取必要的合理的措施,以防止或者减少损失。根据保险立法通例,各国均规定投保人、被保险人应于出险后承担施救义务。我国《保险法》第57条第1款规定:"保险事故发生时,被保险人应当尽力采取必要的措施,防止或者减少损失。"施救义务是合同法上"减轻损失规则"在保险法上的具体运用,具有法定性,因此,当事人不能通过约定加以变更或排除其适用。

保险事故发生后,投保人、被保险人不能因为保险合同的存在,而对保险标的的损失听之任之,袖手旁观,更不应图谋借此获取不当利益。因为出险后,投保人、被保险人往往先于保险人知道保险事故的发生,并且保险标的处于其控制之下,其更易于及时采取必要合理措施,以防止或者减少损失。一般而言,善意投保人或被保险人此时也会设法防止或减少损失。这种行为不仅对被保险人有利,而且亦使保险人受益,是对保险这一危险共同体整体利益的维护。因此,各国保险立法均对投保人、被保险人的施救行为加以鼓励并给予保护。为此,我国《保险法》第57条第2款进一步规定:"保险事故发生后,被保险人为防止或者减少保险标的的损失所支付的必要的、合理的费用,由保险人承担;保险人所承担的费用数额在保险标的损失赔偿金额以外另行计算,最高不超过保险金额的数额。"在司法审判实践中,当被保险人请求保险人承担其为防止或者减少保险标的的损失所支付的必要、合理费用时,保险人不得以被保险人采取的施救措施未产生实际效果为由加以抗辩。[20]

(二)违反施救义务的法律后果

构成施救义务的违反,须满足下列条件:(1)义务人已知或者应知保险事故已发生。如果

---

〔19〕 李志峰:《论被保险人于危险事故后之通知义务——兼析两岸保险法及契约条款之相关规定》,载《东吴法律学报》2012年第1期。

〔20〕《保险法解释(四)》第6条。

义务人本未知且不应知保险事故已发生，也就谈不上通知义务的履行。(2)义务人客观上能够采取合理措施以防止或减少损失，但却没有采取该措施。如果义务人主观上尚未知道且不应知道保险事故发生，或者虽然已知出险，但无法采取措施以防止或减少损失，则不构成义务的违反。

义务人违反施救义务，理应承担一定的不利法律后果，否则施救义务即失去其存在的价值。我国《保险法》对此没有明确规定。根据保险通例及《民法典》合同编所设置的"减轻损失规则"[21]，投保人、被保险人如违反施救义务，无权就扩大的损失部分，请求保险人承担给付保险金的责任。

七、单证提供义务

(一)单证提供义务的法律意义

保险事故发生后，保险人为确定保险事故的发生、发生原因、赔付范围以及代位权等事项，须依赖于一些必备的资料。为此，大陆法系国家保险立法上皆设明文规定。[22]

我国保险立法同样采此立场，根据《保险法》第22条第1款之规定，保险事故发生后，请求保险人给付保险金时，投保人、被保险人或者受益人应向保险人提供其所能提供的与确认保险事故的性质、原因、损失程度等有关的证明和资料。此外，根据该条第2款之规定，如保险人认为有关的证明和资料不完整的，还可及时一次性通知投保人、被保险人或者受益人补充提供。

(二)违反单证提供义务的法律后果

违反单证提供义务之行为，主要表现为两种类型：一是提供虚假单证；二是未提供单证。

1. 提供虚假单证。保险事故发生后，投保人、被保险人或者受益人以伪造、变造的有关证明、资料或者其他证据，编造虚假事故原因或者夸大损失程度的，保险人对其虚报的部分不承担给付保险金之责任。如果保险人已经给付保险金或者支出费用的，被保险人或受益人应当退回或者赔偿。[23]

2. 未提供单证。如果义务人未提供相关单证，将发生何种法律效果？对此问题，我国《保险法》未予规定。本书认为，保险事故发生后，投保人一方的单证提供义务与出险通知义务在立法目的上具有相通之处，均有利于保险人减轻损失、从速保全证据、勘查事实、确定损失程度，也有利于被保险人、受益人迅速获得保险理赔。因此，当义务人违反单证提供义务的，可类推适用《保险法》第21条之规定。

第三节　保险人义务的履行

保险合同是一种保障性合同，保险人享有收取保险费的权利，同时应以为保险标的提供保

---

〔21〕《民法典》第591条。

〔22〕例如，《德国保险合同法》第31条第1款规定："保险事故发生后，保险人可以要求投保人提供确定保险事故发生或保险人责任范围的全部必需资料。保险人可以要求投保人提供一般情况下可以合理期待获得的相关资料。"

〔23〕《保险法》第27条第3~4款。

险保障为代价。保险人应依照约定全面适当地履行自己的义务。保险人所负担的义务主要有签发保险单证、危险承担、通知义务、给付保险金、承担必要合理费用的义务。此外,还应负有保密义务。

一、签发保险单证义务

保险合同为不要式合同,当事人双方就缔结保险合同关系达成一致意见时,保险合同即告成立,签发保险单证不是保险合同的成立要件。[24] 根据《保险法》第13条第1款之规定,投保人提出保险要求,经保险人同意承保,保险合同即成立;保险人应当及时向投保人签发保险单或者其他保险凭证。可见,签发保险单或者其他保险凭证,是保险人依法须履行的合同义务。

保险单证是保险合同的证明文件。通过签发保险单证,将投保人和保险人的约定形成书面文据。它不仅关系到合同权益的实现,是当事人行使权利和履行义务的重要依据,而且可以有效预防或者减少保险合同纠纷的发生。

保险单证也是一种债权凭证。保险事故发生后,被保险人或者受益人向保险人提出给付保险金请求时,保险人一般先要求被保险人或受益人提供保险单证。因此,签发保险单证是保险合同成立之后,保险人依法必须履行的义务。投保人和利害关系人均有权请求保险人交付保险单证。

关于签发保险单证的时间,各国保险立法少有将其具体到某一时日的。我国《保险法》也未将之具体化,而是规定保险人应当"及时"向投保人签发保险单证。所谓"及时",应是指一个合理期限。在保险实务中,当事人可以根据不同的险种予以确定。当然,投保人和保险人也可在保险合同中约定保险单证签发的具体时日。

二、危险承担义务

(一)危险承担义务的意义

危险承担义务是给付保险金义务的前提和基础,给付保险金义务是危险承担义务的具体化。保险合同是双务合同,投保人承担交付保险费的义务,保险人负有危险承担的义务。保险人给付保险金义务,则以负担危险承担义务为前提和基础。"所谓危险承担之精义,不仅显现于保险事故发生后保险人负有保险赔偿之义务——不论是填补具体损害或抽象损害,而且亦于保险契约发生效力后保险事故发生前即发挥其作用。换言之,于保险事故发生前借由保险人之危险承担,被保险人得免于精神上或经济上之忧虑"。[25] 根据我国《保险法》第14条之规定,保险合同成立后,投保人应按照约定交付保险费,而保险人则须按照约定的时间开始承担保险责任。保险合同一经有效成立,保险人就应按照合同约定的时间,负有危险承担义务。以此义务为基础,当保险事故发生时,保险人即负有具体的给付保险金的义务。危险承担义务是给付保险金义务的前提和基础,一旦合同约定的保险事故发生,保险人所承担的危险即转化为具体的给付保险金责任。

---

〔24〕"云南福运物流有限公司与中国人寿财产保险股份公司曲靖中心支公司财产损失保险合同纠纷案",载《最高人民法院公报》2016年第7期。

〔25〕江朝国:《保险法基础理论》,中国政法大学出版社2002年版,第281页。

危险承担义务，是保险人获取保险费的对价。从保险费对价的角度而言，保险人获取保险费所需支付之对价，也并非只限于保险事故发生后的保险金给付责任。保险期间届满后，保险事故未发生的，保险费仍归属于保险人而不必返还给投保人（具有储蓄性质的人寿保险除外）。也正是基于此，我国《保险法》明文规定，保险人可以按照合同约定检查保险标的的安全状况，及时向投保人、被保险人提出消除不安全因素和隐患的书面建议；且保险人为维护保险标的的安全，经被保险人同意后，还可采取安全预防措施。[26] 检查保险标的安全和采取安全措施，既是保险人权利的行使，也是其履行危险承担义务的具体表现。

（二）保险人承担的危险责任范围

随着危险的多样化和复杂化，投保人（被保险人）寻求保险保障的目的和需求也不尽一致，所投保的险种也有差异。与此相对应，保险人所承担的危险责任范围也不相同。保险人所承担的危险责任范围，可分为基本责任、附加责任和特约责任三种。

1. 基本责任

（1）因不可预料的事故或不可抗力所导致的损失，即由于投保人、被保险人和受益人以外的因素所造成的损失。不可预料的事故，是指事先不能加以确定，其发生纯属偶然的事故。例如，死亡保险合同的被保险人由于车祸而丧生。这种不幸事故的发生，不能出于投保人、被保险人或受益人的事先安排，否则便不能称为不可预料。由于不可预料的事故和不可抗力所导致的损失，是保险人承担危险的基本责任范围，而非免责事由。如果当事人在保险合同中对此加以明文限制，则依合同约定。

（2）因投保人、被保险人或者其代理人的过失所导致的损失。损失的发生，如果是由于投保人、被保险人或者其代理人的过失所造成的，保险人仍应承担保险责任。在过失的情形之下，行为人对损失的发生出于无意。如果保险人对此不承担保险责任，那么，保险的功用将大打折扣。此外，由于行为人主观上的故意所造成的损失，属于道德危险或主观危险的范畴。为避免助长不良风气，防止道德危险，遏制危险事故发生概率的提高，法律规定，因投保人、被保险人或者受益人故意行为导致保险事故发生的，保险人不承担保险责任。

（3）因履行道德上的义务所导致的损失。道德上的义务，是指法律没有强制性规定，但行为人基于善良风俗，为维护他人的合法权益，而实施的为社会所提倡的行为。例如，行为人跳入河中抢救落水儿童。履行道德上的义务，行为人的主观动机善良，并非为了图谋保险金。因此，纵使行为人主观上出于故意，保险人仍然应当承担保险责任。如人寿保险的被保险人为拯救溺水者，导致自己的人身伤亡，保险人仍应依约承担保险责任。再如，在海上货物运输保险中，因共同海损而损失的财物，虽因承运人故意而抛弃，保险人也应对此损失予以填补。

（4）因投保人或被保险人的受雇人或者其所有的物或动物所导致的损失。如伤害保险中，被保险人被自己所饲养的狗咬伤；财产损失保险中，投保人所雇用的员工不慎损伤其已投保的设备。

（5）因履行施救义务所导致的损失。在保险事故发生时，投保人、被保险人负有施救义务，如果因此而造成保险标的损失或支付了必要合理的费用，保险人须承担保险责任。

---

[26] 《保险法》第51条第2款、第4款。

2. 附加责任

在与保险人缔结保险合同时,投保人除投保某一险种外,还可以投保附加险。附加责任,是保险人承担主险的基本责任之外,就投保人投保的附加险所应承担的保险责任。例如,投保人在投保死亡保险的同时,附加意外伤害险或者疾病险。

3. 特约责任

对于上文所述的基本责任,根据投保人或被保险人的特殊需要,投保人和保险人可以通过协商约定,在基本责任的基础之上,对保险人的责任范围加以扩张。对属于除外责任或者保险人一般不提供保险保障的风险,但出于被保险人的需要,经保险人同意,可以特约责任的形式使保险人的保险责任范围扩大。例如,战争和罢工本属于除外责任,但当事人可在合同中约定,保险人须对由于战争或罢工所造成的损失承担保险责任。当事人在保险合同中对保险责任有特别约定的,应从其约定。

三、通知义务

(一)通知的意义

保险合同是诚信合同。诚实信用原则,作为民法的基本原则,具有抽象化的特性,保险法设立了各种制度使之具体化。诚实信用原则在保险法领域,初期是用来约束投保人、被保险人,使其为一定行为或不为一定行为,以便于保险人评估和控制危险。现代保险法上,诚信原则已由单方面约束投保人、被保险人扩展到同样对保险人加以制约,力求利益均衡。保险人的通知义务即是其中之一。

基于转嫁风险、消化损失的目的,投保人、被保险人有参加危险共同体,与保险人订立保险合同,从而寻求保险保障之需。同时,囿于自身保险业务专业知识的欠缺,投保人、被保险人动辄违反应尽义务,却又对此一无所知,导致丧失了保险保障。因此,法律便使保险人对某些事项负通知义务,这有利于保护投保人、被保险人的合法权益。此外,在履行保险合同的过程中,保险人为了自己行使权利或者履行义务的便利,也须将有关事项通知于投保人、被保险人或者受益人。

(二)通知事项

根据我国《保险法》之规定,保险人须履行通知义务的事项,主要表现为如下方面。

1. 陆续到期的保险费未交付的通知

根据《保险法》第36条第1款的规定,在人身保险合同中约定分期支付保险费,投保人支付首期保险费后,除合同另有约定外,投保人自保险人催告之日起超过30日未支付当期保险费,或超过约定的期限60日未支付当期保险费的,合同效力中止,或者由保险人按照合同约定的条件减少保险金额。保险合同是一种债权债务关系,交付保险费是投保人依约应履行的主要合同义务。如果投保人未交付到期保险费,则构成给付迟延。根据《民法典》第563条的规定,当事人一方迟延履行主要债务,经催告后在合理期限内仍未履行的,另一方可以解除合同。但是,基于人身保险合同的特殊性,在投保人迟延交付陆续到期的保险费时,《保险法》并未赋予保险人以合同解除权,而是允许保险人选择中止合同效力或者相应地减少保险金额。不仅如此,法律还设有关于宽限期(60天)的规定。在宽限期内,保险合同效力依旧,尚未发生中止的效力。如果在宽限期内发生保险事故,保险人仍应承担保险责任。

在人身保险中，投保人迟延交付陆续到期的保险费的，保险人须履行通知义务。结合《保险法》上的“宽限期”的制度，保险人对于投保人未交付陆续到期的保险费的，应将迟延交付的事实、宽限期及可能引起的法律后果通知投保人。如此，既有利于保护投保人、被保险人、受益人的合法权益，也有利于保险人权利的实现，更有利于预防和减少保险合同纠纷的发生。

无论人身保险合同还是财产保险合同，均得以分期付款的方式交付保险费。但是，在财产保险合同中，如发生陆续到期的保险费未交付的情况，当如何处理？保险人是否负有通知义务？对此，本书认为，根据《民法典》第 563 条关于“催告”的制度设计，保险人同样负有通知义务。经保险人催告通知后，投保人在合理期限内仍不交付已到期保险费的，保险人可选择通过诉讼方式请求交付，也可以选择终止保险合同。

2. 补充证明和资料的通知

在保险事故发生后，被保险人或受益人依照保险合同，请求保险人给付保险金时，投保人、被保险人或者受益人应当向保险人提供与确认保险事故的性质、原因、损失程度等有关的证明和资料，并依法和依约向保险人提供有关的身份证明和保险单证。对于投保人、被保险人或者受益人提供的所有资料，保险人有权予以核定。经过核定，如果保险人认为有关的证明和资料不完整或者不充分的，不能直接以此为由拒绝被保险人或者受益人的保险金给付请求。相反，保险人有义务通知投保人、被保险人或者受益人补充提供有关的证明和资料。根据《保险法》第 22 条第 2 款的规定，该通知义务应当“及时”履行，且“一次性”而非多次通知投保人、被保险人或受益人补充提供证明资料。

3. 赔付请求核定结果的通知

保险人在收到被保险人或者受益人的给付保险金的请求之后，依法应当及时作出核定。情形复杂的，应当在 30 日内作出核定，但合同另有约定的除外。经核定，如果损失属于保险责任范围之内，保险人须将核定结果通知被保险人或者受益人。保险人未及时履行通知义务，除支付保险金外，如果被保险人或受益人因此受有损失的，保险人还应承担损失赔偿责任。[27]

如果被保险人或受益人的赔付请求不属于保险责任范围的，保险人也应当自作出核定之日起 3 日内，向被保险人或者受益人发出拒绝给付保险金通知书，并说明理由。[28]

4. 保险标的部分受损时解除保险合同的通知

在财产保险合同中，保险标的发生部分损失的，自保险人赔偿之日起 30 日内，投保人可以解除合同；除合同另有约定外，保险人也可以解除合同，但应当提前 15 日通知投保人。[29] 保险标的部分受损，如果保险合同中没有相反约定，保险人有权选择解除合同。法律规定此时保险人必须提前 15 日将解除合同的决定通知投保人，一是为了便于投保人知晓保险人的意思；二是也便于投保人决定是否为未受损部分之保险标的重新寻求保险保障。

四、给付保险金义务

保险合同有效成立之后，保险人即负有危险承担义务，但保险人是否须给付保险金尚具有

〔27〕《保险法》第 23 条第 1 款、第 2 款。

〔28〕《保险法》第 24 条。

〔29〕《保险法》第 58 条第 1 款。

不确定性。给付保险金,对保险人而言,仅是一项具有不确定性的抽象义务。保险事故发生或者合同约定的期限届满之时,保险人于订约之后所负有的危险承担义务,即具体化为给付保险金的义务。“保险人负有危险承担之责任,于危险事故发生后,保险人即负有赔偿之责”,[30]被保险人或者受益人的受益权,也从期待权转化为既得权,从而可向保险人请求给付保险金。

(一)给付保险金的条件

保险人履行给付保险金的义务,须满足一定的条件:

1. 须约定的保险事件出现,包括保险合同所约定的保险事故发生,或者合同约定的期限届满。财产保险合同,以约定的保险事故发生作为保险人给付保险金的条件。人身保险合同,有的以人身保险事故的发生为给付保险金的条件,如伤害保险、疾病保险和死亡保险;有的则以约定的期限届满作为给付保险金的条件,如生存保险。

如果被保险人所遭受的损失,难以确定系由承保事故还是非承保事故、免责事由造成的,被保险人或受益人请求保险人给付保险金,因此引发纠纷时,法院可以按照相应比例支持当事人的诉请。[31]

2. 须保险事故发生于保险期间内。保险人只对发生在保险期间内的保险事故,承担保险责任。对发生在保险期间以外的危险事故,保险人无须承担保险责任。当然,保险事故的发生可能具有持续性,只要求其发生在保险期间内,而无须其亦终止于保险期间内。

3. 须保险事故的发生给被保险人造成了损失。财产保险,是损失填补性质的保险,以对特定危险所致的具体损失给予填补为目的,无损失即无保险。如果虽有保险事故的发生,但并未因此给被保险人造成任何损失,则保险人无须履行给付保险金的义务。人身保险,并不绝对以损失为给付保险金的条件,如生存保险以约定的期限届满为已足。

(二)给付数额

保险人给付保险金的数额的确定,因损失填补保险和定额给付保险而有不同。损失填补保险,旨在填补被保险人因保险事故的发生所遭受的损失。财产保险、健康保险和意外伤害保险均为损失填补保险,保险人给付的保险金以实际损失为限,实际损失以外的部分,保险人并无给付义务。同时,保险人的给付义务还受保险金额的限制,保险金只能等于或低于合同约定的保险金额,而不能高于保险金额。定额给付保险,即为人寿保险,基于人身无价的民法理念,无法估量人身保险事件发生所致的损失。因此,保险金应严格按照合同中约定的保险金额给付,既不能高于保险金额,也不能低于保险金额。

此外,由于保险金数额的确定,不仅涉及保险人履行给付义务的问题,还与被保险人或者受益人的切身利益密切相关,保险人应以保险合同为基础,就给付保险金事项,包括保险金数额的确定,与被保险人或者受益人进行充分协商,并达成给付协议。

(三)给付期限

关于保险人给付保险金的期限,如果当事人在合同中有约定的,保险人应于约定的给付期限内,向被保险人或者受益人履行给付义务。如果保险合同中没有约定给付保险金的期限,保险人应当按照法律规定的期限给付保险金。根据《保险法》第 23 条第 1 款之规定,在与被保险

[30] 梁宇贤:《保险法新论》(修订新版),中国人民大学出版社 2004 年版,第 127 页。

[31] 《保险法解释(三)》第 25 条。

人或者受益人就给付保险金事宜达成协议后 10 日内,保险人应给付保险金。逾此期限,则构成给付迟延,保险人应承担违约责任。

(四)保险金的先予给付

通常情况下,保险事故的发生,将给被保险人正常的生产或者生活秩序造成不良影响。为了保证被保险人生产秩序的重建或生活秩序的恢复,法律设立了保险金先予给付制度。根据我国《保险法》第 25 条的规定,保险人自收到给付保险金的请求和有关证明、资料之日起 60 日内,对其给付保险金的数额仍然不能确定的,则应根据已有证明和资料可以确定的数额先予支付;待保险人最终确定给付保险金数额后,再行支付相应差额。

依法律规定,保险人先予给付保险金义务的履行,必须满足法定条件,即自保险人收到给付保险金的请求和有关证明、资料之日起 60 日内,尚不能确定保险金数额。不符合该条件的,保险人不承担先予给付保险金的义务。此外,保险金先予给付,仅仅是部分给付,并不意味着给付义务的全部履行。待保险金数额全部确定后,保险人应及时补足相应的差额。

(五)给付方式

在保险实务中,保险人履行给付义务的方式,主要有以下四种:

1. 现金给付,即保险人以现金或者支票向被保险人或受益人给付其依保险合同应得的金额。在保险法上,以金钱赔偿为原则,以其他赔偿方法为例外。[32] 因此,在多数情况下,保险人都采用此种方式。

2. 修理。在汽车保险中,保险人广泛使用修理的方式以履行其保险给付义务。

3. 更换。采取这种方式时,保险人通常根据保险标的的自然损耗,从中扣除一定的折旧费用。

4. 重置。即由保险人负责重新购置与原标的物等价的物。这种方式主要适用于财产保险。采取该方式时,也应根据原标的物的自然损耗与折旧,扣减相应的金额。但在实务中一般不扣减,因此,保险人极少愿意采用该方式。而且,保险人重置的标的物与原物如果略有差别,将承担不适当履行的不利法律后果。

(六)给付迟延的后果

保险人如未依照合同约定或者法律规定的期限履行保险给付义务,则构成给付迟延,依法应承担违约责任。根据《保险法》第 23 条第 2 款之规定,保险人给付迟延的,除给付保险金以外,还应当赔偿被保险人或者受益人因此所遭受的损失。

五、给付必要合理费用义务

给付保险金,是所有保险合同中保险人依约应承担的基本义务。此外,在财产保险合同中,除须承担给付保险金义务外,在某些特定情况下,保险人还负有给付必要合理费用的义务。

(一)施救费

在保险事故发生之后,投保人、被保险人须履行施救义务,即应采取必要的、合理的措施,防止或者减少损失的发生。所谓施救费,是指保险事故发生时,投保人、被保险人为防止或者

---

〔32〕 梁宇贤:《保险法新论》(修订新版),中国人民大学出版社 2004 年版,第 127 页。

减少保险标的的损失,而采取合理必要的措施以保护保险标的而支付的费用。为鼓励投保人、被保险人履行施救义务,我国《保险法》第57条第2款明确规定,保险事故发生后,被保险人为施救所支付的必要的合理费用,由保险人承担;保险人所承担的费用数额在保险标的损失赔偿金额外另行计算,最高不超过保险金额的数额。

1.施救费的构成

(1)施救费的支出须是必要的。在保险事故发生时,投保人、被保险人为履行施救义务而支出的费用,完全是为了防止或者减少保险标的的损失,保险人对此费用应予以给付。如果费用的支出,其目的不在于防止或者减少保险标的的损失,则不能成为施救费。

(2)施救费的支出须是合理的。投保人、被保险人支出的费用,要构成施救费,除了其目的是防止或者减少保险标的的损失以外,同时还要考虑费用支出的额度。如果所支出的费用额度明显超过合理的标准,则其超出部分不构成施救费。例如,在火灾保险中,为扑灭大火,被保险人为雇人救火而花费1000元,是合理的,但如果为救火而立即购买一辆消防车,则明显是不合理的,保险人无须承担。

2.施救费的计算

施救费用,应单独计算,即与保险人应给付的保险金分开计算,且施救费最高不得超过保险金额。施救费与保险金两者均不得超过保险金额,但两者之和则有可能超过保险金额,保险人仍然应当承担。

值得思考的问题是,施救费的计算是否应受保险金额与保险价值关系的影响?对此,我国《保险法》中未设明文加以调整,而《海商法》则予以区别对待。根据《海商法》第240条之规定,当保险金额与保险价值相等时,即在足额保险情况下,施救费的最高限额以保险金额为准;当保险金额低于保险价值时,即在不足额保险情况下,除合同另有约定者外,保险人应当按照保险金额与保险价值的比例计算施救费。例如,保险标的价值10万元,保险金额为6万元,如果被保险人支出的施救费用为1万元,那么保险人应承担的施救费则为:10000(元)×60% = 6000(元)。将施救费的计算与保险金额和保险价值的关系相结合,合理且可行。因为在不足额保险中,保险人只就保险标的的部分承担保险责任,其余部分的损失由被保险人自己承担。故而在出险时,被保险人的施救行为同时兼顾了保险人和被保险人自己两者的利益,为此而支出的施救费用应当由双方按比例分摊。在保险实务中,如果当事人在保险合同有关于施救费计算之约定,则从其约定。

(二)为查明和确定保险事故的性质、原因及损失程度所支付的费用

查明和确定保险事故的性质、原因以及保险标的的损失程度,在保险中称为审核责任。审核是保险人理赔程序中一个非常重要的环节,也是保险人履行合同义务的一个必经程序。审核的最终结果,不仅关系到保险人是否承担保险责任以及承担责任的额度等重大问题,而且也涉及被保险人或者受益人的利益。因此,在保险实践中,审核一般由保险人与被保险人协商共同进行。如果保险人与被保险人对审核的内容不能达成一致意见,将会聘请有关的技术专家或者保险公估机构进行专业调查和评估。该项专业调查和评估工作的开展,无论是应被保险人的请求,还是应保险人自身的请求,为此而支出的相应费用,均应由保险人承担。为此,我国《保险法》第64条明确规定,保险人、被保险人为查明和确定保险事故的性质、原因以及保险标的的损失程度,所支付的必要的、合理的费用,应由保险人承担。

（三）诉讼或者仲裁费

在责任保险中，责任保险的被保险人因给第三人造成损害，而被提出仲裁或者诉诸法院的，除保险合同另有约定者外，由被保险人所支付的仲裁或者诉讼费用以及其他必要的、合理的费用，除当事人另有约定外，由保险人承担。[33]

六、保险人理赔程序

在合同中约定的给付保险金条件成就时，保险人须通过理赔程序向被保险人或受益人支付保险金。可见，理赔程序在保险合同中至关重要，它不仅涉及保险人义务的履行问题，而且关涉保险各方的利益实现。理赔程序，因财产保险与人身保险的不同而有所差异。在具体的保险实践中，具体的理赔程序也随保险人、险种之不同而有细微差别。但无论怎样设计理赔程序，保险人均不得损害保险消费者之利益。

（一）财产保险合同的理赔程序

1. 索赔

索赔，是指保险事故发生后，被保险人或者受益人请求保险人给付保险金的行为。索赔是被保险人或者受益人实现保险合同权益的重要步骤，也是保险合同履行的有机组成部分。

被保险人或受益人向保险人索赔时，通常需要发出出险通知、提出索赔请求、提供保险单证和相关资料证明，经保险人理赔立案并经审核后，作出是否赔付之决定。

2. 理赔立案

保险人在收到索赔请求后，应当立即查明保险单底单，核对有关单证资料。初步核对无误后，按现有材料建立理赔案，登记在理赔登记簿内，并及时安排人员赴出险现场查勘，以了解事故原因、损失大小，针对事故情况指示采取必要的施救措施。

3. 审核

立案之后，保险人对事故进行调查，对相关单证和资料证明予以审查，以确定是否应当承担保险责任。审核内容一般包括保险合同的有效性问题；确认事故是否属于保险事故；投保人、被保险人是否及时适当地履行了通知、施救、保护等义务；被保险人是否违反了保险合同中的保证条款；是否存在应对保险事故所致损害承担赔偿责任的第三人。

经审核后，如初步认定属于赔付情形的，继续理赔工作，对于尚不清楚的情况，则须继续查明。

4. 损失调查

保险人认定需赔付后，应及时开展损失调查工作。损失调查的主要方法是现场勘验，也可以通过函电了解或向专家、化验部门复证。保险人可直接安排工作人员或委托代理人至出险现场予以勘验。由于勘验之结果关系到当事人各方之利益，为公平起见，保险人也可以聘请独立的检验人负责勘验事项。

损失调查的内容主要包括下列几项：事故发生的原因及经过、施救工作、损失结果、收集有关第三人须承担损害赔偿责任的证据。现场勘验完成，检验人应制作并提交勘验报告。

5. 责任审核

保险人依据被保险人所提供的索赔单证、资料，以及损失调查结论，最终确定是否承担保

[33]《保险法》第66条。

险责任。对于拒赔案件,则须充分说明理由。

保险事故发生后,有的保险人作为专业理赔机构,基于专业经验及对保险合同的理解,明知或应知保险事故属于赔偿范围,在无法律和合同依据的情况下,故意隐瞒被保险人可获得保险赔偿的重要事实,对被保险人进行诱导,从而达成销案协议。对此,司法裁判认为,保险人违背诚信构成保险合同欺诈,被保险人的意思表示不真实,可请求法院撤销该销案协议。〔34〕

6. 核算损失及支付

保险人在确定须承担保险责任之后,根据被保险人所提供的索赔资料或证物,进一步核对损失清单,核算损失的数额,以决定赔偿的数额。损失核算完成,编制赔款计算书,填制赔付收据,在法律规定的期限(达成赔付协议后10日内)或合同约定的期限内,〔35〕向被保险人支付保险金。

7. 损余处理

在财产保险中,保险事故发生后,保险人已支付了全部保险金额,且保险金额等于保险价值的,则受损保险标的的全部权利归于保险人;保险金额低于保险价值的,保险人则按照保险金额与保险价值之比例取得受损保险标的的部分权利。〔36〕保险人可自由处分归属于自己的保险标的。

8. 代位追偿

如保险事故因第三人对保险标的的损害而造成,保险人自向被保险人给付保险金之日起,在给付保险金的额度内代位行使被保险人对第三人的损害赔偿请求权。〔37〕

(二)人身保险合同的理赔程序

人身保险合同约定的给付保险金条件成就后,按照下述步骤理赔。

1. 保险金申请

保险金申请,是指人身保险合同的被保险人或受益人行使保险金给付请求权,要求保险人依照合同约定给付保险金的行为。首先,申请人须填写保险金给付申请书。其次,申请人须向保险人提交有关保险单证和资料证明。

2. 立案登记

保险人在收到申请人的请求后,按照固定程序对保险事故进行登记,填写出险登记簿,对相关事件进行记录。记录内容主要包括报案时间、被保险人姓名、保单名称及号码、事故发生时间、地点等,及时抄录相关保险单、批单副本,以完成保险事故的登记立案。

3. 单证审核

出于风险防范目的,保险人在收到保险金给付申请后,须立即进行单证审核,以决定是否赔付。

审核的主要内容包括以下几点:申请人所提交的保险合同、申请书等单证资料的真实性和有效性;申请人在索赔时与被保险人之间的关系,被保险人是否受有损害;投保时是否具有可

---

〔34〕“刘向前诉安邦财产保险公司保险合同纠纷案”,载《最高人民法院公报》2013年第8期。

〔35〕《保险法》第23条第1款。

〔36〕《保险法》第59条。

〔37〕《保险法》第60条第1款。

保利益;被保险人的年龄、身体状况;是否需要现场勘查等。

4. 现场勘查

现场勘查,是掌握出险情况的重要手段,可以有效地保证理赔工作的真实、准确,减少骗赔、误赔、错赔事件发生。

保险人一般采取包括走访、现场调查、委托调查等方法进行现场勘查。现场勘查的内容主要包括保险事故发生的时间和地点;保险事故发生的原因;被保险人的年龄、姓名、受伤害程度、医学治疗过程及支出的相关费用情况;取得有关行政部门(如公安局)出具的事故证明材料等。

5. 责任核定

保险人根据单证审核及现场勘查报告,最终审核保险事故的性质,以确定保险给付责任。如损失属于保险责任范围,则须确定保险人的责任和范围;如损失不在保险责任范围之内,保险人须向申请人发出拒绝给付保险金的书面通知,并阐释理由。

6. 给付保险金

通过责任核定,确定保险责任和范围后,根据保险金额和合同约定的承保条件决定赔付方式,在法律规定的期限(达成赔付协议后 10 日内)或合同约定的期限内,[38]向被保险人或受益人支付保险金。

值得注意的是,在人身保险合同中,被保险人因第三人的行为而发生死亡、伤残或疾病等保险事故的,保险人向被保险人或受益人给付保险金后,不享有向第三者追偿的权利,而被保险人或受益人仍有权向第三人请求损害赔偿。[39] 基于人身无价之理念,在人身保险合同中,保险人不享有代位求偿权。

第四节　保险合同诉讼时效

一、保险法上的时效

(一)时效

时效,是指一定的事实状态,经过法定期间,直接使权利发生、削弱或者消灭的法律制度。时效由三个要素构成:一是一定事实状态的存在,即财产的占有或者权利的不行使;二是该事实状态经过一定期间,即占有财产或者不行使权利经过法定的期间;三是产生一定的法律后果,即当事人或者取得权利,或者丧失权利,或者权利被削弱。

民法上的时效制度,原则上属于强制性规范,当事人不得任意变更、限制或排除其适用。时效制度,旨在通过对一定事实状态的期间经过,赋予权利产生、丧失或被削弱的法律效果,督促权利人积极行使权利,稳定已经存在的某种事实关系,以维护社会秩序和交易安全。民法上的时效,包括取得时效和消灭时效两种。在我国,消灭时效又称为诉讼时效。

根据我国《民法典》第 188 条第 1 款之规定,一般债权请求权的诉讼时效期间为 3 年,但法

---

〔38〕《保险法》第 23 条第 1 款。

〔39〕《保险法》第 46 条。

律另有规定的除外。在民事诉讼活动中,诉讼时效期间届满,当事人可援引诉讼时效抗辩请求权;如当事人未援引,则法院不应对诉讼时效问题进行释明,也不能依职权主动援用诉讼时效之规定进行裁判。[40]

(二)保险法上的时效规定

根据保险合同所产生的请求权,同样也应当受时效制度制约。对此,各国立法并无不同。但是,对基于保险合同产生的请求权,是否应与其他合同所产生的请求权适用统一的时效制度,各国立法的规定不尽一致。《意大利民法典》《越南民法典》等未就保险合同请求权的消灭时效另设规定,因此,应与其他合同请求权适用统一的消灭时效。英国保险立法亦未对因保险合同而产生的请求权规定特殊时效,而是统一适用《时效法令》规定的时效制度。而《日本保险合同法》《韩国商法》等则专设条文规定保险合同请求权的消灭时效。[41]

我国除《民法典》中设有关于诉讼时效的规定外,《保险法》和《海商法》对于保险金给付请求权的诉讼时效问题,设有特别规定(下文对此将予以具体分析)。《民法典》为普通法,《保险法》和《海商法》为特别法;《保险法》是普通法,而《海商法》关于"海上保险合同"的规定则是特别法。根据法律适用的原理,以特别法优先于普通法为原则,即对于该事项有特别法时应适用特别法,而不适用普通法,只有在无特别法时才能适用普通法。因此,在陆上保险,基于保险合同而产生的保险金给付请求权的诉讼时效,应适用《保险法》之规定;在海上保险,基于保险合同而产生的保险金给付请求权的诉讼时效,应适用《海商法》之规定。

需指出的是,无论是陆上保险,还是海上保险,对于保险费返还请求权和保险费交付请求权的诉讼时效,我国《保险法》和《海商法》均无特别规定,故应直接适用《民法典》及相关司法解释中关于诉讼时效之规定。

二、陆上保险保险金给付请求权的诉讼时效

根据《保险法》第 26 条的规定,人寿保险的被保险人或受益人请求保险人给付保险金的诉讼时效期间为 5 年,自其知道或应当知道保险事故发生之日起计算;而人寿保险以外的其他保险的被保险人或受益人,请求保险人给付保险金的诉讼时效期间为 2 年,自其知道或者应当知道保险事故发生之日起计算。

(一)诉讼时效期间

1. 非寿险保险金给付请求权的诉讼时效期间

非寿险,是指财产保险和人寿保险之外的其他人身保险,具体包括财产保险的各险种、健康保险以及意外伤害保险。就非寿险合同而言,在合同约定的保险事故发生后,被保险人或者受益人对保险人享有保险金给付请求权。根据我国《保险法》第 26 条第 1 款之规定,被保险人或者受益人的保险金给付请求权,其诉讼时效期间为 2 年。

2. 寿险保险金给付请求权的诉讼时效期间

人寿保险,包括生存保险、死亡保险和生死两全保险等人身保险。按照人寿保险合同的约

---

〔40〕《民法典》第 193 条、最高人民法院《关于审理民事案件适用诉讼时效制度若干问题的规定》第 2 条。

〔41〕例如,《日本保险法》第 95 条规定:"请求保险给付的权利、请求返还保险费的权利以及第 63 条或第 92 条规定的请求返还保险费准备金的权利,若 3 年不行使则基于时效消灭。"

定，在保险事故发生或者约定的期限届满时，受益人对保险人享有请求给付保险金的权利。根据我国《保险法》第 26 条第 2 款之规定，受益人对保险人所享有的保险金给付请求权，其诉讼时效期间为 5 年。

（二）诉讼时效的计算

根据《民法典》的规定，诉讼时效期间从权利人知道或者应当知道权利受损害以及义务人之日开始计算，即诉讼时效的起算，除了自权利人知道权利受损害及义务人之时开始，如果权利人应当知道，但因过失而未知权利受损害或者义务人时，诉讼时效期间同样开始计算；法律另有规定的，依照其规定。

2009 年《保险法》修订时，修改了 2002 年《保险法》上关于保险金请求权诉讼时效的计算规则。根据现行法，保险金给付请求权的诉讼时效，自被保险人或者受益人知道或应当知道保险事故发生之日起开始计算。而 2002 年《保险法》并不包括"应当知道"在内。

如果仅仅是投保人知道保险事故的发生，而被保险人或受益人不知道也不应当知道保险事故已发生的，保险金给付请求权的诉讼时效期间是否应开始计算？对此，法律没有明确规定。本书认为，对《保险法》关于保险金给付请求权的诉讼时效期间计算的规定不能作扩大解释。在只有投保人知道保险事故发生的情况下，诉讼时效期间不得开始计算。首先，被保险人或者受益人是享有保险金给付请求权和受领权之人。保险事故发生后，投保人无权请求保险人给付保险金或者受领保险金。其次，在保险合同中，投保人、被保险人和受益人各自为独立的主体。他们相互之间并不必然存在代理法律关系，一方知晓情况的，既不能据此推定另一方也已知晓，也不发生情况知晓的转嫁。最后，在保险合同成立之后，投保人与保险标的的利害关系可能因客观情况发生变化而丧失。例如，保险标的的转让，或者投保人与被保险人本为夫妻，但人身保险合同成立后，双方解除了夫妻关系。可见，如果仅投保人知晓保险事故的发生，却由被保险人或者受益人承担诉讼时效期间经过的不利法律后果，不仅与法理不符，而且不合情理，对被保险人或受益人有失公允，不利于保护其合法权益。

（三）诉讼时效的效力

根据我国原《民法通则》的规定，对于诉讼时效期间经过后权利人的权利，"人民法院不予保护"。这一立法体例所采取的是"胜诉权消灭说"，即诉讼时效期间经过，权利人所享有的请求权本身并不归于消灭，只是失去了国家强制力的保护。如果义务人自愿履行义务的，权利人仍有权受领义务人所为之给付，且义务人事后不得以不知诉讼时效期间已经过为由，请求权利人返还。

2008 年最高人民法院《关于审理民事案件适用诉讼时效制度若干问题的规定》，关于诉讼时效期间届满的效力则改采"抗辩权发生主义"立场。该司法解释较之于原《民法通则》之规定，更为合理。

2020 年《民法典》对于诉讼时效期间届满的效力，也同样采"抗辩权发生主义"的立场。其第 192 条第 1 款明确规定，诉讼时效期间届满的，义务人可以提出不履行义务的抗辩。经由《民法典》的规定，诉讼时效期间届满的效力为"义务人取得抗辩权"，当属无疑。

根据 2002 年《保险法》第 27 条之规定，诉讼时效期间经过，被保险人或者受益人对被保险人请求给付保险金的权利，因不行使而消灭，即请求权归于消灭。2009 年《保险法》修订时，将原第 27 条关于诉讼时效效力的规定予以删除，且未再特别设置诉讼时效期间届满之法律效果。因此,保险金给付请求权诉讼时效期间届满时,将发生与一般债权诉讼时效期间届满同样之效力,即保险人取得抗辩权,并可以其对抗被保险人或受益人的保险金给付请求权。

三、海上保险保险金给付请求权的诉讼时效

海上保险,是由保险人对保险标的因遭受与航海有关的海上风险和意外事故而导致的损失予以填补的一种财产损失保险。依据海上保险合同,被保险人(投保人)负有向保险人交付保险费的义务,从而在合同约定的保险事故发生之时,享有请求保险人给付保险金的权利。《海商法》关于对保险金给付请求权之规定,相对较为详尽。

(一)诉讼时效期间

依我国《海商法》第264条之规定,海上保险中,被保险人保险金给付请求权的诉讼时效期间为2年,与非寿险保险金给付请求权的诉讼时效期间相同。

此外,《海商法》还对海上保险保险金给付请求权诉讼时效的中止和中断作出了明确的规定。在时效期间的最后6个月内,因不可抗力或其他障碍致使不能行使请求权时,诉讼时效中止;自中止时效的原因消除之日起,时效期间继续计算。时效因请求人提起诉讼、申请仲裁或者被请求人同意履行义务而中断;但是,请求人撤回起诉、撤回仲裁申请或者起诉被裁定驳回的,时效不中断;请求人申请扣船的,时效自申请扣船之日起中断;自中断时起,时效期间重新计算。[42]

(二)诉讼时效的计算

海上保险保险金给付请求权诉讼时效期间的起算,与陆上保险完全不同。海上保险保险金请求权的诉讼时效期间,自保险事故发生之日起即开始计算。无论被保险人主观上是否已经知道或者应当知道保险事故的发生,诉讼时效期间毫无例外地均从保险事故发生之日起开始计算,这是由海上保险自身的特性所决定的。

(三)诉讼时效的效力

《海商法》未特别设置保险金给付请求权诉讼时效期间届满时的法律效果。因此,保险金给付请求权诉讼时效期间届满的,将发生与一般债权诉讼时效期间届满同样之效力,即保险人取得抗辩权,并可以之对抗被保险人保险金给付请求权。

案例练习

1. 2011年5月12日,甲公司向保险人乙投保机动车保险,保险期间1年,甲将金额为6000元的转账支票交给乙,乙向甲出具缴纳保险费收据。2011年5月16日,保险人乙的开户银行在支票交换过程中,造成印鉴重叠,并将该支票退给乙。2011年10月28日,甲所投保的机动车出险,故甲向乙请求赔付保险金。乙以甲未缴纳保险费为由拒绝赔付。双方因此发生纠纷,并诉诸法院。

问题:

(1)保险费能否以转账支票交付?

---

〔42〕《海商法》第266~267条。

(2)本案中,甲保险费交付义务履行了吗?

(3)乙是否应当向甲支付保险金?

2.2010年6月4日,武汉市某纺织厂与甲保险公司签订了企业财产保险合同。保险金额为人民币200万元,保险期为1年,即自2010年6月5日零时起至2011年6月4日24时止。2010年8月9日,该纺织厂失火,厂方领导积极组织进行扑救,但是由于火势太大,扑救工作困难,共花去人民币8万元;且全厂财产全部被烧毁。事故发生后,纺织厂立即向甲保险公司报了案,甲保险公司委托有关部门对保险事故进行调查。调查结论认为,火灾系由于天气太热,纺织厂仓库底部货物突然自燃所引起,企业财产事故发生前价值人民币150万元。此次调查共花去费用人民币5万元。

问题:

(1)扑救火灾的费用应由谁承担?

(2)5万元调查费用应由谁承担?

(3)甲保险公司共应向被保险人支付多少赔款?

第三编　保险合同分论

第九章　人身保险合同概述

本章导读

人身保险合同是指投保人与保险人之间订立的，以被保险人的寿命或身体为保险标的，约定当事人之间权利义务的一种商业协议，具有定额给付的性质。由于人身保险合同关乎人身利益，故《保险法》对于人身保险合同的相关主体规定得较为严苛。长期实践中，保险业界逐渐发展出许多人身保险特殊条款，并在各国保险法律文本中固定下来，从而具有普遍适用的效力，常见的特殊条款有：不可抗辩条款、年龄误告条款、不丧失价值条款、宽限期条款、复效条款、自杀条款、战争条款以及受益人条款等。在分期支付保费的人寿保险合同中，投保人交付首期保费后，若未能按时支付续期保费，且经过宽限期仍未支付的，除合同另有约定其他补救方法或事后达成协议外，合同效力立即中止。待满足一定条件后，该人寿保险合同的效力方可恢复。

第一节　人身保险合同的概念和特征

一、人身保险合同的概念

人身保险合同，是指投保人与保险人之间订立的以被保险人的寿命或身体为保险标的，并约定当事人之间权利义务的保险合同。在人身保险合同中，投保人与保险人签订人身保险合同，当被保险人（既可以是投保人自己，也可以是第三人）因意外事故、疾病、衰老以致丧失工作能力、伤残、死亡或者约定年龄届至时，保险人根据保险合同的约定向被保险人或受益人给付保险金，以解决其因病、残、老、死而造成的经济困难。我国《保险法》采用概括式的定义方法，从保险标的、保险利益等角度综合阐述了人身保险合同的概念。其中，人身保险合同又可分为人寿保险合同、意外伤害保险合同和健康保险合同三种类型。在2009年《保险法》修订之际，我国立法者一改以往的编纂体例，将“人身保险合同”一整节提至“财产保险合同”之前，以彰显其对自然人生命、健康权的尊重，体现了“以人为本”的立法理念。[1]

一般认为，传统意义上的人身保险（life insurance）起源于英国，初衷是为生命或者身体之完整性受到侵害的自然人提供经济保障，因此也被誉为是系在被保险人身上的一条“安全带”。

---

〔1〕 最高人民法院保险法司法解释起草小组编著：《〈中华人民共和国保险法〉保险合同章条文理解与适用》，中国法制出版社2010年版，第1页。

尽管相较于财产保险的发展,人身保险的发展起步略晚,但是随着人们保护人身权益的意识日益增强,以及市场上兼具储蓄、投资功能的新型人身保险产品如雨后春笋般地涌现,人身保险这一险种的重要性已不言而喻。

二、人身保险合同的特征

作为《保险法》规定的基本合同类型之一,人身保险合同无疑具有双务性、诺成性、有偿性、附和性、非要式性、继续性、射幸性、属人性等保险合同的一般属性。但是,与财产保险合同相比较,人身保险合同仍保有自身特性。

(一)人身保险合同原则上是具有定额给付性的保险合同

以保险合同的给付基础是否在经济上得以用金钱加以估计为标准,现代保险法理论将保险合同分成损失补偿性合同和定额给付性合同。所谓定额给付性合同,是指保险合同的给付基础不在于填补被保险人的实际损失,而是由双方当事人预先约定一个保险金额,以此作为保险金给付的限制。在以"有损失,才补偿;无损失,不补偿"为基本原则的财产保险合同中,保险人的给付范围与被保险人实际遭受的损失挂钩,故财产保险合同在性质上均为损失补偿性合同。与之相反的是,人身保险合同的保险标的是人的生命或其他身体利益,具有明显的人格化特征,基于现代民法人身无价的理念,人身保险事故所致损失一般无法通过金钱量化计算。因此,人身保险合同多数情况下属于按照保险合同约定给付保险金的定额给付保险,仅有部分属于损失补偿性保险,如"实支实付"型的住院医疗费用保险。

人身保险合同的定额给付性体现为如下三点:

1. 保险标的具有不可估价性。不可估价性,是指人身保险合同的保险标的不能用货币计量、评估或者表现其价值。人身保险合同的保险标的限于"自然人的生命和身体",显然难以并且也不能用金钱予以计算和衡量,其保险标的不具有经济价值,更无法衡量其保险价值。事实上,人身保险金的给付无法弥补因被保险人伤残或死亡给本人及其家庭带来的全部经济损失和精神痛苦,只能在一定程度上缓解保险事故的发生所造成的经济困难并给予精神安慰。可以说,保险标的之不可估价性是人身保险合同和财产保险合同之间最为显著的区别。

2. 保险金的给付数额由当事人预先约定。所谓"定额",是指保险人与被保险人在法律允许的范围内事先约定的保险金的给付数额。缔约时约定多少,事故发生时就给付多少,而不问被保险人实际遭受多少损害。由于人身保险合同中不存在保险价值,并且合同订立目的并非全然是填补经济上可得估计的损害,故人身保险金并非根据被保险人实际遭受的损害计算所得,而是按照合同约定的固定数额给付,其给付具有定额性。因此,人身保险合同一般也不存在适用超额保险、不足额保险或重复保险的情形。在人身保险中,一个投保人投保几份保险,每份保险又投保多大金额,投保人可以根据自身的投保意愿和经济能力自由支配和选择。这种设计特别适合于为那些损害难以量化的事故风险提供保障,如人寿保险。

需要注意的是,健康保险合同和意外伤害保险合同虽亦属人身保险合同,但其在理赔机制上具有"中间性保险"的属性,关键在于其保险金给付的目的是否为"费用补偿"。具体而言,在被保险人出现死亡、伤残等情况时,保险人采用定额给付的方式给付保险金;而在医疗费用等方面,保险人既可以选择实销实报、损失填补的方式,也可以选择定额给付的方式给付保险金。因此,依据保险法原理,超额保险、不足额保险以及重复保险的制度亦得适用于具有损失填补性的健康保险合同或者意外伤害保险合同之中。[2]

3. 代位求偿权原则上不适用。保险代位求偿权是损失填补原则的下位制度之一。就保险原理而言，设置保险代位权的立法宗旨，在于防止被保险人在损害发生后获有不当利益。但如前所述，人身保险合同中既不存在保险价值，且保险标的也无法用金钱予以估计，因此，在人身保险合同中，被保险人若因第三人的行为而导致死亡、伤残或患病时，保险人向被保险人或受益人给付保险金后，一般不得向第三人行使代位求偿权，被保险人或保险受益人仍享有向第三人请求赔偿的权利。

（二）人身保险合同保险费的性质及其支付方式具有特殊性

投保人按约向保险人支付保险费，既是保险人承担危险的对价，也是投保人在人身保险合同中的对待给付义务之一。保险费的支付方式，分为一次性交清（又称为趸交）和分期交付两种。其中，人寿保险合同的保险期间较长，保险费较高，大多采用分期交付的方式，即先交付首期保险费使合同生效，之后再按照合同约定交付续期保险费。

人身保险合同保险费的性质及其支付方式的特殊性主要体现为以下几方面：

1. 保险费的储蓄性。储蓄性的特征在人寿保险合同中表现得尤为突出。一般而言，人寿保险具有缴费持续性、保障长期性的特征，其保险费由危险保险费和储蓄保险费两部分组成。在经过一定时间的缴费后，累积的储蓄保险费会在保险单上形成一笔可观的责任准备金，即保单的现金价值，此种现金价值随着时间的延长会不断增多。即使投保人欠缴保险费，保单上产生的现金价值也不会消灭，如果投保人欠缴保险费超过了宽限期以致合同效力中止时，保险人还可以按照合同的约定将现金价值的一部分用于折抵保险费，以延续保险合同的效力；如果被保险人有需要，还可以办理保单质押借款。在投资连结型和万能型的人身保险合同中，保险费更具有投资的性质。

需要指出的是，在意外伤害保险和健康保险中，除了死亡、伤残的赔付具有定额给付性质，其就医疗费用、失能收入、护理费用等方面的赔付，均具有突出的损失填补性、短期性、缴费一次性和可得补偿性等特征，因而不具有储蓄性，也不存在保单的现金价值。

2. 保险费计算基础的技术性。在保险实务中，保险费是由纯粹保费与附加保费两大部分构成。前者是依据大数法则，经由损失率与危险发生率所精算出来的费用，纯用以分担危险。[3] 具体到人身保险合同中而言，保险人在确定保险费标准时，通常是以生命周期表或者伤残表为技术基础。所谓生命周期表或者伤残表，是指对某一范围内的人群在一定时间内的生命现象或伤残情况所作的综合考察，以便找出其中与死亡率或伤残率有关的因素，尤其是不同年龄、不同职业的人的死亡或者伤残的比例，并以列表的方式固定下来。[4] 因此，与财产保险合同相比，人身保险合同保险费的计算基础显然具有更强的技术性。

3. 保险费支付的自愿性。所谓自愿性，是指人身保险合同订立后，投保人既可以选择支付

---

〔2〕 但在司法审判中，人民法院普遍认为健康保险合同和意外伤害保险合同中均不得适用损失补偿原则、重复保险制度以及保险代位制度的规定，例如，江苏省常州市中级人民法院民事判决书，(2009)常少民终字第23号；“李思佳诉西陵人保公司人身保险合同纠纷案”，载《最高人民法院公报》2006年第7期；“冯跃顺诉光大永明人寿保险有限公司保险合同纠纷案”，载《最高人民法院公报》2007年第11期。

〔3〕 施文森：《保险法论文》（第二集），台北，三民书局1985年版，第61页。

〔4〕 韩长印、韩永强编著：《保险法新论》，中国政法大学出版社2010年版，第149页。

续期保险费,也可以选择不支付续期保险费,法律对此不作限制。这是因为人寿保险合同的保险期较长,投保人大多采用分期交付的方式,然而在长达十几年甚至几十年的保险期内,投保人的收入水平、支付能力难免发生变化,投保人有失去支付保险费能力的可能。任何投保人在收入减少的情况下都会优先考虑现实的基本生活需要,其次才考虑继续投保。因此,法律充分尊重当事人的自由决定权,为避免投保人反而为保险所累,或造成强迫投保人储蓄或投资的结果,在人寿保险合同中,保险人对投保人欠缴的保险费,不得以诉讼方式要求其支付。[5] 当然,健康保险合同和意外伤害保险合同则不在此列。

三、人身保险合同的分类

对人身保险合同加以必要的科学分类,具有重要的理论意义与实践价值。关于人身保险合同的险种,各国保险法的规定不尽一致,且为满足现代社会不同群体的保险需求,市场中新型的人身保险产品更是层出不穷、种类繁多,在此不再一一详述。本节只简要论述几种较为常见的人身保险合同分类。

(一)人寿保险合同、意外伤害保险合同和健康保险合同

以保险人承保的范围为标准,人身保险合同可划分为人寿保险合同、意外伤害保险合同以及健康保险合同。具体而言,人寿保险合同,是指以被保险人的寿命为保险标的,于被保险人死亡或生存至约定期限时,保险人向被保险人或受益人给付一定保险金的人身保险合同。它是人身保险合同中最基本、出现最早的险种。意外伤害保险合同,是指以被保险人的身体为保险标的,于被保险人遭受意外伤害事故以致被保险人死亡、伤残时,保险人向被保险人或受益人给付一定保险金的人身保险合同。健康保险合同,又称为疾病保险合同,是指以被保险人的健康为保险标的,于被保险人患病、分娩,或因前述原因导致残疾、死亡时,保险人向被保险人或受益人给付一定保险金的人身保险合同。其中,健康保险合同与意外伤害保险合同之间最大的区别在于:前者是对由于被保险人内在原因所导致的身体健康恶化的保障;后者则是对因外部原因导致被保险人身体伤害的保障。此种分类标准是保险业界普遍采用的一种分类方式,立法者在制定《保险法》时顺应了这一惯例,因而现行保险立法对于人身保险合同的分类也采用了该标准。此外,原保监会于2011年颁布的《人身保险公司保险条款和保险费率管理办法》则将人身保险合同划分为四大类:人寿保险合同、健康保险合同、意外伤害保险合同以及年金保险合同。其中,年金保险合同,是指以被保险人生存为保险金给付条件的人身保险合同。[6] 具体来讲,只要被保险人一直处于生存状态,保险人就应按照合同约定的方式和金额,定期地向被保险人给付约定的保险金。实务中,保险人通常是以年度为周期向被保险人给付保险金,而年金保险合同也是由此得名。从性质上说,年金保险合同以被保险人的寿命为保险标的,其与人寿保险合同并无本质上的区别,但两者在保险金给付方式和时间上、承保范围上有其自身的特性。

(二)个人人身保险合同和团体人身保险合同

以被保险人的人数为标准,人身保险合同可划分为个人人身保险合同和团体人身保险合

---

〔5〕《保险法》第38条。

〔6〕《人身保险公司保险条款和保险费率管理办法》(保监会令〔2011〕3号)第7条、第9条。

同。个人人身保险,简称个险,是指以个人名义投保的,补偿被保险人在保险期间因遭受意外伤害、疾病、死亡等保险事故所受损害的人身保险合同。团体人身保险合同,是指签订一份总括的保险合同,却能向团体的众多成员提供人身保障的合同。一般而言,团体人身合同的投保人是法人或其他社会组织,被保险人则是该团体的众多成员。事实上,团险并不是一个具体的险种,而是一类承保方式,只不过在被保险人人数上与个险存有差异,其设计目的在于提高订约效率,避免烦琐手续,同时达到降低危险共同体的整体保费的效果。

(三)长期保险合同、一年期保险合同和短期保险合同

以保险期限的长短为标准,人身保险合同可划分为长期保险合同、一年期保险合同以及短期保险合同。具体而言,长期保险合同,是指保险期限超过一年(不包含一年)的人身保险合同。人寿保险合同的标的为自然人的寿命,大多属于长期保险合同。一年期保险合同,是指保险期限仅为一年的人身保险合同。由于健康保险合同和意外伤害保险合同承保的危险变动率高,实务中常常采用此种合同类型。短期保险合同,是指保险期限不足一年的人身保险合同。例如,意外伤害保险中的"旅客意外伤害保险"就只承保旅程期间的危险。

(四)分红型保险合同、投资连结型保险合同和万能型保险合同

随着资本市场化程度的日益提高,国际人寿保险市场出现了一类以理财、投资为主又兼顾保障的新型人寿保险产品,深得中高收入阶层的青睐。与传统人寿保险相比,其最显著的变化是在保险资金中增添了理财份额。除一部分的保险费用于传统的保险保障责任外,其余的保险费将进入理财账户,由保险人统一运作以谋取额外的投资收益,并定期将获取的收益分配给投保人。

以投资模式和风险程度的高低为标准,新型的理财投资型人寿保险合同又可划分为万能型保险合同、分红型保险合同以及投资连结型保险合同。具体而言,分红型保险合同,主打"保障+红利"功能,是指保险人将经营成果优于定价假设的盈余,按照一定比例向投保人进行分配的人寿保险合同。根据原保监会的规定,保险人每年至少应将分红保险可分配盈余的70%分配予投保人。万能型保险合同,主打"保障+投资"功能,是指含有保险保障并设有保底投资账户的人寿保险合同。投资连结型保险合同,以"风险+投资"为主要功能,是指含有保险保障并至少在一个投资账户拥有一定资产价值的人寿保险合同。三者中,连结险的灵活性最强、收益最高,但风险也最大。

第二节　人身保险合同中相关主体的特殊规定

人身保险合同的保险标的涉及自然人人身利益这一最为重要的法益,故保险法对于人身保险合同的相关主体,有着相较于财产保险合同而言更加严苛的规定和限制。

一、关于保险人的特殊规定

人身保险合同中关于保险人的特殊规定主要体现在保险人的资格问题上,《保险法》在保险人的经营资格、业务范围、被依法撤销或宣告破产后的法律后果等方面均作出了专门的规

制,主要内容如下:

(一)保险人的经营资格和业务范围

从保险人的经营资格上看,从事人身保险业务的保险人须采取分业经营的方式,不得兼营财产保险业务。之所以如此规定,主要原因有二:(1)人身保险(尤其是寿险)独有的特征使其与财产保险的经营方式存有较大的差异,如承保手续、保险费的计算基础、保险金的赔付方式等;(2)防止人身保险业务过分庞杂或"交叉感染",减弱保险人的偿付能力,从而影响全体投保人的权益或社会利益。[7] 与之相对的是,从事财产保险业务的保险人,倘若得到国务院保险监督管理机构的批准,除可以经营财产保险业务外,还可以兼营短期的健康保险业务和意外伤害保险业务。[8]

从保险人的业务范围上看,保险人从事的人身保险业务主要涉及人寿保险、健康保险、意外伤害保险等类型。保险人的业务范围须经保险监督机构依法核定,而且保险人只能在被核定的业务范围内从事人身保险经营活动,不得超越经营范围。此外,当保险代理人为自然人而非法人时,其在代为办理人寿保险业务时不得同时接受两个以上的保险人的委托。[9]

(二)保险人被依法撤销或依法宣告破产后的法律后果

根据《保险法》第92条的规定,经营有人寿保险业务的保险公司被依法撤销或宣告破产的,保险人应当将其所持有的人寿保险合同及责任准备金,转让给其他从事人寿保险业务的保险人;未能达成转让协议的,国务院保险监督管理机构便会介入,将上述保险人所持有的人寿保险合同及责任准备金,指定转让给其他保险人以继续经营,以维护投保人、被保险人及受益人的合法权益。

二、关于投保人的特殊规定

随着保险业界的蓬勃发展,道德风险的防范已然成为人身保险合同中最为重要的议题。综观各国和地区的保险立法,防止道德风险的基本方式是对投保人和被保险人之间的关系进行规制,进而降低道德风险的发生率。因此,人身保险合同中关于投保人的特殊规范也是围绕着这一立法宗旨予以制定,主要内容如下:

(一)对保险利益的要求

为避免道德风险和赌博行为的发生,《保险法》要求投保人在签订人身保险合同时,除具备一定的经济能力和民事行为能力外,还应当对被保险人具有保险利益,否则该人身保险合同无效。合同的有效与否,是人民法院审理合同类纠纷时首要判断的问题,因此,其在审理人身保险合同纠纷时,应当主动审查投保人在缔约时是否对被保险人具有人身保险利益。[10] 从比较法的视角上看,各国保险立法对于人身保险利益采取了不同的原则和方法予以认定,主要存在"同意模式""利益模式""利益、同意兼顾模式"三种立法例。在我国人身保险合同中,人身保险利益的认定是采用了"利益、同意兼顾"的模式:[11] 即一方面要求投保人和被保险人之间存

---

〔7〕 温世扬主编:《保险法》(第2版),法律出版社2007年版,第430页。

〔8〕《保险法》第95条第2款、第3款。

〔9〕《保险法》第95条、第125条。

〔10〕《保险法解释(三)》第3条。

〔11〕 邹海林:《论保险利益原则及其适用》,载《中外法学》1996年第5期。

在法律上承认的经济关系、血缘关系或其他利害关系;[12]另一方面又规定,即使投保人和被保险人之间没有法律上承认的利害关系,但投保人取得被保险人同意的,视为该投保人对被保险人具有人身保险利益。[13]

就保险利益存在的时点而言,《保险法》仅要求投保人于缔约时对被保险人存在保险利益,至于保险事故发生时是否仍保有保险利益,在所不问,旨在强调保险人不得在订立合同后以投保人丧失保险利益为由拒绝赔付。换言之,投保人于保险合同成立后,因某些原因(如夫妻离婚、用人单位与劳动者解除劳动关系的)丧失保险利益的,保险合同仍然继续有效。此外,因投保人不具有人身保险利益从而导致合同无效的,保险人在扣除相应手续费后,仍应退还剩余保费。

(二)死亡险的特殊规定

1. 原则上不能为无民事行为能力人投保。无民事行为能力人的认知能力有限,往往不能辨认自己行为的性质,缺乏自我保护的能力,容易诱发他人的道德风险。因此,《保险法》第33条规定,投保人不得为无民事行为能力人投保以死亡为给付保险金条件的人身保险,保险人也不得承保。父母为其未成年子女投保的人身保险不受此限制,但不得超过保险监督管理机构规定的限额。换言之,法律禁止投保人为无民事行为能力人投保死亡险,如果投保人违反此项规定坚持投保,保险人也不得承保。但投保人是未成年人的父母,或者是未成年人的其他监护人并且征得未成年人父母同意的,且满足保险金额限制的,则不受此款规定的限制。可见,《保险法》对无民事行为能力人死亡保险的法律限制主要包括父母投保和保险金额限制两方面。根据原保监会的规定,父母为其未成年子女投保的人身保险,在被保险人成年之前,被保险人不满10周岁的,合同约定的保险金额总和以及实际给付的保险金总和不得超过人民币20万元;被保险人已满10周岁但未满18周岁的,不得超过人民币50万元。[14]

2. 须经被保险人的同意并认可保险金额。《保险法》第34条规定,在以死亡为给付保险金条件的人身保险合同中,未经被保险人同意并认可保险金额的,合同无效;但父母为其未成年子女投保的,将不受此款规定的限制。人民法院在审理以死亡为给付保险金条件的人身保险合同纠纷时,应当主动审查投保人是否征得了被保险人的同意以及是否认可了保险金额。[15]

3. 保险单的转让及质押须经被保险人的书面同意。《保险法》第34条第2款规定,按照以死亡为给付保险金条件的人身保险合同所签发的保险单,未经被保险人的书面同意的,投保人不得转让或者质押。需要注意的是,就被保险人同意的方式而言,同样是要求"须经被保险人同意",死亡保险合同的生效仅要求被保险人同意即可,至于何种方式,在所不问;而死亡保险合同的转让和质押则要求被保险人出具书面的同意书,较之于合同生效,规定得更加严格。

---

〔12〕《保险法》第31条规定:"人身保险合同的投保人对下列人员具有保险利益:(一)本人;(二)配偶、子女、父母;(三)前项以外与投保人有抚养、赡养或者扶养关系的家庭其他成员、近亲属;(四)与投保人有劳动关系的劳动者。"

〔13〕《保险法》第31条第2款。

〔14〕《中国保监会关于父母为其未成年子女投保以死亡为给付保险金条件人身保险有关问题的通知》(保监发〔2015〕90号)第1条。

〔15〕《保险法解释(三)》第3条。

三、关于被保险人的特殊规定

在投保人与被保险人不一致的情形下,投保人欲订立死亡险时,除应对被保险人具有人身保险利益外,还须征得其同意方可投保。因此,人身保险合同中关于被保险人的特殊规范也是围绕着"被保险人同意权"这一方面予以规定。

(一)同意权的概念

所谓被保险人的同意权,是指人身保险合同中被保险人对特定事项享有的一系列同意权,包括同意他人以自己为被保险人投保、指定和变更保险受益人、同意死亡险的保险金额以及同意他人对死亡险保单作出处分等。首先,法律之所以赋予被保险人同意权,其立法宗旨在于控制道德危险以及保护和尊重被保险人的人格权。在人身保险合同中,由于保险标的关乎自然人的人格利益,对此若不加以限制,无异于以他人的生命为赌注,易于诱发道德风险。其次,法律之所以在死亡险中特别设计三道控制道德危险的防线,[16]主要有两个方面的考虑:(1)死亡险牵涉到被保险人的生命安全,较一般人身保险合同,条件须规定得更加严苛。(2)实务中,由于人性以及家庭关系的复杂性,有些投保人在一定情形下对保险金利益的渴望可能会超过对亲情关系的珍视,保险利益无法完全防范道德风险。为进一步防止他人滥用保险机制以诈取保险金,须赋予被保险人独立评估道德风险的权利。同时,死亡险的保险金额也能为被保险人提供一定的参考意义。通过认可保险金额这一环节,被保险人将更加容易审视和确认投保人的投保动机,以此决定是否行使同意权。[17]

(二)同意权的内容

根据保险立法的规定,人身保险合同中,被保险人的同意权主要包含下列四个方面的内容:

1. 为自己投保的同意权。我国人身保险利益采用利益、同意兼顾原则的立法模式,《保险法》还对投保人为他人投保死亡险作出了"保险利益"和"同意"两种限制。因此,在人身保险合同中,当投保人和被保险人之间具有法律上承认的保险利益关系或被保险人同意其为自己投保的,视为对被保险人具有人身保险利益,投保人可以为被保险人订立人身保险合同。在投保人为他人投保死亡险时,即使投保人与被保险人之间存有法律上承认的保险利益关系,仍须征得被保险人的同意,否则合同无效。

2. 死亡险保险金额的同意权。如前所述,出于对道德危险的防范、被保险人生命权的保护以及复杂人性的考量,现行保险立法规定,在以死亡为给付保险金条件的人身保险合同中,未经被保险人认可保险金额的,该人身保险合同无效。

3. 死亡险保险单转让、质押的同意权。《保险法》第34条第2款规定,按照以死亡为给付保险金条件的保险合同所签发的保险单,未经被保险人书面同意的,投保人不得转让或者质押。据此,《保险法》实质上间接承认了死亡险的投保人享有转让、质押保险单的权利。

4. 指定、变更受益人的同意权。(1)《保险法》第39条第1款、第2款规定,人身保险的受益人由被保险人或者投保人指定;投保人指定受益人时需经被保险人同意,该指定行为方为有

---

〔16〕 在死亡险中,被保险人享有三道控制道德危险的防线,分别为保险利益原则的适用、为自己投保的同意权、保险金额的同意权。

〔17〕 江朝国:《保险法逐条释义:第四卷 人身保险》,台北,元照出版公司2015年版,第128页。

效。(2)被保险人或者投保人可以变更受益人,但须书面通知保险人。保险人收到变更受益人的书面通知后,应当在保险单上批注。投保人变更受益人时,也需要经被保险人的同意。由此可见,法律实际上将指定、变更受益人的权利交由被保险人。这种由被保险人决定受益人的立法模式体现了对被保险人的生命或身体权益的保护和尊重。

(三)同意权的行使方式

《保险法解释(三)》第1条规定,在以死亡为给付保险金条件的人身保险合同中,被保险人作出同意以及认可保险金额的意思表示时,既可以采取书面形式,也可以采取口头形式或其他形式;既可以在合同订立时作出,也可以在合同订立后予以追认。同时,符合下列情形之一的,应认定为被保险人同意投保人为其订立保险合同并认可保险金额:(1)被保险人明知他人代其签名同意而未表示异议的;(2)被保险人同意投保人指定的受益人的;(3)有证据足以认定被保险人同意投保人为其投保的其他情形。该规定超越了只承认书面形式的僵化模式,使同意权的行使方式更加多样化,能更好地保护被保险人的合法利益。

(四)同意的撤销

根据《保险法解释(三)》第2条的规定,在以死亡为给付保险金条件的人身保险合同生效后,假如被保险人先前做出同意的基础环境发生了巨变,合同的继续存在有违被保险人的意愿时,被保险人有权随时撤销其同意,从而解除该人身保险合同。

法律之所以赋予被保险人撤销同意的权利,理论基础主要有三:一是尊重和保护被保险人的人格权;二是预防道德风险;三是贯彻情事变更原则[18](此处的情事变更与民法上的情事变更原则有别,被保险人一旦发觉有道德风险发生的端倪,无论何种原因和程度,均得随时撤销其同意[19])。一般而言,被保险人做出同意的时间是在缔约的前后,但人身保险合同是长期性的合同,随着时间的流逝,被保险人先前做出同意时所信赖的依据与基础有可能已经丧失,若仍然维持保险合同的效力,会对被保险人极为不利。因此,除了在合同缔结阶段赋予被保险人同意权以决定合同是否生效,还应赋予被保险人随时撤销同意的权利,使其对利害关系重新权衡以求"自保"。此外,同意撤销权的行使对投保人、保险受益人的合法权益及合同的安定性并无实质意义上的影响。[20] 这是因为在保险事故发生前,保险受益人虽经指定,然而在投保人和被保险人未申明放弃受益人变更权的情形下,原受益人的法律地位随时可因投保人或被保险人的变更行为而归于消灭。此时,受益人享有的权益仅为期待,而非期待权。依通说之见解,期待不具有权利性质的法律地位,因而不受法律的保护。[21] 《保险法》第47条规定,投保人解除保险合同,保险人应当退还保单的现金价值。当被保险人行使同意撤销权导致合同解除时,其效果视同投保人一方行使合同解除权,投保人此时仍享有请求保险人返还保单现金价值的权利。

四、关于受益人的特殊规定

受益人是人身保险合同特有的概念之一。受益人是指人身保险合同中由投保人或被保险

---

[18] 张力毅:《死亡给付保险中被保险人同意撤销权的规则构建》,载《政治与法律》2015年第11期。

[19] 江朝国:《保险法逐条释义:第四卷 人身保险》,台北,元照出版公司2015年版,第172页。

[20] 樊启荣:《保险法诸问题与新展望》,北京大学出版社2015年版,第373~374页。

[21] 王泽鉴:《民法学说与判例研究》(第1册),中国政法大学出版社1998年版,第147页。

人指定的,在保险事故发生后享有受益权的人,受益权是受益人基于合同所享有的保险金请求权。因此,人身保险合同中关于受益人的特殊规范主要是围绕着“受益权”这一方面予以规制。关于指定与变更受益人的一般规则,于前文已作论述,而指定与变更受益人的特殊规则和受益权的性质、消灭与实现,将于本章第五节一并叙述。

第三节　人身保险合同中的特殊条款

在长期的实践中,保险合同中逐渐发展出许多规范人身保险合同的特殊条款,特别是适用于人寿保险合同中的条款。其中,常见的条款有不可抗辩条款、年龄误告条款、不丧失价值条款、宽限期条款、复效条款、自杀条款、战争条款以及受益人条款等。这些特有的条款经过长时间的检验,普遍被认为是公平合理的,并随之逐步在各国保险法律的文本中以条文规范的形式固定下来,从而具有了普遍适用的效力。下文将就人身保险合同中较为常见的一些特殊条款展开分析。

一、不可抗辩条款

不可抗辩条款(incontestable clause),学理上又称为“两年后不否定条款”,是指人身保险合同自生效或复效之日起,达到一个规定的期限后(《保险法》规定为2年),如果被保险人在此期间没有死亡,保险人便不得拒绝给付保险金,也不得取消合同或对合同提出争议,即使是涉及保险欺诈。[22] 不可抗辩条款包含了三层基本含义:(1)人身保险合同自生效或者复效之日起2年内为可抗辩期,保险人可以就投保人的误报、隐瞒事实等行为而主张合同无效,并拒绝支付保险金;(2)自保险合同生效经过2年后,该合同的效力原则上即具有不可争议性,[23] 保险人不得对投保人任何误告或隐瞒的事实提出抗辩或者主张合同的解除;(3)即便有证据证明投保人故意违反如实告知义务,保险人仍不得免除其保险金给付的责任。保险法一方面允许保险人在合同订立后一定期限内可以就投保人是否履行了如实告知义务提出异议,另一方面又特别设计了不可抗辩条款对保险人的解除权作出了时间上的限制,以此平衡保险合同当事人的风险和利益。

在保险活动中,投保人和保险人均可能发生道德风险。各国保险立法通常要求投保人于缔约时应履行善意配合的义务,凡与被保险人有关且足以影响保险人决定承保与否或提高保险费的信息,投保人均应向保险人如实相告。如果投保人违反此项义务,保险人则有权解除合同,被保险人或受益人便无法获得约定的保险金。然而,若无限期地赋予保险人解除权,将纵容保险人为占有保费而拖延至应当承担保险金给付责任时才声明保险合同无效,危及投保人和被保险人的正当利益。因此,为了防范保险人的道德风险,贯彻保险法上的最大诚信原则与

---

〔22〕［美］詹姆斯·S.特里斯曼等:《风险管理与保险》(第11版),裴平主译,东北财经大学出版社2002年版,第332页。

〔23〕例外有二:一是投保人逾期未交付续期保险费,且经过宽限期仍未交付致使合同效力中止的情形;二是在效力中止的人身保险合同中,投保人依据法定的程序和条件,向保险人提出恢复合同效力的申请,但未获得同意致使合同效力终止的情形。

保护保险消费者的理念,不可抗辩条款已然被多数国家的保险立法所采用。不可抗辩条款具有以下优点:(1)切实保障被保险人及受益人的利益。实务中,大多数的人身保险合同都是长期性合同,随着时间的推移,投保人已然缴纳了相当数量的保费,但其订约时是否履行了如实告知的义务却往往难以查清。况且双方当事人一直处在变动之中,若被保险人死亡的,投保人和受益人则更加无法了解当初投保的情形,他们的举证工作将会变得极为困难。此时,若保险人宣布合同无效将对被保险人及受益人利益造成巨大损害。(2)防范保险人的道德风险。人身保险合同中,保险人可能出于长期或永久占有保险费的目的,即便早已知晓投保人有不实之告或隐瞒的行为,也可能不予揭露,待保险事故发生时,方主张合同无效,借此拒绝保险金的给付。不可抗辩条款可以有效约束保险人的行为,促使保险人通过完善投保单、认真了解被保险人的真实信息、及时在可抗辩期内作出决策等举措避免发生此类道德风险。〔24〕 (3)保障保险消费者利益,增强对保险的信心。在人身保险合同订立后,投保人经过长期投保支付了相当数量的保险费,形成了对合同约定和保险保障的合理信赖,被保险人或受益人往往对其所享有的保险金请求权处于一种期待的状态。不可抗辩条款要求保险人在争议期后不得再以投保人的误报、隐瞒事实等行为主张合同无效,通过保障被保险人的利益增强保险消费者对保险的信任感,进而促进保险业务和保险市场的良性发展。考虑上述种种,不可抗辩条款有助于实现保险合同当事人的利益平衡以及督促保险人尽早履行核保调查的义务。〔25〕

二、年龄误告条款

年龄误告条款(misstatement of age provision),是指被保险人的真实年龄于缔约时申告有误,并被错误地记载于合同之中,导致其申告年龄和真实年龄不符,保险人有权视具体情形区分对待和处理。〔26〕 人身保险合同中,被保险人的年龄十分关键,它既是保险人决定承保与否的考量因素之一,也是保险人确定具体保险费适用何种计算标准的参考因子。被保险人的年龄申告不实将可能导致保险人对其危险的评估有误,使对价平衡原则遭受到破坏,从而间接影响全体被保险人的利益。〔27〕 我国保险立法就年龄误告的内容、时间及法律后果作了专门的规定。根据《保险法》的规定,对年龄误告的处理可分为以下三种类型。

(一)真实年龄与保险人规定的年龄限制不相符的

被保险人的年龄不实关乎两个层面的问题:首先是合同的效力问题,其次才是保险费的调整问题。投保人申告的年龄不实,且被保险人的真实年龄不符合合同约定的年龄限制时,便涉及合同的效力问题。〔28〕《保险法》第32条第1款规定,投保人申报的被保险人年龄不真实,并且其真实年龄不符合合同约定的年龄限制的,保险人可以解除合同,并按照合同约定退还保险

〔24〕 雷定安、刘学宁:《对人身保险不可抗辩条款的深层思考》,载《东方论坛》2002年第1期。

〔25〕 樊启荣:《人寿保险契约之不可抗辩条款研究》,载《商业经济与管理》2008年第3期。

〔26〕《保险法》第32条。

〔27〕 在审理"被保险人年龄申报错误"的人身保险案件中,存在投保人主张自己善意无过失,而保险人核保有过失,要求保险人按照错误年龄继续履行合同的情形。《保险法》第32条未就投保人申报错误的主观心态和保险人核保是否存有过失作出区分。但在司法审判中,多数人民法院倾向于认为只要客观上申报的年龄与实际年龄不符合,就应按照实际年龄计收保险费。例如,上海市静安区人民法院(2014)静民二(商)初字第572号民事判决书、上海市第二中级人民法院(2014)沪二中民六(商)终字第121号民事判决书。

〔28〕 郑玉波:《保险法论》(修订八版),刘宗荣修订,台北,三民书局2010年版,第163页。

单的现金价值。可见,我国《保险法》将“年龄超限”情况下的保险合同认定为“可解除的有效合同”,解除后的法律后果为“保险人退还保单的现金价值”。保险人基于其营业上以及承保风险上的考量,常常会按照概率的计算,确定每一险种的承保年龄范围,对不符合这一年龄范围的被保险人作出不予承保的决定。如果被保险人的真实年龄不符合保险人约定的年龄限制(保险实践中往往是超龄投保),将会严重破坏保险合同的对价平衡原则,使得保险人的经营业务处于不合理的风险之下。因此,法律强制规定对于“年龄超限”的人身保险合同,保险人可以解除合同,但须按照合同的约定退还保险单的现金价值。至于投保人缔约时主观上是否存有故意或者重大过失,在所不问,即使是善意的,如投保人不知被保险人户籍上登记的年龄有误,亦不影响保险人行使合同解除权。需要注意的是,保险人此项解除权与其在《保险法》上的其他解除权一样,也受到不可抗辩条款和弃权原则的制约。

(二)年龄申报不实导致少交保险费的

《保险法》第32条第2款规定,投保人申报的被保险人年龄不真实,致使投保人支付的保险费少于应付保险费的,保险人有权更正并要求投保人补交保险费,或者在给付保险金时按照实付保险费与应付保险费的比例支付。在被保险人的年龄申报不实,但其真实年龄符合合同约定的年龄限制,只是实付的保险费少于应付的保险费时,《保险法》给予保险人两种可供选择的处理方案,一是更正合同中记载的年龄,并要求投保人补交保险费,二是在给付保险金时,按照实付保险费与应付保险费的比例向被保险人或保险受益人支付保险金。

(三)年龄申报不实导致多交保险费的

《保险法》第32条第3款规定,投保人申报的被保险人年龄不真实,致使投保人支付的保险费多于应付保险费的,保险人应当将多收的保险费退还投保人。在保险人的年龄申告不实,但其真实年龄符合合同约定的年龄限制,只是实付的保险费多于应付的保险费时,因多付的保险费属于不当得利,保险人应当将其退还投保人。

三、不丧失价值条款

不丧失价值条款(non - forfeiture clause),又称不可没收条款,是指人身保险合同中约定投保人于合同有效期内可自由选择不同的方式处分其保单现金价值之条款。[29] 该条款是在保单存有现金价值时允许投保人处理保单现金价值的规定。就保险原理而言,影响每期(通常是以年度为期)保险费数额高低的因素主要有三:被保险人当期的死亡成本、保险人当期的经营成本以及保险人获得的投资收益。当经营成本和投资收益均不变时,人身保险合同的保险费与被保险人的死亡成本之间呈正比例关系。正常情况下,人的死亡率(除婴儿外)往往随着被保险人的年龄增长而增加。换言之,人身保险合同的保险费与被保险人的年龄之间成正比:被保险人的年龄越大,其须缴纳的保险费就越高。在保险实务中,就保险费数额的计算而言,主要有自然保费制和平准保费制的两种方法。[30] 这种每期所须缴付的保险费随着年龄的增长、死亡率增大而增多的计算方式即系自然保费制。然而,采用此种缴费方式,不仅保险人收取保

〔29〕《保险法》第47条。

〔30〕叶启洲:《保险法实例研习》,台北,元照出版公司2015年版,第429页。

险费的手续烦琐（主要因为每期保险费数额均有差异），而且被保险人在其年老或退休时所须缴纳的保险费较其年轻、有生产力时更高，往往会不胜负荷。长久如此，投保人数也会逐年减少，因此在保险业界中，此种缴费方式基本上已无人问津，而是转而采用国际上通行的平准保费制。[31] 所谓平准保费制，是指保险人先计算出被保险人的自然保费总额，然后将投保人所须缴纳的全部保险费平均摊至整个交费期，使得投保人在合同有效期内每期负担数额相同的保险费（见图9－1）。

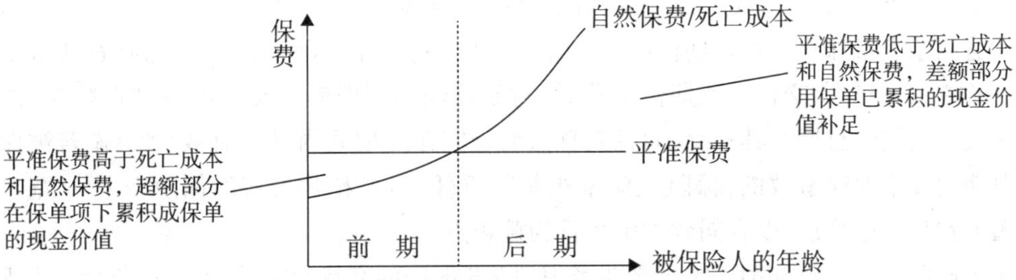

图9－1　自然保费制与平准保费制的比较

在投保前期，平准保费制的缴费方式使投保人缴纳的当期保险费数额超过了当期实际的死亡成本和经营成本，学理上将此部分多缴付的保险费连同其产生的收益，统称为保险单的现金价值，保险人于每一年度以责任准备金的形式将其提存。之所以规定投保人在合同有效期内得选择不同的方式处分其保险单的现金价值，旨在保护投保人对保险单现金价值的运用，使其不致因某些情况的发生而归于消灭。保险单的现金价值是属于投保人所有，投保人对于保险单现金价值的权利不会因保险合同效力的变化而变化。无论投保人是否退保或保险人是否解除保险合同，保险人均应向投保人退还保险单的现金价值。[32]

在我国的保险实务中，投保人对于保单的现金价值的处分有以下几种不丧失价值选择：(1)保费自动垫交条款，一般是指在宽限期到期后投保人仍未缴纳保险费时，保险人可以按照合同约定利用保险单现金价值自动垫交应缴之保险费，以维持合同效力的条款，主要目的在于防止非故意之保险单停效。(2)减额缴清条款，是指根据长期保险的不没收选择权，在被保险人不能继续缴费时，可以用保单的解约金以趸交方式购买保险，保险期限与保险种类和原保单相同，但保额减少的条款。[33] (3)保单转换条款，是指在分期付款的人寿保险的投保人届期未交保费时，若投保人申请，保险人可以将保单现金价值用于购买另一种保险，另行购买的保险种类由保险人决定的条款。(4)办理展期保险，是指在分期交付保险费的人身保险合同的投保人延迟履行缴纳保险费，且在宽限期内仍未交付时，保险人可以按照合同约定利用保险单的现金价值为被保险人重新投保一份与原保险合同的保险金额相同但保险期较短的定期

〔31〕 江朝国：《保险法逐条释义：第四卷　人身保险》，台北，元照出版公司2015年版，第551页。

〔32〕 《保险法解释（三）》第16条规定："保险合同解除时，投保人与被保险人、受益人为不同主体，除合同中另有约定外，被保险人或者受益人不得要求退还保险单的现金价值的。但是当投保人故意造成被保险人死亡、伤残或者疾病，保险人依照保险法第43条规定退还保险单的现金价值的，其他权利人按照被保险人、被保险人继承人的顺序确定。"

〔33〕 中国保险报社、加拿大永明人寿保险公司合编：《英汉保险词典》，商务印书馆1998年版，第532页。

保险。[34]

四、宽限期条款

宽限期条款(date of grace clause),是指投保人享有的于一定期限及条件下缓交到期保险费而合同继续有效的一种法定权利。既属法定权利,保险人便不得以约定的方式予以排除,如有约定,则该约定无效。许多国家的保险立法将宽限期条款规定在保险合同总则,即人身保险和财产保险均可适用。[35] 我国《保险法》的宽限期条款规定于人身保险合同部分,通常认为该条款仅适用于人身保险。在长期性的人身保险合同(特别是寿险合同)中,保险费通常采取分期支付的方式,投保人交付完首期保险费后,对于已经到期但尚未支付的续期保险费,法律给予投保人一定的优惠期使其补交,而且人身保险合同在此期间内继续有效。[36] 倘若被保险人于宽限期内发生保险事故的,保险人应承担保险责任,但可扣除欠交的保险费。[37] 宽限期以投保人欠费日为起算点,以合同效力中止日为截止点。

给予投保人以一定的宽限期,主要是考虑到在长时间的交费期中,投保人难免会因主观上的疏忽或客观上的困难使得保险费的交付有所延误,若保险人不给予其一定的交费宽限期,只因一点点轻微的延误就宣告解除合同,将导致许多被保险人失去保险保障。[38] 并且,对保险人而言也意味着失去保险业务,影响保险合同的继续率,长期如此,不利于其稳定经营。需要说明的是,之所以规定投保人交付完首期保险费后方可适用宽限期条款,是因为人身保险合同中常常会将支付首期保险费作为保险合同的生效要件,倘若保险合同尚未生效,宽限期条款自然就无适用的余地。

人身保险合同的宽限期产生方式有三种,适用时采递进关系:(1)合同当事人自行约定。人身保险合同中,双方当事人经协商一致,可于保险合同中事先约定一个宽限期。(2)保险人催告之日起 30 日。如果保险合同中未约定宽限期,但保险人行使了催告权的,宽限期为保险人催告之日起 30 日。(3)根据《保险法》第 36 条规定,欠费之日起 60 日。倘若双方当事人既未约定宽限期,保险人也未进行催告的,此时的宽限期为投保人欠费之日起 60 日。

五、自杀条款

自杀条款(suicide clause),是指在以死亡为给付保险金条件的人身保险合同中,被保险人于合同生效或复效起 2 年内自杀身亡的,保险人可以免责,仅须退还保单的现金价值,被保险人自杀时为无民事行为能力人的除外;满 2 年后被保险人自杀的,保险人则须承担给付保险金的责任。从历史来看,自杀条款的发展始于对被保险人的自杀行为是否具有可保性的问题的争论,其后衍生出关于自杀免责期间制度、自杀的主观状态以及自杀条款的适用范围与例外等诸多研究。早期,理论界对于自杀是否具有可保性形成了肯定派与否定派两种立场,前者的代

---

〔34〕 江朝国:《保险法论文集》(三),台北,瑞兴图书股份有限公司 2002 年版,第 208 页。

〔35〕《德国保险合同法》总则第 38 条第 1 款;《意大利民法典》第 1901 条第 2 款;关于英美保险法中宽限期条款的规定,参见陈欣:《保险法》(第 3 版),北京大学出版社 2010 年版,第 110 ~ 112 页。

〔36〕 [美]小罗伯特·H. 杰瑞、道格拉斯·R. 里士满:《美国保险法》(第 4 版),李之彦译,北京大学出版社 2009 年版,第 269 页。

〔37〕《保险法》第 36 条。

〔38〕 傅廷中:《保险法学》,清华大学出版社 2015 年版,第 111 页。

表性学说有20世纪上半叶的“目的说”[39]和20世纪下半叶的“调和说”，后者的代表性学说有18世纪的“犯罪说”[40]和19世纪的“技术说”[41]。其中，“调和说”是美国法官凭借其裁判技术在“目的说”和“技术说”两种相互冲突的理论与重叠的利益之间找到的折中点，设置了自杀免责期间制度。[42] 我国自1995年《保险法》颁布时就设置了自杀条款，现行《保险法》第44条以及《保险法解释(三)》第21条对被保险人自杀作出了一些规定，但对于自杀条款的适用范围、自杀的主观状态、自杀条款的例外等问题仍有待商榷。

自杀条款包括以下主要内容：

1. 自杀条款的适用范围。《保险法》第44条第1款规定，自杀条款适用于以死亡为给付保险金条件的人身保险合同，这表明所有涉及死亡保障的人身保险合同均有自杀条款的使用空间。从比较法来看，许多国家将自杀条款限定在人寿保险合同中，《德国保险合同法》、《法国保险法》、《意大利民法典》均选择将自杀条款设置在人寿保险一章。从保险法理论来看，自杀行为不属于意外事件或疾病，故在意外伤害保险和健康保险中不存在自杀条款的适用空间。

2. 自杀行为的界定。从域外保险立法来看，自杀是否限于故意存在两种立法模式，德国的“故意自杀”模式和美国田纳西模式[43]。我国《保险法》没有对自杀行为作出明确定义，自杀的主观状态究竟是故意或过失也存在争议，但多数认为自杀的主观态度仅指故意，并不包括过失或意外事件。实践中存在的意外或非因故意造成的“过失自杀”情形也可能导致法官难以作出准确认定。[44] 因此，在保险实践中，保险人通常在合同中明确约定“以被保险人故意自杀”为除外责任，司法实践中也肯定了此种观点。[45]

3. 自杀条款的期间设计。自杀条款的立法构造的核心在于自杀免责期间的设置。研究者通过反复实验分析出蓄意自杀者不太可能将自杀行为推迟到若干年后才去实施，即使当时确有自杀意图的，也可能随着时间的流逝、情景的变迁而改变初衷。[46] 故从理论上讲，2年期间的设置可以防止高风险投保人的逆选择。[47]

---

[39] 该学说认为，作为人寿保险精算基础的生命周期表统计的死亡率本身已经包含了因自杀行为死亡的人数，即保险费率已经考虑到了自杀死亡因素。并且死亡险的目的并不在于给予被保险人保险金，而是为受益人及其遗属提供经济保障。从安定被保险人遗属生活的公共政策的角度而言，自杀的可保性应当受到肯定，否则将使保险失去了意义。

[40] 该学说认为自杀即是犯罪，且被保险人不得从自己的犯罪行为的后果中得到保险补偿。E. R. Hardy Ivamy, *General Principles of Insurance Law*(2th edition), London Butter Worth, 1970, p. 228. 转引自樊启荣：《人寿保险合同之自杀条款研究——以2009年修订的〈中华人民共和国保险法〉第44条为分析对象》，载《法商研究》2009年第5期。

[41] 该学说认为被保险人若以自杀结束生命，其性质上无异于制造保险事故，此种行为有违危险的偶然性特征，将使危险发生率在技术上具有不可测定性，故自杀不具有可保性。

[42] 樊启荣：《人寿保险合同之自杀条款研究——以2009年修订的〈中华人民共和国保险法〉第44条为分析对象》，载《法商研究》2009年第5期。

[43] 美国田纳西州法律规定，在保单中有关条款规定，如下原因造成的死亡，保险人可以免责：(A)从保单签发之日起两年时间内，被保险人在神志清醒或神志不清的状况下自杀身亡。这种模式不强调自杀是故意自杀。TENN. CODE. ANN. 56-7-2308(5)(A)(1994)。

[44] 梁鹏：《人身保险合同法律规范专题研究》，中国社会科学出版社2021年版，第328~330页。

[45] 最高人民法院《关于如何理解〈中华人民共和国保险法〉第六十五条“自杀”含义的请示的答复》(〔2001〕民二他字第18号)规定：“本案被保险人在投保后两年内因患精神病，在不能控制自己行为的情况下溺水身亡，不属于主动剥夺自己生命的行为，亦不具有骗取保险金的目的，故保险人应按合同约定承担保险责任。”

[46] 韩长印、韩永强编著：《保险法新论》，中国政法大学出版社2010年版，第155页。

[47] 梁鹏：《自杀条款的司法解释》，载《中国青年政治学院学报》2012年第3期。

4. 自杀条款的例外。《保险法》第 44 条第 1 款规定,被保险人自杀时为无民事行为能力人的除外,以但书规定的形式排除了无民事行为能力人适用自杀条款的可能。自杀条款例外的规定,目的在于排除"缺乏自由意思能力之人导致自己死亡"适用自杀条款的情况,但民事行为能力的标准可能会导致自杀条款的适用范围出现混乱。例如,当被保险人为 12 周岁的未成年人时,属于限制行为能力人,假如其在保险合同订立两年之内因抑郁症而自杀,实际不属于《保险法》第 44 条所欲规制的情形,但却因并非无民事行为能力人而无法适用例外条款。因此,有学者认为保险法上自杀的构成要件应调整为"被保险人具有意思能力",而非适用民法上关于行为能力的一般标准。[48] 从比较法观之,《德国保险合同法》适用"被保险人是否因病理干扰而无法自由决定意志"为判断标准,英国采用"被保险人能否理解行为的身体后果(physical consequences)"作为判断被保险人自杀时是否应当赔付的标准,美国则采用"被保险人能否理解行为的道德性质(moral quality)"作为判断依据。[49]

六、禁止诉追保费条款

禁止诉追保费条款,是指保险人不得通过诉讼方式向投保人请求支付保险费的规则。在英美保险法中,所有类型保险的保险人通常无权要求没有支付保险费的投保人履行缴费义务,保险人可以通过不再承担保险责任得到救济。我国《保险法》第 38 条规定,保险人对人寿保险的保险费不得用诉讼方式要求投保人支付。1995 年《保险法》中禁止诉追保费条款的适用范围为"人身保险",2009 年修订时立法将其修改为"人寿保险"。我国学界更进一步将该条款的适用范围限于分期交付保费的人寿保险中"续期保险费",一次交付的保险费和分期交付的首期保险费无法适用该规则。[50]

在保险合同中设置禁止诉追保费条款的理由包括:[51] (1)交费情势变更,是指在投保人交付保险费的情况发生变化的情况下,若允许保险人以诉讼方式强制要求投保人交付保费将导致投保人的经济情况恶化,有悖于投保人购买保险之初衷。(2)不得强制储蓄,是指人寿保险具有储蓄性质,应当遵循储蓄的"自愿原则",不得强制不愿继续储蓄的投保人继续交付保险费。(3)诉追保费违背商业保险中投保人的投保意愿。若允许以诉讼方式强制投保人交费,不仅违背合同自由原则,也不符合"不得强制保险"的基本理念。

在保险合同有效的情况下,禁止诉追保费条款使得保险人在承担保险责任的情况下却无法通过诉讼方式请求投保人交付保险费,显得有失公平。对此,保险人可以通过如下方式获得救济:(1)根据《保险法》第 36 条、第 37 条的规定,在投保人未支付保险费时,保险人应给予 30 日或 60 日或约定期限的宽限期。当宽限期届满但投保人仍未支付保险费时,保险合同效力中止,保险人暂停承担保险责任。(2)保险人可约定将交付的首期保费作为保险合同的生效要件,以督促投保人主动交付保险费,《德国保险合同法》第 37 条第 2 款已作出此类规定。

---

[48] 樊启荣:《人寿保险合同之自杀条款研究——以 2009 年修订的〈中华人民共和国保险法〉第 44 条为分析对象》,载《法商研究》2009 年第 5 期。

[49] 梁鹏:《人身保险合同法律规范专题研究》,中国社会科学出版社 2021 年版,第 342 ~ 344 页。

[50] 樊启荣:《保险法》,北京大学出版社 2011 年版,第 81 页。

[51] 最高人民法院保险法司法解释起草小组编著:《〈中华人民共和国保险法〉保险合同章条文理解与适用》,中国法制出版社 2010 年版,第 259 页。

七、战争条款

战争条款（war clause），又称战争不保条款，是指于人身保险合同中约定的，若被保险人因战争或军事行动死亡和伤残，保险人则不负保险责任的一种免责条款。事实上，战争不保条款，并非《保险法》上明文规定的免责条款之一，而是由国际惯例传入我国保险业界的一种通行做法。从比较法的角度而言，战争免责条款大致有两种立法例：战争状态免责说和战争结果免责说。前者是对战争期间发生的伤亡免责，只要被保险人死于战争期间，即被排除于保险责任之外，不论其死因是否与战争有关。此种立法例采用身份标准，强调的是被保险人于保险期间所处的客观环境。后者是对战争行为造成的伤亡免责，即只有当被保险人的死亡与战争行为有因果关系时，才被排除于保险责任之外。此种立法例采用结果标准，强调的是造成保险事故的具体原因。两者之比较，后者体现了因果关系原则，较前者而言更加公平和合理，投保人、被保险人和法官也易于接受。因此，我国人身保险合同中约定的战争免责条款普遍采用了战争结果免责模式。实务中，战争所致的保险责任虽然并非绝对不予理赔，但即便是保险人同意理赔，也往往是在非常特殊的情况下，出于人道主义的考虑和政府的授权，按个案进行通融赔付，并不会推而广之。

之所以在人身保险合同中规定战争免责条款，主要是因为战争风险就当前阶段而言并不属于纯粹商业上的可保风险。[52] 从保险学的角度来说，并非所有的风险均具有可保性，战争风险即在此列。其理由如下：(1)战争风险的损失不具有可评估性。对于大多数的国家和地区来说，它们遭受的战争次数毕竟有限，人员伤亡也是不可估量的，因而保险人在对战争风险进行评估时，往往缺乏足够的数据和资料，无法运用大数法则对未来的预期损失进行准确的估计（如对损失发生的概率与损失金额的评估），如此便陷入无从确定保险费率和责任准备金的困境中。(2)难以分散风险。对于可保风险而言，其损失的发生与否一般来说是随机的，并且在每一时间，通常只有小部分的风险会发生损失，如此保险人才能实现风险的分散。但在正常情况下，愿意投保战争险的人往往是风险程度最高、最可能提出索赔申请的一类人。倘若索赔人数众多，保险人易遭受破产之灾。此外，由于战争造成的损失往往非常集中，亦使保险人所承保的风险难以实现分散。(3)战争风险不具有商业上的可行性。逐利是商人的本性，只有当一项业务具有可获利性时，保险人才愿意着手开发。正所谓，有战争必有伤亡，战争带来的损失往往是巨大的，实务中保险人不愿意承保或者保险费设计得非常高昂，这也反映了战争险缺乏可获利性。

需要说明的是，与战争风险相类似，恐怖袭击风险同样存在难以量化估计的特征，但在保险实务中，保险人往往只在财产保险的承保范围内将恐怖袭击风险排除于外，一般不会涉及人

---

〔52〕 所谓可保风险，是指投保人能够投保而保险人也愿意承保的风险。可保风险通常须具备以下条件：(1)须有足够数量的风险单位；(2)因风险所生的损失须能予以确定；(3)损失的发生是出于意外或偶然；(4)潜在损失须足以使人陷入困境；(5)保险成本必须经济合理；(6)损失可能性须能测定；(7)风险不会同时造成大多数投保单位的损失。参见吴小平、赖清祺主编：《保险英汉词典》（简体版），法律出版社 2014 年版，第 463～464 页。

身保险。[53] 诚然,恐怖袭击风险并不是中国保险业界所独有的风险,而是世界上众多国家和地区所共同面临的问题。事实上,在经过2001年美国"9·11"事件之后,域外已经有相当多的国家和地区建立起了专门针对恐怖袭击风险的保险机制。遗憾的是,尽管中国境内已经发生了多起恐怖暴力事件,但目前尚无专门的恐怖风险保险制度。

第四节 人身保险合同效力的中止和恢复

在长期性人身保险合同中,投保人通常是以分期的方式支付保险费,假若投保人此项义务履行延迟,保险人除可以减少保险金额外,还可以依据保险法上的规定使保险合同的效力中止,此时中止的人身保险合同只有在投保人继续支付保险费后方可恢复合同的效力。从我国《保险法》的体系上看,中止和复效,均为人身保险合同所特有的一种效力状态,并且只适用于人寿保险合同之中。

一、人身保险合同效力的中止

(一)人身保险合同效力中止的概念

人身保险合同效力的中止(suspension of coverage),是指已经生效的人寿保险合同因发生某种法定事由使得其效力暂时停止的一种法律制度。具体而言,在分期支付保险费的人寿保险合同中,投保人交付首期保费后,因未能按时支付续期保险费,且经过保险人的催告,于宽限期内仍未支付的,除合同另有约定其他的补救方法或事后达成协议外,该合同的效力即进入停止状态,待法定或者约定的条件成就时,其效力才得再度恢复。

通常来说,在长时间的交费期中,投保人难免因主观的疏忽或客观的困难使其保险费的交付有所延误。在此种情形下,一方面要求保险人不可诉请投保人续费;另一方面又要求其继续承担保险责任,于保险人而言显然有失公允。然而,若只因投保人轻微的交费延误即任由保险人解除保险合同,不给予投保人一定的宽宥,也将导致许多人身保险合同在非出于当事人的意愿下失去了合同的效力,即便投保人未来愿意履行原合同也无法得偿所愿,投保人若想再度享有保险保障,只能重新投保,却要面临保费增加或被拒保的风险。因此,从保护投保人长远利益以及保险人效益的角度出发,保险法上设计了人身保险合同效力中止的制度,其宗旨在于给予投保人一次重新履行保险合同的缓冲期或选择权。[54]

(二)适用中的特殊情形

投保人未按照合同的约定交付续期保险费,是导致人寿保险合同效力中止的首要原因。

---

〔53〕 在美国"9·11"事件发生之前,我国保险合同条款中罕有明确将恐怖袭击或恐怖活动的风险排除在外的。正是这一起发生在国外的恐怖袭击事件引起了中国保险业的警觉,促使其将恐怖袭击的风险排除在承保范围外。具体来说,就人寿保险和年金保险而言,多数保险人并没有将恐怖袭击造成的人身损害或死亡列入责任免除的范围;就人身意外伤害保险而言,各保险人设计的保险条款存有差异;但就财产保险而言,大部分的保险人都将恐怖袭击或恐怖活动所造成的损失列入责任免除的范围,只有极少数的保险人愿意提供恐怖袭击财产保险。参见周学峰:《应对恐怖主义的保险机制研究》,载《比较法研究》2015年第1期。

〔54〕 恒安标准人寿保险有限公司法律部编著:《人身保险法律实务解析》,法律出版社2012年版,第129页。

造成投保人此种违约行为的原因千差万别，但倘若是因为保险人一方的原因使得投保人未能按期交付保险费，则不能构成人寿保险合同的效力中止。对于如何判断哪些情形属于上述原因，《保险法》上并未涉及，实务中因缴费一事较易发生的下列争议。

1. 保险人未提示或催告投保人依约交付保险费

一般来说，保险人通常会在交费截止日前以一定的方式善意提醒投保人按时缴费，或者在保险合同进入宽限期后催告投保人及时补缴。保险人的此种提示或催告是否构成合同义务？实务界看法不一。有法院认为，投保人既然是保险合同中承担支付保险费义务的人，那么，除非当事人另有约定，保险人不负有定期通知投保人交费的义务。而保险人通知投保人按时交付续期保险费的行为只不过是其服务质量高的体现，在性质上并不能被界定为合同义务，否则将有违公平原则，损害市场的交易秩序。[55] 至于是否向投保人行使催告权，也将完全取决于保险人自身的决定。也有法院对此持相反意见，认为保险人的此种提示或催告行为是合同全面履约以及附随义务的表现。[56]

2. 保险人未主动上门收取保险费

在早期的保险实务中，保险业务员或代理人为了促成交易，往往到投保人的家中洽谈保险事宜或收取首期保费，并且对于续期保险费也有登门收取的。那么保险业务员或代理人的此种行为是否构成合同义务？本书认为，除非合同中对交付保险费的方式有此约定，否则不能构成合同义务；但是，在某些情况下，即便合同中未作约定，如果构成了交易习惯（如保险业务员或代理人多次上门收取保险费，并且已成惯例），[57] 保险人则负有上门收费的义务。

3. 保险业务员或代理人未及时转交保险费

基于信任关系，一些投保人将续期保险费交给保险业务员或代理人，再由其转交给保险人。此种方式虽然便捷，但实务中也出现过保险业务员或代理人延误转交、侵占或者挪用保险费的情形。就合同法代理制度的一般原理而言，投保人将保险费交给保险业务员或代理人，即视为履行了交费义务，至于保险业务员或代理人是否获有授权，在所不问（没有授权则构成表见代理），因此，如果是保险业务员或代理人的原因导致保险人未能及时收到续期保险费，从而引起保险合同效力中止的，应当由保险人一方承担责任。[58]

4. 保险人拒收保险费

在人身保险合同的履行过程中，保险人是否可以拒收保险费？保险法上并未赋予保险人拒收保费的权利，并且此种行为也不符合适用合同法中的不安抗辩权制度的任何一种情形。[59] 换言之，除保险人已经诉诸法院并申请终止合同的履行从而有权暂不收取保险费外，保险人没有任何原因拒收保险费。

---

〔55〕 中国保险行业协会组织编写：《保险诉讼典型案例年度报告》（第2辑），法律出版社2010年版，第166页。

〔56〕 《民法典》第509条第1款、第2款规定："当事人应当按照约定全面履行自己的义务。当事人应当遵循诚信原则，根据合同的性质、目的和交易习惯履行通知、协助、保密等义务。"

〔57〕 《民法典》第510条规定："合同生效后，当事人就质量、价款或者报酬、履行地点等内容没有约定或者约定不明确的，可以协议补充；不能达成补充协议的，按照合同相关条款或者交易习惯确定。"

〔58〕 梁宇贤：《保险法新论》（修订新版），中国人民大学出版社2004年版，第54～55页。

〔59〕 《民法典》第527条规定："应当先履行债务的当事人，有确切证据证明对方有下列情形之一的，可以中止履行：（一）经营状况严重恶化；（二）转移财产、抽逃资金，以逃避债务；（三）丧失商业信誉；（四）有丧失或者可能丧失履行债务能力的其他情形。当事人没有确切证据中止履行的，应当承担违约责任。"

(三)人身保险合同效力中止的法律效果

在人身保险合同中,按约交付保险费是投保人的主要义务,承担保险责任则是保险人的主要义务,因此,保险合同一旦中止,即意味着保险人在中止期内无须承担保险责任,也不负保险费的返还义务。人身保险合同效力的中止,并不等于合同效力的绝对消灭。中止仅是使合同效力处于暂时停止的状态,既不溯及既往,也不会使合同效力归于灭失。只要具备一定的条件,处于中止状态的人身保险合同,便得重新恢复其效力。

二、人身保险合同的复效

(一)人身保险合同复效的概念

复效(reinstatement),亦称为合同效力的恢复,是指处于中止状态的人寿保险合同在满足一定条件后重新恢复合同效力的制度。具体来讲,在分期交付保险费的人寿保险合同中,投保人逾期未支付续期保险费,且欠费状态持续时间超过了法定或约定宽限期,从而导致合同效力处于暂时停止的状态后,如果投保人依据法定的程序和条件,向投保人提出恢复合同效力的申请,并且获得其同意,此时原人寿保险合同的效力重新恢复。

(二)人身保险合同复效的立法价值

1. 复效制度是自愿原则和公平原则的具体体现。就人寿保险合同的订立和履行而言,投保人支付保险费,并不是在积极地创造财富,而是通过组成一个危险共同体以达到分散风险和分摊损失的目的。因此,若强迫投保人在自己生活状况发生难以预料或者不能控制的变故时,仍受保险合同的约束继续缴费,则与其订立人寿保险合同的初衷相违背。但是,从另一方面来讲,投保人给付保险费延迟原已属于债务的不履行,若仍强令保险人一直等待投保人补缴保险费,并承担等待期间的风险,于保险人而言也有失公允。因此,保险法上特设区别于一般民事合同效力状态的"中止与复效"制度予以协调,以在自愿原则和公平原则之间求得平衡。

2. 复效制度充分保护了投保人的利益。从合同法的一般原理上讲,当事人一方延迟履行主要债务,经催告后在合理期限内仍未履行的,即构成根本违约,对方当事人有权解除合同。依此规则,投保人未按期交付保险费,且在宽限期内仍未补缴的,保险人应享有解除合同的权利。而在人寿保险合同中,当保险人不愿继续承保从而解除合同时,投保人若想再度享有保险保障,只得另行缔结新的保险合同,但要面临手续烦琐、规定多、保险费高的困境,显然于其不利。复效制度在一定程度上突破了此规则,通过限制保险人解除权的行使,使得投保人一方获得更充分的补救机会。

3. 复效制度有利于维护保险业务。复效制度虽主要是为照顾投保人而设,然而对保险人而言,也有维持业务和节省调查费的作用。投保人未及时交费有时是因为一时的疏忽或暂时的困顿,如果让其重新订立合同以获得人身保障,投保人往往会在各保险人之间进行比较和取舍,最终未必会选择原来的保险人。复效制度可以通过给予特殊优惠而留住更多的投保人,使保险人维持客户群,从而促进保险业务的可持续发展。

(三)人身保险合同复效的法定要件

在人寿保险合同中,合同效力中止是合同复效的前提和必经程序,然而,合同效力中止并不意味着必然发生合同复效。投保人欲使其处于中止状态的人寿保险合同重新恢复效力,还须满足下列法定要件:

1. 人寿保险合同效力中止后，投保人应向保险人作出申请复效的意思表示。申请复效既是合同得以复效的首要条件，也是投保人将期望合同复效的愿望表达于外的行为。换言之，处于中止状态的人寿保险合同不能自行恢复效力，还须由投保人向保险人提出复效申请，从而促使保险人积极审核。至于投保人提出复效申请的期限，如有约定的，则从其约定，没有约定的，应当在保险人解除合同之前提出。

2. 被保险人的危险程度未显著增加。投保人提出复效申请并同意补交保险费的，除被保险人的危险程度在中止期间显著增加外，保险人原则上不得拒绝承保。而且，投保人在申请合同复效时，还必须遵循诚实信用原则，履行如实告知的义务。[60] 法律之所以如此规定，是考虑到倘若对此不加以任何限制，那些身体状况不好的人群将比身体健康的人群更有可能去申请合同的复效。为避免投保人逆选择或者发生道德风险，法律必须赋予保险人一定的危险筛选权，使其将复效时身体不具有可保性的人群排除在外。

3. 保险人同意恢复合同效力。根据《保险法》第 37 条以及《保险法解释（三）》第 8 条的规定，保险人与投保人就复效协商一致是保险合同效力恢复的条件，保险人自收到投保人的复效申请后，应当于 30 日内做出承保与否的决定，30 日内未明确拒绝的，视为同意。因此，保险人享有保险合同复效的同意权，逾期未作出拒绝的意思表示也可构成同意。此外，为平衡各方当事人的利益以及避免保险合同的效力长期处于不稳定的状态，投保人自合同效力中止之日起 2 年内与保险人未达成复效协议的，保险人有权解除保险合同。

4. 投保人补交保险费及其利息。人寿保险合同的效力之所以处于中止状态，主要原因在于投保人未能按期交付保险费。因此，欲使原合同复效，投保人须补足欠缴的保险费，原人寿保险合同将于投保人补交保险费之日起恢复效力。[61] 就补交保险费的范围而言，除合同效力中止前未交的保险费以及中止期间应缴的保险费外，保险人还有主张相应利息的权利。至于投保人是一次性补交，抑或分期补交，则由双方自行协商，《保险法》未作限制。

（四）保险人的复效同意权

为防止保险人的利益失衡，影响保险业的经营和正常发展，于复效制度中赋予保险人一定的危险筛选权已然成为共识。从比较法的角度而言，关于保险人的复效同意权，大致有三种立法例：同意主义、可保主义以及宽松的可保主义。事实上，这三种模式的本质区别在于保险人对合同复效的控制权的大小。[62]

1. 同意主义

“同意主义”，是指保险合同的复效须经保险人同意，保险人对合同的复效拥有绝对的主动权。换言之，保险合同效力中止后，投保人即便提出复效申请并补交保险费的，也不一定能使保险合同复效。只有征得保险人同意后，才可能发生合同复效的法律后果。我国《保险

---

〔60〕 关于投保人在申请人身保险合同复效时，是否须履行如实告知义务的问题，保险法并无明文规定，学界意见也不统一。但在司法实践中，多数人民法院认为人身保险合同复效时，投保人未履行如实告知义务的，保险人有权解除保险合同。例如，上海市静安区人民法院（2013）静民二（商）初字第 664 号民事判决书、上海市第二中级人民法院（2013）沪二中民六（商）终字第 232 号民事判决书、江苏省苏州市吴江区人民法院（2013）吴江商初字第 01943 号民事判决书、江苏省苏州市中级人民法院（2015）苏中商终字第 00544 号民事判决书。

〔61〕 《保险法解释（三）》第 8 条第 3 款。

〔62〕 梁鹏：《保险合同复效制度比较研究》，载《环球法律评论》2011 年第 5 期。

法》即采用此种立法例,日本保险实务中的保险合同也通常规定了须经保险人同意的复效条款。

就“同意主义”而言,保险人拥有完全依主观判断以决定是否同意复效的权利,赋予了保险人过大的权利,使其滥用同意权的机会增加。如一些保险人在缺乏正当理由的情形下,对投保人提出了过分苛刻的要求。[63] 此外,同意主义有诱使保险人逆选择之可能。若被保险人在复效申请时本具有可保性,但于保险人同意复效前发生了保险事故,保险人很可能因知悉此事从而拒绝复效申请,被保险人此时将丧失应有的保障。[64]

2. 可保主义

“可保主义”,是指只要投保人能够证明被保险人仍具有可保性,保险人便不能拒绝保险合同的复效。在这种情况下,保险人享有审核的权利,但无绝对的复效控制权。我国《保险法解释(三)》即采用此种立法例,美国纽约州《保险法》第3203条也属此类。

之所以规定投保人须提供可保证明,主要是防止投保人逆选择和发生道德风险。首先,法律通过赋予保险人一定的危险筛选权,使其将复效时身体不具有可保性的人群排除在外。其次,复效制度的本意在于恢复原合同的效力,而非订立一个新合同,在没有发生重大变化或严重影响保险人利益的情形下,保险人应当同意复效而不是拒绝。最后,即便未出现效力中止的情形,在合同有效期内,如果被保险人的危险程度显著增加达到足以拒保的程度时,投保人也将负有通知义务,此时保险人仍然有按照合同的约定增加保险费或者直接解除合同的权利。实际上,此举与赋予保险人危险筛选权并无本质上的区别。综合考虑而言,“可保主义”的确具有一定的合理性,但也难以解释下列观点:(1)在保险合同效力中止期间,被保险人健康状况发生恶化本就是自然发展的客观结果,这一危险,原本就属保险人应予保障的行列。(2)通过危险筛选权,保险人将一部分原本属于承保范围内的危险排除在外,使其承保的风险较缔约时危险程度降低,有失公平。(3)并非所有申请复效的投保人都有逆选择的主观故意。[65]

3. 宽松的可保主义

“宽松的可保主义”将中止期间划分为两个阶段,前一阶段采取“自动复效主义”,只要投保人提出复效申请并补缴保险费及利息,无须提交可保证明,保险合同自动复效。后一阶段采取“可保主义”,须由投保人提出符合要求的可保证明,保险合同方能复效。我国台湾地区“保险法”即采用此种规定(具体设计见图9-2)。[66]

---

〔63〕 刘建勋:《新保险法经典、疑难案例判解》,法律出版社2010年版,第81页。

〔64〕 林勋发:《保险契约效力论》,1996年自版发行,第241页。

〔65〕 最高人民法院民事审判第二庭编著:《最高人民法院关于保险法司法解释(三)理解适用与实务指导》,中国法制出版社2016年版,第197页。

〔66〕 我国台湾地区“保险法”第116条规定:“第一项停止效力之保险契约,于停止效力之日起六个月内清偿保险费、保险契约约定之利息及其它费用后,翌日上午零时起,开始恢复其效力。要保人于停止效力之日起六个月后申请恢复效力者,保险人得于要保人申请恢复效力之日起五日内要求要保人提供被保险人之可保证明,除被保险人之危险程度有重大变更已达拒绝承保外,保险人不得拒绝其恢复效力。保险人未于前项规定期限内要求要保人提供可保证明或于收到前项可保证明后十五日内不为拒绝者,视为同意恢复效力。”

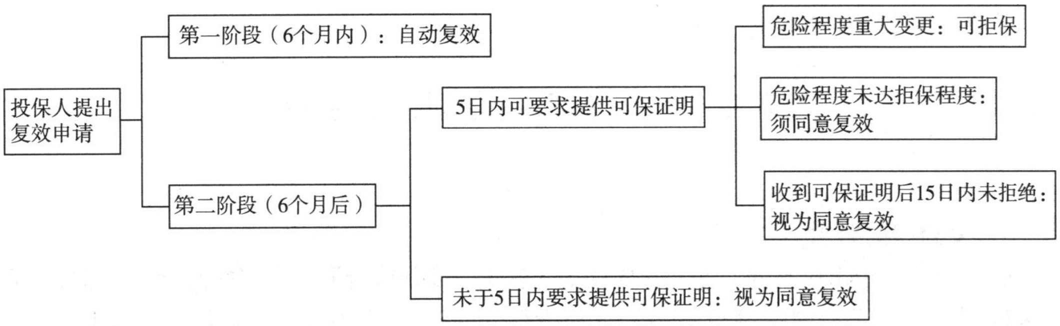

图9－2　宽松的可保主义下合同的复效

相比之下，"宽松的可保主义"较为合理。因为在前一阶段中，被保险人身体恶化的可能性小，投保人逆选择的可能性低。此外，从双方利益平衡的角度考虑，前一阶段对投保人而言较为有利，而保险人有可能会因投保人的逆选择而遭受不利益；但后一阶段则对保险人有利，投保人一方即使不存在逆选择的主观故意，也可能因不具有可保性而被拒绝复效。因此，整体来看，双方的利益可以大致平衡。

（五）人身保险合同复效的法律效果

1. 处于中止状态的人寿保险合同，在具备法定条件后，于投保人补缴保费之日起重新恢复合同的效力。人身保险合同复效后，中止期间将计入整个保险期中，保险合同视为从未中断，仍保持连续性和完整性。

2. 人身保险合同复效后，倘若被保险人于中止期间发生保险事故的，保险人无须承担保险责任，也不负保险费返还的义务。如果被保险人于人身保险合同复效后发生保险事故的，保险人应按照合同的约定承担保险责任。此外，投保人自人身保险合同效力中止之日起，超过2年仍未成功复效的，保险人有权解除保险合同，并按照合同约定的方式向投保人退还保险单的现金价值。

需要注意的是，就合同内容而言，复效后的人身保险合同是一种特殊的合同组合体。这是因为，一方面，复效合同在合同条款、保险费率、保障范围等方面均依旧履行，以体现复效制度的宗旨；另一方面，投保人如实告知义务中有一部分内容明显带有新条款的色彩。从这一意义上说，复效后的合同是原合同与新告知内容的结合。[67] 但是保险合同的效力毕竟发生过变动，为防止投保人投机取巧诈取保险金，对于合同中的某些特殊条款的期间并不予以继续计算，而是重新计算，如不可抗辩制度的适用。[68]

---

〔67〕 梁鹏：《保险合同复效制度比较研究》，载《环球法律评论》2011年第5期。

〔68〕 在合同复效的情形下，原合同内容的不可抗辩期间应自缔约之日起计算，而新告知内容的不可抗辩期间则自复效之日起计算。

第五节 人身保险合同的受益权

一、受益权的概念

受益权(beneficiary right),是指保险受益人基于人身保险合同所享有的保险金请求权。具体来讲,在人身保险合同中,基于被保险人或投保人的指定,保险受益人得依其法律上的地位享有于保险事故发生后受领保险人给付的保险金的权利。从合同法的原理上看,受益人之所以享有受益权而无须承担相应的合同义务,系利益第三人合同的法理以及私法自治原则在保险法中的体现。

保险受益权是存在于一切保险合同之中,还是仅存于人身保险合同、抑或死亡险中?就受益权的适用范围而言,《保险法》未明确规定。追本溯源,由于在人身保险合同中,保险事故的发生常常以被保险人死亡为成立要件,故除投保人和被保险人外,还须存在第三人于保险事故发生时受领保险金的给付。而在财产保险合同中,被保险人是保险事故发生时本就当然享有保险金给付请求权的人,其地位与人身保险合同的受益人无异,故没有另行指定受益人的必要。因此,本书认为,受益权制度仅适用于人身保险,财产保险中无适用的必要。

二、受益权的性质

民法理论上,以成立要件是否齐备为标准,可将权利划分为既得权和期待权两种。前者(也称完整权)是指成立要件已经全部齐备,由权利人实际享有的权利;后者是指因具备取得权利的部分要件,受法律保护,具有权利性质的法律地位。那么,受益权的性质为何?本书认为,对于其性质的判断,不能一概而论,应当区分不同情形具体分析:(1)在保险事故发生前,受益人虽经指定,然而在投保人和被保险人未申明放弃受益人变更权的情形下,原受益人的法律地位随时可因投保人或被保险人的变更行为而归于消灭。此时,受益人享有的权益仅为期待,而非期待权。依通说之见解,期待并不具有权利性质的法律地位,因而不受法律的保护。(2)当投保人和被保险人均放弃受益人的变更权时,受益人方确定地取得于保险事故发生时享有保险金请求权的法律地位。受益人距离受领保险金,仅欠缺“保险事故发生”这一条件,因此,此时的受益权在性质上为期待权。(3)于保险事故发生后,投保人或被保险人均不再享有变更受益人的权利,此时的受益人可以现实地主张保险金请求权,其享有的受益权也就由期待权转化为既得权,即完全意义上的保险金请求权。

三、受益人指定、变更权的特殊规则

关于受益人指定、变更权的一般规则,已在前文“保险合同的主体”一章阐述,此处不再赘述。本部分结合《保险法解释(三)》的规定,重点论述受益人指定、变更权归属的学说争议和特殊指定下的处理规则。

(一)受益人指定、变更权的归属之争

承前所述,受益人的法律地位并非当然地享有,而是源于他人的指定。根据《保险法》

第39条、第41条的规定,受益人的指定权主体与变更权主体并无二致,投保人和被保险人均享有受益人的指定、变更权,如果是投保人行使上述权利,还须征得被保险人的同意,否则,该指定或变更行为不具有法律效力。事实上,关于受益人指定、变更权的归属问题,理论界一直有“投保人说”和“被保险人说”之争。

“投保人说”是指受益人的指定、变更权主体当属投保人所有,被保险人仅享有同意权。德国、韩国以及中国澳门特别行政区均采用投保人指定模式。主张“投保人说”的理由有:(1)受益人应当由保险合同当事人指定。就合同法的一般原理而言,人身保险合同是投保人与保险人之间订立的合同,保险合同的当事人是投保人和保险人,并不包含被保险人。保险事故发生后,被保险人即便享有保险金请求权,也不能改变其不具有合同当事人资格的事实。而受益人的指定,属于人身保险合同中的一项条款,只能源于合同当事人的约定,是投保人基于其合同当事人的地位所享有的专属权利。如果由当事人以外的第三人指定,则与合同法的基本理念不合。(2)由被保险人指定受益人不合通例。综观国内外保险立法,绝大多数国家或地区皆将指定、变更受益人的权利赋予投保人。(3)被保险人同意权的设置足以防控道德风险。从被保险人享有指定权的功能来看,主要是防范受益人为获得保险金而杀害被保险人的道德风险。在人身保险合同的投保人为他人投保的情形下,赋予被保险人同意权实际上已经足以实现维护被保险人利益、控制道德风险的目的,另行赋予其受益人的指定、变更权实无必要。〔69〕

“被保险人说”是指受益人的指定、变更权主体归属被保险人所有。主张“被保险人说”的理由有:(1)有利于实现保障被保险人人身利益。投保人订立人身保险合同的初衷,在于向被保险人提供保险救济或者经济保障。因而,保险金的请求权本然地属于被保险人所有而非投保人,投保人既然并无受领保险给付的本权,自然也不能径直指定、变更受益人使之享有保险金请求权。此时,投保人仅享有建议权。投保人参与受益人的指定、变更一事,实质上是向被保险人提出受益人的人选建议,决定权依然属于被保险人。换言之,投保人之所以获得指定、变更受益人的权利,实乃被保险人的让与。〔70〕(2)防范道德风险。受益人的指定、变更权与道德危险的控制密切相关,赋予被保险人指定、变更受益人的权利,由被保险人自行决定受益人的身份,不仅能尊重被保险人处分保险金的权利,也能在最大程度上降低受益人的道德危险。

根据《保险法》第39条的规定,当投保人指定受益人时,须征得被保险人的同意,否则,该指定行为不具有法律效力。换言之,法律将指定、变更受益人的最终决定权赋予了被保险人享有。由此可见,我国保险法实质上采纳了“被保险人说”立法例。

各国关于受益人指定、变更权立法的差异主要源于两方面:〔71〕

1. 注重保单的人身权益还是财产价值

主张被保险人享有受益人指定权者注重保单的人身权益。该学说认为:“寿险契约所保障之直接标的,应为被保险人对自己生命、身体之利益,此种利益的反面即为损害,亦即为寿险契约所欲填补之对象。盖若承认寿险为在填补要保人因为被保险人死亡所产生之经济上损害,则不啻以‘他人之生命、身体’作为自己经济上之利益而为之法律行为标的,如此一来,将有违

---

〔69〕 温世扬:《论保险受益人和受益权》,载《河南财经政法大学学报》2012年第2期。

〔70〕 最高人民法院保险法司法解释起草小组编著:《〈中华人民共和国保险法〉保险合同章条文理解与适用》,中国法制出版社2010年版,第264页。

〔71〕 梁鹏:《人身保险合同法律规范专题研究》,中国社会科学出版社2021年版,第209~211页。

私法上尊重人格生命之基本原则。反之,若吾人承认被保险人得以自己之生命、身体之利益为标的,则无此顾虑。因此,真正享有保险金和有权处分保险金之人应为被保险人,故指定受益人之权亦当然应属被保险人所有。"[72] 因此,从重视保单人身权和尊重被保险人人格角度而言,受益人指定权应赋予被保险人。

主张投保人享有受益人指定权者则强调保单中的财产价值。在美国保险法中,保单被认为是一种具有明显财产属性的无形私人财产,保单持有人(一般是投保人)享有保单所有权,并有权对其进行各种方式处理,包括指定或变更保单的受益人。因此,受益人指定权是保单财产权的内容之一,应当由保单持有人享有,而非被保险人。这种投保人享有指定权的模式并不着重于人身保险对被保险人身体或生命的依附以及被保险人对保单人身方面的权利,而是强调由出资购买的保单持有人享有受益人指定权。

2. 防范道德风险的态度不同

当投保人可以不受限制地指定受益人时,受益人指定制度无法充分发挥防范道德风险之功能。因为经投保人任意指定的受益人,容易出现为谋取保险金杀害被保险人的道德风险。美国保险法为对此种道德风险加以规制,在投保人指定模式下另要求投保人指定的受益人对受益人具有保险利益。相比之下,当被保险人有权自己决定受益人时,理性的被保险人会充分考虑受益人对自己生命、身体可能造成的威胁,被保险人指定受益人模式较之投保人显然在防范道德风险方面更为积极、有效。在英美保险法中,保险利益不限于家庭关系,具有合同关系的主体(如劳动关系)也存在保险利益而得以投保和指定受益人,道德风险程度有所增加且难以控制,相较于以法律规定的保险利益控制道德危险,被保险人自己控制更加靠谱。同时,赋予投保人指定受益人的权利亦有必要,这种指定权可以视为被保险人对投保人的"隐蔽性授权",[73] 能够便利保险合同的订立,提高交易效率,嗣后再通过被保险人同意权予以调整即可实现平衡。

(二)概括指定

根据《保险法》第 18 条第 1 款的规定,人身保险合同应当载明保险受益人的姓名(名称)及住所。而在保险实务中,投保人或被保险人指定受益人时,并不以指名道姓为必须,也可以只填写身份关系,如受益人一栏记载为"法定继承人""配偶""子女"等。据此,受益人的记载方法可以分为两种:"姓名附加身份或仅记载姓名(名称)"的列举式指定和只填写了身份关系的概括式指定(分别对应我国台湾地区"保险法"的具名指定和类名指定)。[74] 一般来说,人身保险合同的保险期较长,而身份关系并非恒久不变,随着时间的推移,当保险受益人与被保险人之间的关系发生变化时,概括指定受益人的方式将能更好地保障被保险人的权益,给予与其关系最密切的利害关系人以一定程度上的补偿,帮助其渡过经济上的难关。当因概括指定受益人导致保险合同纠纷时,首先应当考究被保险人的真意、尊重契约自由的精神,并结合证据规则与现实情况,对保险受益人进行最终的确认。[75]

---

〔72〕 江朝国:《保险法论文集》(三),台北,瑞兴图书股份有限公司 2002 年版,第 339 页。

〔73〕 江朝国:《保险法逐条释义:第一卷 总则》,台北,元照出版公司 2012 年版,第 214 页。

〔74〕 江朝国:《保险法逐条释义:第四卷 人身保险》,台北,元照出版公司 2015 年版,第 311 ~ 312 页。

〔75〕 最高人民法院民事审判第二庭编著:《最高人民法院关于保险法司法解释(三)理解适用与实务指导》,中国法制出版社 2016 年版,第 252 页。

1. 根据《保险法解释(三)》第9条第2款第1项的规定,当受益人约定为“法定”或者“法定继承人”的,以《继承法》规定的法定继承人为受益人。对于“法定”一词的解释,可从两个层面分析:(1)投保人在受益人条款中填写相关文字,表明其有指定受益人的意愿,而不应作相反解释,将“有”解释为“无”。(2)由于受益人本身并无“法定”之说,作为被保险人身故保险金的请求权人,“法定”一词的唯一合理解释应是“法定继承人”,即由全体法定继承人不分顺序地享有受益权。

2. 根据《保险法解释(三)》第9条第2款第2项的规定,受益人仅约定为身份关系,投保人与被保险人为同一主体的,根据保险事故发生时与被保险人的身份关系确定受益人;投保人与被保险人为不同主体的,根据保险合同成立时与被保险人的身份关系确定受益人。如此规定有以下两点原因:首先,被指定为身份关系的受益人往往是被保险人发生保险事故后,最容易受到物质上或精神上损害的人,特别是在原受益人与被保险人的人身关系发生变化时,将保险金给付给出险时具有特定身份关系的人更为合理。其次,当投保人与被保险人为不同主体时,从利益平衡和尊重契约自由的角度出发,在保护被保险人权益的同时,还应维护投保人作为出资人所享有的利益。

3. 根据《保险法解释(三)》第9条第2款第3项的规定,受益人的约定包括姓名和身份关系,保险事故发生时身份关系发生变化的,认定为未指定受益人。记载姓名并附加身份关系的指定方式,应理解为既有姓名又有身份关系的约定,在保险事故发生时,原合同约定的姓名所指向的人与具有该身份所对应的人已非同一主体,此时被保险人又已身故,无法探究被保险人真实意愿,因此法律将此种情形认定为未指定受益人,保险金将作为被保险人的遗产由其法定继承人继承,从而达到安定被保险人遗属生活的目的。

(三)对《保险法》第39条第2款的理解

《保险法》第39条第2款规定,雇主为劳动者投保人身保险合同时,只能在劳动者及其近亲属的范围内指定受益人。对劳动关系中受益人指定的规则,实务中出现了两种不同的观点:(1)当雇主指定受益人时,不得指定劳动者及其近亲属以外的人为受益人;由劳动者本身指定受益人时,则不受限制。(2)雇主与劳动者均不得指定劳动者及其近亲属以外的人为受益人。

在分析上述两种观点时,需要考虑以下几点:(1)保险法对雇主的指定权作出限制的立法宗旨在于防止雇主为劳动者订立人身保险合同时,利用其强势地位指定自己为受益人,通过牺牲劳动者的生命健康从而使自己获得保险金的给付。[76] 这种对受益人范围的限制能够避免投保人利用其强势地位,强迫劳动者做出违背其真实意愿的意思表示。(2)这种受益人的范围限缩在一定程度上构成了对被保险人指定权的过度限制。受益人指定制度的核心在于通过征求被保险人同意,保障被保险人的人身权益和自由意志。将受益人限制在“被保险人及其近亲属”范围内虽然能够避免劳动者因受雇主的意志和不平等关系的影响,在违背自己本心的情况下,指定雇主为保险合同的受益人,但也对被保险人根据自己意志指定受益人的自由形成了不合理的限制。因此,可考虑在劳动关系的受益人指定制度中限制劳动者将雇主作为受益人,辅以被保险人同意权即可实现平衡。

---

[76] 最高人民法院保险法司法解释起草小组编著:《〈中华人民共和国保险法〉保险合同章条文理解与适用》,中国法制出版社2010年版,第266页。

四、受益权的消灭

从法理上说,受益权的消灭有广义和狭义之分。在人身保险合同的存续期间,无论投保人、被保险人,抑或受益人自己皆有可能导致保险受益权的消灭。广义的受益权消灭包括指定权人变更受益人、受益人依法丧失、放弃或转让受益权、受益人先于被保险人死亡、合同的解除、投保人故意造成被保险人伤残或死亡、被保险人自杀以及被保险人故意犯罪导致其伤残或死亡等情形。[77] 狭义的受益权消灭,即受益权的相对消灭,仅指受益人依法丧失、放弃或转让受益权、指定权人依法变更受益人以及受益人先于被保险人死亡的情形。狭义的受益权消灭仅意味着受益人本人丧失保险金受领人的资格,保险人的给付义务并不因此而消灭,发生保险事故后,其他受益人、被保险人的继承人仍有权请求保险金的给付。本部分结合《保险法解释(三)》的规定,重点论述狭义的受益权消灭的五种情形。

(一)受益权的丧失

受益权的丧失,是指受益人因为对被保险人实施特定加害行为从而丧失其享有的受益权的法律后果。在人身保险合同中,受益人是投保人或被保险人基于特殊关系指定其享有保险金请求权的主体,且其无须支付任何对价即可享有保险受益权。在合同存续期间,为防范道德危险,受益人一旦有损害被保险人利益或者故意伤害、谋害被保险人生命的行为,将被剥夺受益权以示惩罚。《保险法》第 43 条第 2 款规定,受益人故意造成被保险人死亡、伤残、疾病的,或者故意杀害被保险人未遂的,该受益人自动丧失受益权。在受益人为多人的情形下,仅实施了故意加害行为的受益人本人丧失受益权,其他受益人仍享有合同约定的保险金请求权。

(二)受益权的放弃

受益权的放弃,是指保险事故发生后,保险受益人作出放弃受领保险金的意思表示。受益权于受益人放弃的意思表示到达保险人处即告消灭。受益权为一种权利,受益人便得自由处分,放弃即是处分行为的一种。就放弃的情形而言,实践中主要有下列两种:(1)保险受益人在保险事故发生后声明放弃保险受益权。此时保险受益人放弃的是既得权,而非期待权。期待权因无法主观行使,故无放弃的可能。(2)当收到保险金领取的通知后,保险受益人在法律期间不领取,视为其放弃受益权。此外,对于放弃的形式而言,保险法未作限制,应理解为既可以采用书面方式,也可以采用口头方式,但应限于明示方式。需要指出的是,受益权的放弃,作为一种处分行为,在受益人负有到期债务的情形下,还受到合同法上债权人撤销权制度的规制。

(三)受益人先于被保险人死亡

保险事故发生前,受益人享有的仅仅是一种期待或期待权而非既得权,既不得转让,也不能成为被继承的客体。受益人先于被保险人死亡时,其受益权也随之消灭,其他受益人仍享有约定的保险金给付请求权。假若此时没有其他受益人的,保险金将作为被保险人的遗产,由保险人依照《继承法》的规定履行给付保险金的义务。[78]

(四)受益人的变更

受益人的变更,是指投保人或被保险人在合同存续期间重新指定保险受益人的行为。人

---

〔77〕 关于广义的受益权消灭,《保险法》中涉及的法条如下:第 15、16、27、32、37、41、42、43、44、45、47 条;《保险法解释(三)》中涉及的法条如下:第 2、9、10、11、12、13 条。

〔78〕《保险法》第 42 条。

身保险合同具有长期性的特征,受益人与被保险人之间的关系、被保险人的主观愿望在合同履行过程中都有可能发生变化。因此,在赋予被保险人和投保人指定受益人权利的同时,赋予其变更受益人的权利才可能真正体现被保险人的意愿。换言之,即便在人身保险合同中已经指定了保险受益人,投保人和被保险人在合同存续期间仍有随时变更的权利,此时原保险受益人的受益权消灭,保险金请求权将归于新指定的保险受益人。

就行使期限而言,投保人或被保险人的变更行为均应于保险事故发生前完成,这是因为在保险事故发生前,受益人享有的受益权是一种期待,是否能够实现尚不确定,故投保人、被保险人得随时变更受益人,但在保险事故发生后,受益人的受益权转化为保险金请求权,该权利不再是期待权,而是确定性的权利,此时投保人、被保险人不能再予以变更。〔79〕

就行使方式而言,被保险人或者投保人变更受益人时,应当书面通知保险人。保险人收到变更受益人的书面通知后,应当在保险单或者其他保险凭证上批注或者附贴批单。〔80〕实践中有观点认为,受益人的变更行为应当在保险人办理批注后才产生效力。这种观点不符合变更行为属于单方法律行为的特征,不利于投保人和被保险人自主决定权的实现。鉴于此,《保险法解释(三)》第10条第1款规定了投保人或被保险人变更受益人时,自变更受益人的意思表示作出时生效。同时,《保险法解释(三)》第10条第2款规定,为了保护保险人的合理信赖,变更受益人没有通知保险人的,不得对抗保险人。

(五)受益权的转让

受益权的转让,是指人身保险合同的保险受益人,将其享有的全部或部分保险金请求权让渡与他人的处分行为。受益权的转让有别于变更,前者是受益人让渡其受益权,后者则是投保人或被保险人将受益权赋予他人。对于人身保险合同的保险金请求权能否转让的问题,保险实务存有两种对立观点:肯定说和否定说。前者强调保险金请求权的债权性质,后者则看重保险金请求权的保障性及人身性。根据《保险法解释(三)》的规定,保险事故发生后,受益人有权将其享有的与本次保险事故相对应的全部或部分保险金请求权转让与第三人,但根据合同性质、当事人约定或者法律规定不得转让的除外。据此,我国保险立法采取了"折中说"的立法例,以保险事故发生为分界点判断保险金请求权的转让与否。具体而言,保险事故发生前,受益人不得将其享有的保险金请求权全部或部分转让与第三人。保险事故发生后,受益人则可以将其享有的与本次保险事故相对应的全部或部分保险金请求权转让与第三人,但法定、约定不得转让的除外。其原因在于:(1)符合合同法原理。允许合同权利的转让,是合同自由原则精神的体现,从性质上看,保险金请求权亦属于合同权利,应当允许其转让。而且保险事故发生后,被保险人或受益人享有的保险金请求权已由期待权转化为既得权,具有确定性和财产性,原则上属于纯财产性质的债权,与其他普通财产权利并无二致,得以自由转让。(2)满足现代保险业界的需求。现代人身保险合同除了具有给付赔偿的保障功能,还兼有储蓄、投资、融资等多方面的功能。从历史发展的角度而言,保险金请求权的转让是保险业蓬勃发展的必然产物,一方面能充分实现保险的投资价值,另一方面能活跃金融资本市场,推进经济的繁荣。

---

〔79〕《保险法解释(三)》第11条规定:"投保人或者被保险人在保险事故发生后变更受益人,变更后的受益人请求保险人给付保险金的,人民法院不予支持。"

〔80〕《保险法》第41条。

(3)以但书规定排除了部分转让。根据合同法的规定,并非所有的债权一律得以转让,如法律规定的、合同性质限定的或当事人约定不得转让的债权,即不得转让。《保险法解释(三)》第13条的但书部分与合同法此项规定一脉相承,既贯彻了合同自由原则,也兼顾了人身保险合同的人身性、专属性的性质。

五、受益权的实现

(一)顺序和份额

投保人或被保险人指定数人为保险受益人时,可以同时确定受益顺序和受益份额。所谓受益顺序,是指各保险受益人于事故发生后获得保险金给付的先后顺序。受益顺序在先的受益人,享有保险合同约定的全部保险金利益;受益顺序在后的受益人,只有当先顺序受益人于保险事故发生前死亡、依法丧失受益权或放弃受益权时方能实现其受益权。所谓受益份额,是指各保险受益人于事故发生后获得保险金给付的具体数额。根据《保险法解释(三)》的规定,受益人为数人的,部分受益人在保险事故发生前死亡、放弃受益权或者依法丧失受益权的,该受益人的受益份额按照合同约定处理;保险合同没有约定或者约定不明的,该受益人的受益份额按照以下情形分别处理:(1)未约定受益顺序和受益份额的,由其他受益人按照同一顺序、相等份额享有受益权。(2)未约定受益顺序但约定受益份额的,由其他受益人按照约定份额享有受益权。(3)约定受益顺序但未约定受益份额的,由同一顺序的其他受益人按照相等份额享有受益权。同一顺序没有其他受益人的,由后一顺序的受益人平均享有。(4)约定受益顺序和受益份额的,由同一顺序的其他受益人按照相应份额享有。同一顺序没有其他受益人的,由后一顺序的受益人按照相应份额享有受益权。[81]

(二)同时遇难

在受益人与被保险人同时遇难,且两者的死亡顺序无法确定的情况下,存有保险金的分配问题。从尊重投保人的意愿以及维护被保险人利益的角度出发,我国保险立法确定了下列死亡推定规则:首先,根据《保险法》第42条的规定,受益人与被保险人在同一事件中死亡,且不能确定死亡先后顺序的,无论受益人与被保险人之间是否存有继承关系,皆推定受益人死亡在先,并按照《保险法》的相关规定确定保险金的归属。其次,当被保险人与受益人之间存有继承关系,并且受益人为晚辈,被保险人为长辈时,如根据《保险法》与《民法典》第1121条的相关规定得出的结论不一致,此时应根据具体情况分别适用不同的法律规范。详言之,在确定保险金的归属时,应首先根据《保险法》第42条第2款、《保险法解释(三)》第15条的规定,[82]推定保险受益人先于被保险人死亡,并根据《保险法解释(三)》第12条第1款的规定确定保险金的分配规则,即有其他受益人的,该受益人的份额由其他受益人分配;没有其他受益人时,保险金将作为被保险人的遗产进行继承。当处于后种情形时,则需要根据《民法典》第1121条规定对死

---

〔81〕《保险法解释(三)》第12条。

〔82〕《保险法》第42条第2款规定:"受益人与被保险人在同一事件中死亡,且不能确定死亡先后顺序的,推定受益人死亡在先。"《保险法解释(三)》第15条规定:"受益人与被保险人存在继承关系,在同一事件中死亡且不能确定死亡先后顺序的,人民法院应根据保险法第四十二条第二款的规定推定受益人死亡在先,并按照保险法及本解释的相关规定确定保险金归属。"

亡顺序重新推定。[83] 例如，投保人甲为自己投保死亡险，指定其女乙为唯一的保险受益人，甲与乙搭乘飞机时，飞机发生意外坠机，甲、乙同时身亡且无法确定先后顺序。在进行保险金的分配时，应首先根据《保险法》的规定，推定乙死亡在先，因甲未指定其他保险受益人，则保险金作为甲的遗产进行继承。在分配甲的遗产时，再根据《民法典》继承编的规定重新推定死亡顺序。因甲与乙之间存有继承关系，且甲为长辈，应推定甲死亡在先，此时保险金由乙和甲的其他继承人共同参与分配。其中，乙的份额再由其继承人予以继承。[84]

案例练习

2001 年 8 月 10 日，经朋友介绍，楚生认识了本地女孩陆蒙蒙，并与其很快发展成恋人关系。2002 年 2 月 6 日，两人在当地办理了结婚登记。2003 年 10 月，陆蒙蒙生下一女，名为楚晓媛。2009 年 12 月 15 日，楚生和其母带着女儿楚晓媛乘车外出旅游，期间迎面驶来一辆大货车，楚生驾车躲闪不及，从桥上翻入河中，三人全部不幸罹难。由于死亡时间相隔太近，无法确定三人的死亡先后顺序。陆蒙蒙闻信后过度悲伤，不久也撒手人寰。楚生生前曾于 2004 年 10 月通过某保险公司的代理人章立为其母、女儿和自己各投保了一份康宁终身寿险，约定的死亡保险金分别为 6 万元、4 万元和 6 万元。除楚晓媛的保险单上载明受益人为其父、母外，其余两份保险单上均未指定保险受益人。此外，三份保险单上也没有注明保险金的分配方式。合同订立后，楚生按约支付了三份寿险的保险费。楚生的父亲和岳父在料理完他们的丧事后，知晓了投保一事，因争夺 16 万元的死亡保险金的归属权发生了争议。双方争执不下，楚生的父亲遂诉至法院要求分配保险金。

问题：（不考虑法律溯及力）

（1）楚生、楚母、楚晓媛在三份寿险中的死亡顺序如何确定？

（2）本案保险金应如何处理？

（3）假设楚生和陆蒙蒙感情不和，两人于 2006 年办理了离婚手续，后楚生又于 2008 年与其同事李雨结婚，且生前并未变更保险受益人，此时保险金应做何处理？

---

〔83〕《继承法意见》第 2 条规定："相互有继承关系的几个人在同一事件中死亡，如不能确定死亡先后时间的，推定没有继承人的人先死亡。死亡人各自都有继承人的，如几个死亡人辈份不同，推定长辈先死亡；几个死亡人辈份相同，推定同时死亡，彼此不发生继承，由他们各自的继承人分别继承。"

〔84〕最高人民法院民事审判第二庭编著：《最高人民法院关于保险法司法解释（三）理解适用与实务指导》，中国法制出版社 2016 年版，第 392 页。

第十章 人寿保险合同、年金保险合同

本章导读

人寿保险合同以被保险人的生命为保险标的，以被保险人的死亡或生存为保险事故。在人寿保险中，保险事故发生后，保险人承担的不是损失补偿责任，而是按照保险合同的约定金额给付保险金，因此人寿保险合同属于定额给付性保险合同。所谓年金保险合同，是指按照年金的方法支付保险金的保险合同，具体而言，是指以被保险人生存为给付保险金条件，并按约定的时间间隔分期给付生存保险金的人身保险合同。

第一节 人寿保险合同

一、人寿保险合同的概念和特征

人寿保险（life insurance，简称“寿险”）合同，是指投保人和保险人约定，当被保险人死亡或生存到一定年龄时，由保险人按照约定给付保险金的合同。人寿保险是人身保险中最基本、最主要的险种，无论是在我国还是其他国家，人寿保险的业务量都占人身保险的绝大部分。

与其他的保险合同相比，人寿保险合同具有如下特征：

1. 人寿保险合同以被保险人的生命为保险标的。财产保险以财产及其有关利益为保险标的，健康保险、意外伤害等人身保险以人的身体为保险标的，只有人寿保险是以人的生命为保险标的。

2. 人寿保险合同承保的是生命风险。生命风险包括早逝风险和老年风险，前者是指被保险人死亡后导致其遗嘱遭受经济损失或精神痛苦的风险，后者是指被保险人年老后缺乏经济保障所带来的风险。

3. 人寿保险合同以被保险人的死亡或生存为保险事故。健康保险以疾病、分娩为保险事故，意外伤害保险以意外伤害为保险事故，而人寿保险专以人之死生为保险事故。所谓“死”，指的是死亡（既包括自然死亡，也包括宣告死亡），[1] 至于死亡原因，原则上在所不问；所谓

---

〔1〕《保险法解释（三）》第 24 条规定：“投保人为被保险人订立以死亡为给付保险金条件的保险合同，被保险人被宣告死亡后，当事人要求保险人按照保险合同约定给付保险金的，人民法院应予支持。被保险人被宣告死亡之日在保险责任期间之外，但有证据证明下落不明之日在保险责任期间之内，当事人要求保险人按照保险合同约定给付保险金的，人民法院应予支持。”

"生",是指生存而言,也即被保险人在一定期间内的生存。

4. 人寿保险合同为定额给付性保险合同。人寿保险的标的,体现为人的生命,所谓生命无价,不论被保险人死亡还是生存,均难以用金钱价值准确衡量。在人寿保险中,保险事故发生后,保险人承担的不是损失补偿责任,而是按照保险合同的约定金额给付保险金,因此人寿保险合同属于定额给付性保险合同。由于人寿保险属于定额给付性保险,因此不存在实际损害、超额保险、部分保险、重复保险、代位求偿权等问题。

5. 人寿保险合同通常是长期性合同。一般而言,人寿保险合同为长期保险合同,保险期限少则几年,多则几十年,甚至是被保险人的一生。当然,也有些人寿保险合同期限较短。[2]

6. 人寿保险的保险单在一定条件下具有现金价值。带有储蓄性质的人寿保险,其保险单具有现金价值,如果保险合同解除或由于某种原因终止,保险人应当将保险责任准备金扣除退保手续费后退还相应的权利人。

二、人寿保险合同的分类

(一)死亡保险、生存保险和生死两全保险

以保险事故为标准,人寿保险可分为死亡保险、生存保险和生死两全保险。

1. 死亡保险,是指以被保险人的死亡为保险事故的人寿保险。在被保险人死亡时,保险人应当按照保险合同的约定给付保险金。根据死亡保险保险期间的不同,可将其分为两种:(1)终身保险。这是指以被保险人的终身为保险期间,无论被保险人何时死亡,保险人均应给付保险金。(2)定期保险。这是指以固定年限为保险期间,若被保险人于该期间内死亡,则保险人应给付保险金。反之,若被保险人在保险期间届满时仍然生存,则保险合同即行终止,保险人无须给付保险金,也无须退还已收的保费。

2. 生存保险,是指以被保险人的生存为保险事故的人寿保险。当被保险人于保险期满或达到合同约定的年龄时仍然生存,保险人应当给付保险金。反之,若被保险人在保险期间内死亡,则保险合同效力终止,保险人无须给付保险金。因死亡事故所产生的指定受益人制度,在生存保险中并无存在的必要。保险实务中,保单中多约定生存保险金的受益人为被保险人本人。

3. 生死两全保险,又称混合保险,是指被保险人无论是在保险期间内死亡,还是在保险期间届满仍然生存,保险人均应给付保险金的人寿保险。生死两全保险其实是将死亡保险和生存保险结合起来的保险形式,旨在给被保险人或其遗属提供较为全面的保障:若被保险人在保险期间内死亡,则被保险人的受益人可以获得保险金;若被保险人在保险期间届满时仍然生存,则被保险人本人可以获得保险金。这种类型的人寿保险特殊性在于保险事故必然发生,无论在何种情况下保险人都将给付保险金,看似更为"保险",但实际上往往保险费率较高。但由于其既涉及被保险人生存时的晚年生活需要,又保障了受益人(一般为被保险人的继承人)的生活,因此在保险市场中占有相当大的份额。

(二)普通人寿保险和简易人寿保险

以保险经营方式为标准,人寿保险可分为普通人寿保险和简易人寿保险。

---

〔2〕 例如,有些团体人寿保险的期限只有1年。

1. 普通人寿保险,指以通常方法经营的人寿保险。

2. 简易人寿保险,指以简易方法经营的人寿保险。一般而言,简易人寿保险无须体检即可办理,具有保险金额小、保费低、交费期短等特点。简易人寿保险的保险期限是标准化的,我国确定为5年到30年之间,每5年递增。保险期限一经确定,中途不能更改。

(三)单独人寿保险、联合人寿保险和团体人寿保险

以被保险人的人数为标准,人寿保险可分为单独人寿保险、联合人寿保险和团体人寿保险。

1. 单独人寿保险,指被保险人只有一人的人寿保险。

2. 联合人寿保险,指以具有一定利害关系的两个以上的人为被保险人,以其中一人死亡或全体生存至期满为保险事故的人寿保险。父母、夫妻、子女、兄弟姐妹、合伙人等,均可以成为联合人寿保险的被保险人,当其中有人死亡时,保险人即将保险金给付予生存的人;当保险期间无一人死亡时,保险金即给予联合被保险人。例如,夫妻二人投保联合人寿保险,当夫或妻一方死亡时,另一方可获得保险金给付。

3. 团体人寿保险,指以某单位(如公司、学校)为投保人,以该单位全部或大部分成员为被保险人的人寿保险。其主要特点有:(1)保险人对团体有一定选择标准,并规定投保最低人数或比例;(2)通常限制保额,保障程度不高,但保障范围较广;(3)免体检,手续简便,保险人通常只签发一张总保单,对每个被保险人发给保险凭证。保险期间一般为1年,最短为1个月,期满续保需要另办手续。保险期间,投保单位因人员变动需要退保或者加保的,应填写变更通知单告知保险人,由其签发变更批单。被保险人如中途离职,自离职之日起,即自动丧失保险效力,保险人应退还相应的未到期保费。

(四)自己人寿保险和他人人寿保险

以投保人与被保险人是否为同一人为标准,人寿保险可分为自己人寿保险和他人人寿保险。

1. 自己人寿保险,指投保人以自己为被保险人而投保的一种人寿保险,也即投保人与被保险人为同一人。

2. 他人人寿保险,指投保人以他人为被保险人而投保的一种人寿保险,也即投保人与被保险人为不同的人。

(五)为自己利益的人寿保险和为他人利益的人寿保险

以投保人与受益人是否为同一人为标准,人寿保险可分为为自己利益的人寿保险和为他人利益的人寿保险。

1. 为自己利益的人寿保险,指投保人与受益人为同一人的人寿保险。为自己利益的人寿保险主要包括两种情况:(1)投保人、被保险人、受益人是同一人。(2)投保人和受益人为同一人,被保险人为另一人。例如,儿子为父亲投保人寿保险合同,作为被保险人的父亲指定儿子为受益人就属该种情况。

2. 为他人利益的人寿保险,指投保人与受益人并非同一人的人寿保险。为他人利益的人寿保险主要包括三种情况:(1)投保人、被保险人、受益人各为不同的人。例如,父亲为儿子投保人寿保险,指定孙子为受益人就属这种情况。(2)投保人和被保险人为同一人,受益人为另一人。例如,父亲为自己投保人寿保险,指定儿子为受益人即为该种情况。(3)受益人和被保

险人为同一人,投保人为另一人。例如,儿子为父亲投保人寿保险,指定父亲为受益人即属该种情况。

(六)分红保险和不分红保险

以是否分红为标准,人寿保险可分为分红保险和不分红保险。

1. 分红保险,指保险人将每期盈利的一部分以红利形式分配给被保险人(或受益人)的人寿保险。其特点在于,被保险人(或受益人)不仅得到保险保障,而且可以分享保险人的经营成果。分红寿险与投资连结型寿险存在一定的差别。单纯的分红寿险,被保险人分享的是保险人经营该险种所产生的可分配盈余,每年给付一次,被保险人购买的主要还是保险保障。单纯的投资连结险,被保险人参加主险后,作为优待措施,允许客户将保费存入专门的投资账户,由保险公司的专业投资人员进行操作,账户现金价值随投资收益变动,被保险人承担投资风险。这里的存入专门账户的保费实质上是委托专家理财的本金。[3]

2. 不分红保险,指被保险人(或受益人)无权向保险人主张盈利分配的保险。这种寿险的保额在投保时确定,无论保险人承保后有无投资利润,均与被保险人无关。

三、人寿保险合同的主要内容

(一)保险人、投保人、被保险人和受益人

1. 保险人。人寿保险合同的保险人只能是经营人身保险业务的保险公司。经营财产保险业务的保险公司虽然在一定条件下可以经营健康保险业务和意外伤害保险业务,但不得经营人寿保险业务。

2. 投保人。人寿保险合同的投保人资格,并无特别限制,只要对被保险人具有保险利益即可。不仅自然人可以作为投保人,法人也可以作为投保人,例如,公司为其职工投保人寿保险。

3. 被保险人。关于人寿保险合同中的被保险人,需注意下列问题:(1)被保险人必须是自然人。人寿保险以被保险人的生命为保险标的,以被保险人的生存或死亡为保险事故,而法人不存在“生命”“生存”“死亡”这些问题,不可能成为人寿保险的被保险人。(2)以他人生命投保人寿保险,极容易发生道德危险,因此,我国《保险法》特别赋予被保险人以同意权。《保险法》第34条第1款规定:“以死亡为给付保险金条件的合同,未经被保险人同意并认可保险金额的,合同无效。”(3)投保人不得为无民事行为能力人投保以死亡为给付保险金条件的人身保险,保险人也不得承保,但父母为未成年子女投保的除外。(4)一般而言,人寿保险合同会对被保险人的年龄范围进行界定,不在此年龄范围的,不得作为被保险人。[4]

4. 受益人。与其他人身保险一样,人寿保险合同中的受益人也是由投保人或被保险人指定。当保险事故发生时,由保险人向受益人给付一定的保险金;没有指定受益人、受益人先于被保险人死亡、丧失受益权的情形下,该保险人作为被保险人的遗产,由被保险人的继承人继承。

---

[3] 方乐华:《保险与保险法》,北京大学出版社2009年版,第206页。

[4] 例如,北大方正人寿保险有限公司“安馨定期寿险条款”第2条规定:“本合同接受的被保险人的投保年龄为二十周岁至六十五周岁。”

(二)保险责任

根据保险合同的约定,当被保险人生存或死亡时,保险人应当向被保险人或受益人给付相应金额的保险金。

对于纯粹的生存保险,保险合同一般不会约定除外责任;但对于死亡保险,保险合同均会约定除外责任。多数死亡保险合同约定,若因下列情形之一,导致被保险人死亡的,保险人不承担给付保险金的责任:(1)投保人对被保险人的故意杀害、故意伤害;(2)被保险人自杀、故意自伤、故意犯罪或者抗拒依法采取的刑事强制措施;(3)被保险人主动吸食或注射毒品;(4)被保险人酒后驾驶,无合法有效驾驶证驾驶,或驾驶无有效行驶证的机动车;(5)战争、军事行动、暴乱或武装叛乱;(6)核爆炸、核辐射或核污染。

(三)保险期间

人寿保险合同的保险期间或为被保险人终身(即自保险合同生效之日起,至被保险人死亡时止),或为双方当事人约定的一个特定的期间(如自保险合同生效之日起,至被保险人年满80周岁时止)。

(四)保险金额

人寿保险的标的是人的生命,其价值无法用货币衡量,因此,其保险金额可由当事人自由约定,[5]主要是根据被保险人对保险的需求程度、投保人的交费能力以及保险人的承保能力等因素来确定。不过,为了防范道德风险,父母为未成年子女投保人寿保险的,因被保险人死亡给付的保险金总和不得超过国务院保险监督管理机构(现为国家金融监督管理总局)规定的限额。

(五)保费

根据保险合同的约定,投保人一次性交清全部保费或分期支付保费。值得注意的是:

1. 保费自动垫交。一些人寿保险合同中存在保费自动垫交的约定,也即当投保人迟延交纳保费时,保险人以保单的现价价值垫交投保人应付的保费。

2. 第三人代交保费。支付保费的义务并不具有专属性,投保人之外的其他人也可以代为支付保费。《保险法解释(三)》第7条规定:"当事人以被保险人、受益人或者他人已经代为支付保险费为由,主张投保人对应的交费义务已经履行的,人民法院应予支持。"

(六)保险合同的解除

保险合同通常都会约定投保人无须理由即可解除保险合同,但在不同的时期解除保险合同其后果也不尽相同:

1. 犹豫期。很多人寿保险合同中含有犹豫期条款,也即投保人在保单签发后一定期间内(通常是10天或15天)可以无条件解除保险合同,保险人将无息退还投保人已交的全部保费。

2. 犹豫期之后。很多人寿保险合同约定,犹豫期之后投保人解除保险合同的,无权要求退还全部保费,但有权要求退还保单的现金价值。

(七)索赔与理赔

人寿保险合同通常都会约定保险事故的通知、保险金的申请、保险金的给付、保险金的领取等事项。

---

〔5〕 在我国保险实务中,已经出现了保险金额过千万元,甚至过亿元的人寿保险单。

第二节　年金保险合同

一、年金保险合同的概念与特征

“年金”一词最初的含义是指以年为周期收付款项，现今已经扩展为定期收付一定的款项，既可以按年，也可以按月、季度、半年给付。年金在经济生活中十分常见，例如，每月支付房租、商品分期付款、分期偿还贷款等，都属于年金收付的方式，其含义与分期付款类似。

随着经济的发展，国民生活水准的提高，人口寿命普遍增加，个人利用年金保险制度，安排自己养老及子女教育；企业利用年金保险，安顿员工退休。年金保险已成为人身保险的重要类型。尽管我国《保险法》中并没有专门规定年金保险，但《人身保险公司保险条款和保险费率管理办法》第 9 条对年金保险进行了明确界定。根据该条的规定，所谓年金保险（annuity insurance）合同，是指按照年金的方法支付保险金的保险合同，具体而言，是指以被保险人生存为给付保险金条件，并按约定的时间间隔分期给付生存保险金的人身保险合同。

年金保险合同具有如下特征：

1. 年金保险合同一般以被保险人的生存为保险事故。年金保险以被保险人生存作为给付保险金的条件。年金保险的这一特点与人寿保险中的生存保险是一样的。也正因如此，很多学者认为，年金保险并非一种独立的保险类型，它在本质上属于生存保险，只不过是生存保险的特殊形态。年金保险合同的权利义务关系，准用多项人寿保险合同的规定。另外，由于年金保险多以被保险人生存为给付保险金的条件，不同于寿险必须考虑谋杀或自杀等道德因素，且被保险人的寿命长短自有定数，延年益寿也属美事，不会引起社会动荡，在实务上，以生存为保险事故的年金保险几乎不需要核保。[6]

2. 年金保险合同中保险人定期支付保险金。一般的人身保险，保险金是一次性支付。而年金保险的特点在于，在被保险人生存期间，保险人按照合同约定的金额、方式，在约定的期限内，有规律地、定期地向被保险人给付保险金。“年金”并非一定指按年支付，而是指“定期”支付。实务中，年金保险多是按年支付，但若保险合同约定每月、每季度、每半年支付保险金，也无不可。由于在年金保险中保险人并非一次性支付保险金，而是按照约定定期支付保险金，这就可以为被保险人提供稳定、持续、长期的经济保障。

3. 年金保险合同多是长期性合同。大部分年金保险合同，投保人分数年交纳保费，保险人分数年支付保险金，因此，年金保险合同多是长期性合同，保险期限可长达数十年。例如，有的父母为自己刚刚出生的子女投保年金保险，连续交纳保费 20 年，其子女从 60 周岁开始每年从保险公司领取保险金，直至死亡。

---

〔6〕 陈彩稚：《保险学》（增订三版），台北，三民书局 2012 年版，第 300 页。

二、年金保险合同的分类

(一)终身年金保险和定期年金保险

以保险金的给付期限为标准,可以把年金保险分为终身年金保险和定期年金保险。

1. 终身年金保险,指保险人按期向被保险人给付保险金,直至被保险人死亡。这种年金保险以被保险人的生存期间为保险金给付期间,不论被保险人实际领取年金的期间长短如何,一旦被保险人死亡,年金保险的给付即停止。〔7〕

2. 定期年金保险,指保险人在保险合同约定的特定期间内按期向被保险人给付保险金。这种年金保险较为特殊,其年金支付期间长短与给付数额均事先确定。严格来说,这种年金保险并非保险,而与储蓄的性质类似。特定期间内,被保险人未完全领取保险金即死亡,未领完的保险金可以由受益人继续领取。特定期间届满后,即便被保险人仍然生存,保险人也不再给付保险金。

(二)一次交费年金保险和分期交费年金保险

以保费交付方式为标准,可以把年金保险分为一次交费年金保险和分期交费年金保险。

1. 一次交费年金保险,又称趸交年金,指投保人一次性交清全部保费的年金保险。现实生活中,由于保险费数额巨大,一次性交清非一般人所能或所愿负担,所以一次交费年金保险并不常见。一般而言,采用这种年金保险产品并不单纯是为了照顾将来的生活,投保人通常还着眼于保险人的投资能力。保险人的理财专业能力,通常高于一般消费者。〔8〕 投保人将一大笔钱交由保险人进行投资,以期获得长期的资产理财积累。

2. 分期交费年金保险,又称期交年金,指投保人分期交付保费的年金保险。保险费分期交付,较能为一般人承受,实际生活中采用分期交费的年金保险者较多。

(三)定额年金保险和变额年金保险

以保险金给付金额是否固定为标准,可将年金保险分为定额年金保险和变额年金保险。

1. 定额年金保险,指其每期给付的保险金金额在订立年金保险合同时就已经确定,在给付期间内基本维持不变。定额年金保险较为稳定,一般年金保险多采用这种方式。但该类型也存在缺陷,即难以适应通货膨胀。

2. 变额年金保险,指每期给付的保险金金额按资金账户的投资收益水平进行调整。具体而言,保险人将收取的保费纳入特定的投资账户,并按照法律的规定和保险合同的约定进行投资,被保险人领取的年金金额将随着投资收益的变化而变化。〔9〕 这种类型的年金保险的投资功能高于储蓄功能。由于变额年金保险的给付金额随投资成果波动,保险人的投资能力成为消费者选择保单的重要考量因素。而保险人为了吸引消费者,给予被保险人基本的给付保障,有时保单中会约定最低保证利率,从而使年金给付至少维持在一定的水准之上。变额年金保险具有一定的对抗通货膨胀及高收益获利空间的特质,越来越受到消费者的欢迎。

---

〔7〕 江朝国:《我国保险法关于年金规定之探讨》,载《保险法论文集》(二),台北,瑞兴图书股份有限公司 1997 年版,第 128 页。

〔8〕 陈彩稚:《保险学》(增订三版),台北,三民书局 2012 年版,第 307 页。

〔9〕 2011 年 5 月 10 日,原保监会发布《关于开展变额年金保险试点的通知》和《变额年金保险管理暂行办法》,开始推动变额年金保险试点。《变额年金保险管理暂行办法》第 1 条规定:“变额年金保险,是指保单利益与连结的投资账户投资单位价格相关联,同时按照合同约定具有最低保单利益保证的人身保险。”

（四）即期年金保险和延期年金保险

以保险金给付开始期为标准，可将年金保险分为即期年金保险和延期年金保险。

1. 即期年金保险，指投保人交纳保费后，被保险人立即领取第一笔保险金。习惯上，年金的实际给付多于每期（每 1 个月、每 3 个月、每 6 个月或者每 1 年等期限）的期末为之，这被称为“期末给付年金”；也可以约定于每期之初给付，这被称为“期初给付年金”。

2. 延期年金保险，指投保人交纳保费后，再经过一定的期间或受领人达到一定年龄，受益人才开始领取第一笔保险金。例如，30 岁的某甲为自己投保年金保险，合同约定，甲从 55 周岁开始每年从保险公司领取保险金，这便是一种延期年金保险。

（五）养老年金保险和非养老年金保险

以保险的功能为标准，可将年金保险分为养老年金保险和非养老年金保险。

1. 养老年金保险，指以养老保障为目的的年金保险。《人身保险公司保险条款和保险费率管理办法》第 10 条规定：“养老年金保险是指以养老保障为目的的年金保险。养老年金保险应当符合下列条件：（一）保险合同约定给付被保险人生存保险金的年龄不得小于国家规定的退休年龄；（二）相邻两次给付的时间间隔不得超过一年。”

2. 非养老年金保险，指非以养老保障为目的的年金保险，如教育年金、健康年金等。

（六）有保证年金保险和无保证年金保险

以保险金的给付是否有保证为标准，可将年金保险分为有保证年金保险和无保证年金保险。

1. 有保证年金保险，指即便被保险人死亡，保险人也仍然应向受益人支付一定的保险金。例如，某年金保险合同约定，无论被保险人寿命长短，保险人给付保险金的期限至少为 20 年。在这种情况下，若被保险人只领取了 10 年的保险金便死亡，那么其受益人仍然有权领取剩余的 10 年的保险金。

2. 无保证年金保险，又称纯生存年金，指保险金的给付以被保险人生存为条件，若被保险人死亡，则不再支付保险金。

从年金保险的本义来看，它主要是指无保证年金保险，之所以保险公司开发出有保证年金保险，主要是为了保障被保险人过早死亡后其遗属仍然能够获得一定数额的保险金，以此来增加年金保险产品的吸引力。

三、年金保险合同的主要内容

年金保险合同的内容与人寿保险合同类似，比较特殊的是：

1. 受益人。年金保险以被保险人生存为给付保险金的条件，在实务中，年金保险的受益人通常就是被保险人本人。

2. 保险责任。年金保险以被保险人的生存为给付保险金的条件。基于对生命的尊重，即使利害关系人努力促使保险事故发生（促使生命延续），亦无所谓道德危险的问题，防范道德危险的规定，对于年金保险无适用的余地。也正因如此，年金保险合同中关于生存保险金的给付通常不会有除外责任条款。

3. 被保险人死亡。年金保险是以被保险人生存为给付保险金的条件，若被保险人在保险期间死亡应如何处理，年金保险合同通常都会有专门的条款予以规定。有的规定被保险人一旦死亡,保险合同即告终止,保险公司既不退保费,也不支付保险金;有的规定被保险人死亡后,保险公司不再支付保险金,但会向相应的权利人退还全部或部分保费;有的规定被保险人死亡后,保险公司不再支付保险金,但会向相应的权利人返还保单的现金价值;有的甚至规定被保险人死亡后,保险公司仍然要向受益人支付一定数额的保险金。

4. 保险金额。由于年金保险的特点在于保险人分期支付保险金,因此年金保险合同均会约定每期支付的保险金额。

5. 给付期。给付期是指保险人向被保险人给付保险金的期间。给付期的开始时间有两种情形:一种是交付保费后立即领取第一笔保险金,另一种则是在交付保费后等待一个较长的时期才开始领取第一笔保险金。给付期的届满时间也有两种情形:一种是确定一个明确的期间(如每年给付保险金,直至被保险人年满80周岁),另一种是不确定一个明确的期间,给付期直至被保险人死亡。

6. 保费。年金保险中,投保人交付保费的方式十分多样,既可以是一次性交清,也可以定期定额交费,还可以灵活交费。所谓灵活交费年金,是指保险合同并不规定交费次数以及每次交费的金额,投保人可以根据自己的经济条件和交费能力灵活安排交费。

案例练习

1. 2013年9月23日,经某保险公司业务员王某介绍,刘某向该公司投保了年金保险,保险合同约定:被保险人为刘某的女儿邵某;保险合同生效日期为2013年9月27日;刘某交纳保费的期限为10年,每年交纳保费10175元;投保人因意外伤害导致身故,且投保人身故时未满60周岁的,保险公司将豁免自投保人身故之日起应交的续期保险费,合同继续有效。保险合同还约定,意外伤害事故是指遭受外来的、突发的、非本意的、非疾病的使身体受到伤害的客观事件。

2014年1月4日,刘某驾驶电动自行车在公路边摔倒后死亡。后交警部门出具道路交通事故证明,认定由于刘某驾驶电动自行车何种原因摔倒无法确定,致使事故成因无法查清。

2014年1月5日,被保险人邵某通过业务员王某向保险公司报案,业务员王某对邵某声称,投保人刘某是意外身故,保险公司肯定会豁免保险费的。

2014年7月28日,保险公司出具理赔决定通知书,称因投保人刘某死因并不符合"意外伤害事故"的约定,故不予豁免案涉保单的保险费。

问题:保险公司是否应当豁免涉案保单剩余的保险费?

2. 1995年3月25日,某企业为其员工刘某(时年50岁)在某保险公司投保了一份年金保险,保险合同约定:保费13621元,投保人应一次性交清;被保险人从50周岁开始可每月领取固定年金108元,直至死亡。2013年10月14日,刘某将保险公司诉至法院,刘某认为,其自1995年4月开始领取每月108元的保险金,考虑到通货膨胀、物价上涨、生活费用提高等因素,保险公司理应提高保险金给付标准,但保险公司至今仍按原来的标准发放保险金,故要求被告将每月支付保险金的数额由108元调整至1620元。

问题:刘某的主张是否应得到法院的支持?

第十一章　健康保险合同、意外伤害保险合同

本章导读

健康保险是以被保险人的身体健康为保障对象的保险。健康保险可以分为医疗保险、疾病保险、失能收入损失保险和长期照护保险等。除适用人身保险合同的通用条款外，健康保险合同中还会采用一些特别条款，如风险共担条款、免责期间条款和除外责任条款等。意外伤害保险是以意外事故造成的身体伤害为保障对象的保险。意外伤害保险合同具有合同性质的二元性、承保风险的特殊性、保险期限的短期性和费率厘定的职业性等特征。意外伤害保险合同根据分类标准的不同，可以有多重划分方式。意外伤害事故的认定标准包括如下条件：外来性、突发性和非自愿性。

第一节　健康保险合同

一、健康保险合同的概念

健康保险合同，又称疾病保险合同，是指以被保险人的身体健康为保险保障对象，保险人在被保险人发生疾病、分娩，以及因疾病或分娩所导致残疾、死亡时，依据约定给付保险金的一种人身保险合同。我国《保险法》并未对"健康保险合同"作出明确的界定，同时长期以来我国多数健康保险或者疾病保险产品并不当然承保生育或者分娩导致的残疾或者死亡，生育保险通常被列入社会保险范畴，其在商业领域主要是作为健康保险的附加险种进行运营的。[1]

健康保险合同在理论上有广义健康保险合同和狭义健康保险合同之分。广义健康保险合同被认为是一个上位概念，既包括疾病保险合同，也包括意外伤害保险合同。而狭义健康保险合同仅指疾病保险合同。持广义说的论者认为，凡是人身有损失健康的危险，均属于健康保险的范围，而不特别区分健康损失是起因于疾病或是意外伤害。因为单独承保疾病危险，对于保险人而言承保风险较高。疾病危险并不是理想的可保危险，其损失成本（医疗费用）不仅与被保险人本身的健康状况有关，且易受医师的左右，道德危险较高，并非完全是偶发意外的危险，容易出现逆选择现象。因此实务上常将意外伤害所造成的健康损失一起纳入健康保险的承保范围，以使承保危险较具有偶发特性。[2] 此外，这样将使被保险人或受益人在保险事故发生

〔1〕 韩长印、韩永强编著：《保险法新论》，中国政法大学出版社 2010 年版，第 179 页。

〔2〕 陈彩稚：《保险学》（增订三版），台北，三民书局 2012 年版，第 310 页。

时,无须与保险人就所发生的危险是否属于保险事故加以争执,便可及时获得全面的保障,[3]有利于被保险人或受益人得到更好的保护。但是上述理由只是说明在保险业的经营中疾病保险和意外伤害保险并存于同一张保险单上对所涉当事人各方更为有利、方便,却不能否认疾病保险和意外伤害保险在保险法律上应作出明确区分,规定不同的条文,受到有差别的规制。因此,本书沿用狭义健康保险合同的界定,这也是符合我国区分健康保险和意外伤害保险的立法原意的。

在健康保险中,疾病乃是最为典型的保险事故。何谓"疾病",应依据以下四项构成要件加以判定:(1)须为内在的原因。疾病的发生应当是源自人体内部身体机能所出现的状况,而非由于外在剧烈原因所引发。人身损害事故究竟是内在原因造成的,还是外在原因导致的,是区分健康保险和意外伤害保险之承保范围的重要因素。哪怕疾病是由于存在于人体外部的因素所诱发,如因为天气剧烈变化而引发感冒、树木飘絮引起呼吸道疾病,都必须在人体内部经过一段时期的演变,而逐渐形成疾病,造成身心不适。(2)须非由于先天性原因。健康保险所承保之疾病须发生于保险保障期间之内,而如果是先天就已经存在的身体缺陷,如失聪、白化病等,就不属于健康保险的保障范围。(3)须属于偶发性的原因。如果是人生过程中出现的正常生理现象,如年老、衰弱、退化等而需要饮用或注射滋补药剂以维持健康,则不是疾病,这些仅是人体器官机能的自然折损,并不是偶发性因素所导致的。(4)须为潜伏性的原因。从感染疾病到疾病发作造成伤害,应当经过一段的潜伏期。如果是喝了细菌超标的酸奶引发的急性食物中毒,又或者是过度饮酒引发呕吐,呕吐物阻塞呼吸道,都不能算作疾病事故,而只能认定为伤害事故。

健康保险合同与人寿保险合同都属于人身保险合同的范畴,存在共性,但也有不小区别,其区别具体如下:(1)保险事故不同。健康保险合同以疾病、分娩或因疾病、分娩而死亡、残废为保险事故,而人寿保险合同以人的生存或死亡为保险事故。这是健康保险和人寿保险的根本区别。(2)保险费的计算方法不同。健康保险合同,其保险合同期间通常比较短,保险费的交付大多采取一次交付的方式,而且保险单一般不具有现金价值,不得向保险人质押借款,而人寿保险合同的保险期限较长,投保人经常是分期交纳保险费,并且每次所交的保费从数额上说一般是相同的。经过一定期间之后,保险单一般具有现金价值,投保人可以保险单向保险人质押借款。(3)保险金赔付方式不同。健康保险是典型的"中间型保险",虽然保险金额在保险合同订立之时就已经确定,但是在保险事故发生后的具体赔付既可能是按照医疗费、收入的减少等具体损失数额进行赔付,也可能是直接依据合同约定的保险金额径行赔付。也就是说,健康保险虽然属于人身保险,但是它既可能是定额给付保险,也可能是损失填补保险。而人寿保险一般只是定额给付保险,保险人在保险事故发生后给付的保险金完全依据合同中约定的保险金额而定。进一步来说,也正是因为健康保险这一"中间型保险"的特质,依据《保险法》第95条第2款的规定,尽管我国一般要求财产保险业务和人身保险业务分业经营,但是经营财产保险业务的保险公司经国务院保险监督管理机构批准,可以经营短期健康保险业务和意外伤害保险业务。

---

〔3〕 江朝国:《保险法逐条释义:第四卷 人身保险》,台北,元照出版公司2015年版,第699页。

二、健康保险合同的分类

健康保险合同，依据其承保风险的不同，可以分为医疗保险、疾病保险、失能收入损失保险和长期照护保险等。

（一）医疗保险

医疗保险，是指以保险合同约定的医疗行为的发生为给付保险金条件，为被保险人接受诊疗期间的医疗费用支出提供保障的保险。[4] 它是健康保险的主要内容之一。医疗费用是病人为了治病而产生的各种费用，它不仅包括医生的医疗费用和手术费用，还包括住院、护理、医院设备等的费用。医疗保险就是医疗费用保险的简称。医疗保险可以进一步分为“实支实付型”医疗保险和“日额型”医疗保险。前者是在一个保险金限额之内根据实际支出的医疗费用数额来进行保险赔付，后者则是在合同中事先确定一个医疗费用的日均赔偿金额，之后再以实际医疗天数相乘，从而得出最终的保险赔付数额。

（二）疾病保险

疾病保险，是指以保险合同约定的疾病的发生为给付保险金条件的保险。[5] 某些特殊的疾病往往给病人带来的是灾难性的费用支付，如癌症、心脏疾病等。这些疾病一经确诊，必然会产生大范围的医疗费用支出。因此，通常要求这种保单的保险金额比较大，足以支付疾病产生的各种费用。疾病保险的给付方式一般是在确诊为特种疾病后，立即一次性支付保险金额。

疾病保险具有以下特点：(1)个人可以任意选择投保疾病保险，作为一种独立的险种，它不必附加于其他某个险种之上；(2)疾病保险条款一般都规定了一个等待期或观察期，被保险人在等待期或观察期内因疾病而支出的医疗费用及收入损失，保险人概不负责，观察期结束后保险单才正式生效；(3)疾病保险为被保险人提供切实的疾病保障，且程度较高。疾病保险保障的重大疾病，均是可能给被保险人的生命或生活带来重大影响的疾病项目，如急性心肌梗塞、恶性肿瘤等。

（三）失能收入损失保险

失能收入损失保险，是指以因保险合同约定的疾病或者意外伤害导致工作能力丧失为给付保险金条件，为被保险人在一定时期内收入减少或者中断提供保障的保险。[6] 其主要目的是为被保险人因丧失工作能力导致收入的丧失或减少提供经济上的保障，但不承担被保险人因疾病或意外伤害所发生的医疗费用。

在理论上，失能收入损失保险的保险给付应当依据被保险人发生保险事故前的收入所得水准计算，但是这在实务操作上有些困难，因为被保险人在保险期间内的工作可能有所变动，甚或暂时失业，所以若以疾病伤害事故发生时的工作为准，费率难以计算，而且理赔时容易引发纠纷。故而，失能收入损失保险在实践中往往采取事先在保险合同中约定赔付标准的办法，即便保险期间工作有所变动也不进行调整，保险人在保险事故发生时必须依照约定标准给付，一直到被保险人复原或者给付期限结束。另外，保险合同中约定的赔付标准也不得任意为之，须由保险人参考被保险人投保时之薪金所得水准而决定，以避免被保险人的道德风险，即被保

---

〔4〕《健康保险管理办法》第2条第3款。

〔5〕《健康保险管理办法》第2条第2款。

〔6〕《健康保险管理办法》第2条第4款。

险人因高额的保险给付而不愿返回工作岗位。[7]

(四)长期照护保险

我国往往将长期照护保险称为长期护理保险,[8]由于老年人或失能人士所需的服务不仅包括疾病医疗护理,还包括日常生活照顾,所以"长期照护保险"的表述更为恰当。长期照护保险是为因年老、疾病或伤残而需要长期照顾的被保险人提供日常生活照顾或护理服务之费用补偿的健康保险。普通的医疗保险不提供这样的保障。一般而言,长期照护保险合同要求当被保险人不能完成下述五项活动之两项时即认为需为其提供相应保险保障:(1)进食;(2)沐浴;(3)穿衣;(4)如厕;(5)移动。长期照护保险的保险给付一般有四种给付形态:(1)机构式服务;(2)居家服务;(3)现金给付;(4)居家服务与现金给付混合使用。

进入21世纪以来,世界上许多国家都先后进入老龄化社会。由于我国人口数量巨大,在持续下降的生育率和平均期望寿命延长共同作用下,我国人口老龄化速度要远远快于其他国家,而且我国的老龄化进程与经济发展并不同步,未富先老,由此带来的社会问题比其他国家更为严峻。老年人随着年龄的增长所受到身体机能衰退或慢性疾病的影响远甚于一般人,极需要日常生活照顾和持续医疗护理,但是随着家庭结构和劳动形态的改变,家庭照护的能力已大不如前,必须通过社会化的方式加以解决,于是以保险机制来应对老年人长期照护需求就应运而生。多数发达国家在推行长期照护保险制度之前,都经过了反复、长期的论证且出台了相关系列法律,这使得长期照护保险在运行时有法可依。例如,荷兰在1967年通过了《特殊医疗支出法案》,法国于1975年颁布了《老年人健康保险支出的国家标准》,德国在1994年通过了《长期照护保险法》,日本国会在1999年通过了《老年介护保险法》,韩国也于2007年通过了《老年长期疗养保险法》。近年来,随着《关于适用商业健康保险个人所得税优惠政策产品有关事项的通知》《关于发展银发经济增进老年人福祉的意见》《关于金融支持中国式养老事业服务银发经济高质量发展的指导意见》等政策文件对发展商业长期照护保险的鼓励与支持,我国商业长护险的发展进入快车道。目前市场上涉及照护责任的主要有三类保险:一是纯粹意义上的长护险,以日常生活能力障碍作为保险金的给付条件;二是重疾型长保险,以重大疾病触发的日常生活能力障碍为给付保险金的条件;三是增额型长护险,以被保险人因疾病或意外导致的日常生活能力障碍为给付保险金的条件,同时还具有一定的理财属性,保额和现金价值会随着时间的推移而逐年增长,具有复利效应。现已有多家保险公司推出税优健康长护险产品,尤其以兼具特定疾病护理保障、身故保障和理财功能的增额型长护险为主打产品。

三、健康保险合同的特别条款

除可采用人身保险合同的一般条款外,健康保险合同之中也存在一些较为特殊的条款,或者其内容上有特别之处的条款。

---

〔7〕 陈彩稚:《保险学》(增订三版),台北,三民书局2012年版,第321页。

〔8〕 戴卫东:《中国长期护理保险制度构建研究》,人民出版社2012年版;荆涛:《长期护理保险理论与实践研究:聚焦老龄人口长期照料问题》,对外经济贸易大学出版社2015年版。

(一)风险共担条款[9]

相较于不少险种而言,健康保险在保险赔付上所面临的道德风险要更高。这是因为,一方面,人寿保险或财产与责任保险领域的道德风险,如故意杀人、故意伤人或交通肇事等,极易触发刑事罪责,令人不敢轻易造次,但是健康保险领域的道德风险,例如拖延就医时长、失能恢复后迟迟不返工,就行为本身而言似乎只是轻微的违法行为,是故健康保险很容易遭到滥用;另一方面,由于保险补偿的存在,相关医疗机构对医疗成本不加节制,容易大量使用昂贵药品和医疗器械,致使健康保险的补偿成本过高。面对这种局面,健康保险合同中往往约定有各种风险共担的条款,以让被保险人在投保之后仍然承担部分损失金额,以督促其避免从事道德风险行为,以及约束医疗机构的乱开药、乱检查行为。风险共担条款主要有三种形式:(1)自负额条款。对于就医所产生的医疗费用,如果在设定金额之下的,应由被保险人自己承担。如果超出设定金额的,则超出部分由保险人赔付。(2)共保条款。这是由被保险人和保险人按照一定比例分别负担医疗费用。例如,保险合同中约定被保险人自行负担10%,而保险人赔付其余的90%。(3)给付上限。健康保险人提供的保障,时常设有“保险单给付上限”。该给付上限可能针对的是某些医疗项目或疾病,如全身体检的次数;也可能针对的是整份保单的保障,如全年赔付数额不得超过50万元;另外失能收入损失保险还可能设置最长补偿期间。

(二)免责期间条款[10]

健康保险合同中,可能包含两种形式的免责期间:(1)观察期间。例如,保险单规定即使在保险合同成立时被保险人已经感染疾病,保险人仍可承保,但是在合同生效后第1个月或最初3个月期间所发生的疾病事故,不予给付保险金。在该免责期间经过之后,保险人才承担保险责任。(2)等待期间。这主要适用于失能收入损失保险。当被保险人发生疾病等保险事故后,在最初这段等待期间所发生的收入所得损失,由被保险人自行负担。等待期间结束之后,如果被保险人仍未复原的,则保险人开始负责补偿其费用或收入损失。该期间的设置可以减少小额零碎的补偿,节省保险人的理赔行政成本。

(三)除外责任条款

除外责任条款在其他险种中同样存在,共通的如投保人、被保险人的犯罪行为或故意行为,战争以及核能事故等。除此之外,在健康保险领域,在投保之前,原本已经存在的疾病,或者因此而引起的伤残、死亡,保险人不负赔偿责任。另外,美容整形等非必要的医疗也属于除外责任。

第二节 意外伤害保险合同

一、意外伤害保险合同的概念和特征

意外伤害保险合同,也称伤害保险,是指被保险人在保险期间内,因遭受意外事故而使身

---

〔9〕 陈彩稚:《保险学》(增订三版),台北,三民书局2012年版,第314~316页。

〔10〕 袁宗蔚:《保险学——危险与保险》,首都经济贸易大学出版社2000年版,第717~718页。

体受到伤害,或者因此致残、致死,保险人依照合同约定给付保险金的人身保险合同。意外伤害保险的作用在于补偿被保险人或者受益人因意外伤害所导致的经济困难,维持其生活的稳定。身处"风险社会",人类所面临的风险形态繁复多样,风险发生的频率和烈度都有很大的提高,人们针对意外事故的风险保障意识也有了显著的增强,意外伤害保险业务也因此获得了极大的发展,在保险营业中日益重要。我国《保险法》明确了意外伤害保险是我国人身保险中的重要险种之一,但是并未对其制度具体内容作出规定。

意外伤害保险合同具有以下特征:

1. 合同性质的二元性。与人寿保险纯粹是以定额给付为保险金赔付方式不同,意外伤害保险合同和健康保险同属"中间型保险",虽然保障对象是人身,但是保险赔付方式既可能采取损失填补的方式,也可能采取定额给付的方式。也就是说,意外伤害保险既可能是损失填补型保险,也可能是定额给付型保险。

2. 承保风险的特殊性。人寿保险是以人的生存或死亡为保险事故的,不管这一事故的发生究竟是因为身体内在原因,还是外来风险,保险人均应承担给付保险金的责任。但是在意外伤害保险中,保险事故是外来的意外事故所造成的死亡、伤残。也就是说,只有死亡或伤残是由意外伤害造成之时,意外伤害保险的保险人才可能承担赔偿责任。另外,意外伤害保险与健康保险的承保风险也有所不同,意外伤害保险承保的是外在的意外风险,而健康保险承保的是内在的生理变化风险。

3. 保险期限的短期性。意外伤害保险通常与被保险人的职业变更、从事相关活动(演出、旅游、出差等)的内容、持续时间长短密切相关,因而保险期限往往取决于上述职业及活动的持续期限,保险期间较短。[11] 意外伤害保险的保险期限往往不超过 1 年。甚至如航空意外险的情形,保险期间就仅为该次飞行旅程。

4. 费率厘定的职业性。意外事故的发生概率与被保险人的职业及其从事的活动密切相关,但与其年龄或者健康状况通常不存在直接的关联。意外伤害保险中保险费的厘定,主要取决于被保险人的职业风险状况或者其所参与活动的危险程度。[12]

二、意外伤害保险合同的分类

(一)一般意外伤害保险、旅行意外伤害保险和职业意外伤害保险

根据保险合同内容的不同,意外伤害保险可以分为一般意外伤害保险、旅行意外伤害保险和职业意外伤害保险。

1. 一般意外伤害保险,又称普通意外伤害保险,指被保险人在保险合同的有效期间内,因遭受日常生活中的一些普通意外伤害事故,保险人依据合同约定赔偿保险金的保险。所谓的普通意外伤害事故,包括汽车撞伤、炉火灼伤等。

2. 旅行意外伤害保险,又称旅行平安保险,指以被保险人在旅行过程中因意外事故所遭受的伤害作为保险事故的保险。所谓旅途中的意外伤害事故,包括飞机失事、游泳溺水而亡、山林失踪等。

---

〔11〕 樊启荣:《保险法》,北京大学出版社 2011 年版,第 216 页。

〔12〕 樊启荣:《保险法》,北京大学出版社 2011 年版,第 215 页。

3. 职业意外伤害保险，指以从事一定职业的被保险人因其执行职务时遭受的伤害事故为保险事故的保险。从事某种职业的人，因职务上的偶然危险，身体遭受伤害，以致暂时或永久丧失工作能力时，由保险人赔偿保险金。所谓因执行职务所遭受的伤害，包括机床操作工在操作过程中被机床压断手指、建筑工人从高处的脚手架上摔下致使下身瘫痪等。[13]

（二）个人意外伤害保险和团体意外伤害保险

根据投保人的不同，意外伤害保险可以分为个人意外伤害保险和团体意外伤害保险。

1. 个人意外伤害保险，指自然人个人作为投保人为同为个体的被保险人投保，或者有关公共事业单位（如旅馆、饭店、公共游乐场所等）代为办理的意外伤害保险。

2. 团体意外伤害保险，指以一定的社会组织作为投保人，该社会组织的全体或部分成员为被保险人，而成立的意外伤害保险。团体意外伤害保险是以一份保险合同保障同一团体中被列入合同所附被保险人名册内的人员，当其中任何一人或多人遭受伤害事故而致死亡或伤残的，都可以向保险人提出保险赔付请求。与人寿保险、健康保险相比，意外伤害保险最适合采用团体投保方式。这是因为，人寿保险的保险费率依被保险人的年龄而不同，健康保险的保险费率也与被保险人的年龄有关，虽然以团体方式投保的人寿保险和健康保险一般不检查被保险人身体，但保险人仍要慎重地进行选择。意外伤害保险的保险费率与被保险人年龄和健康状况关系不大，主要是取决于被保险人的职业。而在一个团体内部，团体成员从事风险性质相同的工作，应该采用相同的保险费率。此外，企业雇员遭受意外伤害，大都是在工作中发生的，雇主要负一定的责任，所以雇主乐于为其雇员投保团体意外伤害保险。

（三）自愿意外伤害保险和强制意外伤害保险

根据适用依据的不同，意外伤害保险可以分为自愿意外伤害保险和强制意外伤害保险。

1. 自愿意外伤害保险，指投保人和保险人在自愿基础上通过平等协商订立保险合同的意外伤害保险。投保人可以选择是否投保以及向哪家保险公司投保，保险人也可以选择是否承保，只有双方意思表示一致时才订立保险合同，确立双方的权利和义务。

2. 强制意外伤害保险，又称法定意外伤害保险，指法律、行政法规、地方性法规强制施行的意外伤害保险。凡属法律、行政法规、地方性法规所规定的强制施行范围内的人，必须投保，没有选择的余地。在这种情况下，该保险公司也必须承保，没有选择的余地。

三、意外伤害事故的认定标准

不同的保险有不同的保障范围，只有所发生的事故属于相应保险的保障范围，保险公司才有可能依此进行保险赔付。一般认为，意外伤害事故属于外在因素，由意外伤害保险提供保险保障，而疾病属于内在原因，由健康保险提供保险保障。由此似乎可以认为意外伤害保险和健康保险的保障范围是截然不同，很好区分的。这在一般情形下也不无道理，但是“意外伤害事故”这一看似简单明了的概念，在保险实务中的认定却极为困难。某一事故究竟是意外伤害事故，还是健康事故，也常常不好辨别。我国《保险法》并未对意外伤害保险中的意外伤害事故如何认定给出明确标准。在学理上，一般认为意外伤害事故的认定标准包括如下条件：[14]

---

〔13〕 林群弼：《保险法论》（增订二版），台北，三民书局 2003 年版，第 631 ~ 632 页。

〔14〕 叶启洲：《保险法实例研习》（修订四版），台北，元照出版公司 2015 年版，第 446 ~ 457 页。

1. 外来性,指意外伤害事故的原因必须是存在于被保险人之外,而不是其内在身体过程所引发的。事故如果是因为疾病所引起,则与外来性不符。被保险人的身体与其他人或物的碰撞引起的事故,如被人打伤、被汽车撞伤,又或者化学、电能或热能等方式作用于被保险人身体并造成伤害的,如人被雷劈伤、被电击伤,又或者蚊虫叮咬、动物撕咬等所造成伤害的,均可认定为符合外来性的要求。另外值得注意的是,"外来性"不等同于"外伤性",不以身体表面有损伤为必要。

2. 突发性,指保险事故是快速发生的,且并非被保险人所预期及预见。快速发生,并不代表着事故或损失一定是在瞬间完成,完全有可能事故发生一段时间之后损失才产生。此外,突发性还包含了"不可预料"的意思。这里的"不可预料"不是指被保险人完全预想不到,而是指被保险人完全可以支配和控制的自己行为造成了危险,如果这一行为显然是欠缺社会可容许性的,则不能说是"不可预料"。例如,饮酒过量和吸毒过度都可能会造成生命危险,但是饮酒是具备社会可容许性的,而吸毒是不具有社会可容许性的,因此过量饮酒而亡在这里是"不可预料"的,是符合突发性条件的,[15]而过度吸毒而死在这里不是"不可预料"的,是不符合突发性这一条件的。

3. 非自愿性,指损害的发生并非是由于被保险人的故意。只要被保险人是想避免损害结果的发生,而且也自己认为危险不至于实现,哪怕其事先对危险状况有所认知,也不能因此排除"非自愿性"。例如,一般潜水者即使事先知道潜水会有一定的危险,但也不能说因潜水而发生的事故是欠缺"非自愿性"的。另外,被保险人基于正当防卫或者从事救助他人生命的行为,而遭受事故损害时,应当视为符合"非自愿性"。例如,与歹徒搏斗、跳进河中救助溺水者等,都不违背"非自愿性"。

上述认定标准在"一因一果"的法律关系中能对意外伤害事故的认定作出较准确的判断。但是在"多因一果"的法律关系中,状况就要复杂得多,《保险法》同样未对此时如何处置作出明确规定,只是《保险法解释(三)》第 25 条规定了损失原因存在争议时应当如何处理的规则,即难以确定被保险人的损失系由承保事故或者非承保事故、免责事由造成,当事人请求保险人给付保险金的,人民法院可以按照相应比例予以支持。

案例练习

2011 年 10 月,王某以其本人为被保险人在某保险公司投保了一份意外伤害保险,保险期间为 1 年,保险责任中意外身故保险金为 10 万元,保险受益人为法定继承人。保险责任条款约定,若被保险人自意外伤害事故发生之日起 180 天内因该意外伤害事故导致身故,则保险公司将给付等值于保险金额的意外身故保险金。2012 年 5 月 12 日 10 时许,王某在农田里砍田埂时,被蜱虫叮咬后当晚感觉身体不适,初以为是感冒,次日在街道门诊治疗两天却高烧不退,后又曾转至随州市中心医院、华中科技大学同济医学院附属医院住院治疗,然终至治疗无望,于出院后当晚

〔15〕 相反意见为:饮酒过量有害身体健康属生活常识,被保险人作为完全行为能力人,对此完全可以控制、避免,故饮酒过量导致身体损害不是基于外来的、突发的和非本意的因素,不属于意外伤害。参见"赵青、朱玉芳诉中美联泰大都会人寿保险有限公司意外伤害保险合同纠纷案",载《最高人民法院公报》2017 年第 9 期。

死于自己的家中。其出院诊断为:(1)发热伴血小板减少综合症;(2)多器官功能衰竭;肝肾功能衰竭、电解质紊乱;(3)癫痫持续状态。受益人在办完丧事后向保险公司索偿,某保险公司以被保险人王某死亡是因患发热伴血小板减少综合症导致身故而非意外伤害为由,拒绝赔偿。受益人不服,遂诉至法院。

问题:

(1)如何判定是否属于意外事故?

(2)王某被蜱虫叮咬后,发热伴血小板减少综合症而不治身亡,是否属于保险事故?为什么?

第十二章　财产保险合同概述

本章导读

财产保险合同，是指以财产及其有关利益为保险标的的保险合同。与人身保险合同相比较，财产保险合同主要有以下特征：保险标的是财产及其有关利益；保险标的具有保险价值；保险金额的确定以保险价值为基础；保险金的支付具有补偿性；保险人享有代位求偿权；保险期限较短。财产损失保险合同，也即狭义的财产保险合同，是指以各种有形财产为保险标的的保险合同。火灾保险、货物运输保险、运输工具保险、工程保险、农业保险等均属于财产损失保险。

第一节　财产保险合同的概念、特征和分类

一、财产保险合同的概念

财产保险合同，是指以财产及其有关利益为保险标的的保险合同。在这种保险合同中，投保人就财产及其有关利益向保险人投保，当发生保险事故给被保险人造成经济损失时，保险人按照合同的约定承担赔偿保险金的责任。

财产保险有广义和狭义之分。广义的财产保险泛指以各种有形财产（动产、不动产）或无形财产（债权、民事赔偿责任等）为保险标的的保险，包括财产损失保险、责任保险、信用（保证）保险等；狭义的财产保险仅指以有形财产为保险标的的保险，即财产损失保险。我国保险法采用广义的财产保险概念。

二、财产保险合同的特征

与人身保险合同相比较，财产保险合同主要有以下特征：

1. 保险标的是财产及其有关利益。人身保险的保险标的是人的生命和身体，而财产保险的保险标的是财产及其有关利益，这是二者最为根本的区别。

2. 保险标的具有保险价值。所谓保险价值，是指保险标的在某一特定时期可以用货币进行估算的经济价值。人身保险的保险标的是人的生命和身体，不能用金钱计算、衡量，不存在所谓的保险价值。财产保险的保险标的是财产及其有关利益，能够用金钱计算、衡量，具有相应的保险价值。

3. 保险金额的确定以保险价值为基础。人身保险不存在保险价值的问题，保险金额由保险合同双方当事人自行约定。财产保险的保险标的具有保险价值，保险金额的确定以保险价值为基础。

4. 保险金的支付具有补偿性。保险合同有损失补偿型合同和定额给付型合同之分,人身保险合同主要是定额给付性合同,而财产保险合同属于典型的损失补偿性合同。财产保险合同以财产及其有关利益为保险标的,当发生保险事故时,保险标的的经济价值发生减损,被保险人遭受了相应的财产损失,保险人应当根据合同约定就发生的财产损失赔偿保险金。财产保险以填补被保险人的财产损失为目的,一般而言,无损失无赔偿,有损失有赔偿,部分损失部分赔偿,全部损失全部赔偿,被保险人不能通过保险赔偿而获得超过其实际损失的额外利益。

5. 保险人享有代位求偿权。财产保险的目的是填补被保险人因保险事故而遭受的财产损失,但被保险人不能因保险而重复获利。被保险人对于因第三者的责任所造成的财产损失,或是向负有责任的第三者追偿,或是向保险人索赔,两者不能兼得。如果被保险人获得了负有责任的第三者的赔偿,则不得再向保险人索赔;如果被保险人获得了保险人的赔偿,则不得再向负有责任的第三者索赔。《保险法》第 60 条第 1 款规定:“因第三者对保险标的的损害而造成保险事故的,保险人自向被保险人赔偿保险金之日起,在赔偿金额范围内代位行使被保险人对第三者请求赔偿的权利。”

6. 保险期限较短。人身保险,尤其是人寿保险,一般保险期限较长,具有明显的储蓄性。财产保险的保险期限相对较短,一般为一年或一年以内,因此,财产保险原则上只有保障性,并不具有储蓄功能,财产保险的保险单也没有现金价值。

三、财产保险合同的分类

(一)财产损失保险合同、责任保险合同和信用(保证)保险合同

以保险标的为标准,可将财产保险合同分为财产损失保险合同、责任保险合同和信用(保证)保险合同。[1]

1. 财产损失保险合同,指以有形财产为保险标的的保险,如火灾保险、货物运输保险、运输工具保险、工程保险等。此类保险的保险事故为有形财产因自然灾害、意外事故等原因发生了毁损或灭失。

2. 责任保险合同,指以被保险人对第三人依法应负的民事损害赔偿责任为保险标的的保险,如公众责任保险、产品责任保险、雇主责任保险等。此类保险的保险事故为被保险人依法向第三人承担民事损害赔偿责任。

3. 信用(保证)保险合同,指以债权人的债权为保险标的的保险。若是债权人投保,则为信用保险;若是债务人投保,则为保证保险。此类保险的保险事故为债务人不履行债务。

(二)定值保险合同和不定值保险合同

以保险价值是否预先在保险合同中约定为标准,可将财产保险合同分为定值保险合同和不定值保险合同。

1. 定值保险合同,指投保人和保险人在订立保险合同时约定保险标的的保险价值并在保险合同中载明。在这种保险中,若保险标的发生损失,无论保险事故发生时保险标的的实际价值如何,均以约定的保险价值为赔偿计算标准。

---

[1] 《保险法》第 95 条第 1 款第 2 项规定:“财产保险业务,包括财产损失保险、责任保险、信用保险、保证保险等保险业务”。

2. 不定值保险合同，指投保人和保险人在订立保险合同时未在合同中约定保险标的的保险价值。在这种保险中，若保险标的发生损失，以保险事故发生时保险标的的实际价值为赔偿计算标准。

保险实务中，绝大多数财产保险都属于不定值保险，定值保险主要适用于价值变化较大或价值不易确定的保险标的(如古玩、字画等)。

(三)足额保险合同、不足额保险合同和超额保险合同

以保险金额与保险价值的关系为标准，可将财产保险合同分为足额保险合同、不足额保险合同和超额保险合同。

1. 足额保险合同，又称全额保险合同，指保险金额与保险价值相等的保险合同。在这种保险合同中，当保险事故发生后，按照实际损失确定保险金数额。

2. 不足额保险合同，又称一部保险合同，指保险金额低于保险价值的保险合同。《保险法》第55条第4款规定："保险金额低于保险价值的，除合同另有约定外，保险人按照保险金额与保险价值的比例承担赔偿保险金的责任。"

3. 超额保险合同，指保险金额高于保险价值的保险合同。超额保险可能导致被保险人不当获利，有违财产保险的损害填补原则，因此，《保险法》第55条第3款规定："保险金额不得超过保险价值。超过保险价值的，超过部分无效，保险人应当退还相应的保险费。"[2]

第二节　财产损失保险合同概述

一、财产损失保险合同的概念

财产损失保险合同，也即狭义的财产保险合同，是指以各种有形财产为保险标的的保险合同。

财产损失保险合同的保险标的的范围十分广泛，一般而言，凡是能够用货币衡量其价值的物质产品皆可投保财产损失保险。在保险实务中，根据保险人是否同意承保，可将有形财产分为三类：

1. 可保财产，指具有一般性和普遍性，保险人通常都会同意承保的财产。

2. 特保财产，指保险人一般不予承保，但经过投保人与保险人双方的特别约定并在保险单中载明，保险人同意承保的财产。

3. 不保财产，指保险人不予承保，不能成为保险标的财产。如土地矿藏、文件资料、账册图表、违章建筑等无法确定其货币价值的财产，均属于不保财产。

二、承保风险

(一)一切风险和具体指明风险

财产损失保险合同中约定承保风险的方式有两类：一切风险和具体指明风险。前者是指

---

〔2〕 有规定指出，因欺诈而订立的超额保险合同，一方当事人有权解除保险合同，并要求对方赔偿相应的损失。例如，我国台湾地区"保险法"第76条第1款规定："保险金额超过保险标的价值之契约，系由当事人一方之诈欺而订立者，他方得解除契约。如有损失，并得请求赔偿……"

承保除保险合同明文约定的除外责任外的一切风险;[3]后者是指仅承保保险合同中具体列明的风险。通俗地说,前者采取排除法确定承保风险,后者采取列举法确定承保风险。

(二)基本险和附加险

考虑到每个投保人的具体情况,保险人在设定承保风险时往往将其划分为基本险和附加险。保险人通常在标准保单中规定保险人承担赔偿责任的基本承保风险,这种基本承保风险适用于一切投保人。同时,保险人还使用不同背书条款或附加条款规定除基本险以外的、保险人承担赔偿责任的附加承保风险。如果投保人有超过基本承保风险的保险需求,他可以根据自己的需要投保附加险。[4]

(三)自然灾害和意外事故

财产损失保险合同承保的风险主要是各种自然灾害和意外事故,具体的承保风险以保险合同的约定为准。

1. 自然灾害

自然灾害,是指人力不可抗拒的、破坏力强大的自然现象。在财产损失保险合同中,可作为承保风险的自然灾害主要有:

(1)雷电。指积雨云中、云间或云地之间产生的放电现象。

(2)暴雨。指每小时降雨量达 16 毫米以上,或连续 12 小时降雨量达 30 毫米以上,或连续 24 小时降雨量达 50 毫米以上的降雨。

(3)洪水。指山洪暴发、江河泛滥、潮水上岸及倒灌。但规律性的涨潮、自动灭火设施漏水以及在常年水位以下或地下渗水、水管爆裂不属于洪水责任。

(4)暴风。指风力达 8 级、风速在 17.2 米/秒以上的自然风。

(5)龙卷风。指一种范围小而时间短的猛烈旋风,陆地上平均最大风速在 79 米/秒至 103 米/秒,极端最大风速在 100 米/秒以上。

(6)冰雹。指从强烈对流的积雨云中降落到地面的冰块或冰球,直径大于 5 毫米,核心坚硬的固体降水。

(7)台风、飓风。台风指中心附近最大平均风力 12 级或以上,即风速在 32.6 米/秒以上的热带气旋;飓风是一种与台风性质相同、但出现的位置区域不同的热带气旋,台风出现在西北太平洋海域,而飓风出现在印度洋、大西洋海域。

(8)沙尘暴。指强风将地面大量尘沙吹起,使空气很混浊,水平能见度小于 1 公里的天气现象。

(9)暴雪。指连续 12 小时的降雪量大于或等于 10 毫米的降雪现象。

(10)冰凌。指春季江河解冻期时冰块漂浮遇阻,堆积成坝,堵塞江道,造成水位急剧上升,以致江水溢出江道,漫延成灾。陆上有些地区,如山谷风口或酷寒致使雨雪在物体上结成冰块,呈下垂形状,越结越厚,重量增加,由于下垂的拉力致使物体毁坏,也属冰凌责任。

---

〔3〕 例如,中国人民财产保险股份有限公司《商业楼宇财产一切险条款》(2009 版)在第 5 条中对于保险责任是这样规定的:"在保险期间内,由于自然灾害或意外事故造成保险标的直接物质损坏或灭失,保险人按照本保险合同的约定负责赔偿。"

〔4〕 陈欣:《保险法》(第 3 版),北京大学出版社 2010 年版,第 142 ~ 143 页。

(11)突发性滑坡。斜坡上不稳定的岩土体或人为堆积物在重力作用下突然整体向下滑动的现象。

(12)崩塌。石崖、土崖、岩石受自然风化、雨蚀造成崩塌下塌,以及大量积雪在重力作用下从高处突然崩塌滚落。

(13)泥石流。由于雨水、冰雪融化等水源激发的、含有大量泥沙石块的特殊洪流。

(14)地面突然下陷下沉。地壳因为自然变异,地层收缩而发生突然塌陷。对于因海潮、河流、大雨侵蚀或在建筑房屋前没有掌握地层情况,地下有孔穴、矿穴,以致地面突然塌陷,也属地面突然下陷下沉。但未按建筑施工要求导致建筑地基下沉、裂缝、倒塌等,不在此列。

2. 意外事故

意外事故,是指不可预料的以及被保险人无法控制并造成物质损失的突发性事件。在财产损失保险合同中,可作为承保风险的意外事故主要有:

(1)火灾。是指在时间或空间上失去控制的燃烧所造成的灾害。财产损失保险的火灾必须同时具备以下三个条件:其一,有燃烧现象,即有热有光有火焰;其二,偶然、意外发生的燃烧;其三,燃烧失去控制并有蔓延扩大的趋势。因此,仅有燃烧现象并不等于构成财产损失保险中的火灾。在生产、生活中有目的用火(如点火烧荒)属于正常燃烧,不属于火灾。因烘、烤、烫、烙造成焦糊变质等损失,既无燃烧现象,又无蔓延扩大趋势,也不属于火灾。电机、电器、电气设备因使用过度、超电压、碰线、弧花、漏电、自身发热所造成的本身损毁,不属于火灾,但如果发生了燃烧并失去控制蔓延扩大,则构成火灾责任。

(2)爆炸。分物理性爆炸和化学性爆炸。物理性爆炸,是指由于液体变为蒸汽或气体膨胀,压力急剧增加并大大超过容器所能承受的极限压力,因而发生爆炸,如锅炉、空气压缩机、压缩气体钢瓶、液化气罐爆炸等。化学性爆炸,是指物体在瞬息分解或燃烧时放出大量的热和气体,并以很大的压力向四周扩散的现象,如火药爆炸、可燃性粉尘纤维爆炸、可燃气体爆炸及各种化学物品的爆炸等。

三、保险价值与保险金额

保险价值,是指保险标的在某一特定时期可以用货币进行估算的经济价值。保险金额,是投保人对保险标的实际投保金额,亦即保险人承担赔偿责任的最高金额。

在财产损失保险合同中,保险金额的确定应当以保险价值为基础。但保险价值与保险金额毕竟是两个不同的范畴,应注意二者的区别。二者的具体区别见表 12-1。

表 12-1　保险金额与保险价值的区别

项目	保险金额	保险价值
内涵	对保险标的实际投保的货币额;保险事故发生后保险人赔付的最高限额	保险标的本身的价值;发生保险事故时确定实际损失的基础
必要性	合同中必然约定	合同中不必然约定;可以约定(定值保险合同),也可以不约定(不定值保险合同)
确定的时间	必须在订立保险合同时确定	可以在订立合同时约定,亦可以在保险事故发生后确定

四、保险标的的转让

财产损失保险合同以有形财产为保险标的,而有形财产是可以转让的,一旦作为保险标的的有形财产发生转让,势必对财产损失保险合同的效力产生一定的影响:[5]

1. 保险标的转让的,保险标的的受让人可以承继被保险人的权利和义务。此外,《保险法解释(四)》第1条规定:"保险标的已交付受让人,但尚未依法办理所有权变更登记,承担保险标的毁损灭失风险的受让人,依照保险法第四十八条、第四十九条的规定主张行使被保险人权利的,人民法院应予支持。"

2. 保险标的转让的,被保险人或者受让人应当及时通知保险人,被保险人、受让人未履行通知义务的,因转让导致保险标的危险程度显著增加而发生的保险事故,保险人不承担赔偿保险金的责任。

3. 因保险标的转让导致危险程度显著增加的,保险人自收到被保险人或受让人的通知之日起30日内,可以按照合同约定增加保险费或者解除合同。保险人解除合同的,应当将已收取的保险费,按照合同约定扣除自保险责任开始之日起至合同解除之日止应收的部分后,退还投保人。

五、保险赔偿

(一)赔偿范围

在财产损失保险合同中,保险人的赔偿范围一般包括两个方面:

1. 保险标的本身的损失。也即由于保险事故的发生所造成的保险标的本身的损失。

2. 费用损失。也即保险事故发生时或发生后,被保险人为了防止损失、减少损失、确定损失所支付的必要的、合理的费用。[6]

(二)损失额的估定

财产损失保险合同多为不定值保险合同,因此,在保险赔偿之前就存在一个损失额估定的问题。

保险标的损失额的估定,直接关系到保险人和被保险人的利益。当保险事故发生后,对保险人来说,对保险标的的损失额的估定,当然是越低越好;对被保险人来说则正好相反,对保险标的的损失额的估定是越高越好。因此,损失额的估定对财产损失保险合同双方当事人,都是一个非常重要的问题。实践中,许多财产保险的争执与纠纷,常常起因于损失额的估定。

保险标的损失额的估定由谁来进行,才能保证其客观公正性呢?在许多国家和地区,保险标的出险后,由保险公估人进行公估已经成为一种规定或习惯性的做法。许多保险公司也通常在签发的保单上注明,如有损失应由指定的或者当地注册的保险公估人检验鉴定。《保险法》第129条第1款规定:"保险活动当事人可以委托保险公估机构等依法设立的独立评估机构或者具有相关专业知识的人员,对保险事故进行评估和鉴定。"

---

〔5〕《保险法》第49条。

〔6〕《保险法》第57条规定:"保险事故发生时,被保险人应当尽力采取必要的措施,防止或者减少损失。保险事故发生后,被保险人为防止或者减少保险标的的损失所支付的必要的、合理的费用,由保险人承担;保险人所承担的费用数额在保险标的损失赔偿金额以外另行计算,最高不超过保险金额的数额。"《保险法》第64条规定:"保险人、被保险人为查明和确定保险事故的性质、原因和保险标的的损失程度所支付的必要的、合理的费用,由保险人承担。"

(三)赔偿额的计算

在财产损失保险中,确定被保险人的损失额后,便要计算保险赔偿的金额。在保险实务中,财产损失保险的赔偿额的计算方式主要有以下三种:

1. 第一危险责任赔偿方式。该方式在保险金额的限度内按保险标的的实际损失赔偿。这种计算方式的特点是,在保险金额限度内,赔偿金额等于损失金额。换言之,只要被保险人的损失不超过保险合同所约定的保险金额,被保险人就可以从保险人处得到足额赔偿。

2. 比例责任赔偿方式。该方式按照保险金额与保险价值的比例计算赔偿金额,即赔偿金额 = 损失金额 ×(保险金额 ÷ 保险价值)。按照这种计算方式,赔偿数额不仅与损失数额相关,而且与保险金额与保险价值这二者的比率有关。若是足额保险,保险金额与保险价值的比率为"1",赔偿的金额也就等于损失金额,被保险人可以获得足额赔偿;若是不足额保险,保险金额与保险价值的比率小于"1",赔偿的金额也就小于损失金额,被保险人不能获得足额赔偿。

3. 免责限度赔偿方式。该方式在保险合同中约定一个免责限度("免赔率"或"免赔额"),损失若不超过这个限度,保险人便不负赔偿责任;只有损失超过免责限度时,保险人才承担赔偿责任。免责限度赔偿方式具体又可分为绝对免赔和相对免赔两种情形。前者是指如果被保险人的损失超过了免赔限度,保险人只就超过免赔限度的那部分损失承担赔偿责任;后者是指如果被保险人的损失超过了免赔限度,保险人不作任何扣除,对被保险人的全部损失予以理赔。[7]

(四)赔偿的方式

在保险实务中,财产损失保险合同的赔偿方式主要有以下几种:

1. 货币赔偿,指保险人以支付保险金的方式赔偿被保险人的损失。

2. 实物赔偿,指保险人以实物替换受损标的,该实物应具有保险标的出险前同等的类型、结构、状态和性能。

3. 实际修复,指保险人自行或委托他人修理修复受损标的。

第三节　财产损失保险合同的主要类型

一、火灾保险合同

(一)火灾保险合同的概念

火灾保险,简称"火险",原意是指以火灾为承保危险的保险。投保人与保险人就火灾保险签订的约定各自权利义务的合同即为火灾保险合同。

火灾保险在其不断发展过程中,承保范围已从单一火灾,扩展到包含各种自然灾害和意外事故的综合危险事故。因此,现代意义的火灾保险可以定义为,以坐落或存放于固定地点的不

[7] 举例来说,某人投保了一份机动车辆损失保险,约定免赔额为500元。如果车辆发生事故损失只有300元,那么无论是绝对免赔还是相对免赔,保险公司都不予赔偿。如果车辆发生事故损失为3000元,那么就需要区分绝对免赔和相对免赔了:若是绝对免赔,保险公司赔偿2500元(3000元-500元);若是相对免赔,保险公司赔偿3000元。

动产或动产为保险标的,以自然灾害和意外事故为承保危险的财产保险。在我国保险实务中,已很少使用火灾保险这个称谓,而是将其称为企业财产保险、家庭财产保险。

(二)企业财产保险合同

从文义来看,企业财产保险仅仅是指以企业财产为保险标的的财产保险,实际上,企业财产保险适用范围很广,一切独立核算的法人单位(除企业外,还包括国家机关、事业单位、社会团体)均可投保企业财产保险。

企业财产保险险种较多,此处以中国平安财产保险股份有限公司《财产基本险条款》为例对企业财产保险合同的内容作简要说明。

1. 保险标的

(1)可保财产。保险合同载明地址内的下列财产可作为保险标的:属于被保险人所有或与他人共有而由被保险人负责的财产;由被保险人经营管理或替他人保管的财产;其他具有法律上承认的与被保险人有经济利害关系的财产。

(2)特保财产。保险合同载明地址内的下列财产未经保险合同双方特别约定并在保险合同中载明保险价值的,不属于保险合同的保险标的:金银、珠宝、钻石、玉器、首饰、古币、古玩、古书、古画、邮票、字画、艺术品、稀有金属等珍贵财物;堤堰、水闸、铁路、道路、涵洞、隧道、桥梁、码头;矿井(坑)内的设备和物资;便携式通信装置、便携式计算机设备、便携式照相摄像器材以及其他便携式装置、设备;尚未交付使用或验收的工程。

(3)不保财产。下列财产不属于保险合同的保险标的:土地、矿藏、水资源及其他自然资源;矿井、矿坑;货币、票证、有价证券以及有现金价值的磁卡、集成电路(IC)卡等卡类;文件、账册、图表、技术资料、计算机软件、计算机数据资料等无法鉴定价值的财产;枪支弹药;违章建筑、危险建筑、非法占用的财产;领取公共行驶执照的机动车辆;动物、植物、农作物。

2. 保险责任

在保险期间内,由于下列原因造成保险标的的损失,保险人按照保险合同的约定负责赔偿:(1)火灾;(2)爆炸;(3)雷击;(4)飞行物体及其他空中运行物体坠落。[8]

3. 除外责任

下列原因造成的损失、费用,保险人不负责赔偿:(1)投保人、被保险人及其代表的故意或重大过失行为;(2)行政行为或司法行为;(3)战争、类似战争行为、敌对行动、军事行动、武装冲突、罢工、骚乱、暴动、政变、谋反、恐怖活动;(4)地震、海啸及其次生灾害;(5)核辐射、核裂变、核聚变、核污染及其他放射性污染;(6)大气污染、土地污染、水污染及其他非放射性污染,但因保险事故造成的非放射性污染不在此限;(7)保险标的的内在或潜在缺陷、自然磨损、自然损耗,大气(气候或气温)变化、正常水位变化或其他渐变原因,物质本身变化、霉烂、受潮、鼠咬、虫蛀、鸟啄、氧化、锈蚀、渗漏、自燃、烘焙;(8)暴雨、洪水、暴风、龙卷风、冰雹、台风、飓风、暴雪、冰凌、沙尘暴、突发性滑坡、崩塌、泥石流、地面突然下陷下沉;(9)水箱、水管爆裂;(10)盗窃、抢劫。

下列损失、费用,保险人也不负责赔偿:(1)保险标的遭受保险事故引起的各种间接损失;

---

〔8〕 飞行物体及其他空中运行物体坠落,是指空中飞行器、人造卫星、陨石坠落,吊车、行车在运行时发生的物体坠落,人工开凿或爆炸而致石方、石块、土方飞射、塌下,建筑物倒塌、倒落、倾倒,以及其他空中运行物体坠落。

(2)广告牌、天线、霓虹灯、太阳能装置等建筑物外部附属设施,存放于露天或简易建筑物内部的保险标的以及简易建筑本身,由于雷击造成的损失;(3)锅炉及压力容器爆炸造成其本身的损失;(4)任何原因导致供电、供水、供气及其他能源供应中断造成的损失和费用;(5)保险合同中载明的免赔额或按保险合同中载明的免赔率计算的免赔额。

4. 保险价值、保险金额

保险标的的保险价值可以为出险时的重置价值、出险时的账面余额、出险时的市场价值或其他价值,由投保人与保险人协商确定,并在保险合同中载明。保险金额由投保人参照保险价值自行确定,并在保险合同中载明。

5. 保险期间

除另有约定外,保险期间为1年,以保险单载明的起讫时间为准。

6. 保险费

投保人应按约定交付保险费。(1)约定一次性交付保险费的,投保人在约定交费日后交付保险费的,保险人对交费之前发生的保险事故不承担保险责任。(2)约定分期交付保险费的,保险人按照保险事故发生前保险人实际收取保险费总额与投保人应当交付的保险费的比例承担保险责任。所谓投保人应当交付的保险费,是指截至保险事故发生时投保人按约定分期应该交纳的保费总额。

7. 赔偿后的处理

(1)部分损失。保险标的发生部分损失的,自保险人赔偿之日起30日内,投保人可以解除合同;除合同另有约定外,保险人也可以解除合同,但应当提前15日通知投保人。投保人或保险人解除保险合同的,保险人应当将保险标的未受损失部分的保险费,按照合同约定扣除自保险责任开始之日起至合同解除之日止应收的部分后,退还投保人。

(2)全部损失。保险标的发生全部损失,属于保险责任的,保险人在履行赔偿义务后,保险合同终止。不属于保险责任的,保险合同终止,保险人按短期费率计收自保险责任开始之日起至损失发生之日止期间的保险费,并退还剩余部分保险费。

(三)家庭财产保险合同

顾名思义,家庭财产保险是指以家庭财产为保险标的的保险。保险实务中,家庭财产保险险种较多,此处以中国人民财产保险股份有限公司《家庭财产综合保险条款》(2012版)为例对家庭财产保险合同的内容做简要说明。

1. 保险标的

(1)可保财产。该保险的保险标的为被保险人所有或使用并坐落于保险单载明地址内的下列财产:其一,房屋及其室内附属设备(如固定装置的水暖、气暖、卫生、供水、管道煤气及供电设备、厨房配套的设备);其二,室内装潢;其三,室内财产(家用电器和文体娱乐用品、衣物和床上用品、家具及其他生活用具);其四,存放于院内室内的农机具、农用工具、生产资料、粮食及农副产品。

(2)特保财产。下列财产未经保险合同双方特别约定并在保险合同中载明保险价值的,不属于该保险的保险标的:其一,属于被保险人代他人保管或者与他人共有而由被保险人负责的财产;其二,无人居住的房屋以及存放在里面的财产;其三,被保险人所有的其他家庭财产。

(3)不保财产。下列财产不属于该保险的保险标的:金银、珠宝、钻石及制品,玉器、首饰、古币、古玩、字画、邮票、艺术品、稀有金属、手表等珍贵财物;货币、票证、有价证券、文件、书籍、账册、图表、技术资料、电脑软件及电子存储设备和资料;日用消耗品、机动车、商业性养殖及种植物;仅用于生产和商业经营活动的房屋及其他财产;用芦席、稻草、油毛毡、麦秆、芦苇、竹竿、帆布、塑料布、纸板等为外墙、屋顶的简陋屋棚及柴房、禽畜棚;与保险房屋不成一体的厕所、围墙;政府有关部门征用、占用的房屋,违章建筑、危险建筑、非法占用的财产。

2. 保险责任

在保险期间内,由于下列原因造成保险标的的损失,保险人按照保险合同的约定负责赔偿:(1)火灾、爆炸;(2)雷击、台风、龙卷风、暴风、暴雨、洪水、暴雪、冰雹、冰凌、泥石流、崖崩、突发性滑坡、地面突然下陷下沉;(3)飞行物体及其他空中运行物体坠落,外来不属于被保险人所有或使用的建筑物和其他固定物体的倒塌。

3. 除外责任

下列原因造成的损失、费用,保险人不负责赔偿:核辐射、核爆炸、核污染及其他放射性污染;被保险人及其家庭成员、寄宿人、雇佣人员的故意或违法行为;地震、海啸及其次生灾害;行政行为或司法行为。

下列损失、费用,保险人不负责赔偿:(1)保险标的遭受保险事故引起的各种间接损失;(2)家用电器因使用过度、超电压、短路、断路、漏电、自身发热、烘烤等原因所造成本身的损毁;(3)坐落在蓄洪区、行洪区,或在江河岸边、低洼地区以及防洪堤以外当地常年警戒水位线以下的家庭财产,由于洪水所造成的一切损失;(4)保险标的本身缺陷、保管不善导致的损毁;(5)保险标的的变质、霉烂、受潮、虫咬、自然磨损、自然损耗、自燃、烘焙所造成本身的损失;(6)保险合同中载明的免赔额。

4. 保险金额

保险金额由投保人自行确定,并在保险合同中载明。

5. 保险期间

除另有约定外,保险期间为1年。

二、货物运输保险合同

(一)货物运输保险合同的概念与特征

货物运输保险,又称运输货物保险,是以运输过程中的货物为保险标的,保险人对保险货物在运输过程中发生的保险责任范围内的损失提供保险赔偿的一种财产损失保险。投保人与保险人就货物运输保险签订的约定各自权利义务的合同,即为货物运输保险合同。根据运输方式的不同,可将货物运输保险合同分为公路货物运输保险合同、铁路货物运输保险合同、水路货物运输保险合同、航空货物运输保险合同等。

与普通财产保险合同相比,货物运输保险合同具有以下特征:

1. 保险标的处于移动状态。这是货物运输保险合同最明显、最基本的特点。该类保险的保险标的,是在运输过程中的货物,通常要由一个地点转移到另一个地点,处于移动状态;而普通财产保险的保险标的多数为静止中的财产,即坐落或存放于固定地点的财产。

2. 保险标的通常由承运人控制。普通财产保险的保险标的一般处于被保险人的直接控制之下,而在货物运输保险中,保险标的则由承运人实际控制。

3. 保险标的的转让比较自由。由于运输中的货物面临的风险大小及出险概率的高低主要取决于承运人而非被保险人,所以货物运输保险合同可以随着货物所有权的转移而自由转移,无须事先征得保险人同意。在实践中,货物运输保险合同往往被视同提货单的附属物,随着提货单的转移而转移。

4. 保险期间的确定以运输途程为准。普通财产保险的保险期间以年、月、日计算,存在明确的时段;而货物运输保险的保险期间以约定的运输途程为准,即将从起运地仓库到达目的地仓库的整个运输过程作为一个保险期间。

5. 保险价值通常在保险合同中直接约定。货物运输保险大都采用定值保险,[9]保险单上的保险价值被视为保险财产结论性价值,保险标的遭受保险责任范围内的损失时,直接以保险单上列明的保险价值为标准计算赔偿数额,并不追究它是否真正代表保险货物的实际价值。普通财产保险通常采用不定值保险,保险单上的保险金额并不认定为保险标的的价值,保险标的受损后通常以市价确定其实际价值,以计算赔偿数额。

6. 投保人的解除权受到限制。就普通财产保险合同而言,根据《保险法》第 15 条的规定,投保人原则上可以解除合同,且不需要特别的理由。但就货物运输保险合同而言,根据《保险法》第 50 条的规定,保险责任开始后,无论是投保人还是保险人均不得解除保险合同。[10]

(二)货物运输保险合同的主要内容

货物运输保险险种较多,此处以中国人民财产保险股份有限公司《公路货物运输保险条款》(2009 版)为例,对货物运输保险合同的内容作简要说明。

1. 保险标的

(1)可保财产。凡在国内经公路运输的货物均可为该保险的保险标的。

(2)特保财产。下列货物非经投保人与保险人特别约定,并在保险单(凭证)上载明,不属于该保险的保险标的:金银、珠宝、钻石、玉器、首饰、古币、古玩、古书、古画、邮票、艺术品、稀有金属等珍贵财物。

(3)不保财产。下列货物不属于该保险的保险标的:蔬菜、水果、活牲畜、禽鱼类和其他动物。

2. 保险责任

由于下列保险事故造成保险货物的损失和费用,保险人依照保险合同的约定负责赔偿:(1)火灾、爆炸、雷电、冰雹、暴风、暴雨、洪水、海啸、地陷、崖崩、突发性滑坡、泥石流;(2)由于运输工具发生碰撞、倾覆或隧道、码头坍塌,或在驳运过程中因驳运工具遭受搁浅、触礁、沉没、碰撞;(3)在装货、卸货或转载时因意外事故造成的损失;(4)因碰撞、挤压而造成货物破碎、弯曲、凹瘪、折断、开裂的损失;(5)因包装破裂致使货物散失的损失;(6)液体货物因受碰撞或挤压致使所用容器(包括封口)损坏而渗漏的损失,或用液体保藏的货物因液体渗漏而造成该货物腐烂变质的损失;(7)符合安全运输规定而遭受雨淋所致的损失;(8)在发生上述灾害事故时,因

---

〔9〕 这主要是由于保险货物的流动性造成的。由于在不同的地点,货物的价格可能差异较大,采取不定值保险容易引起争议,因此货物运输保险大都采取的是定值保险。

〔10〕《保险法》第 50 条规定:"货物运输保险合同和运输工具航程保险合同,保险责任开始后,合同当事人不得解除合同。"

纷乱造成货物的散失以及因施救或保护货物所支付的直接合理的费用。

3. 除外责任

由于下列原因造成保险货物的损失,保险人不负赔偿责任:(1)战争、敌对行为、军事行动、扣押、罢工、暴动、哄抢;(2)地震造成的损失;(3)盗窃或整件提货不着的损失;(4)在保险责任开始前,保险货物已存在的品质不良或数量短差所造成的损失;(5)保险货物的自然损耗,本质缺陷、特性所引起的损失或费用;(6)市价跌落、运输延迟所引起的损失;(7)属于发货人责任引起的损失;(8)投保人、被保险人的故意行为或违法犯罪行为。

4. 保险期间

保险责任自签发保险凭证后,保险货物运离起运地发货人的最后一个仓库或储存处所时起,至该保险凭证上注明的目的地的收货人在当地的第一个仓库或储存处所时终止。但保险货物运抵目的地后,如果收货人未及时提货,则保险责任的终止期最多延长至保险货物卸离运输工具后的15日为限。

5. 保险价值、保险金额

保险价值为货物的实际价值,按货物的实际价值或货物的实际价值加运杂费确定。保险金额由投保人参照保险价值自行确定,并在保险合同中载明。

三、运输工具保险合同

(一)运输工具保险合同的概念与特征

运输工具保险,指以各种运输工具为保险标的的财产保险。投保人与保险人就运输工具保险签订的约定各自权利义务的合同,即为运输工具保险合同。现代运输工具的价值较高,且通常处于运动状态,易发生事故造成财产损失或人身损害,因此世界上多数国家都开办了各种运输工具保险。

与普通财产保险合同相比,运输工具保险合同具有下列特征:

1. 保险标的的特定性。运输工具保险的保险标的是符合一定条件的运输工具。按投保的运输工具的不同,运输工具保险可分为机动车保险、船舶保险、飞机保险等。[11]

2. 被保险人的广泛性。运输工具的所有权人、承租人或驾驶人,都可能因运输工具遭受自然灾害或者意外事故而蒙受损失,因此,这些人员均可通过投保运输工具保险以保障自身的合法权益。

3. 保险责任的扩张性。运输工具一旦发生事故,不仅运输工具本身会遭受损失,往往还会给他人带来财产损失或人身伤害。因此,运输工具保险不仅承保运输工具本身所遭受的损失,还承保被保险人对第三者的人身伤害和财产损失依法应负的赔偿责任。一般而言,运输工具保险合同既包含运输工具财产损失保险条款,又包含运输工具第三者责任保险条款。[12]

4. 理赔方式的特殊性。普通财产保险的补偿主要是货币补偿,而运输工具保险在多数情况下是实行实际修复,也即对运输工具进行修理,使之恢复原状。

---

〔11〕 由于本书第十四章将专门讨论机动车保险,因此此处仅介绍船舶保险和飞机保险。

〔12〕 从这个角度来说,运输工具保险并非单纯的财产损失保险,而是财产损失保险与责任保险相结合的一种保险形态。

(二)船舶保险合同

船舶保险以船舶和水上浮动物体(如趸船、浮码头、浮船坞等)为保险标的。在运输工具保险中,船舶保险作为最早的险种之一,发展至今,在各国保险业中占有重要地位。此处以中国人民财产保险股份有限公司《内河船舶保险条款》(2009 版)为例对船舶保险合同的内容作简要说明。

1. 保险标的

该保险合同中的船舶是指在中华人民共和国合法登记注册、从事内河航行的船舶,包括船体、船舶检验证书簿上载明的机器、设备和助航仪器。

2. 保险责任

该保险分为全损险和一切险,保险人按照保险合同列明的承保险别承担保险责任。

(1)全损险。在保险期间内,由于下列原因造成保险船舶的全损,保险人按照保险合同的约定负责赔偿:六级以上(含六级)大风、地震、雷击、崖崩、滑坡、泥石流、冰凌;火灾、爆炸;搁浅、触礁、碰撞及触碰;由于前述灾害或事故引起的倾覆、沉没;船舶失踪。

(2)一切险。在保险期间内,由于全损险列举的各项原因造成保险船舶的全损或部分损失及产生的下列责任和费用,保险人按照保险合同的约定负责赔偿:其一,碰撞及触碰责任。保险船舶在可航水域与其他船舶、码头、港口设施、船闸、航标发生接触性的碰撞或触碰,造成上述被碰撞物体的直接财产损失或引起的费用,包括被碰撞船舶上所载货物的直接损失,依照我国法律应当由被保险人承担的侵权经济赔偿责任,保险人负责赔偿。其二,救助与施救。该保险负责赔偿被保险人在发生保险事故时,为保险船舶的航行安全而支出的必要合理费用,包括为确定保险事故的性质、程度而支出的检验、估价的合理费用,以及为执行保险人的特别通知而支出的费用,保险人在保险船舶损失赔偿之外另行支付。

3. 除外责任

在保险期间内存在下述情况,自下述情况发生之日起保险人对任何原因产生的责任、损失和费用不负责赔偿:(1)船舶不适航(不适拖),包括保险船舶的人员配备不当,技术状态、航行区域、用途不符合航行(拖航)规定或货物装载不妥。[13] (2)被保险人、船舶所有人、船舶经营人及其代表、船长利用保险船舶进行违法犯罪活动。

在保险期间内因下列原因造成或引起的损失、责任和费用,保险人不负责赔偿:(1)保险船舶自然磨损、锈蚀、腐烂。(2)保险船舶在航行中引起水浪击打或拍打他船或他物造成他船、他物的损失;座浅(因落潮或装载而引起船舶吸底而坐落于水底的现象)和擦浅(在正常航行水域,因航道淤积或水位变化导致船底与河床长期频繁摩擦)。(3)被保险人、船舶所有人、船舶经营人及其代表、船长的故意行为,但施救和救助行为不在此列。(4)战争、军事行为、扣押、骚乱、罢工、哄抢和政府征用、没收。(5)任何核物质、核材料或核放射、核试验。(6)行政行为或司法行为。

在保险期间内,对下列损失、责任和费用保险人不负责赔偿:(1)保险船舶正常的维修、油漆;机器发生故障造成本身的损失及费用;(2)舵、螺旋桨、桅、锚、锚链、橹及子船的单独损失;

---

〔13〕 “世嘉有限公司诉中国大地财产保险股份有限公司等海上保险合同纠纷案”,载《最高人民法院公报》2022 年第 12 期。

(3)拖带责任以及由拖带行为引起的被拖船的任何责任、损失和费用,但被拖船为保险船舶的碰撞责任、损失和费用不在此列;(4)任何污染、防止污染或清理污染;(5)清除任何残骸和清理港口、码头、航道、可航水域;(6)任何人员伤亡;(7)水产养殖及设施、捕捞设施、水下设施、电缆、桥或在建桥梁及其相关设施;(8)保险船舶上所载的货物;(9)被保险人或任何其他人的间接损失和间接费用,包括因保险事故造成的停航、停业而引起的船员工资、运费、租金、给养、燃料等费用和利益损失,任何物体的延迟或丧失使用的损失,水上经济活动损失,沿岸工农业和旅游业的损失等。

4. 保险期间

保险期间按以下规则确定:(1)定期险。保险期间最长为1年,起止日期以船舶保险单载明的时间为准。(2)航次险。保险期间按保险单载明的为准,保险责任起止时间按下述规则确定:自起航港解缆或起锚时开始,至目的港抛锚或系缆时终止。除另有书面约定外,保险期间最多不超过30日。

5. 保险价值与保险金额

保险船舶的保险价值由合同双方根据保险船舶的市场重置价进行约定,保险金额不得超过保险价值。保险金额与保险价值以保险单载明的为准。

(三)飞机保险合同

飞机在运行中的危险较为集中,一旦发生事故,造成的损害后果是巨大的。因此,各家航空公司都会投保飞机保险。在保险实务中,飞机保险是一种综合性保险,其基本险主要有三个险种:机身险、第三者责任险、旅客法定责任险。从学理上说,只有机身险属于财产损失保险,后两者均属于责任保险。此处以中国大地财产保险股份有限公司《飞机保险条款》为例对飞机保险合同的内容作简要说明。

1. 保险责任

在保险期间内,被保险人发生下列各项约定的保险事故损失、费用和第三者责任,保险人按保险合同的约定负责赔偿:

(1)机身险。被保险飞机在飞行或滑行中以及在地面上时,由于任何原因(保险合同约定的除外责任除外)造成被保险飞机机身及被保险飞机上的附件的意外损失或损坏;因意外事故引起的被保险飞机拆卸重装和运输的费用及清除残骸的费用。

(2)第三者责任险。由于被保险飞机或从被保险飞机上坠人、坠物而造成第三者(不包括被保险人及其机上工作人员和机场工作人员)的人身伤亡或财产损失,依法应由被保险人承担的经济赔偿责任。

(3)旅客法定责任险。旅客(旅客是指使用购买的飞机票的旅客或经被保险人同意免费搭载的旅客,但不包括为履行被保险人的任务而免费搭载的人员)在乘坐或上下被保险飞机时发生意外而造成旅客人身伤亡或所携带和已经交运登记的行李、物件的损失,以及由于运输过程中的延迟而造成旅客、行李或物件的损失,根据法律或合同应由被保险人承担的经济赔偿责任。

2. 除外责任

下列损失、费用和责任,保险人不负责赔偿:(1)被保险飞机不符合适航条件而飞行所造成的损失、费用和责任;(2)被保险人的故意行为造成的损失、费用和责任;(3)被保险飞机任何部件的自然磨损、制造及机械缺陷(但因此对被保险飞机造成的损失和损坏,保险公司仍予负责);(4)属于保险人关于飞机战争、劫持险条款约定的保险责任和责任免除的。

3. 保险期间

除另有约定外,保险期间为1年,具体起讫时间以保险单载明的为准。

四、工程保险合同

(一)工程保险合同的概念及特征

工程保险是指以各种工程项目为保险标的的保险。投保人与保险人就工程保险签订的约定各自权利义务的合同,即为工程保险合同。在实务中,工程保险的运用十分广泛,主要有建筑工程保险、安装工程保险、科技工程保险等。

与普通财产保险合同相比,工程保险合同具有如下特征:(1)普通的财产保险通常都有固定的保险费率,而工程保险无固定的保险费率;(2)普通的财产保险通常都是按年计算保费,而工程保险按照工程期计算保费;(3)普通的财产保险通常可每年续保,而工程保险在工程完工后即告终止。

(二)工程保险合同的主要内容

工程保险险种繁多,此处以中国人民财产保险股份有限公司《建筑、安装工程保险条款》(2009版)为例对工程保险合同的内容作简要说明。

1. 保险标的

(1)可保财产。该保险的保险标的为:其一,工程合同所列明的工程项目;其二,建设单位提供的物料,包括已运抵施工现场的建筑材料、结构件、在制品、属于工程预算内的应安装的机器设备、零配件等。

(2)特保财产。下列财产未经保险合同双方特别约定,并在保险合同中载明保险金额的,不属于该保险的保险标的:工地内原有的财产;属于工程造价范围之内,但在工地以外的财产;现场清理费用(该费用是指发生保险事故后,被保险人为修复保险标的而清理施工现场所发生的必要的、合理的费用)。

(3)不保财产。下列财产不属于保险合同的保险标的:施工用机器、装置和设备;领有公共运输执照的车辆、船舶和飞机;其他未在保单中列明的财产。

2. 保险责任

在保险期间内,在保险合同中列明的建筑期或安装期间和施工场地内,由于下列自然灾害或意外事故原因造成保险标的的损失,保险人按照保险合同的约定负责赔偿:(1)火灾、爆炸;(2)雷击、暴雨、洪水、暴风、龙卷风、冰雹、台风、飓风、暴雪、冰凌、突发性滑坡、崩塌、泥石流、地面突然下陷下沉、地震、海啸;(3)空中运行物体的坠落;(4)升降机、行车、吊车、脚手架的倒塌造成其他保险财产的损失;(5)安装技术不善所引起的事故,并造成其他保险财产的损失;(6)超负荷、超电压、电弧、短路和其他电气原因引起的事故,并造成其他保险财产的损失。

3. 除外责任

由于下列原因造成保险标的的损失、费用和责任,保险人不负责赔偿:(1)战争、军事行动、敌对行为、武装冲突、暴乱、罢工、没收征用及因政府命令或有关行政当局命令;(2)核裂变、核聚变、核武器、核材料、核辐射及放射性污染;(3)被保险人及其代表的故意或重大过失行为;

(4)盗窃、抢劫及恶意破坏。

下列各项损失、费用和责任,保险人不负责赔偿:(1)全部停工或部分停工期间所发生的一切损失、费用和责任;(2)堆放在露天的保险财产,用芦席、布、草、纸板、塑料布做棚顶的工棚,以及堆放在工棚内的保险财产,由于暴风、龙卷风、暴雨、雪灾、冰雹所造成的损失;(3)自然磨损、内在或潜在缺陷、物质本身变化、自热、氧化、锈蚀、渗漏、鼠咬、虫蛀、大气(气候或气温)变化、正常水位变化或其他渐变原因造成保险财产的损失和费用。

下列各项损失和费用,保险人也不负责赔偿:(1)建设单位已接管或已签发完工证书或已投入使用的财产的损失和费用;(2)设计错误、缺陷或未按设计要求和技术规范施工所造成的损失和费用;(3)因原材料缺陷或工艺不善引起的保险财产的任何损失以及为换置、修理或矫正这些缺陷或工艺不善所支付的费用;(4)盘点时发现的短缺;(5)罚款、任何延误、合同被撤销、解除、无效、终止及其他任何后果损失;(6)超负荷、超电压、电弧、走电、短路、大气放电和其他电气原因造成保险财产本身的损失;(7)保险合同中载明的免赔额或根据保险合同载明的免赔率计算的免赔额。

4. 保险金额

建筑工程或安装工程的保险金额应是保险工程完成时的总价值,包括原材料费用、设备费用、建造费、安装费、运输费和保险费、关税、其他税项和费用,以及由建设单位提供的原材料和设备的费用。

若投保人是以保险工程合同规定的工程概算总造价投保,投保人应:(1)在该保险项下工程造价中包括的各项费用因涨价或升值原因而超出原保险工程造价时,必须尽快以书面形式通知保险人,保险人将根据投保人的意见调整保险金额;(2)在保险期间内对相应的工程细节做出精确记录,并允许保险人在合理的时候对该项记录进行查验;(3)在保险合同列明的保险期间届满后3个月内向保险人申报最终的工程总价值,保险人据此以多退少补的方式对预收保险费进行调整。

5. 保险期间

保险期间为工程的建筑或安装期限,但以保险单列明的起止日为准。在保险单列明的终止期限前,若建设单位对部分或全部建筑或安装工程签发完验收证书或验收合格,或建设单位实际占有或使用或接收该部分或全部工程,保险责任即告部分或全部终止。

五、农业保险合同

(一)农业保险合同的概念与特征

农业保险,是指以农业生产活动中的种植物、养殖物为保险标的的保险。[14] 投保人与保险人就农业保险签订的约定各自权利义务的合同,即为农业保险合同。

与普通财产保险合同相比,农业保险合同具有如下特征:

1. 保险标的上,普通财产保险合同的标的原则上是无生命的财产,如房屋、车辆等。农业

〔14〕《农业保险条例》第2条第1款规定:"本条例所称农业保险,是指保险机构根据农业保险合同,对被保险人在种植业、林业、畜牧业和渔业生产中因保险标的遭受约定的自然灾害、意外事故、疫病、疾病等保险事故所造成的财产损失,承担赔偿保险金责任的保险活动。"

保险合同的保险标的是各种有生命的动植物,这是农业保险合同区别于其他保险合同最为显著的特点。

2. 保险价值上,作为农业保险合同的保险标的,无论是种植物,还是养殖物,皆有其生长周期,在生长周期的不同阶段,保险标的的保险价值在不断发展变化,在不同生长阶段发生保险事故,保险公司赔偿的保险金也各不相同。

3. 保险事故上,普通财产保险合同的保险事故是自然灾害、意外事故,农业保险合同的保险事故除了自然灾害、意外事故,还包括给保险标的造成损失的疫病、疾病。

4. 保险品种上,农业保险合同的保险标的是农业生产活动中的种植物、养殖物,而每一种种植物、养殖物都有各自不同的特性,保险费率、保险事故等事项自然也各不相同,由此也就导致在实务中,农业保险的保险品种十分繁多。

5. 保险的性质上,农业生产活动具有地域性、季节性,加之农村经济发展水平不平衡,被保险人交费能力普遍有限,为保障农业生产的稳定,促进农业经济发展,许多国家在商业保险之外,大力发展政策性农业保险。

6. 保险人上,在我国,农业保险合同的保险人除了一般的财产保险公司,还有专业的农业保险公司以及农业互助保险等保险组织。

7. 法律适用上,鉴于农业保险的特殊性,《保险法》第 184 条第 1 款规定:"国家支持发展为农业生产服务的保险事业。农业保险由法律、行政法规另行规定。"与此相适应,国务院于 2012 年通过了《农业保险条例》,于 2016 年进行了修订,专门用以规范农业保险。

(二)种植业保险合同

种植业保险是指以各种种植物为保险标的的农业保险,如水稻种植保险、小麦种植保险、棉花种植保险等。此处以国元农业保险股份有限公司《水稻种植保险条款》为例对种植业保险合同的内容作简要说明。

1. 保险标的

凡同时符合下列条件种植的水稻,均可投保水稻种植保险:(1)水稻种植符合当地政府和农业部门的要求和规范标准;(2)播种的品种符合农业部门的规定;(3)生长正常。

2. 保险责任

在保险期间内,由于下列原因造成保险水稻的直接损失,损失率达到 30%(含)以上时,保险人依照保险合同的约定负责赔偿:(1)暴雨、洪水(政府蓄洪除外)、内涝、风灾、雹灾、冻灾、旱灾造成水稻倒伏、茎秆折断、被淹、不能正常成熟或死亡;(2)由于病虫草鼠害造成水稻的减产或绝产损失。

3. 除外责任

下列原因造成的损失、费用和责任,保险人不负责赔偿:(1)战争、军事行动、恐怖活动、敌对行为、武装冲突、民间冲突、罢工、骚乱或暴动;(2)被保险人未经当地农业技术部门许可,盲目引进新品种,采用不成熟的新技术或管理措施失误(含误用农药);(3)被保险人或其雇佣人员、其家属的故意或重大过失行为;(4)行政行为或司法行为;(5)发生保险责任范围内的损失后,被保险人自行毁掉或放弃已种植的水稻或改种其他作物;(6)种子质量问题或违反技术要求应用;(7)肥料、农药等质量问题或违反技术要求应用;(8)牲畜啃食、动力机械碾压;(9)遭受霉变、腐烂、污染损失的;(10)发生被盗、被抢损失的。

4. 保险金额与免赔率

保险水稻的每亩保险金额参照保险水稻生长期内所发生的直接物化成本(包括种子成本、化肥成本、农药成本、灌溉成本、机耕成本和地膜成本),由投保人与保险人协商确定,并在保险合同中载明。

在保险期间内,保险水稻因发生保险事故造成部分损失的,保险人在赔偿时实行15%的绝对免赔率。

5. 保险期间

保险期间自保险水稻插秧活棵返青之日起(直播稻从播种出齐苗后起),至成熟时止。具体起止日以保险单载明为准。

6. 保险赔偿

保险水稻发生保险责任范围内的损失,保险人按照保险水稻不同生长期的最高赔偿标准、损失率及受损面积计算赔偿(赔偿金额 = 不同生长期的最高赔偿标准 × 损失率 × 受损面积)。见表12－2。

表12－2　水稻不同生长期的最高赔偿标准

生长期	每亩最高赔偿标准
返青期	每亩保险金额×50%
分蘖期	每亩保险金额×60%
孕穗期	每亩保险金额×80%
成熟期	每亩保险金额×100%

(三)养殖业保险合同

养殖业保险合同是指以各种养殖物为保险标的的农业保险,如生猪养殖保险、肉鸽养殖保险、奶牛养殖保险等。此处以中国人民财产保险股份有限公司《奶牛养殖保险条款》为例对养殖业保险合同的内容作简要说明。

1. 保险标的

符合下列条件的奶牛可作为保险合同的保险标的(以下简称保险奶牛):(1)投保的奶牛品种必须在当地饲养1年(含)以上;(2)投保时奶牛畜龄在1周岁(含)以上7周岁(不含)以下;(3)投保奶牛经畜牧兽医部门验明无伤残,无本保险责任范围内的疾病,营养良好,饲养管理正常,能按所在地县级畜牧防疫部门审定的免疫程序接种并有记录,且奶牛必须具有能识别身份的统一标识;(4)饲养场所在当地洪水水位线以上的非蓄洪、行洪区;(5)管理制度健全、饲养圈舍卫生、能够保证饲养质量。

2. 保险责任

在保险期间内,由于下列原因直接造成保险奶牛死亡,保险人按照保险合同的约定负责赔偿:(1)火灾、爆炸;(2)暴雨、洪水(政府蓄洪除外)、风灾、雷电、冰雹、冻灾;(3)泥石流、山体滑坡、地震;(4)建筑物倒塌、空中运行物体坠落;(5)口蹄疫、布鲁氏菌病、牛结核病、牛焦虫病、炭疽、伪狂犬病、副结核病、牛传染性鼻气管炎、牛出血性败血症、日本血吸虫病。

3. 除外责任

下列原因造成的损失、费用,保险人不负责赔偿:(1)投保人及其家庭成员、被保险人及其家庭成员、投保人或被保险人雇用人员的故意行为、管理不善;(2)行政行为或司法行为;[15](3)保险奶牛在疾病观察期内患有保险责任范围内的疾病。[16]

4. 保险金额

保险奶牛的每头保险金额参照奶牛品种、畜龄以及当地市场奶牛价格,由投保人与保险人协商确定,并在保险单中载明,但最高不得超过其投保时市场价格的七成。

5. 保险期间

除另有约定外,保险期间为1年,以保险单载明的起讫时间为准。

6. 保险赔偿

保险奶牛发生保险责任范围内的死亡,保险人按以下方式计算赔偿:赔偿金额 = 死亡数量 × 每头保险金额。保险奶牛死亡后,如果有残余价值,应由双方协商处理,如折归被保险人的,由双方协商确定其价值,并在保险赔款中扣除。

案例练习

1. 2014年3月28日,于某以市场价格14万元购买了一辆二手轿车,次日,于某为该车投保了机动车辆损失险等险种。其中,车辆损失险保险金额为30万元,保险期间自2014年3月30日零时起至2015年3月30日24时止,保险费6118.95元。2015年2月26日,于某驾车发生事故,导致车辆全损。于某向保险公司报案后,保险公司主张赔偿14万元,而于某主张赔偿30万元,双方发生纠纷,遂诉至法院。

问题:该案应如何处理?

2. 2013年8月16日,李某为其新购买的轿车投保了机动车辆损失险等险种,保险期限自2013年8月21日零时起至2014年8月20日24时止,责任限额为14万元。保险合同第6条约定:“下列情况下,不论任何原因造成被保险机动车损失,保险人均不负责赔偿:……(六)事故发生后,被保险人或其允许的驾驶人在未依法采取措施的情况下驾驶被保险机动车或者遗弃被保险机动车逃离事故现场,或故意破坏、伪造现场、毁灭证据……”2014年2月5日,该车在使用过程中发生了交通事故。事故发生后,李某向公安交警部门和保险公司报案,公安交警部门和保险公司均到事故现场进行勘查。李某在现场自称发生交通事故时他本人是驾驶人,他的儿子李小某坐在副驾驶位置。2014年2月9日,李某和李小某到公安机关作询问笔录,二人声称,2014年2月5日发生交通事故时李小某是驾驶人,由于李小某在国家机关工作且工作繁忙,不方便录口供和处理事故,因此由李某顶替作为汽车驾驶人。后李某要求保险公司赔偿此次事故的车辆损

〔15〕 但是,在保险期间内,由于发生高传染性疫病,政府实施强制扑杀导致保险奶牛死亡,保险人也负责赔偿。

〔16〕 自保险期间开始之日起20日(含)内为疾病观察期。保险奶牛在疾病观察期内因疾病导致死亡的及政府实施强制扑杀导致保险奶牛死亡的,保险人不负责赔偿。

失，保险公司认为，驾驶员调包行为属于毁灭证据，根据保险合同第6条的约定，保险公司不承担赔偿责任。

问题：该案应如何处理？

3.2012年3月14日，杨某为自己所有的一辆宝马轿车在某保险公司投保了车辆损失险等险种，并于同日支付了保险费；保险期间为2012年3月22日18时至2013年3月22日18时，保险金额为997470元。2013年2月14日17时50分许，杨某的妻子林某驾驶该宝马轿车发生车祸，造成林某当场死亡及轿车受损。根据现场勘查，交警部门认定该起事故系单方事故，但由于死者家属不同意对林某进行尸体检验和血液检验，交警部门无法查清林某的死亡原因及交通事故发生的原因。此后，杨某依据保险合同要求保险公司赔付车辆损失费，但保险公司均以事故责任不明，且驾驶员林某存在酒后驾驶、醉酒驾驶或吸毒的嫌疑为由拒绝支付保险理赔款。故杨某将保险公司诉至法院。

问题：该案应如何处理？

第十三章　责任保险合同

本章导读

责任保险合同属于财产保险合同。与一般财产保险合同相比,责任保险合同存在自己的特殊性。作为责任保险合同标的的“赔偿责任”,要受到两个方面的限制:限于民事赔偿责任、排除被保险人故意。责任保险的功能,由单纯地保护被保险人,逐渐转变为兼顾受害第三人的利益。这一转变在责任保险合同具体制度上,即体现为第三人直接请求权对保险合同相对性的突破。保险人享有和解参与权和抗辩义务不是强制性规定,保险人可以在保单中对此作出约定。

第一节　责任保险合同概述

一、责任保险合同的概念

责任保险合同(liability insurance contract),又称为第三人保险合同(third party insurance contract)或第三者责任保险合同(third party liability insurance contract),是指以被保险人依法对第三人承担的民事赔偿责任为保险标的的保险合同。

依照我国《保险法》第65条第4款的规定,责任保险合同的保险标的为被保险人对第三人依法应承担的赔偿责任。通过责任保险,被保险人将其对第三人承担赔偿责任的风险,转嫁给保险人。但是,基于避免道德风险的考量,并不是所有的赔偿责任都可以转移。作为责任保险合同保险标的的“赔偿责任”要受到以下两个方面的限制。

(一)以民事赔偿责任为限

责任保险承保的“赔偿责任”以民事赔偿责任为限。具体而言,此项限制有两层含义。

1. 民事责任

非民事责任,如刑事责任、行政责任,导致的被保险人经济上的损失,不得作为责任保险的标的。这是因为,刑法、行政法的重要特征之一即为惩罚性。如果允许将此两种责任列为责任保险的保险标的,将大大降低刑罚、行政处罚的威慑功能,无异于鼓励犯罪和违法违规,有违保险的目的。需要注意的是,刑事责任、行政责任常伴随有民事赔偿责任产生,此时的民事赔偿责任仍可作为责任保险的保险标的。例如,被保险人因排污超标被处罚金,罚金固然不能成为责任保险的保险标的,但该排污行为导致被保险人对附近水产养殖者应承担的侵权损害赔偿责任,仍可以成为责任保险的保险标的。

2. 赔偿责任

非赔偿责任,不能作为责任保险的标的。责任的实际承担得转化为损害赔偿或可以用金钱衡量的,可以作为责任保险的保险标的。例如,被保险人对第三人名誉侵权而应承担赔礼道歉的民事责任,不得作为责任保险的标的。但采用登报方式赔礼道歉而产生的费用,则可以作为责任保险的保险标的。

民事责任主要包括侵权责任和合同责任。将侵权行为导致的赔偿责任作为责任保险的保险标的,并无疑义。但对违约责任能否作为责任保险的保险标的,尚有争议。在美国保险实务和理论上,责任保险一般不承担违约责任。[1] 我国台湾地区有学者指出,责任保险的标的只限于侵权责任,合同责任属于保证保险的承保范围。[2] 本书认为,违约责任既可以通过保证保险分散,也可以通过责任保险分散。但是,两者有着本质区别。保险人依保证保险向被保险人承担责任后,有权向作为赔偿义务人的被保证人(违约方)追偿;与之不同的是,责任保险中的被保险人虽然是赔偿义务人,但保险人依责任保险向被保险人给付保险金后,并不能向被保险人追偿。即责任保险分散的是赔偿义务人的风险,而保证保险是为违约责任人的合同相对人提供风险保障,两者不可一概而论。所以,以保证保险为由主张违约责任不得作为责任保险标的的观点并不成立。在我国,根据《保险法》第 65 条第 4 款的规定,并不能得出被保险人"依法应负的赔偿责任"限于"侵权责任"的结论。通说认为,这里的"赔偿责任"既包括侵权责任,也包括合同责任。[3] 需要指出的是,除侵权行为、合同行为外,其他法律的规定——如无因管理、不当得利、物上请求权等所产生的民事赔偿责任,理论上也能够成为责任保险的保险标的。但由于实务上这些责任的发生概率低,保险人一般未创设这些类型的责任保险。

(二)排除被保险人故意[4]

责任保险合同的保险标的,应排除被保险人故意造成第三人损害的赔偿责任。基于避免道德风险的考量,保险事故的发生必须具有偶然性和意外性。被保险人的故意行为显然违背了上述特性。排除被保险人故意,也是"故意不赔原则"的应有之义。"故意不赔原则",是指被保险人故意制造保险事故的,保险人不承担给付保险金的责任。这一原则在保险法上占有重要地位。它在我国《保险法》第 27 条第 2 款中也有体现。把握这里的"故意"要注意以下两点:

1. 主体的特定性。故意致人损害的赔偿责任,不得为责任保险的保险标的,仅限于"被保险人自己的故意",他人的故意行为致损产生的赔偿责任,仍可以作为保险标的。例如,雇主责任保险中,显然可以包括雇主对雇员的故意行为产生的损害赔偿责任。损害的发生对于雇员而言是意料之中的,但对于雇主来说具有偶然性、意外性,所以雇员的故意行为可以作为责任保险的保险标的。

2. 故意的双重性。故意,是指被保险人的故意行为造成了第三人损害,且被保险人对于该

---

〔1〕 [美]肯尼斯·S. 亚伯拉罕:《美国保险法原理与实务》,韩长印等译,中国政法大学出版社 2012 年版,第 426、430 页。

〔2〕 王卫耻:《实用保险法》,台北,文笙书局 1981 年版,第 319 页。

〔3〕 邹海林:《责任保险论》,法律出版社 1999 年版,第 55 页。

〔4〕 故意排除说为通说。此外,尚有被保险人过失说、被保险人无过失说两种学说。前者认为,只有被保险人的过失行为造成的损害赔偿责任,才能成为责任保险的标的;后者认为,不论被保险人主观上是否有过错,只要造成了第三人损害,即可成为责任保险的标的。参见邹海林:《责任保险论》,法律出版社 1999 年版,第 55 ~ 56 页。

损害结果的发生持放任或积极追求的心态,即故意包括行为的故意和结果的故意两个方面。例如,被保险人闯红灯虽属故意(行为的故意),但交通事故这一损害结果的发生,却并非其所希望的(结果并不故意),这种情况仍然不符合“故意不赔原则”。

除故意外,被保险人在其他主观心态下造成的第三人损害的赔偿责任,都可以作为责任保险合同的保险标的。所以,过错责任以及不考虑被保险人主观过错的无过错责任、违约责任导致的赔偿责任,都可以作为责任保险的保险标的。但可以作为并不意味着一定作为保险标的。保险人承担的风险(承保范围)与保费呈正相关。出于控制保费与风险的考量,保险人也可以在保险合同中约定,将其中的某些情况列为除外责任。

二、责任保险的性质

(一)责任保险属于财产保险

责任保险虽然不是以被保险人的某一具体财产为标的,但保险事故的发生,将使被保险人的全部财产(责任财产)有所减损。所以,责任保险被列入财产保险的范畴。责任保险在我国《保险法》中主要体现在“财产保险合同”部分的第65条、第66条,这符合上述分类习惯。但是,责任保险与一般的财产保险相比,存在以下区别:

1. 保险标的不同。责任保险的保险标的为“赔偿责任”,抽象地指向被保险人的全部财产,而一般财产保险合同的保险标的为被保险人某一具体财产。

2. 保险利益不同。责任保险的保险利益,可以理解为被保险人对第三人所负的赔偿责任,将会给被保险人的总财产带来减损,它属于消极保险利益。所谓消极保险利益,是指保险事故的发生将导致被保险人的责任财产负担不利益。责任保险是典型的消极保险。一般财产保险合同的保险利益,既包括消极保险利益,也包括积极保险利益。

3. 有无保险价值不同。责任保险中不存在保险价值,保险人仅在约定的保险金限额内承担赔偿责任。一般财产保险以保险标的的价值作为保险价值。一般财产保险中以保险价值为中心建立起的超额保险、不足额保险等规则,不适用于责任保险。[5]

4. 保险事故的成就时间不同。在我国责任保险的保险事故成就时间为被保险人对第三人赔偿责任确定之时,并不需要被保险人因实际承担赔偿责任而使财产减少。一般财产保险以特定财产因约定的事故发生而产生实际损失作为保险事故的成就时点。从这一点来看,责任保险中贯彻的损失填补原则并不纯粹,其损失不要求实际发生。

(二)责任保险属于第三方保险

责任保险具有第三方性。第三人对被保险人的赔偿请求权,是责任保险存在和运行的基础。若无此基础,责任保险将无从适用。如果保险合同约定,保险人对被保险人本人的身体因意外事故而受的损害负赔偿责任,其性质应属意外伤害保险,而非责任保险。

传统的责任保险以填补被保险人的损失为基本目的,是被保险人分散风险的一种方式。随着保护受害第三人法益的发展,责任保险在功能上逐渐由填补被保险人因赔偿第三人所致的经济上的损害,转变为填补受害第三人所受损失。为保障受害第三人获得及时有效的赔付,许多国家在一些风险项目上实行强制保险,并规定受害第三人对保险人享有直接请求权。责

---

〔5〕 江朝国:《保险法基础理论》,中国政法大学出版社2002年版,第323~324页。

任保险的价值取向越来越多地从保护被保险人的利益，转变为注重保护受害第三人的利益，责任保险的第三人性更加明显。从这一角度来看，责任保险甚至可以说是为第三人利益而订立的保险合同。

（三）责任保险的保险赔付具有替代性

责任保险是被保险人转移赔偿责任的一种合法方式。保险人代替被保险人承担了对第三人的赔偿责任所造成的经济上的损失。确定这一点的意义在于，第三人在取得了足以填补损失的保险赔付后，不能再向被保险人请求该部分的损害赔偿；同样，保险人向第三人给付了足额的保险赔付后，不需要再向被保险人承担保险金给付责任。保险人代替被保险人赔偿，并不意味着第三人必然享有直接向保险人请求赔偿的权利。保险人并非受害人请求赔偿的民事责任的承担人，其代替被保险人赔偿，仅因保险合同的约定。简单地说，在侵权行为导致的责任保险事故中，被保险人与受害人之间产生的是侵权责任，而被保险人与保险人之间产生的是合同责任，只不过满足一定条件时，这里的合同责任在履行方式上可以向第三人履行。由此可知，第三人并非保险合同的当事人，一般情况下无权直接向保险人请求赔偿。但是，上文提到的责任保险功能上的转变，使其具有保护受害人的公益性。受害人可以依照保险合同的约定或法律的规定，取得被保险人在责任保险合同中的权利，请求保险人承担给付保险金的责任。[6]

三、责任保险合同的意义

（一）责任保险合同的作用

责任保险合同的产生和发展，具有以下意义：

1. 分散被保险人的风险。随着经济的发展，社会活动日益频繁，因过失而造成他人损害的事件，在所难免。无过失责任的出现，更是加重了行为人的赔偿责任。责任保险将侵权损害赔偿责任由实际侵权人，转移到了保险公司，最终通过保险公司这一媒介将风险分散到同种危险的行为人之间，为行为人提供了良好的风险分散途径，是个人、企业取得良性发展的必要基础。除了金钱损失上的风险分散功能，责任保险还具有心理上的安定作用。保险事故发生前，责任保险的保险人承担了风险发生的可能性，使投保人免于风险发生的担忧；保险事故发生后，被保险人因责任保险人抗辩义务的存在，极大地减少了因应对受害人的索赔而不得不承受的紧张和劳顿，从而获得了心理上的安定。[7]

2. 保障受害第三人。民事责任由过错责任转变为无过错责任，其目的在于加重侵权行为人的责任程度，从而保护受害第三人。但是，加重侵权责任的同时，若不能相应提高侵权行为人的责任承担能力，受害第三人的权益依然无法得到救济。责任保险制度解决了侵权行为人承担责任的经济能力问题，从而使赔偿责任能够得到落实，受害第三人得到救济。

（二）责任保险与侵权法

责任保险的以上两点意义，对侵权责任法也产生了重大影响。有观点认为，责任保险在落实侵权损害赔偿、使受害人获得及时有效的救济的同时，其分散被保险人风险的功能，削弱了

---

〔6〕 邹海林：《责任保险论》，法律出版社1999年版，第61页。

〔7〕 Jay F. Christ, *Fundamental Business Law*, American Technology Society, 1944, p. 276.

侵权法对侵权行为的抑制作用。[8] 侵权法上有"侵权者负担"的原则,即受害人所受损害由侵权行为人承担。而责任保险的出现,将原本由被保险人承担的责任,转移给了保险公司。从某种程度而言,被保险人以微小的代价(缴纳保费),即可从事侵权行为而无须承担经济上的赔偿责任。这易诱使被保险人降低从事危险行为时的注意义务,增加侵权行为发生的可能性。

为了尽可能地降低责任保险对侵权法产生的上述冲击,保险人在设计责任保险合同时采取了一些预防措施。一方面,责任保险将被保险人故意造成的赔偿责任,排除在承保范围之外。侵权人故意造成第三人损害时,保险人有权拒绝给付保险金。这在一定程度上遏制了被保险人的主观恶意。另一方面,责任保险通过设置最高赔偿限额、免赔额等规则控制风险。[9] 免赔额决定了保险人给付保险金的最低起付点,只有对超过免赔额的部分,保险人才承担保险金给付责任。而最高赔偿限额是保险人给付保险金的最高限额。两者共同构成保险人承担保险金数额的区间。用公式表示即为:免赔额 < 保险金 = 损失 - 免赔额 ≤ 最高赔偿限额。这种规定使得被保险人无法将其全部赔偿责任转移给保险人,从而促使被保险人提高责任意识。再如,在机动车责任保险中,保险人一般将投保险人应缴纳的保费与其违章记录相关联,两者呈正相关。这些措施能督促投保人尽可能地避免损害发生。

责任保险与侵权法之间的良性互动更应得到重视。侵权法的主导思想由注重惩罚侵权人,开始朝着兼顾保护受害人的方向发展,责任保险中也相应产生了加强保护第三人的措施,以保证受害第三人能及时有效地获得赔偿。第三人的直接请求权就是典型的例子。由此看来,责任保险虽然会对侵权法的惩罚功能产生一定的冲击,但这可以通过相应的规则加以规避,并且它是落实侵权法受害人赔偿责任的理想途径,绝不能因噎废食。

四、责任保险合同的发展趋势

责任保险最早是针对侵权行为责任产生的,且以机动车责任和雇主责任为主要领域。随着经济的进步和保护受害人法意的发展,自 20 世纪 30 年代以来,责任保险呈现出以下发展趋势:[10]

1. 功能方面,责任保险由纯粹地填补被保险人的损害,向兼顾保护受害第三人的利益转变。这一转变已在立法上形成了若干具体规定,其中以赋予第三人直接请求权为代表。但即使"保护受害第三人"得到了重视,该功能仍然只是与"填补被保险人的损害"并列的功能之一,并没有替代责任保险填补被保险人损害的性质。责任保险仅是在保护被保险人的前提下,兼顾受害第三人的利益。这一点不能无限扩大。

2. 性质上,责任保险在诸多领域由自愿保险向强制保险转变。责任保险产生之初以自愿订立为条件。投保人是否投保、投多少金额的责任保险、保险人是否承保等,完全取决于投保人与保险人的意愿。但是,建立在自愿基础上的责任保险,难以充分实现保护社会大众的政策目标。一方面,如果投保人不投保,或者保险人拒绝承保责任保险,受害人的损失就无法从责

---

〔8〕 H. A. Cousy, *Tort Liability and Liability Insurance: A Different Relationship*, in H. Koziol, B. Steininger eds., European Tort Law 2001, Springer Verlag, 2002, p. 18.

〔9〕 [德]格哈德·瓦格纳主编:《比较法视野下的侵权法与责任保险》,魏磊杰等译,中国法制出版社 2012 年版,第 303 页。

〔10〕 刘宗荣:《新保险法:保险契约法的理论与实务》,中国人民大学出版社 2009 年版,第 346 页。

任保险处得到补偿；另一方面，保险人以其经营保险业务的娴熟经验，得约定各种抗辩事由，以拒绝给付保险金。所以，为了实现责任保险保护受害第三人的政策目标，越来越多的国家通过立法的形式，在特定领域实行强制责任保险。例如，英国的强制责任保险除传统的汽车责任保险和雇主责任保险外，[11]较有特色的还有野生动物责任保险、律师责任保险、海洋油污损害责任保险、核反应堆事故责任保险等。[12]

3. 责任保险的承保范围呈扩张趋势。责任保险最初以被保险人存在主观过错的侵权责任作为承保范围，后来逐步将无过错责任、合同责任也纳入了承保范围。责任保险以民事责任制度为基础。在无过错责任得到普遍适用的前提下，相应的责任保险制度应运而生。否则，已发展的民事责任制度因欠缺分散损害赔偿责任的途径，将增加适用上的阻力。所以，将责任保险的承保范围扩张到无过错责任，这与民事责任的发展相辅相成。而对于以违约责任为代表的合同责任，它和侵权责任除发生原因和成立要件有所不同外，在赔偿受害人的损失方面，并未有实质性的差别。保险作为分散风险的手段，其关注的重点不在于损害发生的原因，而在于损害发生后的赔偿责任的分担。[13] 故而，合同责任也被纳入了责任保险的承保范围。

4. 责任保险的险种不断增多。责任保险发展之初险种十分有限，主要包括汽车责任保险、雇主责任保险、产品责任保险。随着经济社会发展的需要，新的责任类型不断增多，加上承保范围的扩张，责任保险的种类也相应增加，典型的有环境责任保险、工程承包责任保险、专家责任保险、航空责任保险等。

第二节　责任保险合同中的特殊权利义务

较之普通保险，责任保险中保险合同双方的一般权利义务，如保险人的提示说明义务、投保人的如实告知义务、保险事故发生后被保险人的通知义务，其适用规则并没有不同。以上问题请参照本书保险合同总论部分的相关内容。本节将介绍责任保险合同中，有关保险合同主体及责任保险相关人（第三人）的特殊权利义务。

一、被保险人的权利

对于财产保险而言，被保险人主要的权利即保险给付请求权。但责任保险中被保险人保险给付请求权中请求给付的内容究竟为何，学界颇有争议。主要的学说有“金钱给付请求权说”和“法律保护请求权说”：

1. 金钱给付请求权说。该说认为被保险人仅得于保险事故发生后，请求保险人给付保险金。金钱给付请求权理论以责任保险的传统功能为基础，认为责任保险是为了填补被保险人

---

〔11〕［英］理查德·刘易斯：《侵权法与保险的关系：来自英格兰与威尔士的报告》，载［德］格哈德·瓦格纳主编：《比较法视野下的侵权法与责任保险》，魏磊杰等译，中国法制出版社2012年版。

〔12〕Dangerous Wild Animals Act 1976 § 1(6)(iv), Solicitors Act 1974 § 37, Marchant Shipping Act 1995 § 163, Nuclear Installations Act 1965 § 19.

〔13〕邹海林：《责任保险论》，法律出版社1999年版，第47～51页。

因赔偿第三人所受经济上的损害。从这一角度甚至会推导出,只有当被保险人的全部财产实际减损时,被保险人才得请求保险金给付。我国《保险法》第 65 条第 3 款规定,保险人向被保险人给付保险金的前提之一,即是被保险人已向受害第三人进行了赔偿。由此可以看出,我国现行保险法采用的是金钱给付请求权理论。该理论的优点在于,能够避免被保险人在受领保险金后,未将保险金用于赔偿第三人,从而导致被保险人因第三人受损而获利的情况。但这一规定却造成了另一个两难的局面:一旦被保险人无力先行赔付,不仅其自身无法获得责任保险的补偿,受害第三人也无法取得任何赔偿。虽然受害第三人可以通过民法中的代位权,代被保险人向保险人请求给付,但这为其他债权人染指该保险金也提供了理论基础。[14] 此外,我国通说认为,责任保险的保险事故的发生时点为被保险人对第三人的赔偿责任确定之时。而金钱给付请求权理论易使人误以为,在被保险人向第三人给付赔偿金时,保险事故才发生。金钱给付请求权因存在以上缺陷,受到了学界的批判。

2. 法律保护请求权说。责任保险的发展过程中,越来越多地兼顾受害第三人的利益。对于被保险人保险给付请求权内容的认识,也逐渐发生了变化。德国学者雷柏(Leibl)提出了"免责请求权说",德国帝国法院在判决中也认可了这一学说。该说认为,责任保险中被保险人请求权的内容为,请求保险人向受害人给付保险金,以使被保险人从其对于第三人所负之赔偿责任中解脱出来。此种规定不但能有效避免被保险人借他人损害获利,而且切断了被保险人的其他债权人染指保险给付请求权的可能,保障了受害第三人的权利。免责请求权加上保险人的抗辩防御义务(下文"保险人的抗辩义务"部分详述),共同构成法律保护请求权。法律保护请求权使被保险人彻底从法律责任中解脱出来,不用直接承担责任,甚至连纠纷解决的参与和相关费用的承担都无须考虑。法律保护请求权说已成为德国学界及司法实务的统一见解,该理论值得我国在保险法修订或司法解释制定过程中予以参考。

二、保险人的权利义务

(一)和解参与权

保险人的和解参与权,是指责任保险人享有的,被保险人对于第三人就其责任所进行的和解达成的事项,未经保险人参与,不对保险人产生约束的权利。

保险人和解参与权存在的原因在于,被保险人已通过责任保险将其对第三人承担赔偿责任的风险转移给了保险人,被保险人与第三人就其责任所达成的事项,均直接涉及保险人的利益。根据合同的相对性原理,被保险人与第三人作为合同当事人不能随意为和解协议的第三人(保险人)设置合同义务。为了避免被保险人因为订立了责任保险合同,随意承认超过实际损害的赔偿责任,或者与第三人达成不合理的高额和解或赔偿,甚至与第三人串通谋取高额的保险金,以致有害于整个保险共同体的利益,有必要赋予保险人和解参与权。如果被保险人未经保险人同意,与第三人达成和解协议,该协议不对保险人产生约束。未经保险人同意包括两种情况,一是保险人未参与和解,二是保险人虽参与和解但明确表示不同意和解方案。保险人不受和解协议的约束,并不意味着保险人免除了保险责任。根据《保险法解释(四)》第 19 条第 2 款的规定,保险人可以主张对保险责任范围及赔偿数额重新予以核定。

---

〔14〕 叶启洲:《保险法实例研习》,台北,元照出版公司 2015 年版,第 331 ~ 332 页。

对于责任保险人参与和解行为的性质存在“权利主义”和“义务主义”两种立法例。所谓“权利主义”即是指站在侧重于保护保险人利益的立场上，将保险人参与和解的行为作为一项权利。《德国保险合同法》《韩国商法典》都采用了“权利主义”。“义务主义”的代表是美国，是站在侧重于保护被保险人利益的立场上将保险人的参与行为作为一项义务加以规定。我国《保险法解释（四）》第19条采用的是“权利主义”。这是因为我国保险公司的财力和业务水平尚未达到美国保险业的发展程度，采用义务主义超越了我国保险行业的基本行情。并且，在美国，保险公司通常在损害事故发生的第一时间即介入第三人与被保险人的纠纷中，这为保险公司承担义务提供了便利。

根据《保险法解释（四）》第19条第1款的规定，保险人已参与到和解中并且同意和解协议的，保险人应受其约束。此时，其保险责任仍是在保险合同范围内承担。此处保险人和解参与权的适用范围既包括被保险人与第三人进行的诉讼外和解，也同样适用于诉讼中的和解以及法院主持下达成的和解。因为后两者在本质上仍然属于被保险人与第三人达成的合意，根据合同的相对性，在第三方保险公司未参与并认可的情况下，对保险人不产生拘束力。

需要注意的是，根据我国《保险法解释（四）》第19条的规定，和解参与权是责任保险人的一项法定权利，并不需要通过责任保险合同约定保险人即可享有。

（二）抗辩义务

责任保险中保险人的抗辩义务，是指责任保险人可以在保险合同中约定，第三人向被保险人请求损害赔偿时，保险人有为被保险人的利益，对第三人的损害赔偿请求权进行抗辩的义务。

规定保险人的抗辩义务，一方面有助于实现责任保险保护被保险人的功能。保险人积极地履行抗辩义务，能使被保险人在心态上得到平衡和安慰，尽可能地减少其财产上的损失，帮助被保险人排除因受害第三人行使损害赔偿请求权而形成的消极不利益状态。且保险人因经年累月在处理保险争议事件，其或具有专门的理赔部门及专业的法务人员，或与特定的律师事务所有合作，对于相关争议的处理技巧较被保险人更为娴熟。这是保险人参与诉讼的优势。另一方面，责任保险人的抗辩义务更有保护保险人的作用。一旦抗辩成功，第三人的赔偿请求或不成立或减少，被保险人的责任或免除或相应降低，保险人承担的保险金给付责任也随之发生变化。

在英美法系中，责任保险中保险人的抗辩义务属于合同义务。与其说这是一项义务，不如说保险人享有抗辩第三人赔偿请求权的权利。这是因为，责任保险合同一般会约定保险人有权抗辩对被保险人提起的诉讼，但被保险人并不能据此要求保险人履行。[15] 但是，在大陆法系的《德国保险合同法》中，抗辩义务不仅包括了受害第三人对被保险人提起的损害赔偿诉讼、和解，还扩大到了针对被保险人的不正当请求权的防御，而形成了所谓的“防御义务”。义务的对面即是权利。相应的，被保险人拥有“防御请求权”。它与“免责请求权”一道，构成了统一的“法律保险请求权”。

我国《保险法》中没有直接规定保险人的抗辩义务，基本做法与英美法系相似，抗辩义务源于保险合同的约定，而并非法定义务。《保险法》只在第66条规定了保险人承担抗辩费用的义

---

〔15〕 Malcolm A. Clarke, *The Law of Insurance Contracts*, LLP Limited, 1997, p. 434.

务,且并非强制性规定。需要注意的是,如果保险合同中约定了抗辩义务,则意味着被保险人将自己的抗辩权利实质上让与了保险人。尽管在形式上,对抗第三人的索赔的当事人仍然是被保险人,保险人仅得以被保险人名义进行抗辩。但是,保险人得以自己独立的意思表示进行抗辩,保险人基于诚实信用原则进行抗辩而发生的结果,不论其是否有利于被保险人,被保险人均受其约束;当然,如果保险人在抗辩过程中违背了诚实信用原则,造成被保险人的任何损害,也应当承担赔偿责任。

三、第三人直接请求权

第三人直接请求权,是指因被保险人的行为而受到损害的第三人,依照法律的规定或合同的约定,直接以自己的名义请求保险人向自己给付责任保险保险金的权利。

(一)第三人直接请求权的理论基础:分离原则与债的相对性的修正

责任保险中存在两组法律关系:被保险人与受害第三人之间,成立(侵权或违约等)责任关系;保险人与被保险人之间,成立保险合同关系。由于受害第三人并非保险合同的当事人,无法以保险合同作为请求权的依据,要求保险人给付保险金。所以,依照债的相对性理论,保险人与受害第三人之间并不存在请求权基础。保险合同关系与责任关系应予以严格区分。这就是“分离原则”。[16]

分离原则是债的相对性原则下的产物,其优点在于法律关系明确,但缺点也显而易见。依照分离原则,受害第三人不能直接向保险人请求给付保险金,必须依靠被保险人向保险人请求给付,再向第三人赔偿。而在这一过程中,被保险人受领给付后,该保险金即成为被保险人的一般责任财产,它可以被被保险人挪作他用,可以被其他债权人申请扣押,从而使第三人获赔的目的落空。且该项做法辗转两次,拉长了纠纷解决的时间,不利于第三人及时、有效地获得赔偿。

随着责任保险的功能由填补被保险人的损害,向兼顾保护受害第三人的利益转变,突破债的相对性原则,修正分离原则,成为各国保险法通行的做法。比较法上主要有以下三种修正的方式:[17]

1. 限制保险人对被保险人给付保险金。我国《保险法》第 65 条第 3 款即属于这种类型的修正。通过规定保险人不得在被保险人履行对第三人的赔偿责任前,向被保险人给付保险金,一定程度上避免了被保险人将保险金挪作他用,但是却无法排除其他债权人染指。

2. 被保险人请求权内容的转化。这一修法方式典型的代表是德国,《德国保险合同法》第 115 条规定,将被保险人保险给付请求权的内容,由单纯的金钱给付请求权,转变为法律保护请求权。在保险金给付限额内,被保险人彻底地从对第三人的赔偿责任中脱离出来,保险人直接对第三人承担赔偿责任。

3. 赋予第三人直接请求权。除保险合同约定外,在一些强制责任保险中,为了更好地保护第三人的利益,法律直接赋予了第三人的直接请求权,第三人得直接向保险人请求给付,彻底突破了债的相对性原则。如《德国强制汽车保险人责任保险法》第 3 条规定,保险人应与被保

---

〔16〕 叶启洲:《保险法实例研习》,台北,元照出版公司 2015 年版,第 337 ~ 338 页。

〔17〕 叶启洲:《保险法实例研习》,台北,元照出版公司 2015 年版,第 338 ~ 341 页。

险人对第三人负连带责任，内部关系上由保险人负终局责任。在美国的路易斯安纳州、纽约州等州，法律准许受害第三人直接对责任保险人起诉，请求给付保险赔偿金。

（二）第三人直接请求权的性质

关于第三人直接请求权的性质，学界主要有四种观点，分述如下：[18]

1. 法定权利说。该说认为，受害第三人的请求权的行使要件和范围，由法律或者责任保险合同规定，是法律赋予第三人的固有权利。该说将第三人直接请求权的发生原因作为定义的逻辑起点，未揭示第三人直接请求权与被保险人的保险给付请求权之间的关系。该说进一步发展，衍生出原始取得说。原始取得说在承认第三人直接请求权为因法律规定而取得的权利的基础上，更强调该请求权独立于保险人的请求权，是法律直接赋予第三人的原始权利。

2. 法定债权让与说。该说认为，法律拟制被保险人与第三人间存在债权让与的合意，在损害赔偿范围内，第三人自被保险人处取得其向保险人的保险金给付请求权。责任保险的保险事故发生后，被保险人对保险人享有的保险给付请求权，具有可让与性。受害第三人基于法律的直接规定，取得被保险人对保险人的债权。但是，若认为第三人直接请求权的性质为法定债权让与的产物，则保险给付请求权经法定让与后，被保险人应无权再向保险人主张保险金给付。这无法解释为何保险事故发生后，若被保险人先行向第三人履行了赔偿义务，其仍可向保险人请求保险金给付。

3. 法定债务承担说。该说认为，法律拟制被保险人与保险人间存在债务承担的合意，由保险人在保险金限额内代替被保险人，承担损害赔偿责任。且保险人在成为债务人的同时，被保险人的损害赔偿义务并不当然消灭，这属于并存的债务承担。进一步而言，这里的并存的债务承担，是基于保险人与被保险人之间存在不真正连带责任产生的。保险人是债务的最终承担者，其向第三人清偿后，不得再向被保险人求偿。但是，在普通的并存的债务承担中，新债务人不得以其与原债务人间的事由对抗债权人。这与责任保险中，保险人得以保险合同解除、终止等抗辩事由抗辩第三人直接请求权不相符。

4. 法定代位权说。指法律拟制第三人具备民法中代位权的要件，得以第三人自己的名义，行使被保险人对保险人的保险金给付请求权。在法定代位权说下，并未变更责任保险的主体关系，且保险人得以对抗被保险人的事由对抗第三人。这在不考虑法律拟制的必要性和合理性的前提下，不失为对第三人直接请求权的周延定性。

讨论第三人直接请求权的性质，其核心问题并不在于权利的发生原因，而在于第三人直接请求权与责任保险合同之间的关系。若从发生原因入手，无外乎保险合同约定和法律直接规定两种，这对解决实际问题并无益处。第三人直接请求权与责任保险合同的关系一这问题的核心，又在于保险人能否以对抗被保险人的事由对抗第三人。这直接关系到直接请求权的行使。在现行责任保险体制下，直接请求权可进一步细分：附抗辩事由的直接请求权和不附抗辩事由的直接请求权。附抗辩事由的直接请求权依赖于被保险人的请求权，保险人得以对抗被保险人的事由，对抗第三人的直接请求权，此时直接请求权的定性采用法定代位权说。不附抗辩事由的直接请求权，并不是保险合同所约定的被保险人的权利，所以保险人不得以对抗被保

---

〔18〕 参见江朝国：《责任保险中第三人直接请求权之性质及消灭时效——评台北地方法院一〇年度北保险简字第四〇号判决》，载《月旦裁判时报》2015 年第 32 期。

险人的事由对抗第三人。若以第三人为视角,从发生原因上来讲应当采用原始取得说;若立足于保险人、被保险人之间及其对于第三人的关系,则法定债务承担说提供了一个合理解释(见图 13-1)。

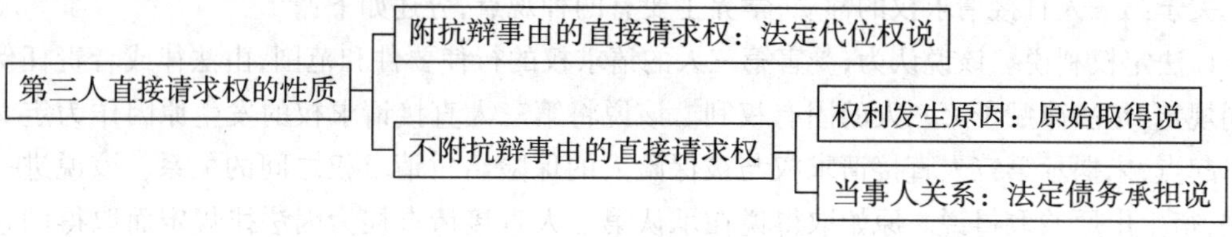

图 13-1　第三人直接请求权的性质

(三)我国现行法中关于第三人直接请求权的规定

我国《保险法》第 65 条第 1 款、第 2 款规定:“保险人对责任保险的被保险人给第三者造成的损害,可以依照法律的规定或者合同的约定,直接向该第三者赔偿保险金。责任保险的被保险人给第三者造成损害,被保险人对第三者应负的赔偿责任确定的,根据被保险人的请求,保险人应当直接向该第三者赔偿保险金。被保险人怠于请求的,第三者有权就其应获赔偿部分直接向保险人请求赔偿保险金。”对于本条的含义,可从以下两个方面把握:

1. 特定情形下,保险人有权直接向第三人给付保险金,并不意味着相同情形下,第三人有权直接向保险人请求给付保险金。根据该条的文义表述可知,在法律有规定或者合同有约定,以及被保险人对第三人赔偿责任确定且被保险人为请求时,保险人有权直接向第三人给付保险金。但在以上三种情形下,第三人只有消极受领保险金的权利,并不能积极请求保险人赔付。

2. 依据该条的规定,应当承认第三人有条件地享有直接请求权。这里的条件就是指被保险人对第三人的赔偿责任确定,且被保险人怠于向保险人请求给付保险金。只有同时符合赔偿责任确定和被保险人不作为两个条件时,第三人才能在保险金范围内,请求保险人为与其所受损失相应的给付。

被保险人对第三人应负的赔偿责任以民事责任为限,但不包括被保险人故意行为导致的损害赔偿责任。《保险法解释(四)》第 14 条针对被保险人对第三者应负的赔偿责任确定的情形进行了列举,包括:(1)被保险人对第三者应负的赔偿责任经人民法院生效裁判、仲裁裁决确认。生效裁判和仲裁裁决中对于责任认定的内容,可以作为确定被保险人对第三人所负赔偿责任的依据。(2)被保险人对第三者应负的赔偿责任经被保险人与第三者协商一致。被保险人与第三者协商一致是请求权产生的程序性条件,还要结合保险人的和解参与权,在保险人对协商的内容进行认可后被保险人或第三人才取得实质性的保险金请求权。(3)被保险人对第三者应负的赔偿责任能够确定的其他情形。此项为兜底条款。责任保险实务中情形较为复杂,如存在其他能够确定赔偿责任的情形,被保险人或第三人亦可据此向保险人请求保险金给付。例如,造成人身健康损害有明确医疗费用的;造成财产损失能够确定修理费用的;第三者的损害有其他公证文件确定的。

对被保险人“怠于请求”的认定,决定了第三人行使直接请求权的正当性。根据《保险法解释(四)》第 15 条的规定,怠于请求发生在被保险人对第三者应负的赔偿责任确定之后,须同时具备两种不作为。(1)不赔偿。被保险人在责任确定后,不积极地以自己的责任财产向第三人履行赔偿责任。(2)不索赔。在第三人提起相关诉讼时,被保险人尚未主动请求保险人向第三人进行赔偿。被保险人请求的内容须为保险人直接向第三者支付保险金。被保险人请求保险人向自己赔付不足以构成对"怠于请求"的抗辩。因为,结合《保险法》第65条第3款的规定,被保险人在未赔偿受害人之前,保险人本就不得向被保险人给付保险金。而如果被保险人已赔偿了受害人,则因不满足不积极赔偿这一要件而无法触发第三人的直接请求权。不赔偿和不索赔两种不作为须同时满足时,第三人方可行使直接请求权。

只要同时具备赔偿责任确定和被保险人怠于请求两个要件,第三人即可以向保险人行使直接请求权。根据《保险法解释(四)》第17条的规定,即便是被保险人对第三人所负的赔偿责任已经生效判决确认并进入执行程序,只要第三人未获清偿或未获得全部清偿,第三人即可向保险人主张保险金给付。保险人承担的不是被保险人损害赔偿责任的补充责任,无须在法院中止执行或终止执行时才对被保险人不能偿付的部分进行赔偿。

责任保险的基本运作模式是被保险人先行赔付,再由保险人向被保险人给付保险金以填补被保险人的损失。《保险法》第65条第3款实质上赋予了保险人对被保险人已先行赔付的审查义务。被保险人未向第三人赔偿前,保险人不得向被保险人给付保险金。《保险法解释(四)》第20条进一步明确了保险人的此项义务。依据该条的规定,第三人依《保险法》第65条第2款向保险人行使的直接请求权时,保险人不得以已向被保险人给付保险金进行抗辩。这是因为第三人既然可以行使直接请求权,则当然具备了"被保险人怠于请求"这一要件,此时保险人必然违反了审查义务。保险人向第三人赔偿后,可以通过主张不当得利要求被保险人返还相应的保险金。

除保险法外,我国一些特别法中赋予了第三人直接请求权。例如,《民用航空法》第168条第1款规定,受害人可以在特定条件下直接对保险人提起诉讼。《海事诉讼特别程序法》第97条第1款规定,对于船舶造成油污损害的赔偿请求,受害人可以直接向承担船舶所有人油污损害责任的保险人提出。

第三节　责任保险的保险责任及其承担

一、责任保险保险责任成就的认定

(一)保险事故的发生时间

责任保险的保险事故发生后,被保险人有权请求保险人给付保险金。关于责任保险中保险事故的发生时间,我国保险法没有明文规定。学理上对此有不同观点,分述如下:

1. 损害事故发生说。该说认为,发生损害事故时,保险事故发生。例如,被保险人向保险人投保了机动车第三者责任险,在保险期间内,被保险人发生车祸致第三人受损。按照损害事故发生说,第三人受损时即为保险事故发生。主张此说的理由在于,该说符合保险事故偶然性的特征,[19]认为责任保险与一般财产保险保护的损害相同,所以以引起责任损失的损害事实的发生,作为保险事故的发生时间。[20] 其缺点显而易见:混淆了"损害事故"与"损害"本身,同时会产生长尾责任。

2. 被保险人责任发生说。该说认为,被保险人依法应负赔偿责任时,责任保险的保险事故成就。[21] 前例中,"被保险人发生车祸致第三人受损"的损害事故发生后,经查明系因被保险人过失所致而应对第三人承担赔偿责任,此时保险事故发生。主张此说的理由在于,责任保险人的责任在于承担被保险人对第三人的赔偿责任,被保险人对第三人的责任发生,保险事故即发生。[22] 该说对损害事故发生说作了很好的反驳:损害事故虽然发生,但如果被保险人并不需要承担赔偿责任,责任保险的保险事故依然不会发生。

3. 被保险人受请求说。该说认为,被保险人受第三人的赔偿请求时,责任保险的保险事故发生。依照被保险人受请求说,被保险人因其行为致第三人损害,在第三人请求被保险人赔偿其损害时,无论第三人的该请求权是否成立,保险人都开始承担赔偿责任。该说能很好地解释我国《保险法》第66条关于抗辩费用承担的问题。

4. 双重标准说。依照该说的观点,被保险人依法应负赔偿责任,且受到第三人求偿时,保险人开始承担赔偿责任。[23] 如果被保险人虽依法应负赔偿责任,但第三人并未向其求偿,或者虽然第三人向其求偿,但被保险人依法不应承担赔偿责任的,责任保险的保险事故并不发生。[24] 该说是被保险人责任发生说和被保险人受请求说的合体,弥补了这两种学说的部分漏洞,为通说。

5. 赔偿义务履行说。主张此说的学者认为,被保险人于受害第三人请求时,其保险事故尚未发生,须待被保险人已对该受害第三人履行其赔偿义务时,始为保险事故发生。我国《保险法》第65条第3款规定,被保险人未向第三人履行赔偿义务前,保险人不得向被保险人给付保险金。这被认为是赔偿义务履行说在立法中的体现。

6. 被保险人责任确定说。该说认为,被保险人对第三人的损害赔偿责任确定时,责任保险的保险事故发生。被保险人有致人损害的行为,但在被保险人责任确定之前,要求保险人承担赔偿责任并不合理。其立论依据在于,责任保险的目的是使被保险人脱免对受害第三人应负担的债务,当被保险人的责任于诉讼上或诉讼外得到确定时,被保险人的财产真正处于不利状态,故以此作为责任保险的保险事故的发生时点。

损害事故发生说偏离了责任保险的本旨。被保险人责任发生说,虽较为符合责任保险的本旨,但其没有考虑被保险人的责任确定,只起到了抽象地确定保险人的赔偿责任的意义。且被保险人的责任何时发生,又需要进一步界定。受害人求偿说对保险人而言过于苛刻:被保险人受第三人请求时,纵然该第三人的请求不正当,保险人也应承担保险责任。[25] 双重责任说

---

〔19〕 林群弼:《保险法论》(修订三版),台北,三民书局2011年版,第487页。

〔20〕 江朝国:《保险法逐条释义:第三卷 财产保险》,台北,元照出版公司2015年版,第693页。

〔21〕 邹海林:《责任保险论》,法律出版社1999年版,第190~191页。

〔22〕 陈猷龙:《保险法论》,台北,瑞兴图书股份有限公司2010年版,第320页。

〔23〕 陈云中:《保险学》,台北,五南图书出版公司2013年版,第429页。

〔24〕 吴荣清:《财产保险概要》,台北,三民书局1992年版,第228页。

〔25〕 林群弼:《保险法论》(修订三版),台北,三民书局2011年版,第488页。

与被保险人责任发生说一样，仅能起到抽象地确定保险人责任的作用，还会给被保险人不正当地获取保险金留下漏洞：如果被保险人未对受害人为赔偿，但却欲取得保险人的保险金时，如何处理？赔偿义务履行说由此产生。但是，仅以赔偿义务说作为责任保险中保险事故的发生时间点，将背离责任保险的功能：如果被保险人无力向第三人履行赔偿义务，保险人将不承担保险金给付责任，责任保险保护第三人的功能无法体现。本书认为，责任保险保险事故的发生时间点应采用被保险人责任确定说。被保险人是否应当对第三人承担赔偿责任，不依赖于第三人的赔偿请求，也不依赖于当事人对赔偿责任有无的判断，而取决于法院对第三人的索赔之判决，或经保险人同意的和解。[26] 以被保险人责任确定作为责任保险保险事故的发生时间点，不仅易于认定，[27]且与责任保险制度的目的更相符合。《保险法解释（四）》第18条亦采纳了这一观点，将“被保险人对第三者应负的赔偿责任确定之日”作为商业责任保险诉讼时效的起算点。

（二）被保险人范围的扩大——附加被保险人

附加被保险人，是指与被保险人有一定关系且经被保险人授权同意，使用与责任保险有关的标的物或从事与责任保险有关的事务的人。

投保人订立保险合同，一般是为了移转自己的责任风险。但对于某些营业活动，投保人常需要借助他人之力，如代理人、履行辅助人等。这时若发生赔偿责任，不仅涉及投保人（被保险人），还牵涉被保险人的代理人、履行辅助人等。如果将被保险人的代理人、履行辅助人等都排除在责任保险的保障对象外，将极大地限缩责任保险的功能，且不利于损失赔偿的单纯化。所以，我国台湾地区“保险法”通过扩大被保险人的范围，将被保险人及其辅助人的责任危险，统一由单一的责任保险合同承担。我国台湾地区“保险法”第92条规定：“保险契约系为被保险人所营事业之损失赔偿责任而订立者，被保险人之代理人、管理人或监督人所负之损失赔偿责任，亦享受保险之利益，其契约视同并为第三人之利益而订立。”这里的为营业活动所订立的责任保险合同，同时具有为自己及为他人利益的双重性质。[28] 机动车责任保险合同中，常订有附加被保险人条款：保险人对于附加被保险人，因使用特定标的物而对第三人负有损害赔偿责任时，保险人对该附加被保险人，亦负有保险给付责任。

附加被保险人条款，将被保险人的范围扩大到了与被保险人有密切关系的人，意味着责任保险保障对象相应地扩大，不仅是对附加被保险人和第三人的保护，更是对保护被保险人利益的落实。以机动车责任保险为例，被保险人将投保的机动车借给他人使用，使用人因使用标的物所致损害，被保险人在一定情形下也需要承担责任。附加被保险人条款，对于平息纠纷，便利求偿，真正保护被保险人的利益，具有积极意义。

二、责任保险的保险金给付对象及方式

责任保险的保险事故发生后，基于保险合同的相对性，原则上保险人应直接向被保险人给付保险金。但在特殊情形下，保险人也可以直接向第三人给付。具体分述如下。

---

〔26〕 邹海林：《责任保险论》，法律出版社1999年版，第191页。

〔27〕 江朝国：《保险法逐条释义：第三卷 财产保险》，台北，元照出版公司2015年版，第697页。

〔28〕 叶启洲：《保险法实例研习》，台北，元照出版公司2015年版，第330页。

(一)向被保险人给付

保险责任发生后,若被保险人已向受害第三人承担了全部损害赔偿责任,则保险人应当将保单约定的保险金支付给被保险人。

保险人在向被保险给付保险金时,有相应的审查义务。我国《保险法》第65条第3款规定,在被保险人赔偿第三人的损失前,保险人不得向被保险人给付保险金。该条并不是为了规定责任保险的保险责任发生时间点,而是对保险人向被保险人给付保险金设定的限制。保险人若违反此项义务,直接向未履行赔偿义务的被保险人给付保险金,而使受害第三人因此未获得充分赔偿的,第三人在符合直接请求权的行使要件时,可以直接向保险人请求保险金给付,保险人不能以已向被保险人支付保险金进行抗辩。

(二)向第三人给付

根据我国《保险法》第65条第1、2款的规定,在以下三种情况下,责任保险人可以直接将保险金给付于第三人:[29]

1. 依法直接向第三人给付保险金。若法律明确规定,保险人得直接向第三人给付保险金,保险人无须经任何人请求,在通知被保险人后,直接向第三人给付保险金。保险人依法直接向第三人给付保险金的行为,在其给付的保险金限额内,直接对被保险人产生保险金给付的效果。

2. 依约直接向第三人给付保险金。若责任保险合同中明确约定,保险人可以直接向第三人给付保险金的,保险人在被保险人承担的赔偿责任确定后,得直接向第三人给付保险金,而无须再经被保险人请求或同意。保险人依约直接向第三人给付保险金的行为,在其给付的保险金限额内,直接对被保险人产生保险金给付的效果。

3. 依请求直接向第三人给付保险金。按照请求的主体,又可以将依请求直接向第三人给付保险金这一类型细分为两大类。(1)依被保险人请求,直接向第三人给付保险金。当被保险人对第三人应负的赔偿责任确定后,经被保险人请求,保险人应当将保险金直接给付第三人。(2)依第三人请求,直接向该第三人给付保险金。被保险人对第三人应负的赔偿责任确定,而被保险人怠于向保险人提出请求,且第三人就其应获赔偿部分,在保险金限额内直接向保险人请求赔偿时,保险人应当将保险金直接给付第三人。应特别注意,上述两种依请求直接给付保险金的情形,其大前提都是被保险人与第三人之间的赔偿责任已经确定。小前提都是在一定条件下经请求,保险人才得直接向第三人给付。也就是说,即使在责任已经确定的前提下,保险人并没有径直向第三人为保险金给付的权利。

三、责任保险的责任范围及其限额

(一)责任范围

发生责任保险事故后,保险人应当承担的保险责任范围(coverage)的大小,取决于责任保险合同的约定。若责任保险合同对保险责任范围没有作出明确约定的,除非法律有特别规定,保险人应当承担填补损害的责任。具体来说,保险人承担的责任范围可以分为以下两类。

---

〔29〕 邹海林:《责任保险论》,法律出版社1999年版,第197、198页。

1. 被保险人的赔偿责任

保险人对被保险人依法应负的赔偿责任承担保险责任。被保险人应负的赔偿责任,包括赔偿受害第三人所受的实际损害和所失利益的责任。被保险人承担的赔偿责任须经法院判决,或者经保险人同意而达成的和解确认。根据《保险法解释(四)》第16条的规定,责任保险的被保险人因共同侵权依法承担连带责任时,被保险人承担赔偿责任后,向保险人主张给付保险金时,保险人应在保险限额内向被保险人给付保险金,不得以该连带责任超出被保险人应承担的责任份额为由,拒绝给付保险金。保险人在理赔后可以就超出被保险人责任份额的部分向其他连带责任人追偿。这样规定的理由主要有:(1)责任保险以被保险人对第三者依法应负的赔偿责任为保险标的。连带责任也是一种赔偿责任,属于责任保险的保障范畴,符合立法原意。(2)被保险人以分散对第三人的赔偿责任风险为目的投保责任保险,使自身能从赔偿责任中脱离出来。但是在签订保险合同时保险事故未发生,无法预计未来的责任形式。将连带责任排除在外不符合被保险人的合理期待。(3)有利于第三人及时、有效地获得赔付。在被保险人无清偿能力或怠于承担赔偿责任时,第三人可以向保险人行使直接请求权,节约了第三人的维权成本。(4)追偿权的行使能够使各方利益归于平衡。保险人在承担责任后,在其已经承担的超出被保险人责任份额的范围内可以行使被保险人对其他连带责任人的追偿权,如此便可使赔偿责任归于最终的责任主体。同时,出于经营成本和风险控制的考量,保险人给付保险金要以保险限额为限。

2. 必要费用

我国《保险法》第66条规定,责任保险的被保险人因给第三者造成损害的保险事故而被提起仲裁或者诉讼的,被保险人进行抗辩而产生的仲裁或者诉讼费用,以及其他必要的、合理的费用,原则上由保险人承担。但是该项规定并非强制性规定,可以在保险合同中约定排除。保险合同未作约定的,由保险人承担抗辩费用。保险人应当承担的被保险人因诉讼或仲裁而支付的费用,除了仲裁费用或者诉讼费用,还包括必要的、合理的费用,如因仲裁或诉讼而产生的差旅费、律师费等。

法律之所以未将保险人负担抗辩费用列为一项强制性规定,主要是基于保护保险人利益的考量。在保险实务上,潜在的抗辩费用甚至可能高于约定的保险金。若强制要求保险人负担全部抗辩费用,有时会形成不公平的后果。并且,这可能间接导致保险费大幅提高,从而妨碍全体投保险人利用责任保险分散风险。[30]

(二)赔偿限额

保费与风险呈正相关,保险人通过计算危险发生的概率确定保费。保险人收取一定数额的保费,相应地,其承担的风险也会控制在一定的范围内。在一般的财产合同中,保险人通过"保险价值"确定保险金额。责任保险也需要设定一定的范围,来控制风险。但责任保险的保险标的是被保险人对第三人的赔偿责任,并非具体财产,不存在保险价值。被保险人得预估可能发生的赔偿责任大小,依自己的财务能力,与保险人约定责任保险的赔偿限额。一旦责任保险的保险事故发生,保险人仅须就赔偿限额与损失额(被保险人的赔偿责任额)加以比较,以两

---

〔30〕 叶启洲:《保险法实例研习》,台北,元照出版公司2015年版,第333页。

者中的较低者作为保险理赔金额。[31] 在实务上,责任保险人依照保险单的约定应当给付的赔偿限额,主要有四种形式:

1. 保险期间内累计赔偿限额。即保险人在保险期间内给付保险金的最高限额。保险期间内累计赔偿限额的作用有二:(1)它确定了保险人在保险期间内承担的保险金给付责任的最高限额。保险事故的发生并不必然导致保险合同效力终止。在责任保险合同的有效期内,保险事故可以多次发生,每次保险事故发生后,被保险人都可以请求保险人承担保险金的给付责任,但保险人对于保险期间内所有保险事故所给付的保险金总额,不超过保险期间内累计赔偿限额。(2)它是责任保险效力终止的方式之一。当保险人给付的保险金达到保险期间内累计赔偿限额后,即使在保险的有效期间内,被保险人也无法再获得保险金。该责任保险合同的存在失去了意义,责任保险合同的效力终止。

2. 每次事故的赔偿限额。即保险人对每次保险事故给付保险金的最高限额。在保险期间内,发生任何一次保险事故,保险人以每次事故赔偿限额为限,向被保险人承担责任。若保险单约定有每次事故的赔偿限额,在保险期间内,发生任何一次意外事故造成被保险人应当承担赔偿责任时,保险人以每次事故赔偿限额为限,对被保险人承担保险给付责任。若其后又发生了保险事故,被保险人仍有权以保险单约定的每次事故赔偿限额,请求保险人承担保险责任,先前已经支付的保险赔偿额,保险人在支付本次保险金时,不作考虑。这种约定中,"每次事故"的表述容易产生歧义。为避免争端,保单中通常会对"每次事故"作进一步的约定。

3. 每次事故中每个受害人的赔偿限额。即保险人对每次事故中每个受害人给付保险金的最高限额。在保险期间内,发生任何一次保险事故,不论受害人为一人还是多人,保险人对每一受害人的赔偿限额,以每次事故中每个受害人的赔偿限额为限。同一受害人在不同的保险事故中所受的损害赔偿,不能累计受限。

4. 被保险人的自负额。被保险人的自负额即保险人的免赔额。自负额是固定金额的,保险人仅对超过该固定金额的部分承担保险金给付责任;自负额为比例金额的,自负比例由被保险人承担,保险人按照保险单约定的比例,承担保险金给付责任。被保险人的自负额的作用有:(1)自负额决定了保险人承担保险金给付责任的最低点,限定了保险人的给付责任;(2)由于无法将全部的赔偿责任转移给保险人,自负额有助于督促被保险人履行注意义务,减少保险事故的发生,是控制被保险人道德风险的途径之一。

以上四种赔偿限额,保险人可以在保单中进行约定。如果保单中对四种赔偿限额都进行了约定,则保险人给付保险金的基准点为被保险人的自负额,而最高限额为每次事故每个赔偿限额乘以人数、每次事故的赔偿限额、保险期间内剩余赔偿限额中的最低者。

案例练习

1. 甲对其所有的汽车向保险人乙投保了机动车第三者责任保险(本案中不考虑强制保险),约定保险赔偿限额为50万元,并于保险合同中约定乙享有和解参与权,并承担抗辩义务。某日

[31] 林勋发等:《商事法精论》,台北,今日书局有限公司2005年版,第703页。

甲的儿子丙经甲同意驾驶该车外出，不慎将行人丁撞伤。丁诉请甲、丙二人承担赔偿责任，甲通知乙参加。诉讼中，丁请求对方赔偿45万元，乙坚持仅愿意于32万元范围内同意该和解，最终致和解未达成。后法院判决甲、丙二人赔偿丁55万元。嗣后，乙仅支付50万元保险金给甲，并拒绝支付诉讼费、律师费等抗辩费用，称其所负责任以保险赔偿限额为上限。

问题：

(1)丙驾车造成对第三人的赔偿责任，是否属于机动车第三者责任保险的承保范围？

(2)甲是否有权主张乙赔偿其向丁额外负担的5万元（法院判赔的55万元－50万元保险金）？

(3)甲是否有权主张乙承担诉讼费、律师费？

(4)若甲在未通知乙参加和解的情况下，与丁达成了52万元和解协议。乙是否应当承担保险金给付责任？

2. 王某雇用李某为其工地施工，并向天空保险公司投保了雇主责任保险。保险合同中约定，每次事故每人赔偿限额为5万元，每次事故赔偿限额为20万元，保险期间内累计赔偿限额为40万元。某日，李某在施工过程中，失手将砖块掉落，致路人甲受伤花去15万元。李某看见甲受伤而受到了惊吓，从架子上跌落致腿骨折，花去4万元。且李某刚好砸中了正在工地巡检的雇主王某，致王某颈部扭伤，花去2万元。

问题：

(1)甲在何种情况下，得直接请求天空保险公司向其给付保险金？

(2)王某对于李某受伤所应承担的赔偿责任，是否属于雇主责任保险的保险标的？

(3)对于本次保险事故，天空保险公司共应给付多少保险金？请说明计算方法。

第十四章 信用保险合同、保证保险合同

本章导读

信用(保证)保险合同承保的是债务人的信用风险,它以债权人的债权为保险标的,以债务人不履行债务为保险事故。我国《保险法》区分信用保险合同与保证保险合同,二者的区别主要在于投保人不同。如果是债权人为了保障债权的实现而向保险人投保债务人的信用风险,则称为信用保险合同;如果是债务人为了强化自己的信用而向保险人投保自己的信用风险,则称为保证保险合同。

第一节 信用保险合同

一、信用保险合同概述

(一)信用保险合同的概念及意义

信用保险合同(credit insurance contract),是保险人对第三人(债务人)无法清偿债务而使被保险人(债权人)遭受的利益损失负赔偿责任的一种财产保险合同。信用保险是随着现代商业信用发展而出现的一类新兴保险业务,其以债务人的信用为保险标的。[1] 实务中,一旦信用贷款或者赊购交易的债权人投保了信用险,只要其债务人未按约清偿其合同债务,遭受经济利益损失时,保险人便向债权人提供一定的经济保障。如中国某出口商采用赊销的方式向英国买家出口一批瓷器,并投保了信用险,若该买家逾期未能按时、足额地向中国出口商支付约定的货款,该出口商便可获得保险人的赔偿。在信用保险合同中,投保人和被保险人的身份发生重叠(均是债权人)。通过投保该险种,债权人成功地将其负担的交易风险转移给保险人,大大提高了自身的交易安全和效率。

近年来,企业的信用调查技术尽管已经显著进步,有能力在缔约前对交易相对人的资信能力予以评估和考察,然基于时间和费用的考虑,企业家们往往愿意透过信用保险制度,将此项调查任务交由保险人完成。且信用保险合同原则上适用保险代位制度,能够避免投保人与其债务人恶意串通骗保,有效地防范道德风险的发生。[2]

---

〔1〕 在保险法领域上,“信用”是指一个人的偿债能力。See Bryan A. Garner, *Black's Law Dictionary* (9th edition), Thomson West, 2009, p. 424.

〔2〕 江朝国:《保险法逐条释义:第三卷 财产保险》,台北,元照出版公司2015年版,第968页。

（二）信用保险合同的法律特征

从运行机制上看，信用保险合同与普通的财产保险合同类似，都是一种风险管理手段，都是为经济损失提供一定的补偿。信用保险合同虽然属于广义的财产保险合同，但与一般的财产保险合同相比，仍具有如下特性：

1. 承保的风险是一种信用风险。[3] 现代社会是一个信息社会，信用已经信息化。商业交易的结果是信用信息的转让，而不是黄金或现金转让。[4] 信用保险合同承保的对象就是履约信用风险。就一般的财产保险合同而言，其承保的风险往往是各种自然灾害或意外事故，保险事故能否发生具有客观性，而信用风险的发生则具有高度的主观性，与债务人的资产状况、信用意识、道德水平等因素相关。

2. 投保人是信用交易中的债权人。信用保险合同涉及三方主体：保险人（保证人）、投保人（被保险人和债权人）、被保证人（债务人）。其中，投保人与被保险人身份发生混同，均是借款合同的借款人或者赊销交易的债权人；而债务人尽管不是信用保险合同的当事人，基于承保风险的缘故，与信用保险合同也有着极为密切的联系。

3. 保费计算基础具有独特性。一般的财产保险是以大数法则为基础确定其保险费率，而信用风险因其客观上的原因，无法采用此种标准，必须通过保险人自身的资源，广泛收集和研究各个客户的信息，方能决定是否承保及保费的高低。

4. 保险人身份具有特殊性。信用保险合同承保的风险较大、不确定因素以及所需资金较多，导致其经营难度大（尤其是涉及政治风险领域），并非所有的保险人皆有能力经营此种险种，市场上涉足的多是政府的专门机构或获有政府补贴的保险机构。[5]

5. 仅承保被保险人的部分风险。在信用保险合同中，投保人选择何者为其交易相对人，对保险人而言至关重要。为防止投保人滥用贷款或者赊销制度，保险人常常要求投保人自行承担一部分风险，与其形成利益共同体，借此强化投保人的注意义务以及对交易相对人信用审查的责任。[6]

（三）信用保险合同的起源与发展

现代市场经济是以金融为轴心运转的，商品交换以信用为基础，金融活动的实质就是信用运动。[7] 就经济迅猛发展的中国而言，信用好比一把"双刃剑"，既能扮演经济引擎的角色，同时也暴露了中国当下商业信用体系缺失的窘态。随着商品信用的普遍化和道德危险的频繁发生，保险人与生俱来化解信用风险的卓越功能也逐渐被引入信贷风险防范领域之中，信用保险业务的兴起则将保险的该项功能以制度化和规范化的方式固定下来。透过信用险，从事商品

---

〔3〕所谓信用风险，又可称为违约风险，是指借款人在债务到期时无法偿还本息的可能。参见吴小平、赖清祺主编：《保险英汉词典》（简体版），法律出版社 2014 年版，第 240 页。

〔4〕［美］汤姆·斯托尼尔：《信息财富——简论后工业经济》，吴建民译，中国对外翻译出版社 1987 年版，第 17 页。

〔5〕例如，2001 年 12 月 18 日，由国家出资设立的中国出口信用保险公司，就是作为政策性保险公司专门经营信用保险业务。

〔6〕一般而言，债权人自行承担部分风险的方式主要有两种：一是共保，即在信用保险中约定被保险人需要自行承担损失比例，而且此部分风险亦不得再向其他保险人投保。换言之，被保险人必须自行承担一部分风险，不能将风险全部转嫁出去。二是约定绝对免赔额，即在免赔额以下的损失由被保险人自行承担，超过部分才由保险人承担。参见石慧荣主编：《保险法学》，武汉大学出版社 2009 年版，第 196 页。

〔7〕王立国：《个人信用交易——理论架构与操作要略》，天津社会科学院出版社 2001 年版，第 29 页。

交易的债权人有效地控制了债务人的信用风险,从而保障了其在商品交易活动中的安全和效率。

信用保险制度起源于出口信用保险,因国际贸易风险应运而生,诞生于19世纪末的信用制度发源地欧洲。[8] 起初由一些银行和商人来承担信用风险,直到1850年,法国出现了第一家私人保险公司开始经营商业信用保险,此后美国、英国、澳大利亚等国纷纷进入该领域试水。但是这些公司经营的信用保险业务均不涉及贸易活动中的政治风险。1919年,鉴于东方和中欧诸国的政治局势险恶,英国政府被迫出面成立了出口信用担保局,对其国家的外贸出口实行担保,至此创立了一套完整的信用保险制度,成为政府经营出口信用保险业务的先河。在第一次世界大战以及20世纪30年代初世界性经济危机的冲击下,信用保险市场遭受严重打击,只有极少数实力雄厚的保险公司幸免于难。这些经过大灾大难的企业家们通过总结先前的经验教训,建立起了严密完善的业务管理制度。1934年,四国(英、法、意、西)的私营和国营信用保险机构成立了"国际信贷和投资保险人协会"(又称伯尔尼联盟),标志着信用保险进入国际保险市场。此后,各国的信用保险业务在历经曲折坎坷的路途后逐步进入了稳健发展的阶段。

二、信用保险合同的类型

从我国保险实务来看,信用保险合同一般可分为出口信用保险合同、国内贸易信用保险合同及投资信用保险合同三大类型。[9]

(一)出口信用保险合同

出口信用保险合同,是指以出口信用为标的,为出口商因其债务人不履行清偿义务而提供经济保障的一种财产保险合同。开通此项业务,目的在于扩大出口,保障本国出口商的收汇安全,对我国发展外向型经济起着重要的推动作用。

需要注意的是,出口信用保险是政府直接或间接开办的一项非营利性的政策性保险业务。就法律适用而言,《保险法》上虽未明确规定,鉴于出口信用保险的特殊性,法院在审理此类纠纷时,可以参照适用《保险法》的相关规定;合同另有约定的,从其约定。[10]

(二)国内贸易信用保险合同

国内贸易信用保险合同,又称为一般商业信用保险合同,是指以买受人的信用为标的,为国内出卖人因买受人不履行清偿义务而提供经济保障的一种财产保险合同。开通此项业务,主要是为了促进本国商业信用的发展。目前,常见的国内贸易信用保险合同主要有贷款信用保险合同和消费信用保险合同两大类。

(三)投资信用保险合同

投资信用保险合同,又称为政治风险保险合同,是指为本国投资者在外国投资期间因政治原因而遭受的投资损失提供经济保障的一种财产保险合同。开通此项业务,主要是为了鼓励

---

〔8〕 董玉凤、戴丽主编:《财产保险》,中国金融出版社2014年版,第364页。

〔9〕 也有学者认为,信用保险合同还应包括雇员忠诚保险合同。例如,贾林青:《保险法》,中国人民大学出版社2020年版,第264~265页。

〔10〕 最高人民法院《关于审理出口信用保险合同纠纷案件适用相关法律问题的批复》(法释〔2013〕13号)。

资本输出、保护本国投资者在国外投资的经济安全。[11]

三、信用与保证保险合同的关系

（一）信用保险合同与保证保险合同的联系

信用保险合同与保证保险合同除皆属财产保险合同外，其在颇多方面存有相同或相似之处，具体内容见表 14－1：

表 14－1　信用保险合同与保证保险合同的联系

合同性质	保障对象	保险标的		经营基础	保险事故	保险代位
		都属于履约信用				
都是保险合同	都保障债权人的利益	信用保险：承保债权人的交易相对人的信用风险	保证保险：担保被保证人本身的信用风险	都是以债务人的信用资料为保费的计算基础	都是以债务人未清偿债务以致债权人受损失为保险事故	原则上均适应保险代位制度

（二）信用保险合同与保证保险合同的区别

信用保险合同与保证保险合同毕竟是不同类型的两类保险合同，其在诸多方面存在本质的区别，具体内容见表 14－2：

表 14－2　信用保险合同与保证保险合同的区别

保险合同类型	投保人	承保方式	可能涉及的主体	风险转移	投保关系	投保动机
信用保险合同	债权人	填写保单	保险人（保证人） 债权人（被保险人） 债务人（被保证人）	发生	风险分担	交易安全、信用的事前保障
保证保险合同	债务人或债权人	保证函	保险人（保证人） 债权人（被保险人） 债务人（被保证人） 反担保人	未发生	类似“服务费”	事后救济

第二节　保证保险合同

一、保证保险合同概述

（一）保证保险合同的概念及意义

关于保证保险合同（surety bond contract）的定义和内涵，《保险法》上未作任何界定，学界

---

〔11〕 需要注意的是，我国经营的投资信用保险业务，与国际惯例有所区别，主要是为外国来华投资者承保其因中国的政治风险所造成的投资损失。

和实务界的认识也较为混乱。[12]《保险英汉词典》编者认为,保证保险合同是保险人承保的因被保险人不履行合同约定义务而使权利人遭受损失的财产保险合同。[13] 原保监会认为,保证保险合同是指由作为保证人的保险人为作为被保证人的被保险人向权利人提供担保的一种形式,如果由于被保险人的作为或不作为不履行合同义务,致使权利人遭受经济损失,保险人向被保险人或受益人承担赔偿责任。合同的当事人是债务人和保险人,债权人一般不是合同的当事人。[14] 而我国多数学者则认为,保证保险合同是指债务人不能履行债务或因雇员的欺诈行为给债权人或雇主造成经济损失时,由保险人负赔偿责任的一种财产保险合同。[15]

然而,依据原保监会的复函及《保险英汉词典》的解释,保证保险合同的被保险人是债务人,而非债权人。之所以产生此种情形,是缘于英美法系和大陆法系在保险法主体制度上的差异。前者认为合同主体是保险人和被保险人,被保险人基于合同当事人的地位亦负有交付保费的义务,因为一般而言,投保人是为自己利益而投保以获取保险保障,故投保人就是被保险人;后者则认为合同主体是保险人和投保人,基于保险利益制度,保费交付方与保险赔偿请求权方的身份可以分离,分别归属于不同的人。[16] 原保监会的复函及《保险英汉词典》显然采用了英美法系的观点,但因我国属大陆法系国家,《保险法》的规定应尽量符合大陆法系的惯例,故上述定义值得商榷。

保证保险制度起源于诚实保证保险,诞生于18世纪末商业信用发达的美国。随后在欧洲、日本等国得到迅速发展,至今已建立起国际化的保证保险体系和保险机构,涉及货物买卖、租赁、借贷、工程承包等多个方面的合同领域。[17] 从经济意义上讲,保证保险制度利用投保人所缴纳的保费而形成的社会基金来为不特定债务提供担保,将个人风险部分地转移为社会风险,更好地维护了债权人的利益,同时避免了大量个人资本的冻结和闲置。[18] 从法律意义上看,保证担保制度的内在障碍性(有偿委托保证的缺陷和保证人资力不足等)使其功能的发挥受到桎梏,而保证担保制度与保证保险制度在对特定人的保障与补偿方面倾向一致,因而两个制度的“联姻”,使功能的整合成为可能。[19]

(二)保证保险合同的法律特征

由于保险人在保证保险合同中,实质上扮演着类似保证人的角色,因此保证保险究竟是一

---

〔12〕《保险法》第95条第1款第2项规定:“(二)财产保险业务,包括财产损失保险、责任保险、信用保险、保证保险等保险业务。”据此可知,现行保险法仅对保证保险的性质做出认定,而对合同的主要内容均未做出规定。

〔13〕吴小平、赖清祺主编:《保险英汉词典》(简体版),法律出版社2014年版,第916页。

〔14〕《中国保险监督管理委员会关于保证保险合同纠纷案的复函》(保监法〔1999〕16号)。

〔15〕例如,任自力主编:《保险法学》,清华大学出版社2010年版,第278页;贾林青:《保险法》,中国人民大学出版社2020年版,第265~266页;温世扬主编:《保险法》(第2版),法律出版社2007年版,第259页;傅廷中:《保险法学》,清华大学出版社2015年版,第169页;王静:《保险案件司法观点集成》,法律出版社2015年版,第343页;徐卫东主编:《保险法》,北京大学出版社2010年版,第382页。

〔16〕最高人民法院保险法司法解释起草小组编著:《〈中华人民共和国保险法〉保险合同章条文理解与适用》,中国法制出版社2010年版,第36页。

〔17〕温世扬主编:《保险法》(第2版),法律出版社2007年版,第259页。

〔18〕北京金融法院课题组:《大数据视角下融资性保证保险纠纷司法审判的实证分析》,载《法律适用》2024年第8期。

〔19〕尹田:《中国保险市场的法律调控》,社会科学文献出版社2000年版,第363~368页。

种保证合同,还是保险合同,理论上存在很大争议。[20] 保证保险合同虽然属于广义的财产保险合同,但与一般的财产保险合同相比,仍具有如下特性:

1. 涉及的法律关系具有多重性。保证保险合同的主体有三方:债权人(被保险人)、债务人(被保证人及投保人)、保险人(保证人)。故保证保险合同涉及双重法律关系,一是保险人与投保人(债务人)之间的保险关系,二是保险人与被保险人(债权人)的保证关系。换言之,在保证保险合同中,投保人和被保险人的身份发生分离且均具有二重性。

2. 承保的信用风险具有特殊性。保证保险合同承保的信用风险,是债务人出于主观过错不履行债务的行为致使债权人利益受损的风险。故无论是债务人自愿还是在债权人的要求下投保的保证险,保险人都必须在缔约前严格审查被保证人的资信情况,以决定是否承保。一般来说,审查的对象主要涉及债务人的资金财务状况、信誉情况、经营能力、经营范围等。此外,保证保险合同中还常常存在反担保。[21]

3. 保费具有服务费的性质。保险期内多种风险监控方式以及代位求偿制度的设计,使得违约的债权人承担了最终的信用风险。故从性质上看,保险人收取保费的功能,实际上是向被保证人提供信用支持和保证而收取的“服务费”。其费率的厘定并不是建立在严格的精算基础上,而是更多地考虑了服务成本及合理利润等因素。

4. 保险责任具有连带性。在保证保险合同中,债务人往往是应债权人的要求投保,以保险的形式为其债权的实现提供保障。只有在投保人不能履行义务时,保险人才负有补充连带责任。保险人赔付后,便获得债权人转让的能够向债务人行使的追偿权利。故债权人的交易风险并未发生完全移转,只是附条件地使保险人承担补充连带责任。

(三)保证保险合同与保证合同的区别

保证保险合同与保证合同虽然类似,但二者存在显著的区别:

1. 保证合同是担保合同的一种,保证保险合同是保险合同的一种,二者在性质上截然不同,前者适用《民法典》,后者适用《保险法》。

2. 保证合同的双方当事人为债权人和保证人,债务人并非保证合同的当事人;[22] 保证保险合同的双方当事人为债务人和保险人,债权人只是该保险的被保险人。

3. 保证合同中的保证人资格原则上无限制,既可以是自然人,也可以是法人;保证保险合同中的保险人是依法取得相应资格的保险业者。

---

〔20〕 保证保险作为“舶来品”,其性质之争在学界和实务界一直未曾停止过。有的认为它是一种保险合同,如汪治平:《分期付款购车保证保险法律问题研讨会综述》,载《法律适用》2002 年第 7 期。有的认为它是一种保证合同,如梁慧星:《保证保险合同纠纷案件的法律适用》,载《人民法院报》2006 年 3 月 1 日;袁宗蔚:《保险学——危险与保险》,首都经济贸易大学出版社 2000 年版,第 622 页。还有的认为它具有保险和担保双重性质,如王颖琼等:《保证保险二元性思辨及其法律适用》,载万鄂湘主编:《商行为法律理论与适用》,人民法院出版社 2005 年版,第 283 ~ 298 页。本书认为,从保证保险合同的独立性以及其具备保险的要素(如危险、补偿需要、有偿性、团体性、独立的法律上请求权等)来看,其保险性质是毋庸置疑的。

〔21〕 为了保障保险代位权的正常行使,保险人往往要求被保证人投保时提供反担保。所谓反担保,是指为保障保证人将来在承担保证责任后对债务人的追偿权得以实现而设定的担保。

〔22〕 《民法典》第 681 条规定:“保证合同是为保障债权的实现,保证人和债权人约定,当债务人不履行到期债务或者发生当事人约定的情形时,保证人履行债务或者承担责任的合同。”

4. 保证合同具有从属性,主合同无效,保证合同原则上也归于无效;[23]保证保险合同属于独立的合同。

5. 保证合同属于单务、无偿合同,保证人承担保证责任并未取得对价;保证保险合同属于双务、有偿合同,保险人的义务是提供保险保障,其权利是收取保费。

6. 在保证合同中,保证方式有一般保证与连带责任保证之分,[24]而在保证保险合同中,并不存在此区分。

7. 保证合同存在保证期间规则,[25]保证保险合同不适用该规则。

二、保证保险合同的类型

英美法系国家的保证业务范围广泛而发达,如美国的保险保证业务就可分为:与建筑相关的保证保险(包括投标保证保险、履约保证保险、付款保证保险)、诚实保证保险、公务员保证保险、执照以及许可证保证保险,涉及了公法与私法两大领域。[26] 从我国保险实务来看,保证保险合同可分为确实保证保险和雇员忠诚保险两大类。

(一)确实保证保险合同

确实保证保险合同,是投保人不履行义务而使被保险人遭受损失时,由保险人负赔偿责任的一种保证保险合同。其中,确实保证保险合同的投保人即被保证人(债务人),被保险人即被保证人的相对人(债权人)。在性质上,确实保证保险合同属于为第三人利益而订立的合同。

确实保证保险合同的种类繁多,大致可概括为以下五类:合同保证保险、司法保证保险、许可证保证保险、存款保证保险、贷款保证保险。

(二)雇员忠诚保险合同

雇员忠诚保险合同,又称为诚实保证保险合同,是因雇员不诚实行为而使被保险人遭受损失时,由保险人负赔偿责任的一种保险保证合同。其中,雇员忠诚保险合同的雇员为被保证人,雇主为被保险人,而雇主和雇员均可成为投保人,独立负担交付保费的义务。按照承保方式的不同,雇员忠诚保险合同可分为三类:业务保证保险、职位保证保险、总括保证保险。

雇员忠诚险只承保雇员所为的与其职务相关的行为所造成的经济损失风险,其责任范围包括员工因盗窃、抢劫、欺诈、侵占、贪污、非法挪用、隐匿、伪造或者其他不法行为所使被保险人遭受经济利益损失的行为。

三、保证保险合同的主要内容

由于上述两大类保证保险在基本原理、基本规则上较为类似,本书将以贷款保证保险和雇

---

〔23〕《民法典》第682条第1款规定:“保证合同是主债权债务合同的从合同。主债权债务合同无效的,保证合同无效,但是法律另有规定的除外。”

〔24〕《民法典》第686条第1款规定:“保证的方式包括一般保证和连带责任保证。”

〔25〕《民法典》第692条规定:“保证期间是确定保证人承担保证责任的期间,不发生中止、中断和延长。债权人与保证人可以约定保证期间,但是约定的保证期间早于主债务履行期限或者与主债务履行期限同时届满的,视为没有约定;没有约定或者约定不明确的,保证期间为主债务履行期限届满之日起六个月。债权人与债务人对主债务履行期限没有约定或者约定不明确的,保证期间自债权人请求债务人履行债务的宽限期届满之日起计算。”

〔26〕[美]约翰·F.道宾:《美国保险法》(第4版),梁鹏译,法律出版社2003年版,第305~316页。

员忠诚保险合同为例阐述保证保险合同的主要内容和效力。

(一)贷款保证保险合同

1. 贷款保证保险合同的主要内容

(1)当事人及关系人。在贷款保证保险合同中,借款人为投保人,贷款人为被保险人。

(2)保险责任。当借款人违反借款合同的约定不履行还本付息义务时,贷款人作为被保险人有权要求保险赔偿。不过,值得注意的是,并非一旦借款人出现违约行为,保险人就应赔偿保险金。实务中,贷款保证保险合同通常都会约定"等待期"条款,也即借款人违约到达一定期限的,才认定为发生保险事故。例如,中国人民财产保险股份有限公司《高新技术企业小额贷款保证保险条款》第4条规定:"在保险期间内,投保人连续三个月完全未履行与被保险人签订的《借款合同》中约定的还款义务,即为保险事故发生。"

(3)除外责任。贷款保证保险的除外责任,立法中并无明文规定,通常是由保险人与投保人在保险合同中自行约定。在实务中,保险合同常常约定下列情形属于贷款保证保险的除外责任:其一,投保人与被保险人订立的《借款合同》被依法认定无效或被撤销的;其二,投保人与被保险人采用欺诈、串通等恶意手段订立《借款合同》的;其三,被保险人违反《商业银行法》和《贷款通则》等有关规定未对投保人进行资信调查或未按规定程序进行贷款审批的;其四,投保人与被保险人对原借款合同及附件内容进行修改,事先未征得保险人书面同意的。

(4)保险金额。贷款保证保险的保险金额通常是借款合同中约定的本金和利息之和,一般不包括罚息、违约金、逾期利息、损害赔偿金。但实务中也存在保险金额限于贷款本金,而不包括任何利息的。

(5)保险期间。保险期间由当事人自行约定,一般与借款合同约定的贷款期间相同。

(6)代位求偿。在贷款保证保险合同中,通常都会约定保险人的代位求偿权,也即保险人向被保险人(贷款人)赔偿保险金后,有权代位行使贷款人对借款人的权利。当然,即便贷款保证保险合同没有约定,根据《保险法》的规定,保险人也是享有代位求偿权的。

2. 贷款保证保险合同的效力

贷款保证保险合同的效力与一般的财产保险合同类似,但也有一些特殊性。

(1)投保人解除权的限制。根据《保险法》第15条的规定,保险合同成立后,原则上投保人有权随时解除保险合同,也即退保。但就贷款保证保险而言,如果允许投保人随时解除保险合同并不妥当。这是因为此种保险在很大程度上是为了维护贷款人的利益,保障其债权的实现,贷款人之所以愿意向借款人发放贷款,也是由于存在保险保障,如果允许投保人随时解除保险合同无疑会损害被保险人也即贷款人的合法权益。有鉴于此,在贷款保证保险合同中,除非被保险人同意,否则投保人无权解除保险合同。在实务中,绝大多数保险公司在贷款保证保险条款中也明确规定投保人无任意解除权。例如,中国人民财产保险股份有限公司《高新技术企业小额贷款保证保险条款》第37条规定:"在保险期间内,未还清贷款前,投保人不得解除保险合同。"

(2)"故意不赔"规则的排除适用。根据《保险法》第27条的规定,投保人故意制造保险事故的,保险人有权解除合同,且不承担赔偿保险金的责任。但就贷款保证保险而言,并不能适用该规则。在贷款保证保险中,保险事故为借款人未按照借款合同的约定还本付息,也即借款人的违约,而借款人就其违约行为在主观上既可能是故意,也可能是过失,还可能是无过失。

换言之,只要借款人未按照借款合同的约定还本付息,无论其主观上是故意、过失还是无过失,均属于保险事故,保险人均应向被保险人赔偿保险金。

(3)保险合同与借款合同的关系。实务中容易引发争议的一个问题是,贷款人已经向借款人发放贷款,后借款合同被法院确认为无效,借款人应将取得的贷款返还给贷款人,但借款人已无力偿还,此时保险人是否应向贷款人赔偿保险金?对此问题,本书认为,贷款保证保险是就借款人按期返本付息提供保险保障,如果借款合同无效,那么该保险也就失去了保障的对象,保险合同的目的也就落空了,在此情况下,应解除保险合同,保险人无须承担保险责任。当然,若当事人在贷款保证保险合同中对此进行了特别约定,自然应遵从合同的约定。

(4)保险合同与担保合同的关系。实务中存在这样一种现象,某银行与某企业签订借款合同,为了保障银行债权的实现,不仅该企业与保险公司签订了贷款保证保险合同,第三人还与银行签订了贷款抵押合同。在这种情况下,如果该企业到期不能还本付息,那么银行究竟应向保险人主张保险赔偿,还是应向第三人主张其担保责任呢?对此问题,本书认为,无论是贷款保证保险,还是贷款抵押,均是对银行的债权提供保障,如果借款人不履行还本付息义务,银行有权选择向保险人或者向担保人主张权利。司法实务中,法院也是持这一观点的。例如,在上诉人中国太平洋财产保险股份有限公司龙岩中心支公司与被上诉人中国银行股份有限公司长汀支行保证保险合同纠纷一案中,法院在判决书中指出,"本案中借款人为其向银行贷款既提供了房产抵押担保,又投保了还贷保证保险。2009 年修订的《保险法》明确将保证保险作为财产保险的险种之一,从立法上明确了保证保险的保险性质。对于保险人而言,其所承保的风险就是债务人不履行合同义务的风险,其是否给付保险金,关键就在于合同约定的保险责任范围之内的保险事故是否发生,以及有无免责情形。当保险事故发生即借款人连续三个月未还贷时,被上诉人一方面作为抵押权人享有抵押物的处置权,另一方面作为保证保险的受益人又享有保险赔偿金的请求权。在两种权利并存且保证保险合同没有特别约定的情况下,被上诉人有权选择直接根据保险合同的约定向上诉人要求赔付保险金。因此,上诉人关于被上诉人应当先行处理基础法律关系中的抵押物的抗辩不能成立"。〔27〕

(二)雇员忠诚保险合同的主要内容

1. 雇员的确定方式

由于雇员忠诚险承保的是雇员的信用风险,因此在保险合同中必须明确记载雇员的姓名、职务或其他能够认定雇员的方式。在实务中,主要有三种方式确定雇员的范围:(1)指名保险,即在保险合同中明确记载雇员的姓名等信息。(2)职位保险,即在保险合同中不记载雇员的姓名,而是记载相应的职位,无论何人担任该职位,均属于保险人的承保范围。(3)总括保险,即以雇主所有的正式雇员为保险对象。

2. 保险责任

雇员忠诚保险合同的保险事故为雇员的不诚实行为,若雇员的不诚实行为给雇主造成经济损失,保险人应向雇主赔偿保险金。至于何为不诚实行为,应以保险合同的约定为准。一般认为,不诚实行为是雇员违反对雇主的忠实义务的行为,主要表现为盗窃、贪污、非法挪用、侵占等不法行为。通说认为,雇员的不诚实行为均为故意的不法侵害雇主利益的行为,若雇员因

---

〔27〕 福建省龙岩市中级人民法院民事判决书,(2013)岩民终字第 899 号。

过失行为导致雇主遭受经济损失的，并非雇员忠诚信用保险的承保范围。

3. 除外责任

雇员忠诚保险合同的除外责任，立法中并无明文规定，通常是由保险人与投保人在保险合同中自行约定。在实务中，保险合同常常约定下列情形属于雇员忠诚信用保险的除外责任：(1)雇员不具备国家有关规定对其从事的工作岗位或担任的职务所要求的执业资质；(2)雇员从事的工作岗位或担任的职务与保险合同载明的内容不符；(3)雇员与被保险人的劳动合同中断、失效或无效；(4)雇员从事的与本身职务无关的行为所致被保险人的损失。

4. 保险期间

雇员忠诚保险合同均会载明保险期间的起讫时间，若雇员的不诚实行为发生在保险期间开始之前，即便该行为在保险期间内被发现，保险人也无须承担赔偿责任；反之，若雇员的不诚实行为发生在保险期间内，但该行为在保险期间结束后才被发现，保险人仍然应承担赔偿责任。[28]

不过，毫无限制地将所有发生于保险期间内的不诚实行为所造成的损失，均要求保险人赔偿，在保险实务上极易发生保险责任迟迟无法确定，保险人将难以理算损失的不当结果(保险学理上俗称“长尾巴”现象)。[29] 为避免此种现象，雇员忠诚保险合同中常常有“损失发现期间”的约定，例如，有的保险合同中约定“雇员的不诚实行为虽然发生在保险期间内，但保险期间届满六个月后被发现的，保险人不负责赔偿”。

5. 代位求偿

在雇员忠诚保险合同中，通常都会约定保险人的代位求偿权，即保险人向被保险人赔偿保险金后，有权代位行使雇主对雇员的权利。当然，即便雇员忠诚信用保险合同没有约定，根据《保险法》的相应规定，保险人也是享有代位求偿权的。

需要注意的是，实务中出现了保险人基于实施犯罪的人是劳务派遣公司派遣的员工而向劳务派遣公司主张代位求偿权的案例。[30] 保险人之所以理赔，是基于被保险人正式员工的不诚实行为，而劳务派遣公司派遣的员工与被保险人之间并不存在劳动合同关系，因此，保险人不得向派遣公司进行追偿。

案例练习

2010年12月7日，赖某向中国银行某支行(以下简称银行)借款人民币60万元，并用其自有的一套房屋为上述借款提供抵押担保(已签订抵押合同，并办理抵押登记)。同时，赖某向太平洋财产保险股份有限公司某支行(以下简称保险公司)投保了还贷保证保险，保险金额60万元。

---

〔28〕 例如，某公司为会计王某投保了雇员忠诚信用保险，保险期间为2015年1月1日至12月31日。2015年6月王某挪用公司现金50万元，但直到2016年3月1日公司才发现王某的不法行为。在这种情况下，保险人仍然应向公司赔偿保险金。

〔29〕 叶启洲：《保险法实例研习》，台北，元照出版公司2013年版，第376页。

〔30〕 江苏省苏州市中级人民法院民事判决书，(2014)苏中商终字第00584号，载贾林青：《法院审理保险案件观点集成》，中国法制出版社2015年版，第392~397页。

保险合同中约定:赖某为投保人,银行为被保险人;投保人在保险期间内因遭受意外伤害事故致身故或一级伤残,造成连续三个月未履行借款合同约定的还款责任的,保险公司负责赔偿意外伤害事故发生之时借款合同项下贷款本金余额。保险合同还约定:投保人酒后驾车遭受伤害导致伤残或死亡的,保险公司不负责赔偿。2012 年 5 月 7 日,赖某因酒后驾车在高速公路上撞上护栏身受重伤(经鉴定为一级伤残)。事故发生后,赖某便再未向银行还款。2013 年 8 月 1 日,银行诉至法院要求保险公司赔偿保险金。保险公司抗辩称:其一,银行借款存在抵押担保,银行应先行使抵押权,再向保险公司主张权利;其二,赖某因酒后驾车遭受伤害,属于保险合同约定的免责事由,保险公司无须赔偿保险金;其三,赖某与保险公司之间的还贷保证保险合同其实是一种保证合同,应当适用《担保法》关于保证期间的相关规定,银行起诉时已经超过了保证期间,保险公司作为保证人不再承担保证责任。

问题:试析保险公司的三点抗辩理由是否成立。

第十五章　再保险合同

本章导读

再保险合同属于特殊的责任保险合同。再保险通常包括临时再保险、合约再保险和预约再保险等形态，双方当事人可根据再保险的具体类型，约定合同的主要条款，并依合同约定各自享有权利、承担义务。再保险合同与原保险合同既有联系，又有区别，二者在法律上是相互独立的合同。

第一节　再保险合同概述

一、再保险合同的概念

（一）再保险合同的定义

在保险实务中，如果原保险人承保的直接保险金额较大，保险责任过重或危险过于集中，或者属于法律规定必须分保的情形，原保险人就得与再保险人订立再保险合同，向再保险人缴付再保险费，原保险事故发生后，原保险人可请求再保险赔偿，以减轻其所承担的原保险赔付责任，此即为再保险。所谓再保险，是指保险人将其承担的直接保险业务或原始保险责任以分保形式转移给其他保险人的行为。[1] 再保险以原保险的存在为前提，故又称“分保险”，或“第二次保险”，亦称“保险的保险”。再保险合同（reinsurance contract），又可称为“分保合同”“第二次保险合同”，是原保险合同的对称，指保险人将其承担的保险责任转移给其他保险人而订立的保险合同。

由于在再保险的保险标的问题上存在争议，加上当代再保险业务的不断创新，各国法律对再保险的界定存在差异。在保险法理论上，再保险的概念有广义与狭义之别。广义的再保险，是原保险人将原保险合同的任何保险赔偿责任转移给再保险人，再保险人承诺按照再保险合同约定的保险金额，赔偿原保险人的损失。广义的再保险因此可进一步区分为全部再保险和部分再保险。而狭义的再保险，是指保险人仅将其所承担的部分保险责任转移给其他保险人，再保险人则对原保险人所转让的该部分的保险责任承担赔偿责任。依狭义的再保险说，原保

〔1〕 根据晚近以来国际再保险的理论研究和实践，再保险的定义应当涵盖诸多因素。学界多认为，从法律角度统一定义再保险是十分困难的，国际范围内通说对再保险的界定亦不够科学严谨。参见樊启荣：《保险法诸问题与新展望》，北京大学出版社 2015 年版，第 503 ~ 504 页。

险人不得将全部保险责任转移,必须保留部分原保险风险责任。我国《保险法》第 28 条第 1 款规定:“保险人将其承担的保险业务,以分保形式部分转移给其他保险人的,为再保险。”由此可见,我国立法采狭义再保险说,保险人只能以其承保的部分原保险责任与其他保险人订立再保险合同。现行立法排除了通过再保险合同转移全部原保险责任的可能性。

再保险合同法律关系的当事人,包括原保险人(original insurer)与再保险人(reinsurer)。其中,原保险人,即再保险合同的投保人和被保险人,是将其所承担的保险责任分出的一方,又称“再保险分出人”;再保险人是与原保险人订立再保险合同,接受原保险人所分出的保险责任的其他保险人,又称“再保险接受人”。因保险法将保险人的主体资格限制为依法设立的保险公司,故保险业惯例中多使用“分出公司”(ceding company)与“分入公司”(ceded company)的称谓。

再保险合同的内容是关于再保险双方当事人的权利和义务的约定。原保险人将其所承保的保险责任风险分出给再保险人,并向其支付约定的再保险费。再保险人则承诺,在原保险人发生保险赔付时,按照再保险合同的约定,向原保险人赔付再保险金额。原保险人分出的保险责任,可以是其在特定业务中的保险责任,也可以是其在约定时期或约定范围内的全部承保业务的保险责任。

再保险人承担再保险责任后,同样可以再次进行风险转移。再保险人将其接受的再保险业务又转移给其他再保险人的行为,称为“转分保”或“再再保险”。在再再保险合同法律关系中,再保险人是再保险的投保人一方,又称“转分保分出人”;接受转分保的其他再保险人则为再保险的保险人一方,又称“转分保接受人”。再再保险合同双方当事人的权利义务与原保险双方当事人、再保险双方当事人一样,投保人一方有义务向保险人支付保险费,保险人一方则承担保险合同约定范围内的保险责任。

(二)再保险合同与相关概念的区别

1. 再保险合同与共同保险合同的区别

共同保险合同,是指两个或两个以上的保险人在同一保险期间内共同对投保人的同一标的、同一保险利益承担保险责任的保险合同。共同保险合同约定的保险金额不超过保险标的的价值。在保险损失发生时,各保险人按约定的保险金额比例分摊损失。

再保险合同和共同保险合同,都具有分散风险、减轻保险责任、扩大承保能力、稳定保险业经营的功用。但二者又存在明显的区别:(1)再保险合同的承保人一方为某一个特定的保险人;而共同保险合同的承保人是两个或两个以上的保险人。(2)再保险合同以原保险人分出的原保险责任为保险标的,是“保险的保险”,属于风险的第二次分散、纵向的分散;而共同保险合同是投保人以一个保险标的同时向数个保险人直接投保,属于原保险性质,是风险的第一次分散、横向的分散。[2]

2. 再保险合同与复保险合同的区别

复保险合同,是指投保人对同一保险标的、同一保险利益、同一保险事故分别与两个或两个以上的保险人订立的保险合同。复保险和再保险的区别比较明显:(1)再保险形成的是单一保险合同关系;而复保险形成数个保险合同关系。(2)原保险人投保再保险的目的是分散其所

〔2〕 袁宗蔚:《保险学——危险与保险》,首都经济贸易大学出版社 2000 年版,第 316 页。

承担的原保险责任风险，保证原保险人的财务稳定性；复保险投保人的主观意图有善意与恶意之分，通常会对重复保险合同的效力产生影响。(3)再保险可能存在超额约定的情况；复保险的保险金额的总和超过保险价值，但是依据法律规定，超过的部分无效。如我国《保险法》第56条第2款规定，复保险各保险人赔偿金的总和不得超过保险价值。除合同另有约定外，各保险人按照其保险金额与保险金额总和的比例承担赔偿保险金的责任。

二、再保险合同的性质

从外观上看，再保险合同是原保险人和再保险人形成合意，原保险人将其保险业务分出，再保险人承诺对该部分业务承担赔偿责任。分出全部原保险业务的，再保险人赔偿原保险人的全部损失；而分出部分原保险业务的，原保险标的损失的赔偿责任似乎是由再保险人与原保险人共同承担的。此外，原保险合同通常是先于再保险合同订立的；但在现代海上保险实务中，也出现了原保险人在得到全额再保险的安排后才开始承揽直接保险业务的实例。由于现代再保险合同类型和运作方式的多样化，理论界对再保险转移和分散的风险责任是什么，再保险合同属于何种性质的合同，提出了很多不同看法。

(一)非保险合同说

非保险合同说认为，再保险合同实质上不属于保险合同性质。但是，关于再保险合同具体属于何种性质的合同，该说又存在诸种不同的解释。

1. 合伙合同说

合伙合同说认为保险合同是原保险人与再保险人以分担危险为共同目的之合伙合同。该说认为，从经济功能分析，原保险人和再保险人危险分担、各得其利，与合伙人之间的共享收益、共担风险的关系相似；从合同内容来看，原保险合同人对被保险人承担保险金给付责任，与合伙人对债权人承担履行合同之责相类似；从责任分摊观察，再保险合同双方当事人约定分担保险责任，与合伙人按合同约定比例或约定的出资比例分担合伙债务相似。[3] 大陆法系国家(地区)的早期判例多采此说。

就合伙关系而言，全体合伙人之间存在共同出资、共同经营、共享收益、共担风险的协议这一基础。再保险合同的双方当事人似乎也共享收益、共担风险，但并不存在共同出资设立、共同经营一个经济组织的意思表示。同时，再保险人与原保险人之间也不存在类似合伙人之间的无限连带责任。

2. 委托代理合同说

委托代理合同说认为再保险关系是再保险人受原保险人的委托，为处理原保险人的危险承担等事务而成立的合同。英美法系国家早期的判例多认为，成数再保险合同就属于委托代理合同。[4]

就再保险合同关系而言，原保险人在保险事故发生后应理赔，然后有权就原保险金的损失向再保险人主张再保险赔偿，但再保险人不会代理原保险人向原保险的投保人主张交付保险

---

[3] 袁宗蔚：《再保险论》，台北，三民书局1972年版，第12页。

[4] 江朝国：《保险法规汇编》，台北，元照出版公司2002年版，第70页；郑云瑞：《再保险法》，中国人民公安大学出版社2004年版，第51页。

费请求权,一般也无须直接应对被保险人的索赔请求。这与代理人以被代理人的名义与第三人发生交易行为的情形显然不同。

3. 保证合同说

保证合同说认为再保险合同具有从属性,依附于原保险合同而存在,再保险人的地位类似于主合同债务人的保证人。

在部分再保险合同中,原保险人赔付再保险合同约定范围的自负额部分,再保险人赔付再保险合同约定范围的分保额部分。若原保险人对被保险人未有实际赔付或者拒绝赔付,则原保险人实际上并未发生损失,再保险人承担再保险赔付责任的前提条件,即再保险合同约定的事故发生,其实并不具备,再保险人有权拒绝履行赔付再保险金义务。当然,原保险合同的被保险人无权要求再保险人代替原保险人向自己赔付原保险人自留额部分保险金。就保证合同说来讲,债务人不履行或不能履行主合同债务时,债权人方可要求债务人的保证人承担保证责任,这与再保险的情形不符。

4. 债务转让说

债务转让说认为原保险人将其对原被保险人的权利义务转移给再保险人,即发生了合同主体的变更。再保险合同属于债务转让性质。

比例再保险或许与债务部分转让有相似之处,但在溢额再保险合同、超额赔款再保险合同中,原保险人应承担自留额以内的原保险责任,再保险人只有在原保险人赔偿或给付保险金超出再保险合同约定的原保险人自留额时,才承担溢额部分的赔偿责任。这种情形根本无法用债权转让理论来解释。

(二)保险合同说

目前,学界通常将再保险合同的性质定性为保险合同,其主要观点可从以下方面阐明:(1)从再保险合同的主体考察,再保险合同的主体是原保险人和再保险人,原保险合同的投保人并非再保险合同的当事人。可见,再保险合同独立于原保险合同。(2)从再保险合同的内容考察,原保险人给付保险费,再保险人对原保险人依原保险合同赔偿或给付保险金的损失承担再保险的赔偿责任。这与一般保险合同的损失补偿和双方当事人的权利义务相符。(3)从再保险合同的特征考察,一旦原保险人按照原保险合同约定进行赔付,造成给付保险金的损失,再保险合同约定的保险事故造成的损失即发生,再保险人就应依再保险合同的约定承担赔付责任。若原保险人并未实际履行赔偿或给付保险金的义务,则再保险合同被保险人并未发生损失,再保险人有权收取保险费,但无须承担赔偿责任。由上述情形可见,再保险合同完全满足一般保险合同之射幸性、双务性、损失补偿等特征。因此,再保险合同的法律性质应为保险合同,已成为法学界的共识。晚近以来,该说也得到英美法系判例的支持。[5] 但是,对于再保险合同属于何种性质的保险合同,学说上还存在颇多争论。代表性观点如下:

1. 原保险合同说,又称继承说、同种保险合同说。该说认为,原保险合同是再保险合同的基础,再保险合同系对原保险合同的继承,故再保险的性质与原保险合同的性质相同,二者的

---

〔5〕 1807 年,英国法官曼斯菲尔德爵士(Lord Mansfield)在 *Delver v. Barnes* 的判决中,首次将再保险合同界定为"为了补偿原协议的保险人而设立的一个新的保险的保单,其与原保险的风险相同,与原保险同时存在"。这一表述成为英国法上的经典定义。

保险标的具有同一性。原保险合同为财产保险合同的,再保险同为财产保险合同;原保险合同为人身保险合同的,再保险亦为人身保险合同。英美法系国家判例多持此说。[6] 正因为如此,英国保险立法就不存在关于再保险的专门规定。

2. 财产损失保险合同说认为,再保险合同属于财产损失保险合同。再保险是用于填补被保险人(即原保险人)因承担原保险合同的损害补偿责任或给付保险金责任而受有的损失。这就意味着,原保险人向被保险人进行了实际赔付的,原保险人才发生了财产损失,再保险人才应按照再保险合同的约定,向原保险人承担再保险赔付责任。

3. 责任保险合同说认为,再保险合同的标的是原保险人分出的保险责任。保险责任本身是非物质性的,再保险填补的是原保险人依原保险合同所承担的赔偿责任或给付保险金责任所致损失,而非原保险合同约定的保险事故发生使原保险合同标的遭受到的损失。无论财产保险或人身保险,原保险人均对被保险人负有保险标的损失补偿责任,以填补此种责任为目的的再保险合同,当属责任保险合同范畴。《德国商法典》第779条即采此说。[7]

4. 新型保险合同说认为,再保险的实质内容是以原保险的内容为基础的,在相当程度上,可以准用与原保险相同的规定。例如,原保险为火灾保险或责任保险,再保险可以准用火灾保险或责任保险的规定;但是,对于再保险合同本身,则应当适用保险法通则和再保险的专门规定。再保险合同与一般保险合同存在不同之处,应为独立的新型保险合同。[8]

目前,法学界普遍认为,再保险合同的性质应属责任保险合同。有的国家就明确规定,再保险合同可以适用责任保险合同的相应条款。例如,《韩国商法典》第726条即明确规定,有关责任保险合同的规定,准用于再保险合同。

再保险合同属于责任保险合同的主张,似乎也得到了我国现行立法的支持。虽然,《保险法》在第二章"保险合同"之"一般规定"部分仅设了两个再保险合同的相关条款,并未言明保险合同的性质,但从《保险法》第28条考察,可以得出以下几点结论:原保险合同是再保险合同存在的基础;法律对"以分保形式部分转移"的保险业务类型并无限制;再保险是对原保险责任的风险转移。由是可进一步推知:一切原保险的保险责任风险皆可转移至再保险之中。因此,再保险合同当属责任保险合同无疑。

应当承认,再保险合同与一般的责任保险合同之间也还存在某些差异:(1)责任保险的标的,即《保险法》第65条第4款所称之"被保险人对第三者依法应负的赔偿责任",根据民法的基本原理,就应当包括侵权责任和合同责任在内;而再保险合同的标的,只能是再保险合同的投保人或被保险人(原保险人)对原保险合同被保险人的合同责任。(2)责任保险的保险事故,是被保险人致人损害;再保险的保险事故,则为原保险事故发生致被保险标的遭受损失,原保险人因依原保险合同约定给予赔偿或给付保险金而受有损失。(3)在责任保险中,保险赔偿需

---

〔6〕参见前注 *Delver v. Barnes*(1807)案,*Glasgow Assurance Corporation*(*Liquidators*)*v. Welsh Insurance Corporation*(1914)案、*Forsikringsaktiesel National of Copenhagen v. Attorney General*(1924)案等,参见郑云瑞:《再保险合同的性质及其条款研究》,载《政治与法律》2004年第4期。

〔7〕有学者认为,该条采"原保险合同说",参见胡炳志:《再保险》(第二版),中国金融出版社2006年版,第30页。然而《德国商法典》该条列举了海上保险的十项具体标的,将"保险人承担的风险(再保险)"与"船舶"、"运费"、"货物"诸项并列,可见再保险标的实为原保险人的保险责任,与原保险标的并不相同。

〔8〕桂裕:《再保险实务研究》,台北,三民书局1969年版,第69页。

要满足两个前提条件:被保险人对第三人依法负有赔偿责任,且被保险人提出了赔偿请求;而在再保险中,仅强调原保险人负有保险赔偿责任。(4)责任保险的保险人可以直接向受到损害的第三人赔偿保险金;[9]而再保险人只能向原保险人赔偿保险金。从广义责任保险的保险利益而论,责任保险与再保险的保险利益皆为“消极的保险利益”,因而也可以将再保险归入广义的责任保险范畴。[10] 但是,再保险的损失填补责任受原保险合同的内容及条件的限制,故而有学者将再保险称为“有条件的责任保险”。[11]

综上所述,结合我国保险法的立法宗旨、基本原则与保险法的基本原理,再保险合同的性质,应认定为一种特殊的合同责任保险合同。

三、再保险合同的作用

再保险是基于原保险人分散承保风险的需要而产生的,是原保险的延续。19世纪中叶以后,商品经济迅猛发展,巨额保险标的和风险高度集中的情况越来越普遍,再保险的市场需求日益增强。再保险行业得以迅速发展。保险人之间通过订立再保险合同,使承保风险分散的方式趋于规范、稳定,保险业经营渐臻稳健、活跃。晚近以来,再保险的经营范围从国内同业间扩展至国际同业间,再保险经营技术也更加健全,再保险合同制度也取得了长足进步。在此背景下,再保险合同的广泛应用,更进一步推动了再保险业的专业化与国际化,反过来又支持了原保险业务的发展,甚至出现了某些原保险业务需事先谈妥再保险协议才能开展的情况。再保险不仅在现代保险经营中的地位与作用越来越重要,而且也逐渐成为当代国际经济的重要组成部分。再保险在分散风险、提升承保能力和促进保险业健康发展等方面具有独特功用。

(一)分散风险,消化损失

正如保险法谚所云,“无危险则无保险”。保险是运用概率论去集中危险、分散危险,从而实现对被保险人的经济补偿的特殊商行为。根据“大数法则”,保险人承保相当数量的、同质性的保险标的,可使该类保险标的的特定事故概率值处于相对较低的水平。当保险人所承保的少量保险标的因灾受损时,保险人得从保险费总收入中,依相关发灾保险合同的约定,提取一定数量的保险金赔偿或给付给被保险人或受益人。其实质,即学者所谓的“保险之旨趣,乃根据危险分散之法则,将集中于少数人之危险,由多数人分担其损失”[12]。

再保险是“保险的保险”,原保险人所承担的保险责任风险即为再保险合同中的“危险”。原保险人通过与其他保险公司订立再保险合同,将其所承受的保险赔付风险部分或全部转移出去。在原保险总的赔付责任不变的前提下,原保险人真正负担的保险金数额减少,原保险的赔付损失实际上由多家保险公司分摊了。因此,直保业务的风险责任,无论是高度集中的或长期累积的,还是集中于特定区域内或特定时点的,都可以借助多次分保、转分保,分散给众多的保险公司,最大限度消化保险赔付损失。较之原保险,再保险的风险分散功能无疑更为强效。

---

[9] 我国《保险法》第65条第1款规定,保险人对责任保险的被保险人给第三者造成的损害,可以依照法律的规定或者合同的约定,直接向该第三者赔偿保险金。

[10] 江朝国:《保险法基础理论》,中国政法大学出版社2002年版,第107页。

[11] 梁宇贤:《保险法新论》(修订新版),中国人民大学出版社2004年版,第166页。

[12] 陈云中:《保险学》,台北,五南图书出版公司1985年版,第7页。

（二）提升承保能力，稳定保险经营

危险的发生是具有偶然性的，难以预测。保险人只有大量承保同类风险，才能增加保费收入、降低营业成本、保证盈余机会。但是，任何保险人的承保能力都是有一定限度的，尤其是对于保额巨大、风险高度集中的业务而言，一旦发生保险事故，保险人的赔付能力就可能受到冲击，甚至濒临破产。这对被保险人显然也是极为不利的。出于对保险经营安全的考虑，现代各国保险立法均对保险公司的承保能力有所规制，并强制其办理再保险。[13] 再保险表面上增加了原保险人的保费支出的负担，但因为扣存保费准备金、未决赔款准备金和摊回分保费用，加上再保险减少损失率高年度的亏损，原保险人的实际可运用资金反而增多了，其所负担的同一风险单位的保额及营业成本也降低了。因此，在相同的资本额条件下，原保险人得以争取到数量更多或数额更高的保险业务。保险人业务量增加，风险分散充分，有助于保证保险人偿付能力的稳定性。

从微观角度来看，再保险是特定保险公司稳健经营的基本保障；从宏观角度来看，再保险也是国际保险市场的“定海神针”。2001 年美国“9·11”恐袭事件重创国际航空业和保险业，总赔付责任高达 437 亿美元。以慕尼黑再保险公司、瑞士再保险公司和伦敦劳合社保险等为首的国际再保险公司最终承担了约 2/3 的赔付责任，[14] 充分展现了再保险的强大功能。2011 年日本“3·11”大地震造成的保险赔付总额超过 1 兆 2346 亿日元。根据《日本地震保险法》《地震再保险特别会计法》设置的保险公司、日本地震再保险株式会社和政府“两级三方”风险分摊方案，日本政府作为最终再保险人，依法承担了 95% 的托底责任，在很大程度上化解了巨灾风险对本国保险业和全球金融市场的冲击。

（三）促进行业健康发展，推动国际经济合作

与直接保险业务相比，再保险通常对市场信息量、保险建模、定价精算等专业技术和业务管理水平、专业人才素质等方面的要求更高。直接保险公司与再保险公司，尤其是与国际知名的再保险公司形成经常、稳定的合同关系，有助于直接保险公司了解国内外保险市场最新动态，积累分保经验，提升专业技术能力和经营管理水准。对保险公司来说，分保业务用以招揽业务和经营管理、雇用人员的营业成本往往比直保业务低，盈利面大。资金和技术雄厚的保险公司从事再保险业务经营的利润，通常比直接保险业务经营的利润更加丰厚，且能拥有长期、稳定的业务来源。晚近以来，西方资本主义发达国家的专业再保险公司不断涌现并日益壮大。像德国慕尼黑再保险集团、瑞士再保险股份有限公司、美国通用再保险股份有限公司、英国劳合社等再保险业巨头，在保险技术、专业人才、资金和管理等方面显示出明显的优势，对国际保险市场的发展和繁荣发挥了巨大作用。在巨灾风险、农业风险等推动因素的作用下，传统再保险市场与资本市场、金融市场相衔接，推出了很多新型的巨灾保险连接证券产品。当代国际保险与再保险领域出现了专业化、国际化和衍生化的发展趋势。不难发现，发展本国的和国际的

---

[13] 如我国《保险法》第 102 条规定，“经营财产保险业务的保险公司当年自留保险费，不得超过其实有资本金加公积金总和的四倍”。第 103 条规定：“保险公司对每一危险单位，即对一次保险事故可能造成的最大损失范围所承担的责任，不得超过其实有资本金加公积金总和的百分之十；超过的部分应当办理再保险。”上述两个条款即为我国法定再保险的法律依据，以及对原保险偿付能力与自留规模的限制。

[14] 《“911”恐袭事件 20 周年，当年保险赔了多少钱?》，载雪球网 2021 年 9 月 11 日，https://xueqiu.com/9066782454/197426040。

再保险业务,对于稳定和发展国内保险市场,健全社会风险分散体系,促进国民经济和社会发展,强化国际经济技术交往与合作,都具有非常重要的作用。

第二节 再保险合同的种类

我国现行保险法关于再保险合同的规定较为简略,并未涉及再保险合同的法定分类问题。在保险法传统理论和再保险实务中,关于再保险合同的种类,有多种划分标准。诸如,以再保险对象为标准,保险合同可分为财产险再保险合同、人身险再保险合同;以再保险责任限制为标准,保险合同可以分为比例再保险合同、非比例再保险合同;以合同订立的强制性为标准,保险合同可分为自愿再保险合同、法定再保险合同;以再保险合同的形态或条件为标准,保险合同可分为临时再保险合同、合约再保险合同和预约再保险合同。[15]

需要指出的是,再保险合同的具体形态,是由原保险人的再保险安排方式决定的。再保险安排是保险业经营管理的重要环节,直接影响原保险标的风险分散程度和损害补偿的最终效果。在保险实务中,原保险人通常会根据保险责任的风险程度、自身的偿付能力和财务状况,选择以不同的合同方式来安排分保业务。本节着重介绍此种分类。

一、临时再保险合同

(一)临时再保险合同的概念和特点

临时再保险合同(facultative reinsurance contract),又称任意再保险合同、就地再保险合同或零售再保险合同,是指原保险人根据保险业务的特殊需要,临时选择再保险人,逐一达成协议的再保险合同。

临时再保险是最古老的再保险方式。在19世纪中叶专业再保险公司出现之前,早期的再保险业务一直由直接保险公司下设的再保险部门经营,再保险市场需求也较少。分保的随意性较大,通常都是原保险人临时决定分保,再保险人自愿接受,双方逐笔订立再保险合约。这种再保险合同的主要特点是:

1. 双方当事人有完全的自由选择权。因为双方当事人原本不存在再保险关系,对于临时再保险关系的形成,双方均不受任何约束,是绝对任意性的。一方面,原保险人通常根据某项业务的需要,临时决定分保。对某一风险是否需要分保,自留与分出部分的具体数额,分保条件等,原保险人可以根据自身的风险累积情况和偿付能力来决定。原保险人还可以随意选择由哪一家保险公司来作自己的再保险人。另一方面,再保险人在收到原保险人提出的再保险要约后,有权根据原保险人分出业务的具体情况、自身的承保能力和风险累积程度、自己与原保险人的业务关系等综合因素,自主决定是否接受分保、接受分保的份额和条件。

2. 临时再保险合同以单个保单或单一危险单位为基础。在临时再保险中,每项风险都应

---

[15] 原中国银行保险监督管理委员会2021年修订的《再保险业务管理规定》采用了“合约分保”“临时分保”“比例再保险”“非比例再保险”等概念。

单独分保,并形成一个独立、完整的合同。例如,以一家工厂为危险单位安排临时再保险,安排火灾险单独分保。若该工厂的大部分危险都需要临时分出,原保险人则应就每项危险与不同的再保险人逐笔订立再保险合同。每个合同的条款都是独立的,即使交易类似,也不发生相互关联。当然,临时再保险的接受人也不能将双方订立的单个临时再保险合同当作其固定分保业务的来源和依据。

3. 临时再保险合同的内容清楚,程序烦琐。原保险人为应对某项保险金额巨大或危险特殊的具体业务的需求而临时分保,保险费的支付通常会比较快捷。[16] 原保险人在逐笔安排分保业务时,应将该笔分出业务风险的全部信息、分保安排的详情等如实告知各再保险人,使对方能够清楚了解和充分掌握分出业务的具体情况,从而作出是否接受分保的决定。原保险人虽然能够任意选择再保险人,但事先也难以判断对方是否会接受自己的分保,加之全部合同条款都是双方当事人充分协商确定的,故而达成临时分保协议的手续和环节通常甚为烦琐,缔结临时再保险合同的时间和经济成本相对较高。此外,一般临时再保险合同成立后,再保险人才开始承担保险责任。如果在临时再保险合同订立前,原保险合同已经生效,则一旦因原保险合同约定的保险事故发生使得被保险人遭受损失,原保险人必须对其承担赔偿或给付保险金责任,而无法向再保险人主张分担保险赔付责任。正如上文所述,临时再保险合同的缔约过程一般较长,这同时就意味着,原保险人处于无再保险保障状态的时间也持续较久。

(二)临时再保险合同的订立程序

1. 编制与兜售分保条

分保条(reinsurance slip),[17] 是原保险人向选定的再保险人发出的简要载明某项分保业务项目的表格或文件,主要内容包括分出公司名称、险别、分保方式、费率、自留额、分保限额、分保手续费、保费准备金、以往成绩及条件变动情况等。分保条是原保险人与再保险人表明承保意向的一种非正式文件,并非临时再保险合同本身。

原保险人将编制好的分保条分发给其所选择的再保险人。再保险人可根据分保条载明的内容,决定是否接受此项分保。如某再保险人同意接受分保,则应在分保条上签字,并注明接受分保的数额或比例。再保险人自签字之日起承担再保险责任,但双方另有约定的除外。但若再保险人的承诺是附有条件的,如调查原保险标的是否属实、再保险费率按直接保险费率计算等,一旦条件无法成就,再保险人无须承担再保险责任。

2. 签发再保险要保书

要保书(request note),即投保单,是原保险人向再保险人发出的订立保险合同的书面要约。要保书通常应记载再保险的起止日期、保险风险、保险金额、原被保险人的姓名及原保险人的自留额。要保书本身并非再保险合同的正式文本,但一经再保险人接受,即成为再保险合同的一部分。

原保险人收到接受人签字同意的分保条后,应按照规定的格式如实填写要保书,并将其交

---

〔16〕 保险实务中,一般在达成临时再保险合同后的 1 个月或 40 天内给付保险费。

〔17〕 学界又称之为"再保险接洽书""再保险申请书"。原保监会则称其为"再保险合同简要文本",参见 2021 年原中国银行保险监督管理委员会《再保险业务管理规定》第 16 条、2010 年原中国保险监督管理委员会《关于华泰人寿保险股份有限公司与 ACE Tempest Reinsurance Ltd. 从事再保险业务的批复》(保监产险〔2010〕173 号)。

付给再保险人。此即构成原保险人发出愿意与再保险人订立临时再保险合同的书面要约。若要保书填写的内容不实或存在故意隐瞒、欺诈,再保险人可拒绝承保或主张解除再保险合同。再保险人如同意接受分保,则应将要保书的有关内容记载于再保险接受书和再保险单之中,作为临时再保险合同权利义务的凭证。

3. 出具再保险接受书

再保险接受书(take note),是再保险人同意接受要保书提出的订立再保险合同请求的书面凭证。再保险人在收到再保险要保书后发出再保险接受书,即构成发出无条件接受分保业务的承诺。再保险接受书对再保险人产生约束力。但如果再保险人对要保书的部分内容有保留,则应将保留部分记载于接受书内。在此情形下,除非再保险人对保留部分的处理表示满意,其同意承保的承诺仍有可能被撤销。

4. 签发再保险单

再保险单(reinsurance policy),是原保险人与再保险人订立再保险合同的正式书面证明。再保险单必须完整地载明双方当事人的权利义务及责任。

签发的再保险单,标志着临时再保险合同的正式成立,双方当事人开始受再保险合同规定的权利义务的约束。但在再保险单发出以前,原保险人必须向再保险人寄送原保单副本,或按照再保险人的要求出具说明书并详细载明如下事项:原被保险人的姓名和住址,保险标的的具体内容、承保风险、保险期限,原保单的保费以及分给再保险人的分保额和保险费等。保单副本或说明书的内容应记载于再保险单内,作为再保险合同订立的基础。另外,如原保险人是通过再保险经纪人安排分保业务的,则再保险经纪人应在再保单发出之前,向再保险人出具暂保单(cover note),表明已按再保险合同规定办理有关手续,正在等待出具正式的再保险单。暂保单效力与正式再保险单相同,一旦正式再保险单签发,暂保单立即失效。

近二十年来,在国际保险实务中,临时再保险出现了一些程序方面的改进。比如,利用现代信息技术简化了兜售分保条的烦琐手续,压缩了缔约过程中反复磋商的环节,借助定价模型等技术提高了临时分保的效率等。这些新的改进,使传统的临时再保险又适应了当代保险市场的需求,重新受到保险业的重视。

(三)临时再保险合同的适用范围

临时再保险合同有明显的局限性,如订立过程复杂、冗长,原保险人分保的成本高、风险大等。自合约再保险出现之后,临时再保险便开始式微。但临时再保险也有其独有的某些优点,如自由性和灵活性较强,业务条件清楚,有利于资金运用,可以满足某些特殊的分保需求。加之在程序和方式上的不断改进,临时再保险在近期国际再保险业务中仍然占据一定的市场。

临时再保险合同主要适用于:

1. 新开办的或不稳定的直接保险业务。此类保险业务因为数量有限或运营不够稳定,原保险人收取的保险费也比较有限,尚未安排分保或者不具备安排合约再保险的条件,只能安排临时再保险以分散风险。

2. 不能或不愿采取合约再保险的业务。在合约再保险实务中,一些特殊性质的业务通常会列出除外责任。例如,航空险的合约再保险将劫持险排除在外,货物运输合同的再保险将现钞险列为除外责任。对于这类业务,因不能纳入合约再保险范围,原保险人不得不采用临时再保险。另外,还有一些质量较差的保险业务,原保险人出于竞争需要,不愿通过将其纳入合约再保险，以免影响其经营业绩，就会安排临时再保险来分散风险。

3. 保额超过合约再保险责任限额的业务。合约再保险通常设有保险责任限额。但很多直接保险业务，因为标的保额巨大，危险集中，或同险范围累积的风险责任很大，超出了合同责任限额。例如，高速铁路、城市地铁或大型水利枢纽工程等大型基建项目，航天航空和远洋极地科考、卫星发射和运载火箭等巨额保险业务，原保险人都可以通过临时再保险有效减轻巨额风险。此外，对于已采用合约再保险的业务，原保险人也可以将其中的自留额部分安排成临时再保险，以减轻自身的赔付负担。为此支付的临时分保费，一般应按照合约再保险中约定的双方分担比例予以分摊。

二、合约再保险合同

（一）合约再保险合同的概念和特点

合约再保险合同（treaty reinsurance contract），又称义务再保险或固定再保险，是指原保险人与再保险人事先订立协议，将一定时期内的某一宗或某一类业务的保险责任转让给再保险人的再保险合同。

18 世纪晚期以后，在工业革命和商品经济飞速发展的大背景下，直接保险业务面临着保险标的价值不断增大、危险日益集中的情形，无法满足日益发达的市场对再保险的实际需要。为了弥补临时再保险的不足，合约再保险应运而生。合约再保险合同由原保险人与再保险人事先签订，约定保险方式、分保比例或数额、分保的业务范围、地区范围和除外责任、分保的条件、自留额、分保佣金与盈余佣金、业务明细表的编送、再保险费账单的编送和结付、责任起讫、货币的种类与汇率变动等内容。在合同约定期间内，对于约定范围内的保险业务，原保险人必须分出，再保险人必须接受，无须具体通知即可自动生效，双方定期结算。由于在合约再保险方式下，双方当事人可以建立长期、稳定的业务联系，再保险的条件比较优惠，再保险经营的效率也较高，对双方当事人均较为有利，此种再保险合同很快就在国际再保险市场牢牢地占据了主导地位。其特点主要体现在以下方面：

1. 再保险关系的强制性。原保险人和再保险人事先订立合同，明确约定再保险双方的各项权利和义务。凡属再保险合同约定的分保范围内的风险，均应自动转移给再保险人，原保险人有义务将其分出，不能自行安排向其他再保险人分保或安排其他类型的再保险；同样，再保险人也有义务接受原保险人分入的所有分保业务。合约再保险合同的双方当事人均无权对某些特定业务进行自由选择。另外，双方均应严格遵守合约再保险合同约定的其他义务，一切与分保业务相关的具体内容均应按事先约定的合同条款办理。

2. 合约再保险的期限不确定。这种再保险合同一般是不定期的，除非其中的一方当事人根据合同的约定事前通知对方当事人，方可终止再保险合同；否则，合约再保险合同将长期有效。在现代保险实务中，合约再保险合同的期限一般较长，有助于双方形成比较稳定的、连续的经营与合作关系。

3. 合约再保险合同以原保险人某种险别的全部业务为基础。原保险人必须按照合同约定将某个险种的全部业务放入合约再保险合同之中，不能区分优劣而随意取舍；同样，无论分入业务的质量如何，再保险人均应无条件全部接受。双方都受同一再保险合同条款的约束。值得注意的是，前述之原保险人某种险别的全部业务，既包括原保险人直接承保的某一险种的各类业务的总和,也包括来自其下设各分支机构、代理机构的业务。这与临时再保险合同只限于某一笔业务的情况大为迥异(见表15-1)。

表15-1 合约再保险合同与临时再保险合同的区别

区别	合约再保险合同	临时再保险合同
缔约方式	多笔业务一次成交	单个业务逐笔成交
风险特征	一定时期内的大量风险	单一风险
强制性	双方均受合同义务约束	双方均有自主选择权
告知义务	无须告知风险详情	必须告知风险全部细节
缔约成本	时间与经济成本较低	时间与经济成本较高

(二)合约再保险合同的适用范围

合约再保险方式有利于原保险人及时分散风险,避免了逆向选择,同时也使再保险人得到数量较大的、风险分散较为均衡的整批分入业务。不仅如此,合约再保险凭借单一合同便可分出大宗保险风险,明显节约了分保时间和管理成本,有助于提高双方当事人的保险经营绩效。合约再保险合同因为具备临时再保险合同所不具备的一些优点,满足了现代保险业发展的需要,一直以来都是国际再保险市场最普遍采用的再保险合同形态。

从再保险人分担原保险责任的方式角度来看,合约再保险合同广泛运用于比例再保险和非比例再保险之中,在实务上结合而成以下具体形态:

1. 比例合约再保险,是以保险金额为原保险人和再保险人责任分配的基础,约定再保险双方承担责任的比例,超过原保险人自留额的业务,自动依约分给再保险人。这种合约再保险主要包括四种类型:(1)溢额合约再保险,即保险业务的保险金额超过原保险人自留额时,即依照合约规定,以自留额的一定倍数作为再保险额。(2)成数合约再保险,又称定额合约再保险,即将保险金额按合同约定的比例确定自留额和再保险额。(3)成数溢额混合合约再保险,即将上述两种合约再保险方式混合:或者先订立成数再保险合同,约定自留额和最高限额,一旦保险金额超过约定限额,再订立溢额再保险合同;又或者先安排溢额再保险合同,如自留额部分较大,原保险人可以另外订立成数再保险合同分保。(4)转分合约再保险,又称再合约保险,即再保险人将其所接受的再保险业务再次转分给其他再保险人。在国际再保险实务中,溢额合约再保险、成数合约再保险皆可适用于再合约保险环节。[18]

2. 非比例合约再保险,是以损失金额为原保险人和再保险人分担责任的基础。此类合约再保险包括:(1)险位超额合约再保险,即按照合同约定的每一风险单位所发生的赔款来确定自负责任额和再保险责任额。(2)事故超额赔款合约再保险,即按照合同约定的每一次事故所发生的赔款总和来确定自负责任额和再保险责任额。(3)积累超额赔款合约再保险,即按照合同约定,以一定时期(通常为1年)内所发生的赔款积累来确定自负责任额和再保险责任额。(4)赔付率超额赔款合约再保险,即按照合同约定以一定时期(通常为1年)内的赔付率来确定自负责任额和再保险责任额。上述几种超额赔款合约再保险以及超额赔付率合约再保险,都

〔18〕 袁宗蔚:《保险学——危险与保险》,首都经济贸易大学出版社2000年版,第324页。

是国际再保险实务中经常采用的。[19]

三、预约再保险合同

(一)预约再保险合同的概念和特点

预约再保险合同(facultative obligatory reinsurance contract,open cover),是指原保险人和再保险人事先约定,原保险人可根据需要自行决定是否分出承保业务,但再保险人对原保险人所分出的业务均有义务接受的再保险合同。

在再保险实务中,预约再保险是作为合约再保险的补充方式出现的。比如,当直接保险业务超出了合约再保险合同的最高限额,又无法紧急安排好临时再保险时,即可采取预约再保险方式分散风险。预约再保险合同与合约再保险合同存在区别(见表15－2)。其主要特点是:

1. 预约再保险是介于临时再保险与合约再保险之间的一种中间形态,兼有临时再保险的性质与合约再保险的形式。申言之,原保险人与再保险人事先订立再保险合同,约定分保业务的范围及条件。对原保险人来说,预约再保险与临时再保险一样,有绝对的自由选择权,可以自由选择是否分出自己所承保的直接业务以及分出的具体份额,而不是像合约再保险那样必须将全部直接保险业务放入预约合同之中[20];对再保险人而言,预约再保险就是合约再保险,具有强制性,其有义务接受再保险合同约定范围内原保险人所分出的全部业务。正因为如此,预约再保险又被称为"临时固定再保险"。

2. 预约再保险较之临时再保险,分保手续简单,分保耗时较少。双方当事人事先订立预约,原保险人根据自身的业务需要,随时可以依约安排分保,避免了临时再保险缔约程序的烦琐和就合同条款反复磋商的过程,有利于保障原保险人的利益;再保险人固然处于较为不利的地位,但其通过一个再保险合约,就获得大量的分保业务,也是有利可图的。

3. 预约再保险业务的质量不够稳定。基于自由选择权,原保险人完全有可能保留较为优质的业务,而将不良业务分出。即便是质量较差的分出业务,再保险人也有义务全部接受。对再保险人方面而言,预约再保险可能对其保险经营稳定性的保障略显不足。

表15－2　预约再保险合同与合约再保险合同的主要区别

区别	预约再保险合同	合约再保险合同
强制性	再保险人必须接受分出业务	原保险人必须分出,再保险人必须接受
期限	较短,通常为一年	不定期,解除合同须提前通知
范围	单一危险	某类危险
佣金	再保险佣金较少,无盈余佣金①	再保险佣金较多,有盈余佣金
准备金	无	支付再保险费时,可留存保费准备金

①再保险佣金,即再保险手续费,是成数溢额再保险合同的内容之一,系再保险人从再保险费中分出一部分,用以分担原保险人招揽业务及经营管理所产生的费用。盈余佣金是再保险佣金的一种特殊形态,多存在于比例再保险合同中,系再保险人从再保险业务所获利润中,抽出一部分,退还给原保险人。其作用在于鼓励原保险人谨慎核保,或为获利的报答。

---

〔19〕 陈云中:《保险学》,台北,五南图书出版公司1985年版,第242页。

〔20〕 学界亦有观点认为,预约再保险是临时再保险的一种。参见袁宗蔚:《保险学——危险与保险》,首都经济贸易大学出版社2000年版,第328页。

(二)预约再保险合同的适用范围

一般认为,预约再保险对原保险人一方更为有利,而对再保险人较为不利。在保险实务中,再保险人因无法控制再保险业务的质量,一般不太愿意接受预约再保险,仅与业务往来密切且相互信赖的原保险人签订预约再保险合同。预约再保险合同通常采取比例分保方式,以适度平衡双方当事人的利益关系。

预约再保险合同,多被用于转移特定区域、特定种类危险,或巨额责任的原保险承保风险,尤以火灾保险和海上保险领域者较多。由于这类直接保险事故的偶发性强,不适合缔结合约再保险合同;若采用临时再保险合同方式,则程序上比较烦琐,无法保证分保的及时性。故实践中,常采用预约再保险方式,以满足原保险人的特殊需求。另外,若合约再保险已足额,但尚有可能出现较大的风险时,原保险人也可以将预约再保险作为合约再保险的补充形式予以使用。

第三节 再保险合同与原保险合同的关系

再保险合同与原保险合同,是依保险人承担保险责任之次序对保险合同所作的区分。原保险是再保险的前提和基础,再保险正是基于原保险人分散保险风险的需要,在原保险的基础上派生出来的。二者在成立基础上相互依存,在法律上又各自独立。再保险合同与原保险合同的联系与区别,揭示了再保险合同之从属性与独立性二重属性。

一、再保险合同的从属性

再保险是原保险的延续,再保险合同依存于原保险合同。无原保险合同,便无所谓再保险合同;无再保险合同,则原保险合同的承保危险无法分散,且原保险合同若无效、解除或终止,再保险合同亦随之无效、解除或终止。虽然我国保险立法对再保险合同之从属性未有规定,但仍可从以下方面进行考察。

(一)历史沿革的伴生性

随着资本主义萌芽和海上航运业的兴起,再保险与原保险同样肇始于海上保险领域。1370 年 7 月 12 日,意大利海上保险人 Gustav Cruciger 签订了一份自意大利热那亚至荷兰斯卢斯之间的海上运输保险协议,将地中海一段较为安全的内海航程责任自留,而将西班牙加的斯至荷兰斯卢斯这段危险较大的航程责任转让给其他保险人。尽管其仅分出部分航程,又不设自留额的做法与现代再保险惯例不符,但这份转让保险责任的协议,因符合风险分散之理念,被公认为世界上第一份再保险合同。

15 世纪末以后,欧亚、美洲海上新航线开辟,海上贸易日益繁荣。保险和再保险在交通便利、经济迅速上升的近代大西洋沿岸诸国发展迅速。18 世纪早期,丹麦、德国、西班牙等欧洲国家均陆续承认再保险之合法化。1852 年德国科隆再保险公司的成立,开启了专业再保险公司的序幕。再保险交易,从国内保险同业之间相互交换契约,扩展到国外同业间相互交换契约。再保险合同的广泛运用,使保险业渐趋国际化。在合同范围方面,再保险合同也从传统的海上保险领域延伸至火险、巨灾等其他财产保险领域，乃至人身保险领域。再保险逐渐成为国际保险市场上通行的业务。当前国际之原保险与再保险、再保险与再再保险的关系已非常错综复杂。以英国、德国、瑞士等国再保险巨头为代表的国际再保险行业，不仅为现代危险分散社会体系所不可或缺，更在当今世界金融和经济体系中占据了重要地位。正如学者所言，再保险和保险的产生、发展过程几乎一直是同时同步的。

（二）基本功能的连续性

在社会生活中，人类不可避免地因自然灾害和意外事故的发生而受有损失。人们对损失补偿的考虑，产生了保险需求。保险行业是从事风险经营的特殊行业。其经营安全维系于承保风险的及时分散与自留风险责任的均衡化。

原保险的实质，是投保人以缴付保险费为对价，将保险标的风险转移给保险人，然后在众多投保人之间平均分散。如果承保业务的保险金额能够维持在保险人所需的标准，可认定为已满足保险经营的平均法则，无须转移其承保风险。然而在保险实务中，保险人所承保直接业务的保险金额无法划一。保额巨大的直保业务，其保费固然可观，但其风险责任也相当集中，可能影响保险人的风险控制能力和保险经营的稳定性。保险人如不愿意错失承保机会，就必然会在承保前后安排再保险，以转移承保风险。

再保险的实质，就是保险人以缴付分保费为对价，将原保险人的承保风险责任再行转移给再保险人，在众多原保险人之间平均分散。如有必要，再保险人也会考虑安排转分保，将其所承担的再保险风险在再保险同业之间进一步转移或分散。如此层层转分，原保险所承担的风险和责任最终可以在国际保险市场，甚至资本市场和金融衍生品市场上实现更大范围、更大程度的有效分散。[21] 通过这种风险分散机制设计，再保险较之原保险而言，实现了基本功能方面的延续与扩展，即分散原保险风险，应对巨灾风险，积聚保险资金，稳定原保险经营。原保险与再保险相辅相成、相互促进，二者的机能相得益彰。

（三）合同效力的依附性

1. 再保险合同以原保险合同的存在为前提。在合同要素和事项方面，二者的这种联系主要表现为：（1）没有原保险人对原保险标的所承担的保险责任，再保险合同的标的就不存在。再保险合同的标的，是以原保险合同的标的为基础并与其密切相关的。（2）原保险合同约定的保险事故发生后，原保险人对原被保险人履行了赔偿或给付保险金义务的，再保险合同的保险事故才发生；若原保险人在原保险事故发生后未履行保险义务，则再保险事故并未发生，再保险人不应履行支付再保险赔偿金的合同义务。可见，再保险合同的保险事故，是以原保险合同保险事故的发生为触发条件的。（3）再保险合同约定的再保险责任、再保险金额、再保险有效期，均以原保险合同约定的责任、金额和期间为限。再保险人不承担原保险合同约定责任范围以外的事故所造成的赔款和费用，也不承担超过原保险合同限额的保险赔款和费用。不难发现，再保险合同的主要内容，在很大程度上是由原保险合同的内容决定的。

2. 再保险合同的效力从属于原保险合同的效力，不能脱离原保险合同而单独存在。基于

---

〔21〕 在当代国际保险实务中，巨灾保险风险证券化即其代表。巨灾保险的再保险机制创新，使传统再保险市场与资本市场、证券市场整合，推出了巨灾债券、巨灾期货等金融衍生品，以期最大限度地分散巨灾风险。

风险分散的连续性,再保险人的保险责任以原保险人的保险责任为前提,原保险人与再保险人之间形成利害与共的关系。当原保险合同的责任解除、失效或终止时,再保险合同的责任也随之解除、失效或终止。在保险法理论上,此即所谓"同一命运原则"(Follow – the – fortunes Principle)。这一原则通常被表述为:"兹特约定凡属本合同约定的任何事宜,再保险接受人在其利害关系范围内,与原保险人同一命运。"〔22〕它强调,对被保险人或受益人而言,原保险人与再保险人在保费收取、赔款结付、对受损标的施救、损余收回、保证金赔付、向第三者追偿、仲裁与诉讼等方面,有着共同的利益关系。

3. 原保险合同的被保险人可以享有直接请求权。原保险合同的被保险人与再保险人本非合同的直接当事人,被保险人不能对再保险人主张保险金给付请求权。但为避免原保险人破产,原保险合同的被保险人只能以无财产担保的普通债权人身份参加破产分配,导致被保险人利益得不到保障,原保险人可以和再保险人约定,再保险人直接向原保险合同的被保险人或者投保人负担给付义务。〔23〕这在国际再保险实务中,特别是航空意外保险领域,已不乏成例。例如,2014 年 3 月 8 日马航客机失联事件后,其牵头再保险人德国安联再保险集团即按业界惯例,先行赔付马航、乘客和机组人员的家属约 1 亿美元。

此外,保险法的基本原则,即保险利益原则、最大诚信原则和损失补偿原则,对于原保险合同与再保险合同,均同样适用。综上所述,再保险合同与原保险合同有依附关系,不可能脱离原保险合同而独立存在。

二、再保险合同的独立性

再保险是在原保险的基础上产生的,没有原保险合同就不可能有再保险合同。但是,原保险合同与再保险合同亦并无必然联系。除法定再保险外,原保险人通常会根据自身的承保能力、承保风险和责任性质及其具体经营状况,自主决定是否需要分出保险责任给其他保险人。实际上,再保险在实务中是一种独立的保险业务,再保险合同与原保险合同在法律上也是各自独立的,亦并非主从合同关系。根据债权合同相对性理论,再保险合同与原保险合同各有其主体,权利义务关系依各自合同而定,两合同的保险人均依各自合同的约定各负其责。

(一)主体的相对性

原保险合同的当事人,一方是投保人与被保险人,另一方是保险人。投保人和被保险人即自然人、法人或其他组织,保险人是依法成立并有经营保险业务资格的公司法人。再保险合同有自己独立的当事人,即原保险人与再保险人。原保险人实为再保险合同关系中的投保人和被保险人一方,再保险人则为再保险合同关系中的保险人一方。双方的主体资格均为保险公司。而原保险合同的投保人、被保险人、受益人,只是再保险合同的利害关系人,并非再保险合同的当事人一方。

---

〔22〕 陈继尧:《再保险论——当前趋势与形态研究》,台北,三民书局 1993 年版,第 22 页。

〔23〕 直接请求权的理论基础是再保险之责任保险说。我国《保险法》第 65 条规定:"保险人对责任保险的被保险人给第三者造成的损害,可以依照法律的规定或者合同的约定,直接向该第三者赔偿保险金。"最高人民法院《关于适用〈中华人民共和国保险法〉若干问题的解释(四)》第 14 条也规定了被保险人可以请求保险人直接向第三者赔偿保险金的具体情形。

在国际再保险实务中，关于再保险合同的主体，主要有以下情形：(1)再保险双方都是直接保险公司，一方向兼营再保险业务的另一方分出业务；(2)直接保险公司一方为原保险人，专业再保险公司一方充任再保险人；(3)双方均为直接保险公司且相互分保，得互为原保险人和再保险人；(4)在转分保或相互转分保关系中，兼业的保险公司和专业再保公司均可充任再保险人。由此可见，再保险合同主体的法律地位可以根据业务需要互换，分出公司与分入公司并不存在一成不变的角色定位。

（二）标的的非同一性

原保险合同的标的是物、责任、信用，或者是人的身体和生命，而再保险的标的是原保险人依原保险合同所承担的赔偿或给付保险金责任。前文已述，再保险的性质是合同责任保险。申言之，如果原保险合同约定的保险事故发生，使原被保险人受有损失，原保险人就应当根据原保险合同的约定承担赔偿或给付责任；而原保险人因赔付受有损失，即构成再保险合同约定的保险事故发生，再保险人承担合同责任的前提条件成就，再保险人就应当根据再保险合同的约定，分摊原保险人的赔偿或给付保险金责任。因此，再保险合同实质上属于财产保险合同之责任保险合同范畴，应具体认定为契约责任保险合同。

（三）权利义务的不牵连性

再保险合同以原保险合同为基础，但脱离原保险合同而独立存在。原保险合同与再保险合同在法律上是各自独立的合同。原保险人依据原保险合同对原保险的被保险人负责，再保险人则依据再保险合同对原保险人负责。再保险人与原保险合同的投保人、被保险人或受益人，非同一合同关系的双方当事人，彼此间不存在任何直接的权利义务关系。根据合同相对性原理和我国《保险法》第 29 条之规定，除非法律或者合同另有规定，原保险合同与再保险合同的合同权利义务是存在某些区别的，主要表现为：

1. 保险费请求权各自独立。再保险人只能向再保险合同的投保人，即原保险人，请求支付再保险费，而不得向原保险的投保人请求支付保险费；原保险人亦不能基于原保险合同的投保人不交付保险费为由进行抗辩，拒绝履行自己的再保险费交付义务。

2. 保险金请求权各自独立。原保险合同的被保险人或受益人保险金请求权之对象，为原保险合同的保险人，因而其只能请求原保险人支付保险金；除非法律或合同另有规定，原保险合同的被保险人或受益人，不得向再保险人请求赔偿或者给付保险金。概因再保险人未对被保险人直接承保，无保险责任；原保险人在承担原保险合同的赔付责任后，得向再保险人请求支付再保险赔偿金。

3. 赔偿义务各自独立。原保险人不能以再保险人不履行给付再保险金义务为抗辩理由，拒绝履行或迟延履行对被保险人或受益人的赔付义务；当原保险人因破产或其他原因，未履行原保险赔偿义务时，再保险人不得因此而免除对原保险人的再保险赔偿义务。

原保险合同与再保险合同的联系与区别，可用图 15－1 说明：

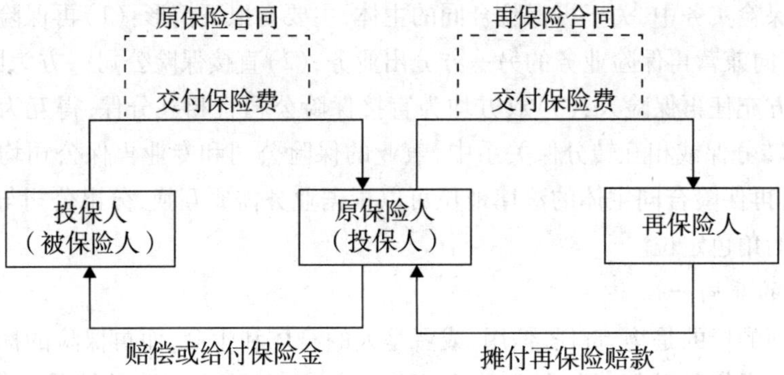

图15-1　原保险合同与再保险合同的联系与区别

案例练习

1.2014年3月18日,裕翔汽车公司与人保某市公司、太保某市公司、平安保险某市公司签订《裕翔汽车公司整车产品质量保证保险协议》。人保某市公司等三家保险公司为其承保为期一年的产品质量保证保险;人保某市公司为主承保人,发生赔偿事故后,直接对被保险人履行全额赔付责任;主承保人与其他共保人的承保及理赔比例分别为55%、30%、15%;其他共保人同意委托主承保人与被保险人洽谈有关保险事宜,主承保人拥有最终决定权,并承诺遵守其决定。翌日,人保某市公司又与永安财保公司签订《共保协议》。双方约定,人保某市公司的分保比例为55%,永安财保公司的分保比例为20%;由人保某市公司代为向被保险人收取保险费,并在扣除与其他共保人的共保费用后,向永安财保公司划付相应的保险费。

人保某市公司于2014年4月、7月、9月收到裕翔汽车公司支付的保险费共计1438.38万元。后来,人保某市公司与裕翔汽车公司商定,用第三期保费尚未支付的尾款冲抵保险赔款。人保某市公司向法院起诉,要求永安财保公司承担剩余保险赔款70.79万元。

人保某市公司诉称,已按保险合同保费总额的20%向永安财保公司支付前两期分保费。第三期分保费未支付的原因是,截至2014年9月,向裕翔汽车公司共支付保险赔款996.49万元,永安财保公司应分担20%的保险赔款199.3万元。因其仅付保险赔款91.36万元,加上冲抵尾款的协议对其也具有约束力,故用第三期分保费抵扣其保险赔款欠款。永安财保公司还应承担保险赔款70.79万元。

永安财保公司辩称,共保协议约定应按分保比例承担相应保险责任,即人保某市公司所承保55%份额的20%,而不是以收取保费的比例承担保险责任。另外,因未收到第三期保费,应按其实际收取的保费比例承担保险赔款11.58万元。

问题:

(1)人保某市公司与永安财保公司是共同保险关系,还是再保险关系?永安财保公司分得的份额应为裕翔汽车公司保险合同保费总额的多少?

(2)人保某市公司以永安财保公司分保费抵扣其应承担的保险赔款,是否合法?永安财保公司主张按实际收取保费比例承担保险责任,是否合法?为什么?

2. 2013 年，现代、人保、太保、大地、乐爱金等五家保险公司共同承保了以 SK 海力士半导体(中国)有限公司及其关联公司(“海力士公司”)为被保险人的财产一切险和营业中断险。财产险保险项目总保额为物质损失 72.71 亿美元，利润损失 8.3 亿美元，总保额为 81.01 亿美元，保单赔偿限额为 23 亿美元。其中，现代承保 50%、人保承保 35%，其他三家公司各承保 5%。保险合同于 2013 年 8 月 1 日开始生效，保险合同期限为一年。随后，现代保险将自身承保份额向中华联合财险等 48 家再保险人分出。其中，临分分出 45.4% 份额，合约分出 3.6% 份额，现代保险自留 1% 份额，合计 50% 份额。

2013 年 9 月 4 日，海力士江苏无锡新区工厂发生火灾，造成重大财产损失。根宁翰保险公估公司经过两年的查勘、理算，评估火灾事故给海力士公司造成的保单项下损失为 9 亿美元，五家保险公司与海力士公司达成 8.6 亿美元的赔付协议。经过事故原因调查，五家保险公司和海力士公司认为，海力士公司的设备连接承建商对火灾事故的发生存在过错。2016 年安杰律师事务所代表五家保险公司对设备承建商提起保险人代位求偿之诉。

庭审过程中，被告承建商抗辩提出，五保险公司通过再保险已经获得的保险金应当在其主张的追偿金额中扣除。

问题：

(1)在本案中，应如何确定再保险合同的保险事故及其发生时间？

(2)再保险人是否对有责第三者享有保险代位求偿权？

(3)请结合本案，谈谈你对再保险合同之同一命运原则的理解。

第四编　保险业法

第十六章　保险监管的一般理论

本章导读

对保险业予以监管的根源在于保险经营的特性——风险。保险公司的营利性与其经营的负债性、保险风险的不确定性、保险公司与消费者之间的信息不对称、保险合同的附合性与射幸性等,是保险业监管必要性的技术原因。保险监管的目标与原则仍由保险经营的特性——风险所决定。微观风险是单个保险合同的被保险人得不到保险保障,中观风险是保险公司因偿付能力不足无法履约,宏观风险是整个保险行业的系统性风险。保险监管应遵循风险导向的审慎监管原则、依法监管原则及适度监管原则。现代保险监管手段多样,主要是行政法律手段。

第一节　保险监管概述

一、保险监管与保险监管法

(一)保险监管

监管是监督与管理的合称,保险监管即指对保险业的监督与管理。保险监管可分为狭义和广义两种。狭义的保险监管指保险业监督管理机构对保险企业、保险企业经营活动与偿付能力以及保险市场的监督与管理。广义的保险监管除保险业监督管理机构外,国家立法机构、司法机构、有关社会组织、保险业自律组织和保险企业自身对保险企业、保险经营活动及保险市场的监督和管理。

本书所指保险监管指狭义的保险监管。所谓狭义的保险监管,指保险监管机构代表政府对保险公司、保险公司经营行为与偿付能力以及保险市场秩序所进行的监督与管理,以维护被保险人权益与促进保险业健康发展的行政行为。

根据原银保监会数据,2022 年全国保险业保费收入约 4.7 万亿元,约占当年我国 GDP 的 3.8%,保险业总资产突破 27 万亿元,是我国第三金融行业。作为经营风险的金融行业,保险业全部经营者必然面临着来自各方面的不确定性,为防范市场失灵,维护保险消费者权益,确保保险企业稳健经营和保险业健康发展,必须对保险行业进行监管。综观世界各国,无论经济是否发达,是否崇尚经济,都无不由政府对保险业实施监管。

(二)保险监管法

保险监管法,又称保险业法或保险业监管法,是国家对保险企业及保险市场实施监督管理的法律规范的总称。根据《保险法》的规定,保险业法包括了保险公司、保险公司经营规则、保险中介人制度以及保险业监督管理机构等,保险公司及其经营规则是保险监管法的重点内容。保险监管行为是保险监督管理机构根据法律规定对保险业从业者及保险市场进行行政监督与管理的行为,保险监管法本质上是行政法,属公法的范围。

保险监管法的立法模式主要有两种:单独立法模式及统一立法模式。单独立法模式指以单行法形式制定独立于保险合同法(保险私法)的保险业监管法,如英国的《保险公司法》、德国的《保险监督法》、日本的《保险业法》以及美国各州的保险业法。统一立法模式是指将保险合同法与保险业监管法列入保险法典或商法典,即保险法既包括属保险公法的保险监管法,也包括属保险私法的保险合同法,如法国、西班牙、葡萄牙等。我国保险立法采用统一立法模式,1995 年颁布施行的《保险法》将保险监管法纳入其中,系统地对保险合同法、保险监管法的内容作了明确规定。2015 年修订后的《保险法》185 个条文中,保险监管法共 5 章 113 条,分别为保险公司、保险经营规则、保险代理人和保险经纪人、保险业监督管理与法律责任。

但是,保险监管具有极强的技术性,监管技术中存在大量系统性的量化指标,这些指标随着监管技术的发展不断变化,具有很强时效性,不宜规定在有稳定性要求的保险法中。我国《保险法》实施 30 年以来的经验和保险监管实践也表明,保险监管法中更具实用性与操作性的实体法规范主要存在于保险监督管理机构所制定的大量部门规章中,《保险法》关于保险监管的条文很多都是授权性规范或程序性规范。而且,从历次《保险法》监管部分的修改来看,通常都是保险监管的实践走在前面,《保险法》只是依立法程序被动地根据监管规则的变化予以修改。因此,我国保险业法的渊源有二:一是《中华人民共和国保险法》,二是由国务院保险监督管理机构以及其他相关部门制定的部门规章或其他规范性文件;体现保险监管强技术性特点的规则主要规定于第二类法源中。

国务院保险监管机构以及其他相关部门制定的主要规范有三大类:(1)关于保险公司的组织监管规则,如《保险公司管理规定》(2015 年修订)、《保险资产管理公司管理规定》、《保险集团公司监督管理办法》;(2)关于保险公司的保险业务与财务会计监管规则,包括保险公司偿付能力、资金运用与财务会计处理的系列部门规范,其中最重要的当属《保险公司偿付能力监管规则Ⅱ》(1-20 号)、《企业会计准则第 25 号——保险合同》、《企业会计准则第 26 号——再保险合同》、《保险资金运用管理办法》等;(3)关于保险中介的系列管理规定,如《保险专业中介机构分类监管暂行办法》、《保险代理人监管规定》、《保险经纪人监管规定》与《保险公估人监管规定》。

二、保险监管的必要性

欧美保险业的发展史证明,监管不足将引发严重经济和社会问题。市场监管的理论依据是凯恩斯主义学派的金融监管理论,其根本原因在于市场失灵。总的来说,保护保险消费者权益与维持保险业稳健经营,是政府监管保险业的必要性所在,而保险公司的营利性与保险公司经营的负债性、保险风险的不确定性、保险公司与消费者之间的信息不对称、保险合同的附合性与射幸性等,则是保险业监管必要性的技术原因。

(一)保险公司的营利性与其经营的负债性

现代保险服务均由营利性保险公司提供,其股东之所以出巨资成立保险公司,其根本目的在于获取利润。实践中，保险公司与投保人签订保险合同，据此投保人向保险公司缴纳保险费，保险公司则负有风险承担的义务，该义务在保险事故发生后又具体表现为赔偿或支付保险金及有关费用。也就是说，保险公司之所以取得营业收入（保险费），是通过向被保险人或受益人承担或有负债而取得的，此即保险公司经营的负债性。这种经营模式下，保险公司负债越多，其获取的保险费收入也就越多；而保险费收入越多，理论上保险公司利润[1]也就越多。基于利益驱动，加之该负债的或有性质，保险公司有着无限扩张其负债以无限获取利润的冲动。然而，负债越多，尤其是在保险事故大规模发生的情况下，其履行保险合同义务的能力（偿付能力）越弱。因此，必须由监管机构对保险公司进行监管，适当控制其由营利目标驱动的负债冲动，保证其在或有负债转化为确定负债的情形下有充足的偿付能力，最终保护被保险人与受益人的利益，并维持保险业稳健发展。

（二）保险公司的营利性与保险风险的不确定性

保险公司经营的是保险风险，而保险风险的发生具有不确定性和偶然性；一旦保险风险发生，保险公司支付保险金及其他费用这一结果则是确定的、必然的。虽然说，根据保险基本原理，保险人支付的保险金本质上源于由风险共同体缴纳的保险费所构成的风险基金，但现代保险服务均由营利性保险公司提供，支付给被保险人或受益人的保险金等在财务上源于保险公司现金类资产，[2]保险金的支付将直接造成保险公司利润的减少。如果缺乏监管，利益驱动下，保险公司有可能在风险未发生时尽可能多确认利润并将之分配给股东，而在风险发生时却因偿付能力不足而不能对被保险人履行保险合同义务。尤其是在长期保险合同（保险期间在1年以上的保险合同）中，如人寿保险与年金保险，保险公司收取保险费与支付保险金之间存在着数十个会计年度的时间差，如果不对其资本数额及资本补充、财务与投资等行为进行监管，仅靠保险公司及其股东的自律，若干年后其能否向被保险人履行保险合同义务必然成为问题。为维持保险公司履行保险合同的偿付能力，维护被保险人与受益人权益，必须对其予以监管。这也是我国从2015年开始对保险公司实施第二代偿付能力监管的根本原因。

（三）保险交易的信息不对称性、附合性与射幸性

保险业务的强技术性导致了保险交易的信息不对称性。信息不对称是指交易双方各自掌握的信息在数量和质量上存在差异，拥有充分信息的一方易将对方置于不利的交易环境和条件中。保险标的涵盖财产、责任、利益及人身死亡、疾病、伤残等方面，保险产品定价基于大数法则与精算原理，保险条款内容涉及专门术语和技术，相对于一般消费，保险是一种技术含量高、专业性强的金融服务，保险合同充斥大量专业术语，并非一般投保人所能完全了解。另外，保险事故发生后，对风险事故的鉴定、对风险损失的判断也具有强技术性和信息不对称性，投保人、被保险人与受益人通常处于弱势地位，实践中保险公司拖赔甚至拒赔，以损害投保人、被保险人与受益人的方式实现自身利益最大化。

---

〔1〕利润也称净利润或净收益，根据企业利润表的列示，股东可得以分红的净利润＝主营业务收入－主营业务成本－主营业务税金及附加－各种费用（营业费用、管理费用与财务费用）－其他业务亏损＋营业外收入－营业外支出－企业所得税。

〔2〕现金类资产是指企业持有的货币资金和将以固定或可确定的金额收取的资产，包括现金、银行存款和应收票据以及准备持有至到期的债券投资等。一般广义上的现金资产包括库存现金、银行存款和其他货币资金。现金类资产是流动性最强的资产，属于货币性资产一部分。

保险合同具有附合性。保险公司作为实力强大的交易另一方,其对保险条款不仅占有绝对的信息优势,而且保险条款完全由其事先拟定,投保人只能概括接受或不接受,如果不对保险公司的合同条款与展业、理赔等行为进行监管,其完全可能利用自身优势牟取超额利润,损害投保人、被保险人与受益人利益。

保险合同具有射幸性。保险交易中,投保人需要事先向保险人支付保费作为合同对价,但是其是否能获得保险合同约定的支付不仅取决于保险事故是否发生,更取决于保险事故发生时保险公司是否履约,因此投保人对保险公司是否有信心是达成交易的关键。此种情况下,政府监管是建立投保人交易信心的一个重要途径。如果没有政府监督管理机构通过强制信息披露、实施偿付能力监管、建立保险保障基金等措施予以监管,投保人难以树立对保险业的信心,保险业的稳健发展也不可能实现。

三、保险业监管的历史

(一)世界保险业监管的发展史〔3〕

保险监管始于16世纪后半期。在此以前,无论是保险公司的设立,还是保险合同的订立,都是依照市场自由竞争的原则进行,国家不干预。随着商品经济和社会生产的发展,保险在西方各主要资本主义国家也得到了空前的发展和繁荣,同时被人们视为有利可图的行为,纷纷进入该领域进行投机经营。随着竞争的激化,保险业出现了混乱无序的局面,一些新的保险公司相继成立,一些老保险公司陆续倒闭,由此给被保险人乃至社会带来极大危害。因此,一些国家开始干预保险业,通过保险立法或成立专门机构对保险业实施监管。最早建立保险监管监督制度的国家是保险业最为发达的英国。1575年,英国成立了保险商会。当时的英国政府要求海上保险单必须向该商会办理登记。这是政府对保险业进行管理的开端。1720年,英国女王特许皇家交易保险公司和伦敦保险公司统一经营海上保险,其他保险公司不得涉足。到了18世纪40年代,为了区分赌博与正常的保险业务,英国又颁布了禁止赌博保险的法律,从而产生了保险利益这一重要保险概念。所有这些,都被视为政府干预保险并对之进行管理的先例。而且,从保险监管历史角度看,与经济自由化趋势相反,西方发达国对保险业的监管一直朝着强化的方向发展。

现代保险监管制度的一个重要标志是国家授权给专门的保险监管机构,使之专司保险监管之责。1858年,马萨诸塞州保险委员会任命了首位保险监督员——伊莱泽·赖特(Elzur Wrigh)。赖特率先提出了以保证保险人偿付能力为目标的监管理念,被誉为"现代保险监管之父";在其努力下,马萨诸塞州立法机关颁布了保险监管法,强制保险公司建立准备金,并于1861年立法禁止保险公司挪用保险准备金。〔4〕自此,保险业进入了以国家制定保险监管法律并由政府机关予以行政监管为核心特征的现代监管时期。

现代保险监管制度的另一进步体现在保险监管法规的不断完善。在这一方面比较先进的国家是英国。与美国不同的地方在于,英国没有设立专门的保险监管机构,但在保险业立法方面发展得比较超前。1870年,英国颁布了《寿险公司法》,对寿险公司的保证金、财产账户、公司兼并等作出了规定,并且创立了保险人信息公开制度。随后,英国将《寿险公司法》的有关规

〔3〕 温世扬主编:《保险法》(第2版),法律出版社2007年版,第393～394页。
〔4〕 董波主编:《世界保险史话》,中国金融出版社2020年版,第109～114页。

定扩展到其他保险领域，于 1909 年颁布了《保险公司法》，并在以后的保险监管中不断进行完善。与此同时，奥地利于 1859 年，瑞士于 1855 年，德国于 1909 年也先后建立了各自的保险监管制度。20 世纪 20 年代后，世界其他国家的保险监管制度也基本形成。至此，保险监管事业迈入了一个新的时期。

（二）新中国保险业监管的历史

1979 年 11 月，全国保险工作会议宣布，自 1980 年恢复已停办二十余年的国内保险业务。1979 年 4 月，国务院在《中国人民银行分行行长会议纪要》中明确，保险行业由中国人民银行负责领导和业务监督管理。彼时由于国民经济处于恢复阶段，对保险行业的监管没有形成系统的监管体系和监管机制，制度供给不足，缺乏对经营行为、内控建设、再保险、风险防控等方面的规定。1995 年，《保险法》正式颁布实施，保险行业发展和保险监管跨入了崭新的历史阶段，开始将市场准入和市场行为监管纳入了重要的制度安排。

1998 年，由于亚洲金融危机的挑战，我国开始了强化中央银行职能的独立性和专业性、实行金融行业分业监管的金融监管改革。因此，1998 年 11 月 18 日，经国务院批准设立中国保险监督管理委员会（原保监会），履行保险监管职能，我国保险监管进入专业化阶段。原保监会成立后，逐渐建立了偿付能力、公司治理、市场行为的“三支柱”保险监管框架，构筑了以公司治理和内控为基础、以偿付能力监管为核心、以现场检查为重要手段、以资金运用监管为关键环节、以保险保障基金为屏障的风险防范“五道防线”。

为统一保险业的监管标准、减少沟通成本并杜绝监管套利，2018 年 4 月，根据第十三届全国人民代表大会第一次会议审议通过的《关于深化党和国家机构改革方案》，以及国务院第一次常务会议审议通过的国务院直属机构设置方案，中央政府将原银监会和原保监会的职责整合，组建了原银保监会。同时，将原银监会和原保监会拟订保险业重要法律法规草案和审慎监管基本制度的职责划入中国人民银行。至此，我国传统的“一行三会”的金融监管框架成为历史，由国务院金融稳定发展委员会、中国人民银行、原银保监会与证监会构成的“一委一行两会”的金融监管新框架正式落地。含保险业监管在内的金融监管改革有利于健全我国金融监管体系，补齐监管短板，增强监管的系统性、整体性、协同性，防范化解金融风险，提高金融市场整体运行效率，降低实体经济运行成本，推动金融更好地服务实体经济。

2012 年 3 月，为进一步加强偿付能力监管，完善保险监管制度体系，原保监会制定了《中国第二代偿付能力监管制度体系建设规划》，启动了“中国风险导向偿付能力体系”的规范起草工作。2015 年 2 月，原保监会颁布了《保险公司偿付能力监管规则》（1 – 17 号），待《保险法》修改后正式实施。原银保监会成立后，开启了职权范围内的保险业监管规范的修订，主要是《保险公司偿付能力监管规则Ⅱ》（1 – 20 号）、《保险资产管理公司管理规定》、《保险集团公司监督管理办法》以及保险中介机构的相关监管规定。

2023 年 3 月，为实现除证券外的金融业统一监管，强化机构监管、行为监管、功能监管、穿透式监管与持续监管，统筹金融消费者权益保护，加强金融风险管理和防范处置，根据《国务院关于提请审议国务院机构改革方案的议案》，国务院将组建国家金融监督管理总局，作为国务院直属机构，负责含保险业在内的金融监管。

第二节 保险监管的目标与原则

一、保险监管的目标

(一)《保险法》中的保险监管目标

保险监管的目标至关重要,它决定了监管的原则、监管方式以及各项具体监管制度。根据《保险法》第133条的规定,我国保险监管的目标是:“维护保险市场秩序,保护投保人、被保险人和受益人的合法权益。”据此,我国保险监管的宏观目标有二:一是保护投保人、被保险人和受益人的合法权益;二是维护保险市场秩序。

但是,不结合保险业经营的特性而抽象地将保险监管的目标总结为前述内容,并无实际意义,因为任何行业的监管目标,最终都可以概括为“保护消费者合法权益”与“维护市场秩序”。与普通行业相比,保险经营最大的特性在于其经营的是风险。从风险承受主体的角度看,主要包括三类:保险消费者的风险、保险公司的风险、保险行业的系统性风险。这三类风险存在从微观、中观到宏观上的逻辑关系,这也决定了保险监管目标应细分为三个层次的目标,即:微观上保护保险消费者的利益;中观上督促保险公司审慎合规经营,并维持充足偿付能力;宏观上防止行业系统性风险,促进保险市场秩序及行业健康发展。

(二)保险监管的具体目标

1. 微观上保护保险消费者利益,防止保险公司利用优势地位损害消费者权益。基于保险业的强技术性与信息不对称性,监管者应防止其利用自身优势损害投保人、被保险人及受益人的合法权益,如公平合理设定合同权利义务和厘定产品费率,规范保险公司及其代理人的销售行为,及时公允理赔给付,加强保险公司及保险监管的信息披露,等等。为维护保险消费者利益,原保监会于2011年10月成立了保险消费者权益保护局,专司保险消费者保护职责。2014年,原保监会颁布了《关于加强保险消费者权益保护工作的意见》,提出了强化保险公司主体责任、加强信息披露、严厉查处损害消费者合法权益的行为、完善消费者维权机制、提高消费者的保险知识水平和风险意识、发挥相关部门和社会组织协同作用、加强基础建设及加强组织领导与考核监督等监管措施。原保监会与原银保监会均内设消费者权益保护局,负责包括保险在内的消费者权益保护,2023年组建的国家金融监管总局更加强调对包括保险、证券在内的金融消费者的统筹保护。

2. 中观上督促保险公司审慎合规经营,并维持充足偿付能力。保险公司是保险服务的提供者,其是否具有充足偿付能力是保险消费者权益保护和行业系统性风险防范的着力点,是保险监管的重中之重。维持保险公司充足偿付能力的手段在于建立科学合理的偿付能力指标体系,并督促保险公司遵守保险法及相关部门规章制定的有关其设立、公司治理、偿付能力、会计处理、展业以及投资等方面行为规范,以实现合规经营。为实现此目标,监管机构制定了一系列部门规章。关于保险公司设立与治理,主要是《保险公司管理规定》、《保险集团公司监督管理办法》、《保险资产管理公司管理规定》、《保险公司分支机构市场准入管理办法》以及相关合规指引。关于保险公司治理,主要是《保险公司股权管理办法》《保险公司控股股东管理办法》

《银行保险机构公司治理准则》《保险公司董事、监事和高级管理人员任职资格管理规定》《保险公司董事及高级管理人员审计管理办法》《保险机构独立董事管理办法》《保险公司总精算师管理办法》《保险公司信息披露管理办法》《银行保险机构关联交易管理办法》等监管规范。在保险公司财务与会计方面，财政部发布了《企业会计准则第25号——保险合同》，原银保监会于2021年发布《保险公司非寿险业务准备金管理办法》、《保险公司非寿险业务准备金管理办法实施细则》(1-7号)。关于保险公司偿付能力监管，在原保监会2015年发布的《保险公司偿付能力监管规则》(1-17号)的基础上，原银保监会2021年发布了《保险公司偿付能力管理规定》。关于保险公司投资，主要是《保险资金运用管理办法》。

3. 宏观上防止行业系统性风险，促进保险业市场秩序及行业健康发展。首先，由于保险业系统性风险的原点在于每个具体的保险公司，只要每个保险公司都能维持其偿付能力，逻辑上就不会发生保险行业的系统性风险，因此，维持保险公司偿付能力的监管制度与措施都能防止保险行业的系统性风险。其次，监管机构应对保险业从业者的进入与退出予以监管，以防止其进退无序造成消费者权益损害与保险市场混乱，我国《保险法》明确规定保险公司及其分支机构、保险中介人的市场进入需要取得监管机构的批准，保险公司的解散、破产重整、和解或清算等，都必须得到许可，原保监会与原银保监会制定了前述关于保险公司的一系列管理规则，以使其进退的行政管理更具操作性。再次，为分散单个保险公司的合同风险，监管机构根据保险法授权制定了《再保险业务管理规则》，要求保险公司应当根据《保险法》规定的标准确定当年总自留保险费和每一危险单位自留责任，超过的部分应当办理再保险，以实现保险业可持续发展。复次，监管机构制定了规范保险公司的展业行为、保险合同条款与费率标准等的规则，如《保险销售行为可回溯管理暂行办法》《商业银行代理保险业务管理办法》《人身保险公司保险条款和保险费率管理办法》《人身保险电话销售业务管理办法》《财产保险公司保险条款和保险费率管理办法》等，目的之一即在于约束保险公司的竞争行为，并维护保险市场的竞争秩序。最后，原保监会还制定了一系列规范保险中介行为的部门规章，如《保险专业中介机构分类监管暂行办法》《保险代理人监管规定》《保险经纪人监管规定》《保险公估人监管规定》，以规范保险中介机构的行为。

二、保险监管的基本原则

保险监管的原则指的是保险监管机构在实施监管职能的行政行为中应遵循的基本行为标准。实施保险监管，应当遵循以下基本原则。

（一）风险导向的审慎监管原则

保险行业区别其他行业最主要者，在于其经营内容为风险。风险即不确定性，各种监管措施或指标都只能根据过去的经验设计，而风险发生的概率本身即充满变数，因此，在确立监管措施或指标时，必须遵守审慎监管原则。审慎监管原则包括微观与宏观两个维度。所谓微观审慎监管，是指针对单个保险机构及其自身独立经营的风险进行审慎识别与防范；宏观审慎监管，则是指对其他金融行业可能传染至保险公司并致使其偿付能力下降的风险进行审慎识别与防范。2008年次贷危机发生前，保险监管机构主要着力于微观审慎监管。次贷危机发生后，由次级贷款引发的金融海啸横扫包括保险在内的全部金融行业[5],引发人们对传统金融保险监管理念与制度的反思,宏观审慎监管成为金融监管改革的重点与核心。2011 年 10 月,国际保险监督官协会(International Association of Insurance Supervisors,IAIS)发布了修订后的保险核心原则(Insurance Core Principles,ICPs),引入了宏观审慎监管原则,要求除市场因素外,监管机构还须识别、监测与分析金融发展以及其他可能影响保险公司和保险市场的环境因素,并将这些信息运用于保险公司的监管。

(二)依法监管原则

保险监管本质上属于行政行为,根据依法行政的要求,保险监管必须坚持依法监管原则。保险监管者的主要责任是通过督促保险从业者遵守各项法律、法规、部门规章以及其他规范性文件,以实现保险监管的目标。因此,依法监管应有三层含义:(1)指针对从业者的各项监管要求或监管指标应由法律、行政法规或部门规章明确规定,实施具体监管行为的前提条件是有法在先,不可依监管执法人员的主观意愿或标准实行监管行为;(2)监管者应依法律规定的程序实施各项监管行为;(3)监管者对从业者的行政处罚,应以法律、行政法规或部门规章的规定为限,不可以由监管执法人员随意进行。

(三)适度监管原则

保险过度监管会降低保险市场的效率并滋生腐败,监管不足则会导致保险市场失序,严重时将间接导致保险公司偿付能力不足进而产生消费者、保险公司以及保险业三个层面的风险,所以保险监管必须保持适度性。保险监管的适度性,是指保险监管既不过度也非不足,监管主体的干预与保险市场的规律相符合,与保险市场发育的程度相适应,不明显扭曲保险市场的资源配置。关于保险监管适度性的内涵,可以从三个方面理解:(1)保险监管是必要的。此处不再赘述。(2)监管适度的"度"并非一成不变,保险公司会随技术创新、市场环境和监管约束等改变做出反应,监管者也会根据保险公司行为的变化不断地调整,最终形成如下辩证的监管过程:监管逃避—监管改革—保险公司应对监管形势变化做出另一个监管逃避—监管者据此调

---

〔5〕 所谓"次贷",指的是次级贷款,其中的"次级",指的是向银行借款的债务人信用等级为"次级",次级贷款即是指贷款机构向信用不佳的次级债务人贷款而产生的债权。次贷危机之所以会冲击到保险业,是因为保险公司参与了贷款机构将这些次级债权予以证券化的交易。为了将次级贷款提前变现,贷款机构将次级贷款打包出售,运用资产证券化的金融技术发行"资产支持证券"(assets - based security,ABS),即"债务抵押债券"(collateralized debt obligation,CDO)。为了防止投资人因担心债务人不能还贷而拒绝购买此类债券,金融家们设计了保险公司对次级债务人还贷提供保险的增信措施,即"信用违约互换"(credit default swap,CDS)。保险公司承保此类信用风险后,如果次级债务人违约且抵押房产不足还本付息,则由保险公司依保险条款赔付投资者损失。但是,保险公司承保并拟定此类业务保险费率的基础是历史上此类贷款的违约率与美国房地产市场持续多年上涨的历史经验,一旦这两个前提不复存在,若次级债务人大面积违约、贷款机构大量抛售抵押房产导致房屋价格下跌,保险公司需要赔付的保险费将远远超出其预期。不幸的是,由于美联储持续加息导致债务人负担过重、失业等原因,次级债务人于 2007 年开始大量违约,债务危机从贷款人机构蔓延至包括保险业在内的全部金融行业,形成了 2008 年美国次贷危机与全球金融危机。作为这个交易链条上的最后一个"捧雷人",相关保险公司因履行"信用违约互换"遭受了巨额亏损,仅美国国际集团(AIG)——美国最大的保险公司——一家,因对投资者赔付导致的亏损额就达到了 993 亿美元。更糟糕的是,巨额亏损的保险公司还面临着信用降级,这又将导致更大的危机,因为它们除为 CDO 提供保险外,也为如政府债券等其他债券提供 CDS。一旦市场担心这些保险公司丧失偿付能力,则所有持有此类债券的投资者都会选择抛售,这将导致整个债券市场崩溃,并引发整个金融系统崩溃。为避免保险公司信用降级,美国政府及其监管机构不得不亲自下场游说信用商业银行与信用评级公司,为保险公司筹集资金和信用保级,甚至直接向 AIG 提供 850 亿美元的紧急贷款,并接管该保险公司。

整以实施新的监管。保险监管是持续的制度演进过程,监管“度”的把握也应动态调整。(3)政府监管要与市场约束紧密结合,相互协调配合,监管不是对市场机制的简单取代,市场仍然在保险资源配置中发挥基础性作用。[6]

在我国保险监管实践中,保险监管的适度性原则不断得到加强。2015 年以前,我国监管的重心放在了经营行为监管上,这导致一些应由市场解决的问题使用了监管手段,存在过度监管问题;而对监管核心的动态偿付能力监管方面,则存在明显不足。2015 年 4 月,根据国务院简政放权的要求,《保险法》进行了第四次修改,取消了保险销售从业人员、保险代理、保险经纪等从业人员的资格核准等行政审批事项,这是我国保险监管适度性的一大进步。2015 年,原保监会取消了保险机构经营农业保险业务、保险公司股权转让及改变组织形式、外资保险公司再保险关联交易、保险公司从事机动车交通事故责任强制保险业务等行政审批事项,投资连结保险的投资账户设立、合并、分立、关闭、清算等行政审批也被取消,由事前审批改为事后监督。2015 年我国第二代偿付能力监管机制未建立前,原保监会对保险公司的偿付能力监管要求主要体现为静态监管指标,2015 年“偿二代”《保险公司偿付能力监管规则》(1 – 17 号)颁布,标志着我国以市场行为、动态偿付能力监管以及公司治理为支柱的现代保险监管体系初步建立。

第三节　保险监管机构及监管手段

一、保险监管机构

(一)保险监管机构的模式

从现代国家保险监管实践来看,保险监管职能主要由政府依法设立的保险监管机构行使。关于负有保险监管职能的机构是否还负责监管其他金融行业,主要有两种做法:

1. 分业监管,即政府成立专门的保险监管机构,其他金融行业监管亦由专门机构监管,如银行业监管机构、证券业监管机构。美国采用此模式。1945 年,美国联邦政府通过麦卡伦—弗格森法案(McCarran – Ferguson Act),以法律形式确立了以各州为主导的全国性保险监管制度,赋予各州立法机构制定保险政策法规和监督管理工作的权力与责任。2008 年金融危机爆发后,为加强保险监管,根据 2010 年的《多德—弗兰克华尔街改革和个人消费者保护法案》(Dodd – Frank Wall Street Reform and Consumer Protection Act),美国政府在财政部下新设的联邦保险办公室(Federal Insurance Office,FIO)。

2. 统一监管或综合监管,即由一个或数个金融监管机构统一监管保险、银行、证券以及其他金融衍生品等性质属金融的行业。采此监管模式的代表为英国。2012 年之前,成立于 1997 年 10 月的金融服务管理局(Financial Service Authority,FSA)是英国金融市场统一的监管机构,直接向英国财政部负责,该机构性质为独立的非政府组织。2008 年金融危机爆发后,英国出台了《2012 年金融服务法案》,对英国金融监管体系进行彻底改革,将金融服务管理局的职能分拆由审慎监管局(Prudential Regulation Authority,PRA)和金融行为监管局(Financial Conduct

---

〔6〕 张锐:《中国保险监管适度性研究》,西南财经大学 2011 年博士学位论文,第 4 ~ 5 页。

Authority,FCA)两个机构分别承担。其中,PRA 作为英国中央银行——英格兰银行的附属机构,负责微观审慎监管,并有权否决 FCA 出台的商业行为监管法规。FCA 作为独立机构,承担金融消费者保护职能。

(二)我国保险监管机构

2018 年前,我国保险业的监管职能由原保监会行使;2018 年后,我国保险监管权主要由原银保监会行使,但拟订保险业重要法律法规草案和审慎监管基本制度的职责划入中国人民银行。在原银保监会内部,专司保险监管职责的主要是财险部(再保部)、人身险部、中介部与资金部等四个部门。其中,财险部(再保部)与人身险部分别承担财产保险(含再保险)机构与人身保险机构的准入管理;开展非现场监测、风险分析和监管评级,根据风险监管需要开展现场调查;提出个案风险监控处置和市场退出措施,并组织实施相关具体工作。中介部承担保险中介机构的准入管理;制定保险中介从业人员行为规范和从业要求;检查规范保险中介机构的市场行为,查处违法违规行为。资金部承担建立保险资金运用风险评价、预警和监控体系的具体工作;实施保险资金运用机构的准入管理;开展保险资金运用的非现场监测、风险分析和监管评级,根据风险监管需要开展现场调查;提出个案风险监控处置和市场退出措施,并组织实施相关具体工作。

2023 年 3 月,为实现除证券以外的金融业统一监管,强化机构监管、行为监管、功能监管、穿透式监管与持续监管,统筹金融消费者权益保护,加强金融风险管理和防范处置,根据《国务院关于提请审议国务院机构改革方案的议案》国务院将组建国家金融监督管理总局,作为国务院直属机构。国家金融监督管理总局在原银保监会的基础上组建,并将中国人民银行对金融控股公司等金融集团的日常监管,包括证券投资者在内的金融消费者保护等职责划入国家金融监督管理总局。从保险监管的专业性角度看,国家金融监督管理总局成立后,前述原银保监会按保险业务类型[7]进行内部机构划分的思路大概率会被沿用。

二、保险监管体制的发展

(一)分业监管的原因

在 2018 年原银监会与原保监会合并之前,我国实行的是银行业与保险业分业监管的体制。分业监管,是指由不同的金融监管机构对不同的金融产品、不同的金融机构和由此组成的金融市场进行分别监管,各监管机构在各自不同的权属范围内行使监管职权,履行监管义务,各个监管机构之间没有隶属关系。

分业监管的体制源于金融业分业经营的要求。所谓分业经营,是指商业银行、证券公司和保险公司只能经营各自的银行业务、证券业务和保险业务,不可兼营两个及以上的金融业务。政府对金融机构的分业经营要求始于美国。20 世纪 30 年代以前,各国政府对金融机构的经营活动限制较少,金融机构可以经营多种业务。1929 年美国爆发了经济危机,一万多家银行破产,而银行和证券的混业经营被认为是引发经济危机的主要原因,故美国 1933 年通过了《格拉斯—斯蒂格尔法案》(Glass – Steagall Act,也称为《1933 年银行法》),将投资银行和商业银行严格地划分开,由此确立了金融机构不得兼营银行、证券或保险业务的分业经营体制。然而,随

[7] 保险业务整体上分为三类:保险业务、投资业务与保险中介业务,其中,保险业务又分为财险业务与人身险业务。

着经济发展对金融业不断提出新的要求，为适应自20世纪70年代以来的金融创新浪潮，美国于1999年通过《1999年金融现代化法案》（Financial service modernization Act of 1999）。该法案允许成立“金融持股公司”或“银行持股公司”，以从事包括保险和证券在内的任何金融活动。自此，美国金融机构的分业经营自此转向混业经营。

（二）统一监管的趋势[8]

金融机构混业经营模式下，分业监管模式不可避免地会出现重叠监管或监管不足，监管机构之间信息交流、组织协调效率低下，监管成本高等问题，已经不能适应混业经营的金融实践，统一监管的必要性凸显。2008年美国爆发次贷危机，分业监管体制导致的金融衍生品监管不足是重要原因之一。

统一监管，又称为综合监管或混业经营监管，是指由一家金融监管机构对所有的金融机构、金融产品和金融市场进行监管，监管者不仅要对金融安全和稳定负责，防范和化解系统性金融风险，还要对金融机构的审慎经营、商业行为等进行全面的监管。从各国监管组织形式演变过程来看，随着金融企业分业经营向混业经营的演变，随着从事银行、证券或保险某一种单一业务的金融企业向综合经营、国际化经营的金融集团转变，以及各类金融业务之间交叉发展，各国的金融监管也由分业监管逐步向统一监管方向转变。[9] 2008年爆发次贷危机后，奥巴马政府着手改革金融监管体系，于2010年7月通过了《多德—弗兰克华尔街改革与消费者保护法案》。该法全面重塑美国金融监管体系，使美联储成为“超级监管者”，全面加强对大型金融控股集团的监管，同时设立消费者金融保护局，赋予其超越目前监管机构的权力。

与分业监管相比，统一监管的优势在于：有利于减少重叠性监管和交叉领域的监管空白，有效减少监管盲区；有利于不同金融行业的监管协调，分享信息和经验，提高监管效率；有利于金融创新，实现金融业的整体公共政策目标；有利于提高金融监管的权威性；有利于降低金融监管的成本。因此，2018年4月，我国金融监管体制进行了重大变革，由原银保监会对银行业与保险业统一监管，2023年则更进一步，由国家金融监管总局对除证券外的金融业进行统一监管。

三、保险监管的手段

（一）制定规范

制定规范，是指国家对保险业经营的各个方面制定一定要求或行为规范，由保险业经营者及从业者共同遵守的基本监管手段。在我国，立法监管的具体手段既包括立法机关所制定的法律，如《保险法》，也包括监管机构制定的大量行政规章及规范性文件，对此前文有具体介绍，此处不赘述。

（二）保险行政审批

保险审批，是指保险监督管理机构根据保险业经营者或保险从业者申请，经过依法审查，采取“批准”“同意”等发放文件或许可证的方式，准予其从事保险业、认可其资格资质的具体

---

[8] 欧盟金融业保持着全能银行的混业经营模式，其监管机构一直采取的是统一监管模式，故此处所指“统一监管趋势”主要指美国。

[9] 冷煜：《保险监管国际比较及发展趋势研究》，载《保险研究》2014年第3期。

行政行为。在保险市场发展的初级阶段,行政审批有利于维护市场秩序、规范市场主体的经营行为,但随着保险市场的不断发展,监管机构的行政审批内容过多将增加保险监管成本,不利于保险发展。从时间角度来看,随着保险监管执法理念的变化和监管能力的增强,我国保险审批事项呈不断减少的趋势。

(三)报告与信息披露要求

报告与信息披露,指保险业经营者按照监管机构规定的格式及其内容,将报告事项呈报给监管机构,并对外公布的行为。报告与信息披露,尤其是信息披露,是投资者、保单持有人等利益相关者对公司进行监督和行使权力的重要手段,也是监管部门及时维护保险市场秩序,促进保险市场健康发展的有效途径。例如,根据《保险法》规定,保险公司偿付能力报告、财务会计报告、精算报告、合规报告、公司治理报告、资金运用报告、信息安全报告及监管机构要求的其他报告、报表、文件和资料应报送监管机构,不得有虚假记载、误导性陈述和重大遗漏。

(四)现场检查与非现场检查

现场检查,是指保险监管机构在保险业经营者的经营、管理场所以及其他相关场所,采取查阅、复制文件和资料、查看实物、谈话及询问等方式对检查对象的规范运作情况进行监督检查的具体行政行为。一般来说,现场检查的目标是对公司的风险结构和承受风险的能力进行比较,找出有可能影响到保险公司偿付能力的问题。现场检查可以为监管机构提供非现场监督无法获得的信息,通过现场检查评估保险业经营者的决策过程及内部控制能力,制止非法或不正当的经营行为。监管机构还可以通过现场检查分析其所制定的规章制度,或为有关监管制度的制定收集信息。

非现场检查,即指保险监管机构制定一系列保险信息监管指标,由保险监管人员按照保险机构的业务与财务状况对其经营状况进行分析,及时掌握监管信息,制定监管措施。

(五)行政指导与行政约谈

行政指导,是行政机关和其他行政主体在其职权、职责或管辖事务范围内,为适应复杂多样化的经济和社会管理需要,制定法律规则、政策,或者适时灵活地采取符合法律精神、原则、规则或政策的说服、劝告、协商、建议、鼓励、帮助、警示、发布信息、提供行动指南等不具有强制力的方法,谋求相对人同意或协力,引导相对人作出或不作出某种行为,以有效实现一定行政目的的具体行政行为。在我国保险监管实践中,保险监管的行政指导主要体现为监管机构发布的各项指引,如《保险资金运用内部控制指引》《保险集团并表监管指引》《保险小额理赔服务指引(试行)》《保险资产风险五级分类指引》等。

行政约谈,是指依法享有监督管理职权的行政主体,发现其所监管的行政相对人出现特定问题,为防止发生违法行为,在事先约定的时间、地点与行政相对人进行沟通、协商,然后给予警示、告诫的一种非强制性具体行政行为。保险监管领域的行政约谈发生在保险业经营者的行为在合规方面出现问题时,由监管机构约请其股东、董事、监事或高级管理人员会谈,指出问题并要求其整改。根据《保险法》的规定,监管机构根据监管需要,可以与保险公司股东、实际控制人、董事、监事和高级管理人员进行监督管理谈话,要求其就公司的业务活动和风险管理的重大事项作出说明。

(六)压力测试

压力测试是确立系统稳定性的一种测试方法,在软件工程、金融风险管理等领域应用比较普遍。金融领域的压力测试主要由金融监管机构实施，以识别出可能影响特定金融产品或金融企业的损益或偿债能力的因素或情境。保险监管机构对保险公司的压力测试主要集中在偿付能力方面。所谓偿付能力压力测试，是指保险公司在基本情景和各种压力情景下对其未来一段时间内偿付能力充足率状况的预测和评价，旨在识别和预警导致偿付能力充足率不达标的主要风险因素，及时采取相应的管理和监管措施，预防偿付能力充足率不达标情况的发生。其中，基本情景是指保险公司合理估计的未来发生的情景，压力情景是指保险公司未来有可能发生并且会对偿付能力充足率产生重大不利影响的情景。

（七）评估与分类监管

监管评估，是指监管机构将法律法规对被监管对象的要求量化为各种具体指标，根据被监管对象的客观实际情况与前述指标的对比关系，以判断被监管对象履行各种合规要求的程度。监管评估与分类监管相联系。分类监管，是指监管机构根据评估结果将被监管对象分为不同监管类别，不同类别采取不同监管措施，一般来说对评估结果好的被监管对象采取相对宽松的监管手段，对评估结果不佳的采取较严格的监管手段。监管评估与分类监管一方面体现了对积极履行监管合规要求的被监管对象的激励，另一方面也有利于监管机构节省成本，并提高监管实效，是行政监管常用的手段。

在保险监管领域，分类监管在保险公司及保险中介机构都有体现。例如，在偿付能力监管方面，保险监管机构根据相关信息，以风险为导向，综合分析、评价保险公司的固有风险和控制风险，根据其偿付能力风险大小，将保险公司分为A、B、C、D四个监管类别，在市场准入、产品管理、资金运用、现场检查等方面实施差异化监管政策。

（八）调查取证与行政处罚

调查取证是指被监管对象有违法嫌疑时，由保险监管机构的调查人员收集有关信息与证据的行为。根据《保险法》的规定，监管机构调查人员的调查取证包括：(1)进入涉嫌违法行为发生场所；(2)询问有关单位和个人，要求其说明有关情况；(3)查阅、复制与被调查事件有关的财产权登记等资料；(4)查阅、复制与被调查事件有关的单位和个人的财务会计资料及其他相关文件和资料；(5)对可能被转移、隐匿或者毁损的文件和资料予以封存；(6)查询涉嫌违法经营的保险公司、保险代理人、保险经纪人、保险公估人、保险资产管理机构、外国保险机构的代表机构、股东、实际控制人以及与涉嫌违法事项有关的单位和个人的银行账户及开户信息等。

行政处罚是指行政机关或其他行政主体依法定职权和程序对违反行政法规尚未构成犯罪的相对人给予行政制裁的具体行政行为。行政处罚必须依法进行，必须与受罚人的违法行为的事实、性质、情节及社会危害程度相适应，保险监管领域的行政处罚亦然。《保险法》第七章“法律责任”共22个条文，除各一个条文涉及民事责任与刑事责任外，其余20个条文皆规定保险业经营者及保险业从业者的行政责任。根据保险业经营者违法行为的内容与违法严重程度，保险监管机构可给予取缔，罚款，没收违法所得，责令限期改正，限制业务范围，限制向股东分红，责令股东转让股权，限制固定资产购置或者经营费用规模，限制资金运用的形式与比例，限制增设分支机构，限制董事、监事、高级管理人员的薪酬水平，限制商业性广告，责令停止接受新业务，责令调整负责人及有关管理人员，责令停业整顿，吊销业务许可证，责令撤换外国保险机构驻华代表机构的首席代表或撤销外国保险机构驻华代表机构等行政处罚措施；对保险业从业者，可根据行为内容及违法严重程度，给予警告、罚款、撤销任职资格或从业资格、禁止一定期限直至终身进入保险业等行政处罚措施。

(九)整顿、管控与接管

整顿,是当被监管对象存在重大风险或重大违法违规行为拒不改正时,由监管机构选派或指定有关人员组成整顿组,常驻并督促被监管对象消除风险或改正违法违规行为。根据《保险法》的规定,保险公司有下列情形之一的,保险监管机构可以选派保险专业人员和指定该保险公司有关人员组成整顿组,对其进行整顿:依法采取相关措施后,保险公司仍然存在重大风险的;保险公司未依限期改正决定改正的。

管控,是指由监管机构依法对被监管对象的印章、资产、人员等进行控制,以防止其出现风险。根据《保险法》的规定,保险监管机构发现保险公司存在重大风险隐患,可以派出工作组对保险公司进行专项检查,对保险公司划拨资金、处置资产、调配人员、使用印章、订立以及履行合同等经营、管理活动进行管控。

接管,是金融监管领域一项特殊的监管手段,是指监管机构在被监管对象出现或可能出现信用危机时,由监管机构组织的接管组织行使被监管对象的经营管理权利,以防止出现更大风险。根据《保险法》的规定,保险公司有下列情形的,保险监管机构可以对其实施接管:公司的偿付能力严重不足的;违反本法规定,损害社会公共利益,可能严重危及或者已经严重危及公司的偿付能力的。

(十)撤销保险公司与组织清算

撤销保险公司,是指当保险公司出现特定事由的,由保险监管机构撤销其营业资格,保险公司进入清算程序。清算是指当公司解散事由出现后,由清算义务人组织形成清算组,由清算组负责清理与处分资产、了结债权债务及其他法律关系的程序。根据《保险法》的规定,保险公司因违法经营被依法吊销经营保险业务许可证的,或者偿付能力低于保险监管机构规定标准,不予撤销将严重危害保险市场秩序、损害公共利益的,由保险监管机构予以撤销并公告,依法及时组织清算组进行清算。

(十一)与其他机关联合采取法律措施

保险监管机构作为依法执行国家行政管理权力的机关之一,其执法范围存在边界,根据宪法及国家组织法律的规定,有些法律措施由其他国家机关执行。当保险监管需要采取这些措施时,保险监管机构必须与这些机关合作。例如,根据《保险法》的规定,保险公司或保险中介机构在整顿、接管、撤销清算期间,或者出现重大风险时,保险监管机构可以通知出境管理机关,依法阻止该公司直接负责的董事、监事、高级管理人员和其他直接责任人员出境;还可以申请司法机关禁止保险公司转移、转让或者以其他方式处分财产,或者在财产上设定其他权利;申请司法机关冻结或者查封保险公司资产或重要证据。

案例练习

材料一:

2006年,新华人寿原董事长关国亮挪用巨额公司资金的事件浮出水面。当时,原保监会调查称,关国亮8年间共挪用公司资金130亿元,但在后续的庭审中,检方只指控关国亮涉嫌职务侵占300万元，挪用资金2.6亿元。2007年，原保监会首次动用保险保障基金接管新华人寿，先后购买了隆鑫集团有限公司、海南格林岛投资有限公司等所持的新华人寿股权，接手价格为5.99元/股，持股数约为4.6亿股，占新华人寿股权的38.815%，位居第一大股东。2009年11月，保险保障基金公司宣布，将把新华人寿38.815%的股权整体转让给中央汇金公司。此次交易中，新华人寿每股8.7元，比保险保障基金接手时的每股5.99元，高出了2.71元，整个交易对价约为40亿元。以此计算，保险保障基金在本次交易中盈利12.5亿元。

在经历数年高速扩张之后，以作风激进著称的中华联合保险于2007年巨额亏损达64亿元，并从此开启了漫长的引资过程。尽管先后有法国安盛等方面表示有意介入，但最终都不了了之。2009年5月，新疆生产建设兵团投资有限公司将其所持有的61%中华联合保险的股权交由原保监会托管，原保监会开始介入中华联合保险。到了2011年12月，原保监会宣布，保险保障基金公司正式介入，并控股中华联合保险公司，持有约8.6亿股，持股比例为57.43%。2012年3月，保险保障基金再度斥巨资增持中华联合保险股权。据原保监会公告，中华联合保险的增资扩股请求被批准，公司注册资本由此前的15亿元变为75亿元。其中，高达60亿元增资的主角，只有保险保障基金一个。在增资完成后，保险保障基金持股比例也由此前的57.43%变为91.49%，而第二大股东新疆生产建设兵团投资有限责任公司仅持有2%的股权，保险保障基金成为单一大股东。2012年12月，中华联合保险对外宣布公司重组完成，东方资产管理公司以债转股方式注资78.1亿元，控股51%成为第一大股东，占据了近一半的董事会席位，保险保障基金列居第二大股东，持股比例为44.82%。[10]

材料二：

2月23日，原保监会官网发布公告称，安邦集团原董事长、总经理吴小晖因涉嫌经济犯罪，被依法提起公诉。鉴于安邦集团存在违反保险法规定的经营行为，可能严重危及公司偿付能力，为保持安邦集团照常经营，保护保险消费者合法权益，依照《保险法》第144条的规定，原保监会决定对安邦集团实施接管。公告称，原保监会会同有关方面组成了安邦集团接管工作组，将依法对安邦保险集团股份有限公司实施接管，接管期限自2018年2月23日起至2019年2月22日止。从接管开始之日起，安邦集团股东会、董事会、监事会停止履行职责，相关职能全部由接管工作组承担；接管工作组组长行使公司法定代表人职责，接管工作组行使安邦集团经营管理权。据悉，被接管后，安邦集团继续照常经营，公司债权债务关系不因接管而变化。接管工作组将依法履职，保持安邦集团稳定经营，依法保障保险消费者及各利益相关方合法权益。

问题：

(1)什么是保险公司接管？

(2)除保险公司接管外，保险监管机构还有哪些监管措施？

(3)为什么需要对保险公司进行监管？

---

〔10〕 资料源于曾鑫：《被保监会接管的险企们新华人寿是第一家》，载《证券时报》，http://stock.stcn.com/common/finalpage/edNews/2014/20140630/457427004375.shtml。

第十七章　保险监管的具体制度

本章导读

保险监管的主要对象是在保险合同中承担风险承担义务、以风险为经营内容的保险公司，保险监管制度大部分围绕可能影响其履行风险承担义务的因素设计，包括市场准入与退出、治理结构、会计准则、经营内容、保险资金运用、保险业务分出（再保险）、偿付能力等。偿付能力监管是保险监管的核心，我国"偿二代"监管体系为风险导向的监管；其他监管措施，包括保险中介机构监管、保险公司信用评级与保险保障基金，与保险公司监管一起构成保险监管的主要制度内容。

第一节　保险公司的市场准入与退出

一、市场准入与退出

保险市场准入，即保险业务经营资格的行政许可，是指从事保险业的法人或自然人必须依法取得保险监管机构的批准，取得相关保险经营许可证或从业资格证后方能从事保险业。要求保险业经营者具备一定条件，并经监管机构许可后方可进入保险市场，是世界各国保险监管的通行做法。根据我国《保险法》的规定，设立保险公司的法人机构或分支机构，除应符合法律规定的设立条件外，还应当向保险监管机构提出书面申请，取得相关业务行政许可后，方可向市场监管机构申请营业执照。保险公司设立保险资产管理公司、设立境内外子公司或分支机构，也应取得保险监管机构批准。

对保险公司实行市场准入的主要原因有二，一是保护投保人、被保险人与受益人的利益，二是维持保险市场的适度竞争与市场秩序。设置保险公司准入条件，包括注册资本、具备专业知识和业务工作经验的董监高、符合保险经营要求的组织机构和管理制度以及展开保险经营必需的营业场所与设施，使为投保人等提供保险保障的经营者具有相应经营能力，方能确保保险合同相对方的利益。另外，通过保险准入的行政许可，保险监管机构可根据保险市场容量对保险经营者的数量予以控制，使特定区域的保险市场竞争程度维持在较适当的水平，避免经营者过多而导致恶性竞争，产生"劣币驱逐良币"的负面效应，从而破坏保险市场秩序并损害保险业的长期发展。

二、保险公司的市场准入

（一）准入条件

我国保险市场进入的壁垒非常明显，表现为国家对保险公司的设立实行行政许可制，严格限制进入保险市场的企业。根据我国《保险法》的规定，设立保险公司必须具备以下条件：(1)主要股东具有持续盈利能力，信誉良好，最近3年内无重大违法违规记录，净资产不低于人民币2亿元；(2)有符合《保险法》和《公司法》规定的章程；(3)有符合《保险法》与保险监管机构规定标准的最低注册资本，且其注册资本必须为实缴货币资本；(4)有具备任职专业知识和业务工作经验的董事、监事和高级管理人员；(5)有健全的组织机构和管理制度；(6)有符合要求的营业场所和与经营业务有关的其他设施；(7)法律、行政法规和保险监管机构规定的其他条件。

为细化保险公司准入与退出的行政管理，保险监管机构制定了《保险公司管理规定》(2015年修订)，详细规定了保险公司准入与退出的具体程序。

(二)股东资格

作为金融企业，保险公司能以较低成本从市场获取大量资金，历来是资本冒险家竞相追逐的投资对象。实力与信用不足的投资者天然有着迫切的获利或变现需求，一旦任其成为保险公司股东甚至控股股东，其通过不法手段实现获利或变现的动力远远大于实力与信用充足的股东。因此，保险公司市场准入的基础措施在于设立保险公司的投资门槛，将实力与信用不足的投资者拒之门外。

根据《保险公司股权管理办法》第6条的规定，符合条件的以下投资人可以成为保险公司股东：(1)境内企业法人；(2)境内有限合伙企业；(3)境内事业单位、社会团体；(4)境外金融机构。但是，事业单位和社会团体只能成为保险公司财务Ⅰ类股东，国务院另有规定的除外；自然人只能通过购买上市保险公司股票成为保险公司财务Ⅰ类股东，保险监管机构另有规定的除外。该办法第18条规定，投资人有下列情形之一的，不得成为保险公司的股东：(1)因严重失信行为被国家有关单位确定为失信联合惩戒对象且应当在保险领域受到相应惩戒；(2)股权结构不清晰或者存在权属纠纷；(3)曾经委托他人或者接受他人委托持有保险公司股权；(4)曾经投资保险业，存在提供虚假材料或者作不实声明的行为；(5)曾经投资保险业，对保险公司经营失败负有重大责任未逾3年；(6)曾经投资保险业，对保险公司重大违规行为负有重大责任；(7)曾经投资保险业，拒不配合中国保监会监督检查。

该办法第8条规定，财务Ⅰ类股东应当具备以下条件：(1)经营状况良好，有合理水平的营业收入；(2)财务状况良好，最近一个会计年度盈利；(3)纳税记录良好，最近3年内无偷漏税记录；(4)诚信记录良好，最近3年内无重大失信行为记录；(5)合规状况良好，最近3年内无重大违法违规记录；(6)法律、行政法规以及保险监管机构规定的其他条件。

该办法第9条规定，财务Ⅱ类股东除符合前述财务Ⅰ类股东条件外，还应当具备以下条件：(1)信誉良好，投资行为稳健，核心主业突出；(2)具有持续出资能力，最近2个会计年度连续盈利；(3)具有较强的资金实力，净资产不低于2亿元人民币；(4)法律、行政法规以及保险监管机构规定的其他条件。

该办法第10条规定，战略类股东除符合前述财务Ⅰ类与财务Ⅱ类股东的条件外，还应当具备以下条件：(1)具有持续出资能力，最近3个会计年度连续盈利；(2)净资产不低于10亿元人民币；(3)权益性投资余额不得超过净资产；(4)法律、行政法规以及中国保监会规定的其他条件。

该办法第11条规定，控制类股东除符合前述财务Ⅰ类、财务Ⅱ类及战略类股东的条件外，还应当具备以下条件：(1)总资产不低于100亿元人民币；(2)最近一年末净资产不低于总资产的30%;(3)法律、行政法规以及中国保监会规定的其他条件。国家另有规定的,金融机构可以不受前款第二项限制。投资人成为保险公司的控制类股东,应当具备投资保险业的资本实力、风险管控能力和审慎投资理念。该办法第19条规定,有下列情形之一的,不得成为保险公司的控制类股东或实际控制人:(1)现金流量波动受经济景气影响较大;(2)经营计划不具有可行性;(3)财务能力不足以支持保险公司持续经营;(4)核心主业不突出且其经营范围涉及行业过多;(5)公司治理结构与机制存在明显缺陷;(6)关联企业众多、股权关系复杂且不透明、关联交易频繁且异常;(7)在公开市场上有不良投资行为记录;(8)曾经有不诚信商业行为,造成恶劣影响;(9)曾经被有关部门查实存在不正当行为;(10)其他对保险公司产生重大不利影响的情况。

(三)入股资金要求

投资人取得保险公司股权,应当使用来源合法的自有资金。投资人不得通过设立持股机构、转让股权预期收益权等方式变相规避自有资金监管规定;根据穿透式监管和实质重于形式原则,监管机构可以对自有资金来源向上追溯认定。投资人为保险公司的,不得利用其注册资本向其子公司逐级重复出资。投资人不得直接或者间接通过以下资金取得保险公司股权:(1)与保险公司有关的借款;(2)以保险公司存款或者其他资产为担保获取的资金;(3)不当利用保险公司的财务影响力,或者与保险公司的不正当关联关系获取的资金;(4)保险监管机构禁止的其他方式获取的资金。严禁挪用保险资金,或者以保险公司投资信托计划、私募基金、股权投资等获取的资金对保险公司进行循环出资。

三、保险公司的设立程序

根据《保险法》与《保险公司管理规定》的规定,设立保险公司法人机构必须先向保险监管机构提出设立申请,保险监管机构应当对设立保险公司的申请进行审查,自受理之日起六个月内作出批准或者不批准筹建的决定,并书面通知申请人。实践中,保险监管机构同意设立保险公司的,以批复的形式批准筹建(如图17-1)。得到筹建批准后,申请人方可筹建保险公司。筹建工作满足保险公司设立的条件后,申请人再向保险监管机构提出开业申请,保险监管机构决定批准的,颁发保险许可证(如图17-2)。此后,申请人凭保险许可证再向市场监管机关申请保险公司营业执照。保险公司在境内设立分支机构或者境外设立子公司、分支机构的,或者外国保险机构在我国境内设立代表机构的,也应当经保险监督管理机构批准。

中国银保监会关于
筹建中国融通财产保险有限公司的批复

中国融通财产保险有限公司筹备组:

你筹备组《关于设立中国融通财产保险有限公司的请示》(融保筹字〔2021〕7号)收悉。经审核现批复如下:

一、同意中国融通资产管理集团有限公司、中国融通房地产集团有限公司、中国融通农业发展集团限公司、中国融通旅业发展集团有限公司等4家单位共同发起筹建中国融通财产保险有限公司,注册资本亿元人民币,注册地上海市。拟任董事长李耀。

二、你筹备组应当自收到批准筹建文件之日起一年内完成筹建工作,筹建期间不得从事任何经营业活动,未经批准不得变更投资人和拟任董事长。

图17-1 保险公司筹建批复

图 17－2　保险许可证

原银保监会成立之前，中资保险机构的市场准入由原保监会内设的中资保险法人机构准入审核委员会集体审议；原银保监会设立后，由其财险部（再保部）、人身险部、中介部与资金部分别负责财产保险公司、人身保险公司、中介机构与保险资金管理公司的市场准入管理。国家金融监督管理总局成立后，则由其金融机构准入司负责保险业相关机构的准入管理。

四、保险公司的市场退出

（一）市场退出的行政许可

保险公司市场退出，是指保险公司基于一定事由、经过法定程序而终止法人资格。保险经营者，尤其是提供保险服务的保险公司，是公司类企业的一种，原则上应适用公司解散、清算、破产等程序退出市场。但是，保险公司是从事保险金融服务的特殊营业者，其退出将直接影响保险监管目标的实现，尤其涉及与其缔结保险合同关系的投保人等的权益保护，必须由保险监管机构干预，投保人等的权益得到安排之后保险公司方可退出市场。因此，《保险法》规定，保险公司的解散或破产应取得保险监管机构的行政许可。

（二）保险公司解散与清算

关于保险公司的解散，根据《保险法》的规定，经营有人寿保险业务的保险公司，除因分立、合并或者被依法撤销外，不得解散；其他保险公司因分立、合并需要解散，或者股东会决议解散，或者公司章程规定的解散事由出现，必须经国务院保险监督管理机构批准后才可解散。

保险公司是公司的一种，其解散事由出现后，应当设立清算组对保险公司进行清算，以了结保险公司存续期间缔结的各种社会关系。不过，保险公司从事的特殊营业，需要由保险法律法规明确其解散与清算的特殊规则。依据《保险法》的规定，保险公司解散，应当依法成立清算组进行清算，清算工作由保险监管机构监督指导。清算组应当自成立之日起 10 日内通知债权人，并于 60 日内在中国保监会指定的报纸上至少公告 3 次。清算组应当委托资信良好的会计师事务所、律师事务所，对公司债权债务和资产进行评估。保险公司的资产处分应当采取公开拍卖、协议转让或者保险监管机构认可的其他方式。在保险合同责任清算完毕之前，公司股东不得分配公司资产，或者从公司取得任何利益。

(三)保险公司破产

关于保险公司破产,根据《保险法》第 90 条的规定,保险公司出现破产原因后,保险公司或者其债权人不能直接到法院申请破产,必须经保险监管机构同意后才可申请进入重整、和解或破产清算的司法程序。与一般公司的破产申请人限于债权人与出现破产原因的债务人相比,《保险法》还规定了保险监管机构可以依法向法院申请对保险公司进行重整或者破产清算。

在保险公司破产清算的情形下,如不对被保险人或受益人的保险金债权与其他普通债权予以区别对待,将违背保险的保障性。因此,《保险法》提升了保险金债权的受偿顺位,仅次于职工的劳动债权,优先于社会保险费用和国家的税收债权。依《保险法》第 91 条第 1 款的规定,保险公司进入破产清算程序的,破产财产在优先清偿破产费用和共益债务后,按照下列顺序清偿:(1)所欠职工工资和医疗、伤残补助、抚恤费用,所欠应当划入职工个人账户的基本养老保险、基本医疗保险费用,以及法律、行政法规规定应当支付给职工的补偿金;(2)赔偿或者给付保险金;(3)保险公司欠缴的除第(1)项规定以外的社会保险费用和所欠税款;(4)普通破产债权。

为防止经营人寿保险业务的保险公司因行政或司法原因强制退出后损害保险消费者的利益,《保险法》规定,经营有人寿保险业务的保险公司被依法撤销或者被依法宣告破产的,其持有的人寿保险合同及责任准备金,必须转让给其他经营有人寿保险业务的保险公司;不能同其他保险公司达成转让协议的,由保险监管机构指定经营有人寿保险业务的保险公司接受转让。

第二节 保险公司的治理监管

一、保险公司治理的特殊性

如第十六章所述,保险公司经营具有风险性、负债性与高度信息不对称性。首先,合理有效的公司治理机制能够帮助保险公司及时做出正确市场决策,以避免各种经营风险。对以风险为其营业内容的保险公司而言,风险的识别与管理更为重要,而这有赖于完善的公司治理。保险公司首先是公司,其治理应该遵循《公司法》规定的一般原则与法律要求。但是,保险公司又是经营保险业的特殊公司,如不针对其行业经营特点制定特殊规则,可能因其治理不完善引发从被保险人到保险市场等各个层面的风险。其次,普通公司信息不对称主要存在于公司所有者(股东)与经营者(董事与经理等高级管理人员)之间,而保险公司的这种信息不对称更多出现在债权人(投保人、被保险人与受益人)与债务人(保险公司)以及保险监管者与被监管者(保险公司)之间。对保险公司监管所需的信息主要源于保险公司,其真实性主要依赖于有效的公司治理结构。因此,通过立法及保险监管机构对保险公司治理提出特殊的公司治理要求,使保险公司建立有效的公司治理,成为健康自律的市场主体,将大大节约保险监管成本,并提高监管效率。

我国有关保险公司治理的法律规范一部分规定在《保险法》中,多数则以保险监管机构制定的部门规章或规范性文件的形式存在，如《保险公司股权管理办法》《保险公司控股股东管理办法》《银行保险机构治理准则》《保险公司董事、监事和高级管理人员任职资格管理规定》等。

二、我国保险公司治理的特殊规则

（一）保险公司股权的穿透式监管与股东分类监管

保险监管机构对我国保险公司股权监管模式呈现了持股比例限制到穿透式监管与分类监管的变迁。2018 年《保险公司股权管理办法》修订前，为防止保险公司被滥用为控股股东或实际控制人的融资平台，监管机构要求中资保险公司的单一股东（包括关联方）持股比例不超过 20%，但股东满足"具有持续出资能力，最近三个会计年度连续盈利；具有较强的资金实力，净资产不低于 2 亿元；信誉良好，在本行业内处于领先地位"等三个条件、经监管机构批准的保险公司股东，不受此比例限制。为防止保险公司股东通过代持股权规避这一要求，《保险公司股权管理办法》明文禁止委托或者接受委托代持保险公司的股权。2018 年修订后，保险监管机构对保险公司股权实行穿透式监管与分类监管。

所谓"穿透式监管"，是指监管者发现市场参与者的真实身份，识别隐藏在形式背后的实质交易，再借助恰当的法律规范和监管手段，实现对金融交易关系的深度和有效调整。[1]《保险公司股权管理办法》第 3 条第 2 款规定，保险监管机构按照实质重于形式的原则，依法对保险公司股权实施穿透式监管，股权监管贯穿以下环节：（1）投资设立保险公司；（2）变更保险公司注册资本；（3）变更保险公司股权；（4）保险公司上市；（5）保险公司合并、分立；（6）保险公司治理；（7）保险公司风险处置或者破产清算。保险公司股权穿透式监管的目的在于准确识别保险公司的实际控制人，以便明确保险公司的市场准入、公司治理、经营管理行为与偿付能力等重大方面的责任主体。

保险公司的股东分类监管，由保险监管机构将保险公司股东予以分类，针对不同类型的股东施加不同资格标准与具体义务。根据《保险公司股权管理办法》第 4 条的规定，保险公司股东分为四类，即财务Ⅰ类股东、财务Ⅱ类股东、战略类股东与控制类股东。财务Ⅰ类股东指持有保险公司股权不足 5% 的股东；财务Ⅱ类股东指持有保险公司股权 5% 以上，但不足 15% 的股东；战略类股东指持有保险公司股权 15% 以上，但不足 1/3 的股东，或者其出资额、持有的股份所享有的表决权已足以对保险公司股东会的决议产生重大影响的股东；控制类股东指持有保险公司股权 1/3 以上，或者其出资额、持有的股份所享有的表决权已足以对保险公司股东会的决议产生控制性影响的股东。

（二）股东义务

保险公司股东除按照公司法等法律法规及监管规定履行股东义务外，还应当承担如下义务：（1）使用来源合法的自有资金入股保险公司，不得以委托资金、债务资金等非自有资金入股，法律法规或者监管制度另有规定的除外；（2）持股比例和持股机构数量符合监管规定，不得委托他人或者接受他人委托持有保险公司股份；（3）按照法律法规及监管规定，如实向保险公司告知财务信息、股权结构、入股资金来源、控股股东、实际控制人、关联方、一致行动人、最终

---

〔1〕 叶林、吴烨：《金融市场的"穿透式"监管论纲》，载《法学》2017 年第 12 期。

受益人、投资其他金融机构情况等信息;(4)股东的控股股东、实际控制人、关联方、一致行动人、最终受益人发生变化的,相关股东应当按照法律法规及监管规定,及时将变更情况书面告知保险公司;(5)股东发生合并、分立,被采取责令停业整顿、指定托管、接管、撤销等措施,或者进入解散、清算、破产程序,或者其法定代表人、公司名称、经营场所、经营范围及其他重大事项发生变化的,应当按照法律法规及监管规定,及时将相关情况书面告知保险公司;(6)股东所持保险公司股份涉及诉讼、仲裁、被司法机关等采取法律强制措施、被质押或者解质押的,应当按照法律法规及监管规定,及时将相关情况书面告知保险公司;(7)股东转让、质押其持有的保险公司股份,或者与保险公司开展关联交易的,应当遵守法律法规及监管规定,不得损害其他股东和保险公司利益;(8)股东及其控股股东、实际控制人不得滥用股东权利或者利用关联关系,损害保险公司、其他股东及利益相关者的合法权益,不得干预董事会、高级管理层根据公司章程享有的决策权和管理权,不得越过董事会、高级管理层直接干预保险公司经营管理;(9)保险公司发生风险事件或者重大违规行为的,股东应当配合监管机构开展调查和风险处置;(10)法律法规、监管规定及公司章程规定股东应当承担的其他义务。保险公司应当在公司章程中列明上述股东义务,并明确发生重大风险时相应的损失吸收与风险抵御机制。

另外,投资人自成为控制类股东之日起五年内不得转让所持有的股权,自成为战略类股东之日起3年内不得转让所持有的股权,自成为财务Ⅱ类股东之日起2年内不得转让所持有的股权,自成为财务Ⅰ类股东之日起1年内不得转让所持有的股权。

(三)股东违法行为的法律后果

保险公司股东或者相关当事人违反《保险公司股权管理办法》规定的,根据《保险公司股权管理办法》第82条的规定,保险监管机构可以采取以下监管措施:(1)通报批评并责令改正。(2)公开谴责并向社会披露。(3)限制其在保险公司的有关权利。(4)依法责令其转让或者拍卖其所持股权。股权转让完成前,限制其股东权利。限期未完成转让的,由符合中国保监会相关要求的投资人按照评估价格受让股权。(5)限制其在保险业的投资活动,并向其他金融监管机构通报。(6)依法限制保险公司分红、发债、上市等行为。(7)保险监管机构可以依法采取的其他措施。

保险监管机构建立了保险公司投资人市场准入负面清单,记录投资人违法违规情况,并正式函告保险公司和投资人。根据投资人违法违规情节,可以限制其5年以上直至终身不得再次投资保险业。涉嫌犯罪的,依法移送司法机关。

三、党的领导

国有保险公司应当将党建工作要求写入公司章程,列明党组织的职责权限、机构设置、运行机制、基础保障等重要事项,落实党组织在公司治理结构中的法定地位。应当坚持和完善“双向进入、交叉任职”领导体制,符合条件的党委班子成员可以通过法定程序进入董事会、监事会、高级管理层,董事会、监事会、高级管理层中符合条件的党员可以依照有关规定和程序进入党委。党委书记、董事长一般由一人担任,党员行长(总经理)一般担任副书记。重大经营管理事项必须经党委研究讨论后,再由董事会或高级管理层作出决定。持续健全党委领导下以职工代表大会为基本形式的民主管理制度,重大决策应当听取职工意见,涉及职工切身利益的重大问题必须经过职工代表大会或者职工大会审议,保证职工代表依法有序参与公司治理。

民营保险公司要按照党组织设置有关规定，建立党的组织机构，宣传贯彻党的路线方针政策，团结凝聚职工群众，维护各方合法权益，建设先进企业文化，促进保险公司持续健康发展。

四、股东会

《银行保险机构治理准则》第18条规定，除《公司法》规定的职权外，保险公司股东会职权至少应当包括：(1)对公司上市作出决议；(2)审议批准股东会、董事会和监事会议事规则；(3)审议批准股权激励计划方案；(4)依照法律规定对收购本公司股份作出决议；(5)对聘用或解聘为公司财务报告进行定期法定审计的会计师事务所作出决议；(6)审议批准法律法规、监管规定或者公司章程规定的应当由股东会决定的其他事项。《公司法》及前述股东会职权不得授予董事会、其他机构或者个人行使。

保险公司股东会会议分为年度股东会和临时股东会。保险公司应当于每一会计年度结束后6个月内召开年度股东会。保险公司应当按照《公司法》有关规定，召开临时股东会。1/2以上且不少于2名独立董事提议召开临时股东会的，应当在2个月内召开临时股东会。年度股东会或临时股东会未能在规定期限内召开的，应当向监管机构书面报告并说明原因。保险公司应当制定股东会议事规则；股东会议事规则由董事会负责制订，经股东会审议通过后执行。股东会会议应当以现场会议方式召开，同时应当建立安全、经济、便捷的网络或采用其他方式，为中小股东参加股东会提供便利条件。

保险公司股东会作出决议，必须经出席会议的股东所持表决权过半数通过。但下列事项必须经出席会议股东所持表决权2/3以上通过：(1)增加或者减少注册资本；(2)发行公司债券或者公司上市；(3)合并、分立、解散、清算或者变更公司形式；(4)修改公司章程；(5)罢免独立董事；(6)审议批准股权激励计划方案；(7)法律法规、监管规定或者公司章程规定的，需要经出席会议股东所持表决权2/3以上通过的其他事项。股东会应当将所议事项的决定作成会议记录，会议记录保存期限为永久。

五、董事与董事会

董事会是公司治理结构的核心。根据《银行保险机构治理准则》的规定，与普通公司相比，保险公司董事会应遵守如下特殊规则。

(一)董事

保险公司应当在公司章程中规定董事的提名及选举制度，明确提名主体资格、提名及审核程序、选举办法等内容。单独或者合计持有保险公司有表决权股份总数3%以上的股东、董事会提名委员会有权提出非独立董事候选人。除国家另有规定外，同一股东及其关联方提名的董事原则上不得超过董事会成员总数的1/3。董事会提名委员会应当避免受股东影响，独立、审慎地行使董事提名权。

保险公司董事履行如下职责或义务：(1)持续关注公司经营管理状况，有权要求高级管理层全面、及时、准确地提供反映公司经营管理情况的相关资料或就有关问题作出说明。(2)按时参加董事会会议，对董事会审议事项进行充分审查，独立、专业、客观地发表意见，在审慎判断的基础上独立作出表决。(3)对董事会决议承担责任。(4)对高级管理层执行股东会、董事会决议情况进行监督。(5)积极参加公司和监管机构等组织的培训，了解董事的权利和义务，熟悉有关法律法规及监管规定,持续具备履行职责所需的专业知识和能力。(6)在履行职责时,对公司和全体股东负责,公平对待所有股东;执行高标准的职业道德准则,并考虑利益相关者的合法权益。(7)对公司负有忠实、勤勉义务,尽职、审慎履行职责,并保证有足够的时间和精力履职。(8)遵守法律法规、监管规定和公司章程。

董事应当每年至少亲自出席2/3以上的董事会现场会议;因故不能亲自出席的,可以书面委托其他董事代为出席,但独立董事不得委托非独立董事代为出席。一名董事原则上最多接受两名未亲自出席会议董事的委托。在审议关联交易事项时,非关联董事不得委托关联董事代为出席。

董事在任期届满前提出辞职的,应当向董事会提交书面辞职报告。因董事辞职导致董事会人数低于公司法规定的最低人数或公司章程规定人数的2/3时,在新的董事就任前,提出辞职的董事应当继续履行职责。正在进行重大风险处置的保险公司董事,未经监管机构批准不得辞职。

因董事被股东会罢免、死亡、独立董事丧失独立性辞职,或者存在其他不能履行董事职责的情况,导致董事会人数低于公司法规定的最低人数或董事会表决所需最低人数时,董事会职权应当由股东会行使,直至董事会人数符合要求。董事任期届满,或董事会人数低于《公司法》规定的最低人数或公司章程规定人数的2/3时,保险公司应当及时启动董事选举程序,召开股东会选举董事。

(二)独立董事

保险公司应当建立独立董事制度,独立董事人数原则上不低于董事会成员总数1/3。单独或者合计持有保险公司有表决权股份总数1%以上股东、董事会提名委员会、监事会可以提出独立董事候选人。已经提名非独立董事的股东及其关联方不得再提名独立董事。

独立董事在一家保险公司累计任职不得超过6年。独立董事应当保证有足够的时间和精力有效履行职责,一名自然人最多同时在5家境内外企业担任独立董事。同时在保险公司担任独立董事的,相关机构应当不具有关联关系,不存在利益冲突。一名自然人不得在超过两家商业银行同时担任独立董事,不得同时在经营同类业务的保险机构担任独立董事。

独立董事应当对股东会或者董事会审议事项发表客观、公正的独立意见,尤其应当就以下事项向股东会或董事会发表意见:(1)重大关联交易;(2)董事的提名、任免以及高级管理人员的聘任和解聘;(3)董事和高级管理人员的薪酬;(4)利润分配方案;(5)聘用或解聘为公司财务报告进行定期法定审计的会计师事务所;(6)其他可能对保险公司、中小股东、金融消费者合法权益产生重大影响的事项;(7)法律法规、监管规定或者公司章程规定的其他事项。独立董事应当诚信、独立、勤勉履行职责,切实维护保险公司、中小股东和金融消费者的合法权益,不受股东、实际控制人、高级管理层或者其他与保险公司存在重大利害关系的单位或者个人的影响。保险公司出现公司治理机制重大缺陷或公司治理机制失灵的,独立董事应当及时将有关情况向监管机构报告。

独立董事辞职导致董事会中独立董事人数占比少于1/3的,在新的独立董事就任前,该独立董事应当继续履职,因丧失独立性而辞职和被罢免的除外。独立董事享有与其他董事同等的知情权,保险公司应当保障独立董事的知情权,及时完整地向独立董事提供参与决策的必要信息,并为独立董事履职提供必需的工作条件。独立董事连续三次未亲自出席董事会会议的,视为不履行职责,保险公司应当在3个月内召开股东会罢免其职务并选举新的独立董事。

（三）董事会

保险公司董事会由执行董事[2]、非执行董事[3]（含独立董事）组成，人数至少为5人，集体行使董事会职权。保险公司应当在公司章程中明确规定董事会构成，包括执行董事、非执行董事（含独立董事）的人数。董事会设董事长一人，可以设副董事长。董事长和副董事长由全体董事过半数选举产生。董事会议事规则由董事会制订，股东会批准后实施。保险公司应当设立董事会秘书。董事会秘书由董事长提名，董事会聘任和解聘，对董事会负责。

董事会对股东会负责，董事会职权由公司章程根据法律法规、监管规定和公司情况明确规定。除《公司法》规定的职权外，保险公司董事会职权至少应当包括：（1）制订公司增加或者减少注册资本、发行债券或者其他证券及上市的方案；（2）制订公司重大收购、收购本公司股份或者合并、分立、解散及变更公司形式的方案；（3）按照监管规定，聘任或者解聘高级管理人员，并决定其报酬、奖惩事项，监督高级管理层履行职责；（4）依照法律法规、监管规定及公司章程，审议批准公司对外投资、资产购置、资产处置与核销、资产抵押、关联交易、数据治理等事项；（5）制定公司发展战略并监督战略实施；（6）制定公司资本规划，承担资本或偿付能力管理最终责任；（7）制定公司风险容忍度、风险管理和内部控制政策，承担全面风险管理的最终责任；（8）负责公司信息披露，并对会计和财务报告的真实性、准确性、完整性和及时性承担最终责任；（9）定期评估并完善保险公司的公司治理；（10）制订章程修改方案，制订股东会议事规则、董事会议事规则，审议批准董事会专门委员会工作规则；（11）提请股东会聘用或者解聘为公司财务报告进行定期法定审计的会计师事务所；（12）维护金融消费者和其他利益相关者合法权益；（13）建立保险公司与股东特别是主要股东之间利益冲突的识别、审查和管理机制；（14）承担股东事务的管理责任；（15）公司章程规定的其他职权。《公司法》规定的董事会职权原则上不得授予董事长、董事、其他机构或个人行使。某些具体决策事项确有必要授权的，应当通过董事会决议的方式依法进行。授权应当一事一授，不得将董事会职权笼统或永久授予其他机构或个人行使。

董事会会议分为定期会议和临时会议。定期会议每年度至少召开4次，每次会议应当至少于会议召开10日前通知全体董事和监事。有下列情形之一的，保险公司应当召开董事会临时会议：（1）代表1/10以上表决权的股东提议时；（2）1/3以上董事提议时；（3）两名以上独立董事提议时；（4）监事会提议时；（5）董事长认为有必要的。

董事会会议应有过半数的董事出席方可举行。董事会决议可以采用现场会议表决和书面传签表决两种方式作出。董事会表决实行一人一票。董事会作出决议，必须经全体董事过半数通过；利润分配方案、薪酬方案、重大投资、重大资产处置方案、聘任或解聘高级管理人员、资本补充方案等重大事项不得采取书面传签方式表决，并且应当由2/3以上董事表决通过。董事会应当将现场会议所议事项的决定作成会议记录，出席会议的董事应当在会议记录上签名；会议记录应永久保存。保险公司应当采取录音、录像等方式记录董事会现场会议情况。

（四）董事会专门委员会

保险公司董事会应当根据法律法规、监管规定和公司情况，单独或合并设立专门委员会，

---

[2] 执行董事是指在银行保险机构除担任董事外，还承担高级管理人员职责的董事。

[3] 非执行董事是指在银行保险机构不担任除董事外的其他职务，且不承担高级管理人员职责的董事。

如战略、审计、提名、薪酬、关联交易控制、风险管理、消费者权益保护等专门委员会。保险公司应当根据监管规定设立资产负债管理委员会。专门委员会成员应当具备与专门委员会职责相适应的专业知识或工作经验。审计、提名、薪酬、风险管理、关联交易控制委员会中独立董事占比原则上不低于1/3,审计、提名、薪酬、关联交易控制委员会应由独立董事担任主任委员或负责人。审计委员会成员应当具备财务、审计、会计或法律等某一方面的专业知识和工作经验。董事会应当制定专门委员会议事规则和工作程序。

六、监事与监事会

(一)监事

保险公司监事为自然人,由股东会或职工民主选举产生、罢免;董事、高级管理人员不得兼任监事。监事每届任期不得超过3年,任期届满,可以连选连任。外部监事在一家保险公司累计任职不得超过6年。监事应当每年至少亲自出席2/3以上的监事会现场会议,因故不能亲自出席的,可以书面委托其他监事代为出席。监事任期届满未及时改选,或者监事在任期内辞职导致监事会成员低于法定人数的,在改选出的监事就任前,原监事仍应当依照法律法规和公司章程的规定,继续履行监事职责。

保险公司应当在公司章程中规定监事的提名及选举制度,明确提名主体资格、提名及审核程序、选举办法等内容。非职工监事由股东或监事会提名,职工监事由监事会、保险公司工会提名。除国家另有规定外,已经提名董事的股东及其关联方不得再提名监事。

保险公司监事履行如下职责:(1)可以列席董事会会议,并对董事会决议事项提出质询或者建议;(2)按时参加监事会会议,对监事会决议事项进行充分审查,独立、专业、客观发表意见,在审慎判断的基础上独立作出表决;(3)对监事会决议承担责任;(4)积极参加公司和监管机构等组织的培训,了解监事的权利和义务,熟悉有关法律法规,持续具备履行职责所需的专业知识和能力;(5)对公司负有忠实、勤勉义务,尽职、审慎履行职责,并保证有足够的时间和精力履职;(6)监事应当积极参加监事会组织的监督检查活动,有权依法进行独立调查、取证,实事求是提出问题和监督意见;(7)遵守法律法规、监管规定和公司章程。

(二)监事会

保险公司监事会由股东监事、外部监事[4]和职工监事组成,对股东会负责。监事会成员不得少于3人,其中职工监事的比例不得低于1/3,外部监事的比例不得低于1/3。保险公司应当在公司章程中明确规定监事会构成,包括股权监事、外部监事、职工监事的人数。监事会设主席一人,可以设副主席。监事会主席和副主席由全体监事过半数选举产生。保险公司可以根据本公司情况,在监事会设立提名委员会、监督委员会等专门委员会。保险公司应当制定监事会议事规则;监事会议事规则应当由监事会制定,股东会批准。

保险公司监事会职权由公司章程根据法律法规、监管规定和公司情况明确规定。监事会除依据公司法等法律法规和公司章程履行职责外,还应当重点关注以下事项:(1)监督董事会确立稳健的经营理念、价值准则和制定符合公司情况的发展战略;(2)对公司发展战略的科学

---

〔4〕 外部监事是指在银行保险机构不担任除监事以外的其他职务,并且与银行保险机构及其股东、实际控制人不存在可能影响其独立客观判断关系的监事。

性、合理性和稳健性进行评估，形成评估报告；(3)对公司经营决策、风险管理和内部控制等进行监督检查并督促整改；(4)对董事的选聘程序进行监督；(5)对公司薪酬管理制度实施情况及高级管理人员薪酬方案的科学性、合理性进行监督；(6)法律法规、监管规定和公司章程规定的其他事项。

监事会会议每年度至少召开4次，监事可以提议召开监事会临时会议。监事会决议可以采用现场会议表决和书面传签表决两种方式作出。监事会作出决议，必须经全体监事过半数通过。监事会应当将现场会议所议事项的决定作成会议记录，并永久保存；出席会议的监事应当在会议记录上签名。

七、高级管理层

保险公司应当根据法律法规、监管规定和公司情况，在公司章程中明确高级管理人员范围与职责，清晰界定董事会与高级管理层之间的关系。保险公司应当严格依照有关法律法规、监管规定和公司章程，选聘高级管理人员。控股股东、实际控制人及其关联方不得干预高级管理人员的正常选聘程序，不得越过董事会直接任免高级管理人员。

高级管理层对董事会负责，同时接受监事会监督，应当按照董事会、监事会要求，及时、准确、完整地报告公司经营管理情况，提供有关资料。高级管理层根据公司章程及董事会授权开展经营管理活动，应当积极执行股东会决议及董事会决议。高级管理层依法在其职权范围内的经营管理活动不受股东和董事会不当干预。

保险公司应当设立总经理；总经理对董事会负责，由董事会决定聘任或解聘。保险公司董事长不得兼任总经理。保险公司应当根据法律法规、监管规定和公司情况，在公司章程中明确总经理职权。

保险公司高级管理人员应当遵守法律法规、监管规定和公司章程，具备良好的职业操守，遵守高标准的职业道德准则，对公司负有忠实、勤勉义务，善意、尽职、审慎履行职责，并保证有足够的时间和精力履职，不得怠于履行职责或越权履职。保险公司董事会应当建立并执行高级管理层履职问责制度，明确对失职和不当履职行为追究责任的具体方式。

八、风险管理与内部控制

法律通常不对普通公司的内部管理机构或岗位予以特别规定，由公司根据经营管理需要自由决定。但是，针对保险公司经营风险的特点，保险监管机构对保险公司提出了特别要求，涉及风险管理、内部控制与内外部审计等三个方面。

1. 风险管理

保险公司应当按照监管规定，建立覆盖所有业务流程和操作环节，并与本公司风险状况相匹配的全面风险管理体系，并由董事会承担全面风险管理的最终责任。保险公司应当设立独立的风险管理部门负责全面风险管理。保险公司应当在人员数量和资质、薪酬和其他激励政策、信息系统访问权限、专门的信息系统建设以及内部信息渠道等方面给予风险管理部门足够的支持。

保险公司应当设立首席风险官或指定一名高级管理人员担任风险责任人。首席风险官或风险责任人应当保持充分的独立性，不得同时负责与风险管理有利益冲突的工作。

2. 内部控制

保险公司应当建立健全内部控制体系,明确内部控制职责,完善内部控制措施,强化内部控制保障,持续开展内部控制评价和监督。保险公司董事会应当持续关注本公司内部控制状况,建立良好的内部控制文化,对公司内部控制的健全性、合理性和有效性进行定期研究和评价。保险公司应当建立健全内部控制制度体系,对各项业务活动和管理活动制定全面、系统、规范的制度,并定期进行评估。保险公司应当建立健全贯穿各级机构、覆盖所有业务和全部流程的信息系统,及时、准确记录经营管理信息,确保信息的完整、连续、准确和可追溯。

3. 内外部审计

保险公司应当建立与公司目标、治理结构、管控模式、业务性质和规模相适应的内部审计体系,实行内部审计集中化管理或垂直管理,内部审计工作应独立于业务经营、风险管理和内控合规。保险公司董事会对内部审计体系的建立、运行与维护,以及内部审计的独立性和有效性承担最终责任。保险公司监事会对内部审计工作进行指导和监督,有权要求董事会和高级管理层提供审计方面的相关信息。保险公司应当按照有关监管规定,设立首席审计官或审计责任人。首席审计官或审计责任人对董事会负责,由董事会聘任和解聘,定期向董事会及其审计委员会报告工作。保险公司应当设立独立的内部审计部门,配备充足的内部审计人员,负责开展内部审计相关工作。内部审计部门向首席审计官或审计责任人负责并报告工作。

保险公司应当聘请独立、专业、具备相应资质的外部审计机构进行财务审计,并对公司内部控制情况进行定期评估。外部审计机构应当独立、客观、公正、审慎地履行审计职责。外部审计机构对财务会计报告出具非标准审计报告的,保险公司董事会应当对该审计意见及涉及事项作出专项说明并公开披露。保险公司应当将外部审计报告及审计机构对公司内部控制有效性的审计意见及时报送监管机构。

第三节 保险公司业务与财务监管

一、保险公司经营范围

(一)保险公司能否经营保险业以外的业务

关于保险公司是否可兼营保险以外的其他业务,各国保险法普遍禁止保险公司兼营非保险业务,除有关保险资金运用的投资业务外,保险公司不得经营其他业务,非保险公司也不得经营保险业务,以便于保险监管。我国《保险法》虽无保险公司不得经营保险以外的其他业务的禁止性规定,但依据该法对保险公司相关规定的宗旨,[5]本书认为,保险公司不应兼营非保险业务。

---

〔5〕《保险法》第95条规定:“保险公司的业务范围:(一)人身保险业务,包括人寿保险、健康保险、意外伤害保险等保险业务;(二)财产保险业务,包括财产损失保险、责任保险、信用保险、保证保险等保险业务;(三)国务院保险监督管理机构批准的与保险有关的其他业务。保险人不得兼营人身保险业务和财产保险业务。但是,经营财产保险业务的保险公司经国务院保险监督管理机构批准,可以经营短期健康保险业务和意外伤害保险业务。保险公司应当在国务院保险监督管理机构依法批准的业务范围内从事保险经营活动。”

(二)保险公司能否兼营财产保险与人身保险业务

因财产保险业务和人身保险业务的经营技术不同,财产保险具有补偿性,人身保险中的寿险业务则具有储蓄性,为防止将寿险资金用于财产保险补偿所带来的风险,绝大多数国家禁止保险公司兼营两种业务,即保险公司只能专营某类保险业务,不能同时兼营财产保险业务和人身保险业务。不过,从保险技术的角度看,短期健康保险和意外伤害保险虽是人身保险业务,但属于短期保险,与财产保险同样具有补偿性,精算基础和财务会计处理原则也相同,国际上通常被视为"第三领域",故大多数国家和地区都允许财产保险公司同时经营短期保险和意外伤害保险业务。我国现行《保险法》也明确规定,保险人不得兼营人身保险业务和财产保险业务,但是,经营财产保险业务的保险公司经监督机构批准,可以经营短期健康保险业务和意外伤害保险业务。

二、保险公司资金运用监管

(一)保险资金运用监管的必要性

根据保险监管机构制定的《保险资金运用管理办法》的规定,保险资金是指保险集团(控股)公司、保险公司以本外币计价的资本金、公积金、未分配利润、各项准备金及其他资金。保险资金运用即保险公司使用前述性质来源的资金、依法进行投资以获取收益的行为,即其投资业务。保险资金投资的监管必要性体现在两个方面,一是投资的风险性,二是保险公司经营的负债性。

一切投资均有损失的可能,即投资风险;投资收益与风险成正比,风险越大则投资收益也越高;或者说,想获取高额投资收益就需要承担高投资风险,保险公司的投资业务也不例外。为防止保险资金投资行为失范,防止保险公司追求高收益而导致高风险,从而削弱其偿付能力,必须对保险资金的投资进行必要的监管。

根据保险市场域外的经验,由于市场竞争激烈保险公司纷纷降低保费费率,通过保费收入形成的利润越来越薄甚至为负数,保险资金运用获得的投资收益已成为保险公司利润的最主要来源,保险公司必须在法律框架下尽可能提高保险资金的投资效率,以获取利润。但是,由于保险公司经营的负债性特点,构成保险资金的保险公司资本金、公积金、未分配利润、各项准备金等都是其履行支付保险金义务的财产基础,必须确保保险资金所形成的资产具有安全性与流动性,否则可能削弱保险公司偿付能力。而且,保险公司获得保险服务收入与支付保险金之间存在时间差,尤其是在人寿保险的情形,为防止保险公司资产与负债的期限错配,必须对其投资行为进行监管,以确保其偿付能力。

(二)我国保险资金运用监管的发展

我国保险资金运用及其监管经历了从无到有、逐渐规范并趋于合理的发展进程。我国保险业发展初期,保险公司的资金只能存入银行,无严格意义上的资金运用。直到1984年,中国人民保险公司才提出保险资金运用的概念。此后,保险资金运用出现了无序、失控和混乱的局面,具体表现为盲目投资房地产以及各类实业项目,大量涉足有价证券、信托甚至股票市场。1995年《保险法》首次以法律形式规定了保险资金运用的原则以及保险资金运用的形式,界定了我国保险资金运用的法律框架。随后,监管机构先后制定了系列规范文件,从限定保险资金运用方向与比例等方面加强了对保险资金运用风险的控制。2010年,原保监会制定了《保险资金运用管理暂行办法》,对保险资金运用的形式及其限制比例、渠道、模式、流程、风险控制予以规范。总的来说,这是我国保险资金监管的初级阶段,监管手段相对较为简单,最主要的措施是规定保险资金运用范围和各类投资所占比例。

但是,保险资金运用是保险公司整体监管的有机组成部分,在偿付能力监管理念建立后,这种机械的监管措施有必要向基于偿付能力的整体监管模式转变。运用保险资金进行投资后将形成各种资产,资产面临的主要风险是市场风险和信用风险,它们可以通过金融监管技术换算到偿付能力监管指标中。尤其是在我国第二代偿付能力监管体系中,保险公司资产的市场风险和信用风险均纳入了最低资本要求的计算逻辑,最后综合体现于其偿付能力充足率。因此,2014 年原保监会修改了《保险资金运用管理暂行办法》,删除了投资比例限制的相关规则。2018 年 4 月,基于暂行办法施行的经验,原保监会颁布《保险资金运用管理办法》,据以规范保险公司的投资行为。

(三)保险资金运用的原则

1. 安全性原则

安全性是保险资金运用的首要与核心原则,《保险法》规定,保险公司的资金运用必须稳健,遵循安全性原则。安全性原则要求保险公司具备相当的投资管理能力,在资金运用时须对投资标的进行专业可行性分析,选择合法的最佳投资标的,尽可能降低风险,避免投资损失。安全性是效益性的基础要求;一切投资的原始动力都在于获取投资收益,但就保险资金整体而言,必须把安全放在效益之前,不能为追求高投资回报而从事高风险投资。

2. 流动性原则

运用保险资金进行投资将形成各种资产,所谓流动性是指在不损失价值的前提下把这些资产变成现金的能力。由于保险事故发生的不确定性,保险期间内保险公司随时可能需要因保险事故的发生而支付保险金。因此,保险资金必须保持较好流动性,确保在必要时能随时兑现以履行其合同给付义务。保险资金运用的流动性应根据不同保险业务来确定,人寿保险保险期限长,大量满期给付是可以预先确定的,出现支付巨额保险金的机会小,对资金的流动性要求相对较低,可用于长期投资;财产保险则相反,保险期限比较短,保险事故发生的偶然性也大,对资金的流动性要求较高,应偏重短期投资。

3. 独立性原则

所谓独立性,是指保险公司在运用保险资金时,必须以服务保险业为主要目标,其投资决策、决策执行等均应独立于其股东,股东不得干预保险资金的运用工作。虽然《保险法》《保险资金运用管理办法》没有明确将独立性确定为的保险资金运用原则,但从相关规则的文义看,独立性应是保险公司投资行为应遵守的基本原则。综观导致国家与投保人、被保险人等巨大损失的保险公司经营失败案例,都存在股东完全控制保险公司、将保险资金以投资名义挪用甚至将保险公司当作自己的融资平台等违法行为,保险资金运用的独立性原则尤显其必要性。

(四)保险资金运用的形式

1. 许可的保险资金运用形式

对于资本金,根据《保险法》的规定,保险公司应当按照其注册资本总额的 20% 提取资本保证金,存入保险监管机构指定的银行,除公司清算时用于清偿债务外,不得动用。资本保证金的运用方式仅限于银行存款,具体可采定期存款、大额协议存款或监管机构批准的其他形式。

对于提取了资本保证金后的资本金与其他资金,根据《保险法》的规定,可采取以下运用形式:银行存款;买卖债券、股票、证券投资基金份额等有价证券;投资不动产;获得保险监管机构批准的其他资金运用形式。实践中,根据监管机构制定的现行规范,除《保险法》明确规定的银行存款、债券、股票、证券投资基金份额等有价证券及不动产外,保险资金还可用于基础设施、股权投资、银行发行的二级资本拿着和无固定期限资本债券、集合资金信托产品、长期租赁住房、政府社会资本合作项目(PPP 项目)、银行发行的理财产品、银行的信贷资产证券化产品、基础类不动产、非基础设施类不动产及不动产相关金融产品、创业投资基金、设立投资于国家支持行业的私募基金等。

关于股权投资,《保险资金运用管理办法》第 14 条第 2 款规定,保险集团(控股)公司、保险公司对其他企业实现控股的股权投资,应当满足有关偿付能力监管规定。实现控股的股权投资应当限于下列企业:(1)保险类企业,包括保险公司、保险资产管理机构以及保险专业代理机构、保险经纪机构、保险公估机构;(2)非保险类金融企业;(3)与保险业务相关的企业。

2. 禁止的保险资金运用形式

基于保险资金运用的安全性与流动性原则,《保险资金运用管理办法》第 18 条规定,保险集团(控股)公司、保险公司从事保险资金运用,不得有下列行为:(1)存款于非银行金融机构;(2)买入被交易所实行“特别处理”“警示存在终止上市风险的特别处理”的股票;(3)投资不符合国家产业政策的企业股权和不动产;(4)直接从事房地产开发建设;(5)将保险资金运用形成的投资资产用于向他人提供担保或者发放贷款,个人保单质押贷款除外;(6)中国保监会禁止的其他投资行为。另外,《保险资金运用管理办法》第 14 条规定,保险集团(控股)公司的保险子公司不符合监管机构规定的偿付能力监管要求的,该保险集团(控股)公司不得向非保险类金融企业投资。

(五)保险资金运用的公司治理

根据《保险资金运用管理办法》的规定,保险公司应当按照“集中管理、统一配置、专业运作”的要求,实行保险资金的集约化、专业化管理,并可采成立专门的保险资产管理公司、设立专门的投资机构、委托第三方投资管理公司三种模式运作。

1. 保险公司的内部投资机构

根据《保险资金运用管理办法》第 21 条第 2 款的规定,保险资金应当由法人机构统一管理和运用。如采用这种模式的,保险公司总部设立专门负责投资业务的部门,负责管理公司的投资账户资产。分支机构不得从事保险资金运用业务。

2. 成立专门的保险资产管理公司

《保险法》第 107 条第 1 款规定,经国务院保险监督管理机构会同国务院证券监督管理机构批准,保险公司可以设立保险资产管理公司。保险资产管理公司是指经保险监管机构批准,在中华人民共和国境内设立,通过接受保险集团(控股)公司和保险公司等合格投资者委托、发行保险资产管理产品等方式,以实现资产长期保值增值为目的,开展资产管理业务及国务院金融管理部门允许的其他业务的金融机构。2022 年 9 月,保险监管机构根据《保险法》授权发布了《保险资产管理公司管理规定》,规定了保险资产管理公司的设立、变更和终止的条件与程序、公司治理、业务规则、风险管理及其监督管理等内容,规范保险资产管理公司行为,保护投资者合法权益,防范经营风险。实践中,我国大型保险公司都成立了专门的资产管理公司,负责保险资金的投资。

3. 委托第三方投资管理公司

委托第三方投资管理公司,即将保险资金委托给其他专业化投资机构进行管理,主要是基金公司或综合性资产管理公司。通过委托第三方资产管理公司进行资金运作,可以充分利用其专业化的优势,实现其资产的保值增值,为公司节省人力成本;同时,此种模式通过委托的方式,可以有效地进行风险隔离,避免系统性风险。2022 年 5 月,为规范保险资金的委托投资行为,原银保监会发布了《保险资金委托投资管理办法》,适用于符合条件的保险资产管理机构作为受托人并以委托人的名义在境内开展主动投资管理业务。另外,根据保险资金境外投资管理的相关规范,但应遵守监管机构制定的相关规范除保险监管机构和国家外汇管理局另有规定外,保险资金在境外投资应采用委托方式。

三、保险业务分出(再保险)监管

(一)保险分出的必要性

再保险,是指保险人将其承担的保险业务,部分转移给其他保险人的经营行为,分为寿险再保险和非寿险再保险。再保险能让保险公司将其承保的原保险风险分散至其他保险公司,是保险行业的一种风险手段。根据《保险法》与《再保险业务管理规定》的规定,保险公司对每一危险单位,即对一次保险事故可能造成的最大损失范围所承担的责任,不得超过其实有资本金加公积金总和的10%;超过的部分应当办理再保险,并审慎选择再保险接受人和保险经纪人。

(二)再保险监管的主要规则

根据 2021 年修订的《再保险业务管理规定》的规定,保险人应当制定再保险战略,明确再保险在公司风险和资本管理战略中的作用;再保险战略应包括再保险安排的目的、自留政策、分保政策、风险管控机制等内容。保险集团应当统筹制定集团的再保险战略,明确再保险战略与集团风险管理和资本管理战略的关系。保险人对寿险再保险和非寿险再保险应当单独列账、分别核算。保险人应当按照保险监管机构的规定办理再保险,并审慎选择再保险接受人和保险经纪人,选择再保险接受人和保险经纪人应当符合保险监管机构的有关规定。保险人应当建立再保险业务档案管理制度,妥善保管再保险业务合同文本、账单、赔案资料及相关往来文件资料,及时进行电子化处理并存储到相关电子档案管理系统。除航空航天保险、核保险、石油保险、信用保险外,直接保险公司以比例再保险方式分出财产险直接保险业务时,每一危险单位分给同一家再保险接受人的总比例不得超过再保险分出人承保直接保险合同保险金额或者责任限额的80%。

《再保险业务管理规定》第 26 条规定,直接保险公司开展再保险分入业务的,应当满足以下条件:(1)由总公司统一办理,除保险监管机构另有规定外,分支机构不得办理再保险分入业务;(2)设立独立的再保险部门,配备必要的专业人员,上一年分保费收入超过 1 亿元的,应配置不少于 3 名独立于直接保险业务的专职人员,上一年分保费收入超过 3 亿元的,前述专职人员不得少于 5 名;(3)建立完整的分入业务管理制度和独立的分入业务信息系统模块,并与财务系统自动对接,实现分入业务与直保业务的独立管理;(4)制定合理、详细的年度分入业务发展计划。

四、保险公司财务会计监管

（一）保险公司财务监管会计的必要性

正常情况下，股东之所以愿意成为股东，目标在于获得公司经营利润转化而来的分红，保险公司股东亦然。根据《企业会计准则——基本准则》的规定，所谓利润，是指企业在一定会计期间的经营成果，是收入减去费用后的净额、直接计入当期利润的利得和损失等。对普通企业而言，当年营业收入与支出比较容易确认，适用普通企业的会计准则。保险公司则不然，它是通过承担风险获取收入与利润，其是否向被保险人支付保险金具有不确定性，尤其是长期保险。长期保险中，保险合同签订的一段时间内，投保人需要向保险公司集中缴纳保费，但若干年后保险公司才需要向被保险人或受益人支付保险金，收入与支出在时间上存在巨大错配。如允许保险公司将保费确认为当期营业收入[6]，则保险公司到期是否有支付保险金的履约能力，则处于无法确定的状态。因此，必须对保险公司适用针对其经营特点的收入确认规则，防止保险公司股东在保险金给付条件未成就时过多分配利润，从而侵蚀保险公司偿付能力。

（二）保险公司财务会计监管措施

根据财政部2020年12月颁布的《企业会计准则第25号——保险合同》（以下称“新保险准则”）的规定，其基本逻辑是：保险公司的会计处理应严格遵循会计处理的权责发生制原则，不能将保险合同中应收取的当期保费一次性确认为当期营业收入，而应在提供保险服务的期间内随着风险释放进度逐步确认保费收入。具体而言，当期保费不能确认为当期保险服务收入，只能确认为一项保险合同负债；在逐期履行了保险合同约定的风险承担义务后，才能逐期确认为保险服务收入。

1. 非寿险业务

结合新会计准则中的变化，原银保监会2021年5月颁布了《保险公司非寿险业务准备金管理办法》及其实施细则1－7号，适用于保险公司财产损失保险、责任保险、信用保险、保证保险、短期健康保险和意外伤害保险业务以及上述业务的再保险业务。依据该办法的规定，保险公司非寿险业务需要提取未到期责任准备金及未决赔款准备金。

（1）未到期责任准备金

未到期责任准备金是指在准备金评估日为尚未终止的保险责任而提取的准备金，包括未赚保费准备金及保费不足准备金。未赚保费准备金是指以未满期部分保费收入为基础所计提的准备金，并应减除与获取保费收入相关联的保单获取成本的未到期部分。对于风险分布均匀的业务，原则上1/365法（一年内逐日释放风险），机动车交通事故责任强制保险必须采用这种方法；风险分布不均匀的业务，采风险分布法；对于无法获取逐单信息的再保险业务，可采用1/4法、1/8法或1/24法等方法评估未赚保费准备金。

保险公司应在未到期责任准备金评估过程中进行保费充足性测试，并根据测试结果提取保费不足准备金，作为未到期责任准备金的一部分。保费充足性测试是指未到期责任准备金的提取金额应不低于以下两者中较大者：未来净现金流出，包括预期未来发生的赔款、理赔费

---

〔6〕 确定收入后，减去营业费用即成为可用于分配的利润。

用及保单维持费用等;未赚保费准备金。

(2)未决赔款准备金

未决赔款准备金是指保险公司为保险事故已经发生但尚未最终结案的损失提取的准备金,包括已发生已报案未决赔款准备金、已发生未报案未决赔款准备金和理赔费用准备金。已发生已报案未决赔款准备金是指为保险事故已经发生并已向保险公司提出索赔,保险公司尚未结案的损失而提取的准备金。已发生未报案未决赔款准备金是为下列情况所提取的赔款准备金:其一,保险事故已经发生但尚未向保险公司提出索赔的;其二,已经提出索赔但保险公司尚未立案的;其三,保险公司已立案但对事故损失估计不足,预计最终赔付将超过原估损值的;其四,保险事故已经赔付但有可能再次提出索赔的。理赔费用准备金是指为尚未结案的损失可能发生的费用而提取的准备金,包括为直接发生于具体赔案的专家费、律师费、损失检验费等提取的直接理赔费用准备金,以及为非直接发生于具体赔案的费用而提取的间接理赔费用准备金。

2. 寿险业务

在 2023 年 1 月 1 日新保险准则实施之前,保险公司寿险业务提取责任准备金的依据是旧准则——《企业会计准则第 25 号——原保险合同》;新准则实施后,旧准则理应失效,如此一来,保险公司寿险业务应提取寿险责任准备金与长期健康险责任准备金[7]的义务便失去了依据。虽然在新保险会计准则下,寿险业务或非寿险业务都是在严格贯彻了权责发生制,等风险释放完毕后才确认的保费服务收入,但是,即使最长通常仅 1 年的非寿险业务,监管机构都认为有必要按"日"为基础提取未到期责任准备金,保险期限远超 1 年的寿险业务更应当提取相应准备金。另外,由于新保险准则严格区分了保险服务收入与投资收入,保险公司的寿险合同偿付能力极大依赖于投资收入带来的财产,这也决定了寿险业务应当提取相应准备金。

第四节 保险公司偿付能力监管

一、偿付能力监管概述

(一)偿付能力监管的重要性

保险公司偿付能力(solvency),是指保险公司履行赔偿或给付保险金责任的能力,是保险公司资金力量与自身所承担的危险赔偿责任的比较。保险公司所承担的风险具有不确定性,直接导致了保险公司支付保险金义务履行的不确定性,即其负债的不确定性,为维护被保险人利益和保险市场秩序,保险公司必须有足够的偿付能力。影响保险公司偿付能力的因素很多,主要包括实际资本、业务规模及所承担风险的种类、风险的识别与管理能力、资产流动性管理

---

[7] 寿险责任准备金,是指保险人为尚未终止的人寿保险责任提取的准备金。长期健康险责任准备金,是指保险人为尚未终止的长期健康保险责任提取的准备金。根据旧保险准则的要求,保险人应当在确认寿险保费收入的当期,按照保险精算确定的金额提取寿险责任准备金、长期健康险责任准备金,并确认寿险责任准备金、长期健康险责任准备金负债。

能力、保险资金投资效率等。因此，不同保险公司其偿付能力也必然不同，保险公司必须具备最低偿付能力，即与保险公司风险程度相适应的偿付能力。《保险法》第101条规定，保险公司应当具有与其业务规模和风险程度相适应的最低偿付能力。保险公司的认可资产减去认可负债的差额不得低于保险监管机构规定的数额；低于规定数额的，应当按照国务院保险监督管理机构的要求采取相应措施达到规定的数额。

偿付能力监管是世界各国保险监管的核心内容。如前所述，保险监管有三个层次的目标：微观上保护保单持有利益；中观上督促保险公司审慎合规经营，维持充足偿付能力；宏观上防止行业系统性风险，促进保险市场秩序及行业健康发展。这三个目标的实现，主要依赖于保险公司充足的偿付能力，即保险公司能履行其保险合同义务。如保险公司不能履行这一义务，特定被保险人的风险保障目的落空，合法利益受到损害，不能履行合同义务的保险公司可能破产，如这种状况严重到一定程度，将导致保险市场的系统性风险，甚至可能传染至整个金融市场，导致系统性金融风险。因此，保险公司偿付能力监管的重要性不容忽视。

（二）我国偿付能力监管体系的发展

我国保险业对偿付能力的监管起步较晚。1995年，《保险法》第一次对偿付能力监管提出了明确要求。2001年原保监会发布并在所有保险公司试行《保险公司最低偿付能力及监管指标管理规定》。2003年3月，原保监会发布实施《保险公司偿付能力额度及监管指标管理规定》，2004年后又陆续发布了16个偿付能力报告编报规则和若干偿付能力报告编报实务指南和问题解答。截至2007年年底，我国基本构建起比较完整的第一代偿付能力监管制度体系。2008年6月，原保监会发布《保险公司偿付能力管理规定》。第一代偿付能力监管框架借鉴了欧盟偿付能力Ⅰ和美国RBC，建立了以监管流程为主线的监管框架，主要由公司内部风险管理、偿付能力报告、财务分析和财务检查、适时监管干预、破产救济五部分内容组成。

然而，美国次贷危机于2008年爆发，重创世界金融业，美国乃至世界最大的保险公司美国国际集团（AIG）濒临破产，美国政府不得不出巨资相救，荷兰最大的保险公司荷兰国际集团（ING）、日本大和生命等保险公司，也先后宣布寻求政府破产保护或破产，暴露出了当时保险监管制度的不足。因此，各国保险监管机构开始对本国监管制度进行改革，着手第二代偿付能力监管体系的构建。2009年，欧盟理事会通过欧盟第二代偿付能力监管指令。由于保险与金融市场不如欧美发达，我国并未出现保险公司破产的状况，但随着我国保险市场的发展，第一代偿付能力监管体系已不能完全适应监管的需要，暴露出其整体框架有待完善、无法科学反映保险公司的风险状况、借用的欧盟偿付能力Ⅰ的模型不适合我国快速发展的新兴市场、与国际保险监管发展趋势不一致等问题。另外，第一代偿付能力监管体系按照业务规模的一定比例确定资本要求的做法不够科学，不利于提升我国保险公司风险管理能力和核心竞争力。

这种背景下，根据国内外保险监管形势发展，结合我国保险业监管实际情况，原保监会启动了我国第二代偿付能力监管制度体系的建设。2012年3月，原保监会印发了关于《中国第二代偿付能力监管制度体系建设规划》，计划在未来三至五年建立起一套既与国际接轨又与我国监管实际情况相适应的偿付能力监管制度。该框架确立了我国保险业第二代偿付能力监管制度体系的建设目标和基本原则，强调定量资本要求、定性监管要求、市场约束机制“三支柱”的框架结构,为具体技术标准的测试提供了可靠的依据。

2015 年 2 月,原保监会发布《保险公司偿付能力监管规则(1 – 17 号)》,标志着我国第二代偿付能力监管体系的建立。我国第二代偿付能力监管体系在监管基本原则与核心思想上与国际监管规则趋同,"三支柱"框架结构涵盖定性监管、定量监管和市场约束等内容方面与保险监管国际规则保持一致,反映了国际偿付能力监管模式的最新发展趋势和方向,同时也突出了统一监管、新兴市场、风险导向兼顾价值等本土化特征。根据《中国第二代偿付能力监管制度体系建设规划》框架制定的《保险公司偿付能力监管规则(1 – 17 号)》正式建立了我国保险公司偿付能力监管的具体制度。

2021 年 1 月,原银保监会发布新的《保险公司偿付能力管理规定》,取代 2008 年制定的旧规。同年 12 月,原银保监会发布了《关于实施保险公司偿付能力监管规则(Ⅱ)有关事项的通知》,决定从 2022 年开始执行《保险公司偿付能力监管规则(Ⅱ)》,这标志我国保险公司"偿二代"监管进入了新阶段。偿二代二期工程建设工作于 2017 年 9 月启动,结合金融工作新要求和保险监管新形势,原银保监会对现行偿二代监管规则进行了全面修订升级,以提升偿付能力监管制度的科学性、有效性和全面性。与 2015 年的"偿二代"一期相比,"偿二代"二期同样以风险为监管导向,更侧重精细化监管,最大的变化在于让保险最低资本与资产负债匹配、流动性、投资风险等挂钩,对资金运用提出了更高要求,使得保险公司在投资组合规划时需要进行更细致的考量。在规则数量上,二期新增了市场风险和信用风险的穿透计量(7 号)、资本规划(14 号)、劳合社(中国)(20 号)等三个规则,由原来的 17 项增至 20 项。[8]

二、我国第二代偿付能力监管体系的特点与基本框架

中国第二代偿付能力监管制度体系的全称为"中国风险导向的偿付能力体系"(China Risk Oriented Solvency System,C – ROSS),可简称"偿二代"。

(一)第二代偿付能力监管制度的特点

1. 统一监管。指我国保险监管机构依法统一对全国保险市场和保险公司的偿付能力实施统一监督和管理,这与美国或欧盟的分散监管模式不同。统一监管具有效率高、执行力强、执行成本低等优势。不过,保险监管机构在制定统一监管政策的同时,还充分考虑各地差异,适应不同地域保险市场监管需要。体现为:定量监管方面,主要是统一对保险公司总公司资本充足性的监管标准;在定性监管和市场约束方面,对于与分支机构相关的风险,可以体现一定的地域差异。

2. 新兴市场。我国保险市场仍处于初级阶段,属于新兴市场,在市场规模、发展速度、产品特征、风险管理能力、人才储备、国际活跃度等方面与成熟保险市场存在一定差异。因此,与发达国家成熟的偿付能力监管制度相比,我国更加注重保险公司的资本成本,定性监管,制度建设的市场适应性、动态性与可操作性,监管政策的执行力和约束力。

3. 风险导向兼顾价值。第二代偿付能力监管体系要求,对资产负债评估要适时、恰当地反映保险公司面临的实际风险状况及变动,资本要更加全面、准确地反映保险公司的各类风险,监管措施要更加具有风险针对性。科学计量风险损失,在此基础上确定资本监管底线,提高保

---

〔8〕 高文杰、完颜瑞云:《"偿二代"二期落地,引领保险业未来发展》,载《金融博览(财富)》2022 年第 3 期。

险业资本使用效率和效益。

（二）第二代偿付能力监管制度的三支柱

第二代偿付能力监管的三支柱是偿付能力监管体系的核心内容。三支柱从定量资本要求、定性监管要求和市场约束机制三个方面对保险公司的偿付能力进行监管。三个支柱的作用各不相同，在防范风险方面各有侧重：第一支柱是通过定量监管手段，防范能够量化的偿付能力相关风险；第二支柱是通过定性监管手段，防范难以量化的偿付能力风险；第三支柱是通过信息披露等手段，发挥市场约束力量，强化第一支柱和第二支柱的效果。三个支柱相互配合，相互补充，成为完整的风险识别、分类和防范的体系。

1. 第一支柱——定量资本要求。第二代偿付能力监管把保险公司面临的风险区分为两大类：能够量化的风险与不可量化的风险。能够量化的风险包括市场风险、信用风险和保险风险。定量资本要求主要防范能够量化的风险，通过科学地识别和量化各类风险，要求保险公司具备与其风险相适应的资本。

2. 第二支柱——定性监管要求。保险公司面临重要又无法量化或难以量化的风险，如操作风险、战略风险、声誉风险、流动性风险等，特别是我国这样的新兴市场缺乏历史数据积累，无法使用定量监管手段来计量这些风险，故需要使用定性监管手段来评估和防范。因此，对于前述不易量化的风险，通过定性监管要求予以防范。

3. 第三支柱——市场约束机制。市场约束机制是指通过信息披露手段，引导、促进和发挥市场力量对保险公司进行约束，加强对保险公司偿付能力的监管。其中，市场力量主要包括社会公众、消费者、评级机构和证券市场的行业分析师等。

（三）偿付能力监管的制度逻辑

根据《保险公司偿付能力管理规定》（2021 年修订），保险公司偿付能力监管指标包括两大类，即偿付能力充足率与风险综合评级。这两类指标的监管逻辑是：先对保险公司经营所面临的风险进行分类，分为可以量化为最低资本要求的风险与不可量化为最低资本要求的风险；对于可量化为最低资本要求的风险，根据定量资本监管的系列规则计算其实际资本与应有的最低资本，从而计算其偿付能力充足率；对于不可量化为最低资本要求的风险，则依据风险综合评级的监管规则对保险公司进行监管评级，对不同等级的保险公司采取不同监管措施。

基于前述逻辑，保险监管机构制定了第 1 – 20 号偿付能力监管规则。第 1 号规定保险公司的实际资本及其计算，包括认可资产、认可负债和实际资本评估，并明确资本分级标准；第 2 号规定最低资本的构成、计量原则与计量方法；第 3 号规范人身保险公司和再保险公司基于偿付能力监管目的的寿险合同负债评估；第 4 – 6 号规范保险公司的非寿险业务、寿险业务与再保险业务的保险风险最低资本计量；第 7 号规范保险公司市场风险和信用风险的穿透计量；第 8 号规范市场风险最低资本的计量；第 9 号规范保险公司信用风险最低资本的计量；第 10 号规范保险公司偿付能力压力测试；第 11 号规范对保险公司的偿付能力风险综合评级，全面评估保险公司的偿付能力风险状况，明确相应的分类监管政策和措施；第 12 号明确保险公司偿付能力风险管理的监管要求，规范监管机构对保险公司风险管理能力的评估，并确定保险公司控制风险最低资本的计量标准；第 13 号规范保险公司流动性风险管理的最低监管要求，建立流动性监管指标和压力测试制度；第 14 号强化保险公司资本刚性约束，明确资本规划监管标准；第 15 号规范保险公司偿付能力信息公开披露行为，建立健全保险公司偿付能力市场约束机制；第

16 号建立保险公司偿付能力的市场约束机制,发挥相关方对保险公司偿付能力的监督作用;第 17 号规范信用评级机构对保险公司的信用评级行为;第 18 号规范保险公司偿付能力报告的编制和报告;第 19 号明确保险集团的偿付能力监管要求;第 20 号明确劳合社保险(中国)有限公司在偿付能力监管方面的特别规定。

三、定量资本监管制度——偿付能力充足率监管

(一)定量资本监管的基本原理

定量资本监管,是指保险监管机构根据不同保险公司面临的全部可量化为资本要求的固有风险、控制风险和系统风险,使用保险精算的方法,计算出保险公司保持最低偿付能力所需具备的最低资本数额。

保险公司偿付能力监管里的"资本"为"实际资本",与法学上的"资本"是两个不同的概念。法学上的"资本"一般指注册资本,是公司章程所记载的、全体股东出资或认购股份的总额;注册资本又分为认缴资本和实缴资本,前者是指公司章程所记载的、全体股东承诺出资或承诺认购股份的总额,后者指公司股东履行其出资或认购义务、实际缴纳到公司的资本数额。保险公司偿付能力监管里的"实际资本",根据《保险公司偿付能力监管规则第 1 号:实际资本》的规定,是指保险公司在持续经营或破产清算状态下可以吸收损失的财务资源,实际资本等于认可资产减去认可负债后的余额。与普通公司的所有者权益计算方法不同,保险公司的实际资本为认可资产减去认可负债后的余额。关于认可资产及认可负债的认定,《保险公司偿付能力监管规则第 1 号:实际资本》有明确规定。另外,保险监管规定还将保险公司的资本分为核心资本与附属资本,核心资本又分为一级核心资本与二级核心资本,法学意义上的实缴资本大致相当于核心资本中的一级核心资本。

所有者权益是公司债权人的安全边际。也就是说,公司所有者权益在公司总资产中所占比例越大,公司的偿债能力就越强,债权人的债权也就越安全;公司所有者权益所占比例越小,公司偿债能力越弱,债权人的债权得到清偿或全部清偿的可能性越弱。保险公司也是这样。被保险人作为公司债权人,保险公司所有者权益越多,其履行保险合同的能力就越强,反之则越弱。因此,为保持保险公司最低偿付能力,必须对其最低资本有明确要求。

(二)保险公司资本分级

资本分级是监管机构对金融机构进行资本充足率监管的基本手段。由于不同实际资本吸收损失的性质与能力不同,基于金融机构审慎性监管原则,根据不同资本在存在性、永续性、次级性、非强制性与外在性等五个方面的不同,对保险公司的资本予以分类与分级。根据《保险公司偿付能力监管规则第 1 号:实际资本》的规定,保险公司资本分为核心资本和附属资本,且附属资本、二级核心资本不得超过核心资本的一定比例,见表 17 - 1。

核心资本,是指在持续经营状态下和破产清算状态下均可以吸收损失的资本。核心资本分为一级核心资本和二级核心资本。

附属资本,是指在破产清算状态下可以吸收损失的资本,实践中一般以优先股的形式存在。附属资本分为一级附属资本和二级附属资本。

表 17－1 保险公司资本分级及标准

标准	核心资本		附属资本	
	一级核心资本	二级核心资本	一级附属资本	二级附属资本
存在性	实缴的	实缴的	实缴的	实缴的或符合保险监管机构规定的形式
永续性	没有到期日，且发行时不应产生该工具将被回购、赎回或取消的预期	没有到期日或者期限不低于 10 年，发行 5 年后方可赎回并且不得含有利率跳升机制及其他赎回激励	期限不低于 5 年	期限可以低于 5 年
次级性	能吸收经营损失和破产损失；破产清算时的受偿顺序排在最后；发行人或其关联方不得提供抵押或保证，也不得通过其他安排使其在法律或经济上享有优先受偿权	能吸收经营损失和破产损失；破产清算时的受偿顺序列于保单持有人和一般债权人之后，先于核心一级资本；发行人或其关联方不得提供抵押或保证，也不得通过其他安排使其在法律或经济上享有优先受偿权；有到期日的，应当含有减记或转股条款，当触发事件发生时，该资本工具能立即减记或者转为普通股	能吸收破产损失；破产清算时的受偿顺序列于保单持有人和一般债权人之后，先于核心资本	能吸收破产损失；破产清算的受偿顺序列于保单持有人和一般债权人之后，先于一级附属资本
非强制性	任何情况下本金返还和收益分配都不是保险公司的强制义务，且不分配收益不被视为违约	有到期日的，支付本金或利息后偿付能力充足率不达标时，不能支付本金或利息；可以设定递延支付条款或取消支付条款	可以设定本息递延条款；发行人无法如约支付本息时，该资本工具的权益人无权向法院申请对保险公司实施破产	可以不设定本息支付的约束条件
外在性	资本工具发行人不得直接或间接为投资人购买该工具提供融资；投资人不存在通过关联交易、多层嵌套金融产品、增加股权层级等方式套取保险资金，用于购买该工具的情形			

（三）可量化为最低资本要求的风险

1. 可量化为最低资本要求的风险类型

根据《保险公司偿付能力监管规则第 2 号：最低资本》的规定，保险公司的偿付能力风险由固有风险和控制风险组成。

（1）固有风险，是指在现有的正常的保险行业物质技术条件和生产组织方式下，保险公司在经营和管理活动中必然存在的客观的偿付能力相关风险。固有风险由可量化为最低资本的风险和难以量化为最低资本的风险组成。量化风险包括保险风险、市场风险和信用风险，难以量化风险包括操作风险、战略风险、声誉风险和流动性风险。可见，固有风险是所有保险公司因其经营保险业务而必然面临的风险。保险公司最低资本要求以量化风险为基础计算。

(2)控制风险,是指因保险公司内部管理和控制不完善或无效,导致固有风险未被及时识别和控制的偿付能力相关风险。可见,控制风险是不同保险公司因治理与风险管理水平高低不同而在固有风险之外增加的额外风险。

2. 可量化的固有风险

可量化的固有风险包括保险风险、市场风险和信用风险。

(1)保险风险,是指由于赔付水平、费用水平等的实际经验与预期发生不利偏离,导致保险公司遭受非预期损失的风险。保险风险包括保费风险、准备金风险、巨灾风险。保费风险,指由于保险事故发生的频度及损失金额存在不确定性,导致保费可能不足以支付未来的赔款及费用,从而使保险公司遭受非预期损失的风险。准备金风险,指由于已发生未决案件在未来的赔付金额及时间存在不确定性,导致赔付可能超过准备金金额,从而使保险公司遭受非预期损失的风险。巨灾风险,指因大型自然灾害导致保险事故大面积发生而使保险公司必须短期内集中赔付保险金的风险。

(2)市场风险,是指由于利率、权益价格、房地产价格、汇率等不利变动,导致保险公司遭受非预期损失的风险,包括利率风险、权益价格风险、房地产价格风险、境外资产价格风险和汇率风险。利率风险,指由于无风险利率的不利变动导致保险公司遭受非预期损失的风险。权益价格风险,指由于权益类资产的价格发生不利变动,导致保险公司遭受非预期损失的风险。权益类资产主要包括上市普通股票、上市股权(不含子公司、合营企业、联营企业股权)、证券投资基金(含货币市场基金)、可转债等十一类资产。房地产价格风险,指由于投资性房地产价格不利变动导致保险公司遭受非预期损失的风险。境外资产价格风险,指由于境外资产价格不利变动导致保险公司遭受非预期损失的风险。汇率风险,指由于汇率波动引起外币资产与负债(含外汇衍生品)价值变动,导致保险公司遭受非预期损失的风险。

(3)信用风险,是指由于交易对手不能履行或不能按时履行其合同义务,或者交易对手信用状况的不利变动,导致保险公司遭受非预期损失的风险,包括利差风险和交易对手违约风险。利差风险,指利差(资产的收益率超过无风险利率的部分)的不利变动而导致保险公司遭受非预期损失的风险。交易对手违约风险,指交易对手不能履行或不能按时履行其合同义务,导致保险公司遭受非预期损失的风险。

3. 控制风险

控制风险虽然不能直接量化为最低资本要求,但可以通过保险监管机构对保险公司风险管理能力进行评估,再根据评估结果间接计算为最低资本要求。《保险公司偿付能力监管规则第12号:偿付能力风险管理要求与评估》规定了保险公司对各项风险管理的要求,由保险监管机构根据各项风险管理要求的制度健全性和遵循有效性进行评估,将保险公司分为"完全符合""大部分符合""部分符合""不符合"四类,并根据四类评估结果给予监管评分,最后根据一定计量方法将评分计算为最低资本要求。

(四)最低资本与偿付能力充足率

1. 最低资本及其构成

所谓最低资本,是指基于审慎监管目的,为使保险公司具有适当的财务资源,以应对各类可量化为资本要求的风险对偿付能力的不利影响,保险监管机构要求保险公司应当具有的资本数额。保险公司最低资本由可资本化风险最低资本、控制风险最低资本及附加资本组成。

偿付能力监管制度体系建设的核心内容就是制定应有资本的计量标准及偿付能力充足率指标，其意义相当于商业银行的资本充足率标准。

可资本化风险最低资本，即保险公司承担保险风险、市场风险、信用风险应有的最低资本。但是，经营不同保险业务所面临的可量化固有风险存在较大差异，故保险监管机构针对保险公司的非寿险业务、寿险业务及再保险业务规定了相应的保险风险、市场风险及信用风险的最低资本计量方法。

控制风险最低资本，即控制风险对应的最低资本。由于公司风险管理水平所导致的风险识别与防范能力不同，不同保险公司的控制风险大小不同。为激励保险公司提高风险管理能力，必须将保险公司的风险管理水平量化到最低资本要求中，使风险管理水平高的保险公司享受较低的最低资本要求，风险管理水平低的保险公司承受较高的最低资本要求。控制风险难以直接量化为最低资本要求，但可以通过保险监管机构根据一定指标对保险公司进行评价分级，再根据不同等级适用不同最低资本要求，从而实现间接量化。根据《保险公司偿付能力监管规则第 12 号：偿付能力风险管理要求与评估》的规定，保险监管机构定期对保险公司偿付能力风险管理能力进行评估，以确定保险公司控制风险水平及相应的最低资本。

附加资本，包括逆周期附加资本、国内系统重要性保险公司的附加资本、全球系统重要性保险公司的附加资本以及其他附加资本。附加资本由保险监管机构特殊规定。

2. 最低资本监管标准——偿付能力充足率

最低资本监管的基本逻辑是：先根据保险公司的认可资产与认可负债状况计算保险公司的实际资本，再根据保险公司的业务类型和业务量计算应有的最低资本，然后将两者进行比较（实有资本/最低资本），就其比较结果（比率）判断保险公司的偿付能力是否充足。根据《保险公司偿付能力管理规定》（2021 年修订）的规定，保险公司偿付能力充足率即为最低资本要求，包括核心偿付能力充足率与综合偿付能力充足率。前者是指保险公司实际核心资本与最低资本的比值，衡量保险公司高质量资本的充足程度，监管要求不得低于 50%；后者是指保险公司实际资本与最低资本的比值，衡量保险公司资本的总体充足程度，监管要求不得低于 100%。

对于核心偿付能力充足率低于 50% 或综合偿付能力充足率低于 100% 的保险公司，监管机构将采取以下措施：监管谈话；要求保险公司提交预防偿付能力充足率恶化或完善风险管理的计划；限制董事、监事、高级管理人员的薪酬水平；限制向股东分红。另外，监管机构还可以根据其偿付能力充足率下降的具体原因采取以下措施：责令增加资本金；责令停止部分或全部新业务；责令调整业务结构，限制增设分支机构，限制商业性广告；限制业务范围、责令转让保险业务或责令办理分出业务；责令调整资产结构，限制投资形式或比例；对风险和损失负有责任的董事和高级管理人员，责令保险公司根据聘用协议、书面承诺等追回其薪酬；依法责令调整公司负责人及有关管理人员；以及监管机构认为必要的其他措施。采取前述措施后偿付能力未明显改善或进一步恶化的，可由监管机构依法采取接管、申请破产等监管措施。

四、定性监管制度——风险综合评级

（一）风险综合评级的含义

风险综合评级又称为分类监管，是指保险监管机构根据相关信息，以风险为导向，综合分析、评价保险公司的固有风险和控制风险,根据其偿付能力风险大小,评定为不同的监管类别,并采取相应监管政策或监管措施的监管活动。根据第二代偿付能力监管体系的框架,可量化的固有风险和控制风险通过最低资本进行计量形成资本充足率,与难以量化的固有风险一起纳入风险综合评级。

(二)不可量化为最低资本的固有风险

难以量化的固有风险包括操作风险、战略风险、声誉风险和流动性风险。

1. 操作风险。指由于不完善的内部操作流程、人员、系统或外部事件而导致直接或间接损失的风险,包括法律及监管合规风险。保险监管机构从以下方面评估保险公司的操作风险:评估公司操作风险的外部环境,包括行业操作风险的总体水平和趋势;评估各业务线的内部控制程序和流程、操作风险的历史数据、经验分布和发展趋势;评估公司可能导致操作风险的人员因素,包括招聘、解雇、培训、领导能力和持续发展规划、业绩管理、薪酬等;评估公司信息系统存在的问题和风险,包括系统设计缺陷、软件/硬件故障或缺陷、信息安全和数据质量等方面的风险;评估可能导致公司操作风险的外部因素,包括法律法规、监管政策、不可抗力等。

2. 战略风险。指由于战略制定和实施的流程无效或经营环境的变化,导致公司战略与市场环境、公司能力不匹配的风险。保险监管机构从以下方面评估保险公司的战略风险:评估公司战略风险的外部环境,包括行业战略风险的总体水平和趋势;评估公司战略制定风险,包括科学性、合理性和可行性;评估公司战略执行风险,包括管理层实施既定战略过程中存在的风险;评估可能导致公司战略风险的外部因素,包括市场环境、科技进步、法律法规、监管政策、合作伙伴、不可抗力等。

3. 声誉风险。指由于保险公司的经营管理或外部事件等原因导致利益相关方对保险公司负面评价,从而造成损失的风险。保险监管机构从以下方面评估保险公司的声誉风险:评估公司声誉风险的外部环境,包括行业声誉风险的总体水平和趋势;评估公司声誉风险的历史数据、当前舆论报道、潜在风险因素;评估可能导致公司声誉风险的外部因素,包括合作伙伴、利益相关方、信用评级、不可抗力等。

4. 流动性风险。指保险公司无法及时获得充足资金或无法及时以合理成本获得充足资金,以支付到期债务或履行其他支付义务的风险。根据《保险公司偿付能力监管规则第 12 号:偿付能力风险管理要求与评估》关于"流动性风险"的规定,通过净现金流、综合流动比率、流动性覆盖率等流动性风险监管指标,现金流压力测试及其他量化和非量化信息评估保险公司的流动性风险。

五、评价类别与分类监管措施

(一)评价类别

根据一定计量方法计算出来的保险公司最低资本要求和对不可量化为最低资本要求的风险的评估,保险监管机构对保险公司进行风险综合评级,并根据评级结果将保险公司分为不同监管类型,进而采取不同监管措施。按照偿付能力风险大小,保险监管机构将保险公司分为 A、B、C、D 四个监管类别,并采取差别化监管措施(见表 17-2、图 17-3)。

表17－2　保险公司监管类别

公司类型	监管措施
A类公司	偿付能力充足率达标，且操作风险、战略风险、声誉风险和流动性风险小的公司。根据风险由小到大进一步细分为AAA类公司、AA类公司、A类公司
B类公司	偿付能力充足率达标，且操作风险、战略风险、声誉风险和流动性风险较小的公司。根据风险由小到大进一步细分为BBB类公司、BB类公司、B类公司
C类公司	偿付能力充足率不达标，或者偿付能力充足率虽然达标，但操作风险、战略风险、声誉风险和流动性风险中某一类或几类风险较大的公司
D类公司	偿付能力充足率不达标，或者偿付能力充足率虽然达标，但操作风险、战略风险、声誉风险和流动性风险中某一类或几类风险严重的公司

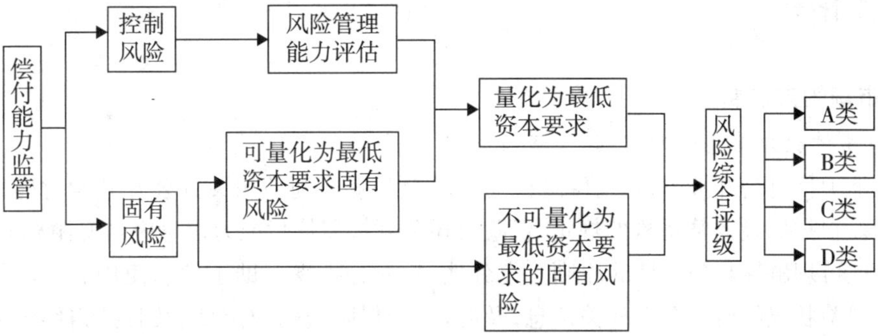

图17－3　偿付能力监管框架

（二）分类监管措施

1. A类公司

不需要采用特殊监管措施。

2. B类公司

保险监管机构可采取以下一项或多项具有针对性的监管措施：风险提示、监管谈话、要求限期整改存在的问题、进行专项现场检查、要求提交和实施预防偿付能力充足率不达标或完善风险管理的计划。

3. C类公司

对核心偿付能力充足率或综合偿付能力充足率不达标的C类公司，除可采取对B类公司的监管措施外，保险监管机构还可以根据《保险公司偿付能力管理规定》采取针对性的监管措施，包括：要求保险公司提交预防偿付能力充足率恶化或完善风险管理的计划；限制董事、监事、高级管理人员的薪酬水平；限制向股东分红；责令增加资本金；责令停止部分或全部新业务；责令调整业务结构；限制增设分支机构；限制商业性广告；限制业务范围、责令转让保险业务或责令办理分出业务；责令调整资产结构，限制投资形式或比例；对风险和损失负有责任的董事和高级管理人员，责令保险公司根据聘用协议、书面承诺等追回其薪酬；依法责令调整公司负责人及有关管理人员；监管机构依法根据保险公司的风险成因和风险程度认为必要的其他监管措施。

对操作风险、战略风险、声誉风险、流动性风险中某一类或某几类风险较大的C类公司,除可采取对B类公司的监管措施和前段C类公司的监管措施外,还可采取以下监管措施:(1)对操作风险较大的C类公司,针对公司存在的具体问题,对其公司治理、内控流程、人员管理、信息系统等采取相应监管措施。(2)对战略风险较大的C类公司,针对公司战略采取相应监管措施。(3)对声誉风险较大的C类公司,针对公司产生声誉风险的原因,采取相应监管措施。(4)对流动性风险较大的C类公司,针对公司产生流动性风险的原因,根据《保险公司偿付能力监管规则第13号:流动性风险》有关规定采取相应监管措施,包括:要求保险公司提交改善流动性水平的计划;要求保险公司完善流动性管理机制和制度;监管谈话。(5)保险监管机构认为必要的其他监管措施。

4. D类公司

除可采取对C类公司的监管措施外,还可以根据情况采取接管以及保险监管机构认为必要的其他监管措施。

六、市场约束机制

(一)偿付能力信息公开披露

偿付能力信息公开披露,是指保险公司向社会公众或利益相关方公开其偿付能力相关信息的行为。根据保险监管机构的规定,保险公司公开披露偿付能力信息应当遵循充分性、及时性、真实性、可理解性与公平性的原则。充分性,指充分披露有助于信息使用者了解保险公司偿付能力风险状况的所有重大相关信息;及时性,指保险公司应定期、及时披露偿付能力相关信息;真实性,指信息披露的内容真实、准确、完整,没有虚假、误导性陈述或重大遗漏;可理解性,即信息披露的内容清晰,便于信息使用者理解和使用;公平性,指保险公司应确保信息披露的集中性、可访问性和信息使用者的获取便利,使相关利益各方能平等获悉偿付能力相关信息。

根据《保险公司偿付能力监管规则第18号:偿付能力报告》,保险公司应向保险监管机构报送偿付能力季度报告、季度快报及临时报告。除此以外,还应根据《保险公司偿付能力监管规则第15号:偿付能力信息公开披露》的规定按季度编制偿付能力报告摘要,并对外公开披露。偿付能力季度报告摘要应当包括公司信息、董事会和管理层声明、基本情况、主要指标、风险管理能力、风险综合评级(分类监管)、重大事项、管理层分析与讨论、外部机构意见、实际资本与最低资本等内容。偿付能力季度报告摘要在保险公司网站上应当保留至少10年。除季度偿付能力报告摘要外,保险监管机构还要求保险公司根据需要向消费者、招标方、潜在投资方或债权人以及股东等主体进行偿付能力信息的日常披露。

(二)偿付能力信息交流

偿付能力信息交流,是指保险监管机构与相关方建立持续、双向、互动的偿付能力信息交流机制,包括发布偿付能力监管工作信息、相关方,与保险监管机构就偿付能力信息进行交流等。其中,相关方包括:保险消费者、保险公司股东、审计机构、信用评级机构、行业分析师、研究机构、政府部门和新闻媒体等。《保险公司偿付能力监管规则第16号:偿付能力信息交流》规定,保险监管机构应每季度对外通报保险业偿付能力充足率和保险机构综合评级的总体情况。通过偿付能力信息的交流,发挥相关方对保险公司偿付能力的监督作用,从而有效防范风险。

（三）保险公司信用评级

信用评级是由专业的评级机构给出的，基于对借款人或债务人的信用品质与还款能力的分析，对借款人可能会给贷款人带来损失的可能性及损失的严重性进行的判断，即对借款人的信用可靠性及履约实力进行判断，并将这种意见用等级符号来表示。由评级机构提供的信用评级服务，对于投资者的投资指引、发行人的融资安排及监管机构的监管措施和工具均具有至关重要的影响，也是发达国家资本市场通行的做法。

保险公司信用评级包括主体评级和债项评级。根据《保险公司偿付能力监管规则第17号：保险公司信用评级》的规定，保险公司发行债务工具或资本工具，相关法律、法规和监管规定要求进行信用评级的，应当进行信用评级。保险监管机构鼓励保险公司主动聘请信用评级机构对本公司进行主体信用评级，并公开披露评级结果。为规范境内保险信用评级市场，保险监管机构还规定了境内信用评级机构从事保险公司信用评级业务的条件。

第五节　保险市场监管

一、对保险中介的监管

（一）对保险中介进行监管的必要性

保险中介，指介于保险公司之间或保险公司与投保人之间，专门从事保险业务咨询与销售、风险管理与安排、价值衡量与评估、损失鉴定与理算等中介服务活动，并从中依法获取佣金或手续费的单位或个人。保险中介主要包括保险代理人、保险经纪人和保险公估人等。此外，其他专业领域的单位或个人也可从事某些特定的保险中介服务，如保险精算师事务所、事故调查机构和律师等。本书所指保险中介的监管，指保险代理人、保险经纪人及保险公估人的监管。

保险代理人是指根据保险公司的委托，向保险公司收取佣金，在保险公司授权的范围内代为办理保险业务的机构或者个人，包括保险专业代理机构、保险兼业代理机构及个人保险代理人；其中，保险专业代理机构是指依法设立的专门从事保险代理业务的保险代理公司及其分支机构，保险兼业代理机构是指利用自身主业与保险的相关便利性，依法兼营保险代理业务的企业，包括保险兼业代理法人机构及其分支机构，个人保险代理人是指与保险公司签订委托代理合同，从事保险代理业务的人员。保险经纪人是指基于投保人的利益，为投保人与保险公司订立保险合同提供中介服务，并依法收取佣金的机构，包括保险经纪公司及其分支机构。保险公估人是指专门从事保险公估业务的机构，包括保险公估机构及其分支机构保险公估；其中，保险公估是指评估机构及其评估专业人员接受委托，对保险标的或者保险事故进行评估、勘验、鉴定、估损理算以及相关的风险评估。

我国保险中介市场发展的经验表明，如不对撮合保险合同订立与辅助履行保险合同的保险中介进行监管，其必然会在利益驱动下损害投保人或保险公司的利益。虽然与承担履行保险合同义务的保险公司相比，保险中介的风险小得多，但保险中介违规经营的动力并不小。以保险专业代理机构为例,其能否取得保险公司的佣金取决于能否代理保险公司与投保人签订保险合同,如无相应监管措施,在此利益驱动下,其可能曲解保险合同条款诱骗投保人签订合同,也可能帮助投保人隐瞒保险标的真实情况欺骗保险公司。因此,为防范保险市场各级风险,必须对保险中介进行有效监管。

(二)市场准入监管

根据现行《保险代理人监管规定》的规定,机构型保险代理人(包括保险专业代理公司与保险兼业代理法人机构)应当符合保险监督管理机构规定的条件,取得相关经营保险代理业务的许可证。2015年前,个人从事保险代理人的,需要通过保险从业资格考试;随着《保险法》修改,作为优化营商环境的措施之一,国务院在2015年取消了个人从事保险中介业务的资格考试与执业许可,个人从事保险代理人的条件由许可制改为备案制,即由其所属公司进行业务知识、法律知识及职业道德等岗前培训,使其具备相应的专业能力,所属公司考核合格的,在保险监管信息系统进行执业登记。

根据《保险经纪人监管规定》的规定,保险经纪公司在我国境内经营保险经纪业务的,应当符合保险监管机构规定的条件,取得经营保险经纪业务许可证。2015年后,保险经纪从业人员从业条件亦改为备案制,由保险经纪人对从业人员进行包括业务知识、法律知识及职业道德等方面的岗前培训。

关于保险公估人,根据2018年发布的《保险公估人监管规定》的规定,设立保险公估人不再需要取得保险监管机构的许可,直接向市场监管部门办理设立登记,但应当符合《资产评估法》要求及保险监管机构规定的条件,并向保险监管机构进行业务备案。对于保险公估人聘用的公估师,《保险公估人监管规定》要求,应当参加并通过公估师资格全国统一考试并取得公估师资格。

(三)公司治理要求

根据前述监管规范,保险监管机构对保险中介公司治理方面的监管规则主要集中于高级管理人员的任职资格,包括积极条件与消极条件。

积极资格条件一般包括学历、金融或经济工作经验、经营管理能力与首先品质等方面。以保险专业代理机构高管为例,要求具备以下条件:(1)大学专科以上学历;(2)从事金融工作3年以上或者从事经济工作5年以上;(3)具有履行职责所需的经营管理能力,熟悉保险法律、行政法规及国务院保险监督管理机构的相关规定;(4)诚实守信,品行良好。

消极条件主要包括行为能力、违法违规或背信等方面。以保险专业代理机构高管为例,根据《保险代理人监管规定》第26条的规定,有下列情形之一的人员,不得担任保险专业代理机构的高级管理人员和省级分公司以外分支机构主要负责人:(1)无民事行为能力或者限制民事行为能力;(2)因贪污、贿赂、侵占财产、挪用财产或者破坏社会主义市场秩序,被判处刑罚执行期满未逾5年,或者因犯罪被剥夺政治权利,执行期满未逾5年;(3)担任破产清算的公司、企业的董事或者厂长、经理,对该公司、企业的破产负有个人责任的,自该公司、企业破产清算完结之日起未逾3年;(4)担任因违法被吊销营业执照、责令关闭的公司、企业的法定代表人,并负有个人责任的,自该公司、企业被吊销营业执照之日起未逾3年;(5)担任因违法被吊销许可证的保险公司或者保险中介机构的董事、监事或者高级管理人员,并对被吊销许可证负有个人责任或者直接领导责任的,自许可证被吊销之日起未逾3年;(6)因违法行为或者违纪行为被金融监管机构取消任职资格的金融机构的董事、监事或者高级管理人员，自被取消任职资格之日起未逾 5 年；(7) 被金融监管机构决定在一定期限内禁止进入金融行业的，期限未满；(8) 受金融监管机构警告或者罚款未逾 2 年；(9) 正在接受司法机关、纪检监察部门或者金融监管机构调查；(10) 个人所负数额较大的债务到期未清偿；(11) 因严重失信行为被国家有关单位确定为失信联合惩戒对象且应当在保险领域受到相应惩戒，或者最近 5 年内具有其他严重失信不良记录；(12) 法律、行政法规和国务院保险监督管理机构规定的其他情形。

（四）经营行为监管

《保险法》第 131 条规定，保险代理人、保险经纪人及其从业人员在办理保险业务活动中不得有下列行为：(1) 欺骗保险人、投保人、被保险人或者受益人；(2) 隐瞒与保险合同有关的重要情况；(3) 阻碍投保人履行本法规定的如实告知义务，或者诱导其不履行本法规定的如实告知义务；(4) 给予或者承诺给予投保人、被保险人或者受益人保险合同约定以外的利益；(5) 利用行政权力、职务或者职业便利以及其他不正当手段强迫、引诱或者限制投保人订立保险合同；(6) 伪造、擅自变更保险合同，或者为保险合同当事人提供虚假证明材料；(7) 挪用、截留、侵占保险费或者保险金；(8) 利用业务便利为其他机构或者个人牟取不正当利益；(9) 串通投保人、被保险人或者受益人，骗取保险金；(10) 泄露在业务活动中知悉的保险人、投保人、被保险人的商业秘密。

《保险公估人监管规定》第 25 条规定，保险公估人在开展公估业务过程中，不得有下列行为：(1) 利用开展业务之便，谋取不正当利益；(2) 允许其他机构以本机构名义开展业务，或者冒用其他机构名义开展业务；(3) 以恶性压价、支付回扣、虚假宣传，或者贬损、诋毁其他公估机构等不正当手段招揽业务；(4) 受理与自身有利害关系的业务；(5) 分别接受利益冲突双方的委托，对同一评估对象进行评估；(6) 出具虚假公估报告或者有重大遗漏的公估报告；(7) 聘用或者指定不符合规定的人员从事公估业务；(8) 违反法律、行政法规的其他行为。

（五）中介机构分类监管

为促进保险中介机构合规与稳健经营，体现监管上的激励导向，保险监管机构对专业保险中介机构进行分类监管。所谓分类监管，是指保险监管部门先确立一系列评估指标，再根据保险专业中介机构客观既有信息，综合分析评估保险专业中介机构风险，依据评估结果将其归入特定监管类属，并采取针对性监管措施的方法。

《保险专业中介机构分类监管暂行办法》建立了合规性和稳健性两大类十四个指标，评估保险专业中介机构的合规风险、稳健风险和综合风险，分值越大代表风险越高。合规性方面的指标包括业务、行政许可事项、保证金与职业责任保险、报告与报表提交、高管与从业人员等。稳健性指标包括资产、分支机构、业务异动、高管与从业人员、自律、舆情与投诉、外部审计情况等。

按照综合风险分值从高至低，保险监管机构原则上将保险专业中介机构划分为现场检查类机构、关注性非现场检查类机构、一般非现场检查类机构。对分值最低、风险最小的一般非现场检查类机构，一般采取定期收集、分析、监测市场运行数据，关注市场反应等非现场检查方式。对关注性非现场检查类机构在实行非现场检查的同时，应加强风险监测、重点关注，可进一步采取风险提示或者约谈、提高报表报送频率、提交专项报告或报表、聘请合格会计师事务所对所提供信息进行专项外部审计并提交专项审计报告、组织现场检查以及其他必要的监管措施。对分值最高、风险最大现场检查类机构除采取关注性非现场检查类机构的监管措施外,每年还应至少进行一次现场检查。

二、保险保障基金

(一)保险保障基金的概念

保险保障基金,是保险公司根据有关法律法规的规定,从成本中专门提取并上缴至保险保障基金管理机构,由其管理与使用,于保险公司偿付能力不足时用于救助保单持有人、保单受让公司或者处置保险业风险的非政府性行业风险救助基金。根据我国《保险法》及保险监管机构《保险保障基金管理办法》的规定,保险保障基金系由保险公司缴纳形成,按照集中管理、统筹使用的原则,由保险监管机构特别设立的运营机构运作,在保险公司面临重大危机,可能严重危及社会公共利益和金融稳定等情形下,用于向保单持有人或者保单受让公司等提供救济,以消除单个保险公司偿付能力不足造成的风险。成立保险保障基金是发达国家保险监管的经验,美国的保险保障基金称为保险保证金(Insurance Guaranty Fund),英国叫保单持有人保护基金(Policy holder Protection Fund)。

与保险公司从营业收入里提取的各种责任准备金类负债不同,保险保障基金是保险公司依法缴纳至保险监管机构的资金,性质上属行业公共财产,由指定机构运营。2008 年,根据旧《保险保障基金管理办法》,我国成立了中国保险保障基金有限责任公司,负责对保险保障基金进行统一管理。

(二)保险保障基金的来源与运营

根据《保险法》及《保险保障基金管理办法》的规定,保险保障基金分为财产保险保障基金和人身保险保障基金,财产保险保障基金由财产保险公司缴纳形成,人身保险保障基金由人身保险公司缴纳形成。保险保障基金的来源有五个方面:(1)境内保险公司依法缴纳的保险保障基金;(2)保险保障基金公司依法从破产保险公司清算财产中获得的受偿收入;(3)捐赠;(4)上述资金的投资收益;(5)其他合法收入。

保险保障基金的筹集、管理和使用由中国保险保障基金有限责任公司依法负责。该公司为国有独资公司,其董事会对保险保障基金的合法使用及安全负责。为维护保险保障基金的安全,根据相关监管规范,其资金运用主要为符合条件的银行存款、低风险债券和委托投资,各方向资金运用比例应符合以下要求:(1)固定期限存款余额不得低于基金上月末余额的 60%;(2)委托投资的金额不得超过基金上月末余额的 20%;(3)包括委托投资部分在内的中央企业债券、中央级金融机构发行的金融债券账面余额合计不得超过基金上月末余额的 20%,其中,同一期单品种债券的持有量不得超过该期单品种债券发行额的 15% 或基金上月末余额的 2%。

(三)保险保障基金的用途

根据《保险法》及保险监管机构的规定,出现下列情形之一的,可以动用保险保障基金:(1)保险公司被依法撤销或者依法实施破产,其清算财产不足以偿付保单利益的;(2)国务院保险监督管理机构经商有关部门认定,保险公司存在重大风险,可能严重危害社会公共利益和金融稳定的;(3)国务院批准的其他情形。《保险保障基金管理办法》分别对财产保险、短期健康保险、短期意外伤害保险的保单以及人寿保险合同保单规定了的具体救助额度。

案例练习

中国原保监会2014年6月4日向正德人寿保险股份有限公司发出“中国保监会监管函(监管函〔2014〕8号)”:你公司报送的2014年1季度末的偿付能力充足率为182.7%。但根据我会在现场检查中已查实的情况,你公司在土地使用权的交易以及相应的会计处理中,通过“政府补贴资金”和“其他应收款”项目虚增实际资本。扣除违规认可的“政府补贴资金”和“其他应收款”后,你公司2014年1季度末的实际资本为-8.0844亿元,偿付能力充足率为-87.08%,属于偿付能力不足类公司。根据《保险公司偿付能力管理规定》第37条和第38条之规定,现对你公司采取以下监管措施:(1)责令你公司自2014年6月9日起停止开展新业务。续期业务不受此限制。(2)自本监管函下发之日起,暂停你公司增设分支机构。(3)自本监管函下发之日起,暂停你公司新增股票、无担保非金融企业(公司)债券、股权、不动产和金融产品投资。(4)如你公司未能于2014年6月30日前有效改善偿付能力,我会将视情况采取进一步监管措施。

问题:

(1)什么是偿付能力监管?偿付能力监管的逻辑基础是什么?

(2)我国第二代偿付能力监管制度的监管框架与主要内容是什么?

主要参考文献

1. 李玉泉:《保险法》(第 2 版),法律出版社 2003 年版。
2. 李玉泉:《保险法》(第 3 版),法律出版社 2019 年版。
3. 覃有土主编:《保险法教程》,法律出版社 2002 年版。
4. 温世扬主编:《保险法》(第 2 版),法律出版社 2007 年版。
5. 邹海林:《保险法》,人民法院出版社 1998 年版。
6. 邹海林:《责任保险论》,法律出版社 1999 年版。
7. 韩长印、韩永强编著:《保险法新论》,中国政法大学出版社 2010 年版。
8. 陈欣:《保险法》(第 3 版),北京大学出版社 2010 年版。
9. 樊启荣:《保险契约告知义务制度论》,中国政法大学出版社 2004 年版。
10. 樊启荣:《保险法》,高等教育出版社 2010 年版。
11. 樊启荣:《保险法》,北京大学出版社 2011 年版。
12. 樊启荣:《保险法诸问题与新展望》,北京大学出版社 2015 年版。
13. 樊启荣主编:《保险法学》,高等教育出版社 2021 年版。
14. 贾林青:《法院审理保险案件观点集成》,中国法制出版社 2015 年版。
15. 贾林青:《保险法》,中国人民大学出版社 2020 年版。
16. 任自力主编:《保险法学》,清华大学出版社 2010 年版。
17. 徐卫东:《保险法论》,吉林大学出版社 2000 年版。
18. 徐卫东主编:《保险法》,北京大学出版社 2010 年版。
19. 王宝敏主编:《保险法评论》(第 5 卷),法律出版社 2016 年版。
20. 周玉华:《保险合同法总论》,中国检察出版社 2000 年版。
21. 庄咏文:《保险法教程》,法律出版社 1986 年版。
22. 李嘉华主编:《涉外保险法》,法律出版社 1991 年版。
23. 石慧荣:《保险法学》,武汉大学出版社 2009 年版。
24. 方乐华:《保险与保险法》,北京大学出版社 2014 年版。
25. 傅廷中:《保险法学》,清华大学出版社 2015 年版。
26. 袁宗蔚:《再保险论》,台北,三民书局 1972 年版。
27. 袁宗蔚:《保险学——危险与保险》,首都经济贸易大学出版社 2000 年版。
28. 刘宗荣:《新保险法:保险契约法的理论与实务》,中国人民大学出版社 2009 年版。
29. 刘宗荣:《保险法》,台北,三民书局 2021 年版。
30. 刘建勋:《新保险法经典、疑难案例判解》,法律出版社 2010 年版。
31. 沙银华:《日本保险经典判例评释》,法律出版社 2011 年版。
32. 董彪:《保险法判例与制度研究》,法律出版社 2012 年版。
33. 曹兴权:《保险缔约信息义务制度研究》,中国检察出版社 2004 年版。

34. 武亦文:《保险代位的制度构造研究》,法律出版社 2013 年版。
35. 许良根:《保险代位求偿制度研究》,法律出版社 2008 年版。
36. 杨芳:《可保利益效力研究——兼论对我国相关立法的反思与重构》,法律出版社 2007 年版。
37. 黄勇、李之彦编著:《英美保险法经典案例评析》,中信出版社 2007 年版。
38. 王静:《保险案件司法观点集成》,法律出版社 2016 年版。
39. 王静:《保险类案裁判规则与法律适用》,人民法院出版社 2013 年版。
40. 许崇苗:《保险法原理及疑难案例解析》,法律出版社 2011 年版。
41. 尹田:《中国保险市场的法律调控》,社会科学文献出版社 2000 年版。
42. 万鄂湘主编:《商行为法律理论与实用》,人民法院出版社 2005 年版。
43. 安建主编:《中华人民共和国保险法(修订)释义》,法律出版社 2009 年版。
44. 恒安标准人寿保险有限公司法律部编著:《人身保险法律实务解析》,法律出版社 2012 年版。
45. 中国保险行业协会组织编著:《保险诉讼典型案例年度报告》,法律出版社 2010 年版。
46. 最高人民法院保险法司法解释起草小组编著:《〈中华人民共和国保险法〉保险合同章条文理解与适用》,中国法制出版社 2010 年版。
47. 最高人民法院民事审判第二庭编著:《最高人民法院关于保险法司法解释(二)理解与适用》,人民法院出版社 2013 年版。
48. 最高人民法院民事审判第二庭编著:《最高人民法院关于保险法司法解释(三)理解适用与实务指导》,中国法制出版社 2016 年版。
49. 最高人民法院民事审判第二庭编著:《最高人民法院关于保险法司法解释(四)理解与适用》,人民法院出版社 2018 年版。
50. 最高人民法院中国应用法学研究所编:《人民法院案例选》(2013 年第 2 辑),人民法院出版社 2013 年版。
51. 桂裕:《再保险实务研究》,台北,三民书局 1969 年版。
52. 桂裕:《保险法》(增订新版),台北,三民书局 1981 年版。
53. 陈继尧:《再保险论——当前趋势与形态研究》,台北,三民书局 1993 年版。
54. 郑云瑞:《再保险法》,中国人民公安大学出版社 2004 年版。
55. 胡炳志:《再保险》(第二版),中国金融出版社 2006 年版。
56. 郑玉波:《保险法论》(修订九版),刘宗荣修订,台北,三民书局 2013 年版。
57. 林群弼:《保险法论》(修订三版),台北,三民书局 2011 年版。
58. 施文森:《保险法总论》,台北,三民书局 1985 年版。
59. 施文森:《保险法论文》(第一集),台北,三民书局 1985 年版。
60. 施文森:《保险法论文》(第二集),台北,三民书局 1985 年版。
61. 施文森:《保险法论文》(第三集),台北,元照出版公司 2013 年版。
62. 施文森:《保险法判决之研究》,台北,五南图书出版公司 1976 年版。
63. 梁宇贤:《保险法新论》(修订新版),中国人民大学出版社 2004 年版。
64. 江朝国:《保险法规汇编》,台北,元照出版公司 2009 年版。
65. 江朝国:《保险法基础理论》,中国政法大学出版社 2002 年版。
66. 江朝国:《保险法论文集》(一),台北,瑞兴图书股份有限公司 1997 年版。
67. 江朝国:《保险法论文集》(二),台北,瑞兴图书股份有限公司 1997 年版。
68. 江朝国:《保险法论文集》(三),台北,瑞兴图书股份有限公司 2002 年版。
69. 江朝国:《保险法逐条释义:第一卷 总则》,台北,元照出版公司 2012 年版。

70. 江朝国:《保险法逐条释义:第二卷 保险契约》,台北,元照出版公司 2015 年版。
71. 江朝国:《保险法逐条释义:第三卷 财产保险》,台北,元照出版公司 2015 年版。
72. 江朝国:《保险法逐条释义:第四卷 人身保险》,台北,元照出版公司 2015 年版。
73. 陈云中:《保险学》,台北,五南图书出版公司 2013 年版。
74. 陈云中:《保险学要义》,台北,三民书局 1992 年版。
75. 陈彩稚:《保险学》(增订三版),台北,三民书局 2012 年版。
76. 陈猷龙:《保险法论》,台北,瑞兴图书股份有限公司 2010 年版。
77. 程兵:《保险损失补偿原则研究》,法律出版社 2015 年版。
78. 董玉凤主编:《财产保险》,中国金融出版社 2014 年版。
79. 董波:《世界保险史话》,中国金融出版社 2020 年版。
80. 姜南:《保险合同法定解除制度研究》,中国检察出版社 2010 年版。
81. 梁鹏:《人身保险合同法律规范专题研究》,中国社会科学出版社 2021 年版。
82. 林勋发:《保险契约效力论》,1996 年自版发行。
83. 林勋发等:《商事法精论》,台北,今日书局有限公司 2005 年版。
84. 刘德权主编:《最高人民法院裁判意见精选》(下),人民法院出版社 2011 年版。
85. 秦道夫主编:《保险法论》,机械工业出版社 2000 年版。
86. 王卫耻:《实用保险法》,台北,文笙书局 1981 年版。
87. 王泽鉴:《民法学说与判例研究》(第 1 册),中国政法大学出版社 1998 年版。
88. 王泽鉴:《民法总则》,北京大学出版社 2022 年版。
89. 吴荣清:《财产保险概要》,台北,三民书局 1992 年版。
90. 许文彦:《保险学——风险管理与保险》(第 4 版),台北,新陆书局股份有限公司 2013 年版。
91. 叶启洲:《保险法实例研习》(修订四版),台北,元照出版公司 2015 年版。
92. 张洪涛、郑功成主编:《保险学》,中国人民大学出版社 2002 年版。
93. 张家勇:《为第三人利益的合同的制度构造》,法律出版社 2007 年版。
94. Emeric Fischer & Peter Nash Swisher & Jeffrey Stempel, *Principles of Insurance Law*, LexisNexis, 2012.
95. E. R. Hardy Ivamy, *General Principles of Insurance Law*, Butterworths Insurance Library, 1986.
96. John Birds, *Birds' Modern Insurance Law*, Sweet & Maxwell, 2016.
97. John F. Dobbyn, *Insurance Law*, West Publishing Co., 2007.
98. Malcolm A Clarke, *The Law of Insurance Contract*, LLP Limited, 2009.
99. [德]迪特尔 · 梅迪库斯:《德国民法总论》,邵建东译,法律出版社 2000 年版。
100. [德]格哈德 · 瓦格纳主编:《比较法视野下的侵权法与责任保险》,魏磊杰等译,中国法制出版社 2012 年版。
101. [美]肯尼斯 · S. 亚伯拉罕:《美国保险法原理与实务》,韩长印等译,中国政法大学出版社 2012 年版。
102. [美]所罗门 · 许布纳等:《财产和责任保险》,陈欣译,中国人民大学出版社 2002 年版。
103. [美]小罗伯特 · H. 杰瑞:《美国保险法精解》(第四版),李之彦译,北京大学出版社 2009 年版。
104. [美]约翰 · F. 道宾:《美国保险法》(第四版),梁鹏译,法律出版社 2008 年版。
105. [美]詹姆斯 · S. 特里斯曼等:《风险管理与保险》(第十一版),裴平主译,东北财经大学出版社 2002 年版。
106. [日]园乾治:《保险总论》,李进之译,中国金融出版社 1983 年版。
107. [英]默科姆 · A. 克拉克:《保险合同法》,何美欢等译,北京大学出版社 2002 年版。
108. [英]约翰 · T. 斯蒂尔:《保险原理与实务》,孟新国译,中国金融出版社 1992 年版。